L'ÂME SECRÈTE DE L'EUROPE

ŒUVRES, MYTHOLOGIES, CITÉS EMBLÉMATIQUES

LUC-OLIVIER D'ALGANGE

L'ÂME SECRÈTE DE L'EUROPE

ŒUVRES, MYTHOLOGIES, CITÉS EMBLÉMATIQUES

COLLECTION *THÉÔRIA*

© L'Harmattan, 2020
5-7, rue de l'École-Polytechnique ; 75005 Paris
http://www.editions-harmattan.fr
ISBN : 978-2-343-20476-5
EAN : 9782343204765

COLLECTION THÉÔRIA
DIRIGÉE PAR PIERRE-MARIE SIGAUD
AVEC LA COLLABORATION DE BRUNO BÉRARD

OUVRAGES PARUS :

Jean BORELLA, *Problèmes de gnose*, 2007
Wolfgang SMITH, *Sagesse de la cosmologie ancienne – Les cosmologies traditionnelles face à la science contemporaine*, 2008
Françoise BONARDEL, *Bouddhisme et philosophie – En quête d'une sagesse commune*, 2008
Jean BORELLA, *La crise du symbolisme religieux*, 2008
Jean BIÈS, *Vie spirituelle et modernité*, 2008
David LUCAS, *Crise des valeurs éducatives et postmodernité*, 2009
Kostas MAVRAKIS, *De quoi Badiou est-il le nom ? Pour en finir avec le (XXe) siècle*, 2009
Reza SHAH-KAZEMI, *Shankara, Ibn 'Arabî et Maître Eckhart – La voie de la Transcendance*, 2010
Marco PALLIS, *La Voie et la Montagne – Quête spirituelle et bouddhisme tibétain*, 2010.
Jean HANI, *La royauté sacrée – Du pharaon au roi très chrétien*, 2010
Frithjof SCHUON, *Avoir un centre*, 2010
Patrick RINGGENBERG, *Diversité et unité des religions chez René Guénon et Frithjof Schuon*, 2010
Kenryo KANAMATSU, *Le Naturel – Un classique du bouddhisme Shin*, 2011
Frithjof SCHUON, *Les Stations de la Sagesse*, 2011
Jean BORELLA, *Amour et Vérité – La voie chrétienne de la charité*, 2011
Patrick RINGGENBERG, *Les théories de l'art dans la pensée traditionnelle – Guénon, Coomaraswamy, Schuon, Burckhardt*, 2011
Jean HANI, *La Divine Liturgie*, 2011
Swami Śrī KARAPATRA, *La lampe de la Connaissance non-duelle*, suivi de *La crème de la Libération*, attribué à Swami TANDAVARYA, suivis d'un inédit, *La Connaissance du soi et le chercheur occidental* de Frithjof SCHUON, 2011
Paul BALLANFAT, *Messianisme et sainteté – Les poèmes du mystique ottoman Niyâzî Mısrî, (1618-1694)*, 2012
Frithjof SCHUON, *Forme et substance dans les religions*, 2012
Jean BORELLA, *Penser l'analogie*, 2012
Jean BORELLA, *Le sens du surnaturel*, 2012
Paul BALLANFAT, *Unité et spiritualité – Le courant Melamî-Hamzevî dans l'Empire ottoman*, 2013
Michel D'URANCE & Guillaume DE TANOÜARN, *Dieu ou l'éthique – Dialogue sur l'essentiel*, 2013
LE ŚRIMAD BHĀGAVATAM – LA SAGESSE DE DIEU, résumé et traduit du sanskrit par Swāmi Prabhavānanda, traduit de l'anglais par Ghislain Chetan, 2013
Frithjof SCHUON, *De l'unité transcendante des religions*, 2014
Gilbert DURAND, *La foi du cordonnier*, 2014
Robert BOLTON, *Les âges de l'humanité – Essai sur l'histoire du monde et la fin des temps*, traduit de l'anglais par Jean-Claude Perret, 2014
Mahmut EROL KILIÇ, *Le soufi et la poésie – Poétique de la poésie soufie ottomane*, traduit du turc par Paul Ballanfat, 2015
John PARASKEVOPOULOS, *L'appel de l'Infini – La voie du bouddhisme Shin*, traduit de l'anglais par Ghislain Chetan, préface de Patrick Laude, 2015
Jean BORELLA, *Aux sources bibliques de la métaphysique*, 2015
Frithjof SCHUON, *Christianisme/Islam – Visions d'œcuménisme ésotérique*, 2015

Frithjof SCHUON, *De tout Cœur et en l'Esprit – Choix de lettres d'un Maître spirituel,* traduit de l'allemand par Ghislain Chetan, 2015
Jean BORELLA, *Lumières de la théologie mystique,* 2015
Jean BORELLA, *Histoire et théorie du symbole,* 2015
Patrick LAUDE, *Apocalypse des religions – Pathologies et dévoilements de la conscience religieuse contemporaine,* 2016
Jean BORELLA, *Marxisme et sens chrétien de l'histoire,* 2016
Hari Prasad SHASTRI, *Échos spirituels du Japon – L'esprit et les formes du Japon traditionnel,* traduit de l'anglais par Patrick Laude, 2016
Frithjof SCHUON, *Regards sur les mondes anciens,* 2016
Victoria CIRLOT, *Hildegarde de Bingen et la tradition visionnaire de l'Occident,* traduit de l'espagnol par Sébastien Galland et Juan Lorente, 2016
John PARASKEVOPOULOS, *Le parfum de la Lumière – Une Anthologie de la sagesse bouddhiste,* traduit de l'anglais par Ghislain Chetan, 2017
Jean BORELLA, *Ésotérisme guénonien et Mystère chrétien,* 2017
Frithjof SCHUON, *L'Œil du Cœur,* 2017
Luc-Olivier D'ALGANGE, *Le déchiffrement du monde – La gnose poétique d'Ernst Jünger,* 2017
Louis SAINT-MARTIN, *Sagesse de l'astrologie traditionnelle – Essai sur la nature et les fondements de l'astrologie,* 2018
Jean BORELLA, *Sur les chemins de l'Esprit – Itinéraire d'un philosophe chrétien,* 2018
Jean BORELLA, *L'intelligence et la foi,* 2018
Jean-Pierre LAURANT, *Guénon au combat – Des réseaux en mal d'institutions,* 2019
Jacques VIRET, *Le retour d'Orphée – L'harmonie dans la musique, le cosmos et l'homme,* 2019
Jean BORELLA, *Le sens perdu de l'Écriture – Exégèse et herméneutique,* 2019
Svāmī SATCIDĀNANDENDRA SARASVATĪ, *Doctrine et méthode de l'Advaita Vedānta,* édité par Gian Giuseppe Filippi et traduit par Alessandra Tamanti, 2020
Yûnus EMRE, *L'Amour de la Poésie – Les poèmes spirituels de Yûnus Emre,* traduction de Paul Ballanfat, 2020
Paul BALLANFAT, *Poésie en ruines – La pensée et la poétique de Yûnus Emre,* 2020
Frithjof SCHUON, *Racines de la condition humaine,* 2020

Prologue

La meilleure façon de présenter un livre est, peut-être, de dire ce qu'il n'est pas. Ce livre n'est pas une somme, ni une thèse, ni un travail savant. Le lecteur n'y trouvera rien d'exhaustif ni de systématique ; tout au plus quelques aspects, à tel moment de l'aube ou du crépuscule, d'un paysage où se retrouver – avec quelques essors espérés, une amitié commune –, après notre expropriation. L'exil intérieur est source de folles sagesses dont aucune ne se soumet à la tristesse – ce péché par excellence, car il est au principe de tous les autres. Tout est perdu, sauf la joie, que les Grecs savaient divine.

Voici donc rassemblés pour l'essentiel, augmentés de nombreux inédits, *L'Ombre de Venise*, *Le songe de Pallas*, *Lectures pour Frédéric II* et *Au seul nom d'une déesse phénicienne*, livres naguère publiés par les audacieuses et coruscantes éditions Alexipharmaque, lesquelles, comme leur nom l'indique, proposaient des *contrepoisons* aux toxiques divers dont ce temps nous assomme et dont le moindre n'est pas l'outrance moralisatrice qui exerce désormais ses hystéries sur tous les fronts. À les comparer, les anciennes addictions, opiacées ou autres, nous semblent bien douces.

Les Modernes vivent sous l'emprise de la drogue dure de leur dédain et de leur dédire. Leur stupeur n'est guère dionysienne. Sous leurs pas, la terre ne danse pas, elle se glace. Aux architectures en béton correspondent des âmes bétonnées. Rien n'est plus étranger à ces hommes amers que la reconnaissance des *influences*, la porosité de l'âme humaine aux forces et aux fastes du cosmos, sa perméabilité à l'esprit des lieux, son accord avec l'*Âme du monde* qu'évoquait Virgile. Si imbus d'eux-mêmes, si bien incarcérés, que tout ce qui leur vient de leurs prédécesseurs, et du monde, leur semble une offense faite à leur vanité sans mesure, nos Modernes font passer leurs reniements pour des «repentances» et cheminent, en crabe, dans un univers qu'ils ignorent avec tous les moyens technologiques mis à leur disposition, à commencer par les écrans.

Lire, c'est-à-dire prêter attention à autre chose qu'à leurs ressassements infirmes est au-dessus de leurs forces, si pleins d'eux-mêmes que la pensée d'autrui, sa musique, leur sont impensables et inaudibles pour des raisons presque physiologiques. Nous ne sommes pas sans mesurer ce qu'il y a de téméraire ou d'absurde à écrire, selon les exigences et les conseils de nos bons maîtres, en ces temps hypnotisés d'images, et pour le reste, censeurs et fanatiques. Cet exercice qui requiert une attention constante au mouvement de la pensée accordée à ce bien commun par excellence, notre langue ; cet exercice, qui parfois est spirituel, s'il n'est pas voué à disparaître, demeurera le bien ultime de ceux auxquels tout a été ôté. « *En étrange pays dans mon pays lui-même* », disait Aragon.

Cependant, ne déplorons point trop de vivre dans ce temps qui nous offre la chance inquiétante et exaltante de ressaisir, avant qu'elle ne disparaisse, et de notre mémoire même, ce qu'est une *civilisation* ! Le crépuscule, nous dit Hölderlin, détient le secret de l'aurore. Jamais, sans doute, dans ce déclin et cet abandon, les formes anciennes ne nous parurent si éclatantes et si mystérieuses, si *proches* serais-je tenté de dire, sitôt que notre regard touche, par une décision résolue, à la grande limpidité qui va jusqu'au fond du Temps.

Peu de choses nous séparent de la vie magnifique, de l'origine resplendissante, de notre puissance et de notre joie. De ce peu de choses, marasmes divers, intoxications morales, les écrits ici rassemblés espèrent, pour quelques-uns, dissiper le pouvoir. Que leur vertu rêvée soit celle du claquement des doigts qui dissipe l'hypnose d'impuissance dans laquelle nous sommes plongés ! La lucidité revient alors, en ressac. Soudain nous savons que l'on veut notre mort, et, plus exactement notre mort-vivante, afin que nous puissions encore servir.

L'héritier, ce méchant homme selon la vulgate bourdivine, est un condamné à mort. Ses affinités avec la Grèce d'Empédocle et d'Homère, l'Allemagne de Novalis et de Nietzsche, l'Italie de Dante et de D'Annunzio, la France de Maurice Scève et de Gérard de Nerval, font de lui *l'homme qui n'a plus cours*. Les moralisateurs veillent à ce qu'il soit inaudible. Un mot, ou deux, suffisent à l'exclure. Ces adeptes de la morale répandue semblent ignorer que, selon le mot de Pierre Boutang, la morale n'est pas quelque chose que l'on fait aux autres, mais seulement à soi-même, et dans le secret. La vulgarité suprême est de l'oublier.

Ces propos seraient mal compris si on les songeait de désespérance. La lucidité qui interdit de se fourvoyer en optimismes fallacieux ou « progressistes » est une chance lustrale. Tout ce que nous aimons y revient, telle l'épiphanie de la lumière sur l'eau, l'éternité même, « *la mer allée avec le soleil* » du poème d'Arthur Rimbaud. Celui qui se désillusionne des valeurs enchante les principes.

Les Modernes se soumettent à toutes les abstractions, ils adorent l'Indistinct, qui a pris la place du Dieu des théologies, à leurs yeux révolues. La confusion est d'autant plus aisée qu'entre l'Indistinct d'aujourd'hui et le Dieu de jadis la différence est subtile et que la subtilité est devenue la chose du monde la moins bien partagée. Rien ne fait plus horreur au Moderne que la diffraction de l'Un, le chromatisme de la pensée, l'expérience métaphysique de la lumière qui émane ou resplendit ; de même, rien ne lui est plus étranger que l'ombrage et le secret.

Sa lumière artificielle n'envahit pas seulement ses supermarchés, ses bureaux, mais la pensée elle-même, qui aplatit toute chose, efface la douceur des reliefs. Dans ce monde d'apparences, plus rien n'apparaît. L'apparence sans l'*apparaître* est totalitaire. Sans l'orée, où nous la voyons advenir, elle se donne pour fin dernière, et nous fige, face à elle, en statues de sel. Alors, et dans tous les sens du terme, nous ne pouvons plus nous *sauver*.

L'horreur visible des débuts de l'industrialisation, avec ses murs noircis de suie et ses feuillages racornis de miasmes, laissait au moins aux hommes la tentation de l'exotique, le voyage de Gauguin ou de Ségalen. La grande uniformisation planétaire nous ôte ces idylles. Le bien pour ce mal sera de nous retourner vers nos propres sources intérieures. Ce sera l'affaire non de tous, mais de chacun – de quelques-uns, pour être plus précis, nous ne le savons que trop, élite fervente et rêveuse qui s'opposera à « l'élite » mal élue, comme on dirait mal élevée, des actuelles technocraties. Le proverbe est juste : « *Le poisson pourrit par la tête* » – mais contre l'élite malversée, il faudra bien inventer une élite élue par l'écume de l'Aphrodite Anadyomène, une élite aimée des dieux, de même qu'à la masse, il faudra opposer un peuple, qui serait, lui aussi, dans la reconnaissance de ses dieux et de ses symboles. Ce sera la poésie ou rien.

Le christianisme, qui fut, non de toujours, mais pendant longtemps, l'espace même de l'Europe, sa définition la moins fallacieuse, qu'en reste-t-il si on lui ôte sa légende dorée, son ressouvenir des héros et des saints, ses anges, son latin mystique, ces rameaux de poésie ? Il lui reste la morale, mais une morale souvent frappée par le vil sophisme qui confond la justice et l'esprit de vengeance.

Est-il alors nécessaire de préciser que l'Europe qui donne son titre à cet ouvrage est bien loin de l'Europe économique, de l'Europe administrative et commerciale ? Nous avons pris le droit, dans nos solitudes, de parler d'autre chose, d'une autre cause, comme Stefan George évoquant, et invoquant, *l'Allemagne secrète,* face à l'Allemagne lourde, tonitruante. Nous voici à ce *tournant* où il nous faut, pour ne point tomber, convoquer ces alliés impondérables que sont les œuvres et les songes. Les songes sont les étymologies de nos actes.

L'OMBRE DE VENISE

I

Entretien sur le dandysme, la littérature et la vérité, la théologie, Platon, la critique du monde moderne

Le soir tombe, les couleurs s'avivent dans l'heure qui précède le bleu des poèmes de Trakl ; les songes s'approfondissent et les conversations naissent aux pas de la promenade. L'eau apaise le scintillement de la lumière. Une ombre nous parle et nous sommes assez ingénus et magnanimes pour lui répondre...

L'Ombre : Sitôt que votre pensée s'écarte de la norme admise et des préoccupations banales, sitôt elle s'aventure sur des sentes où l'ombre de la Délie de Scève dialogue avec celle, perdue, de Chamisso, sitôt nous faisons nôtre la prodigieuse constatation rimbaldienne : *Je est un autre*, voici que parmi les rares contemporains qui ne vous ignorent pas avec une sourde hostilité, il s'en trouve encore pour se contenter du peu d'une appellation. Ils vous dissimulent sous le nom de *dandy*, qui leur paraît inoffensif ou méprisable et vous flattent, mais à leur insu, en vous associant aux œuvres et aux destinées de Barbey d'Aurevilly, d'Oscar Wilde ou de Robert de Montesquiou...

Le Voyageur : Nous vivons un « interrègne » où les malentendus sont la règle. Celui-ci me paraît d'une innocence suspecte. Ceux qui ne veulent rien entendre de ce que nous disons sont prompts à nous affubler du costume qui les arrange. Être dandy, pour ces gens-là, sans doute est-ce réduire ses œuvres à quelque obscur dessein ornemental et s'exclure ainsi de la commune recherche du Bien et du Vrai. De la sorte, l'adversaire est libre de tenir pour nulle et non avenue toute « vérité », et même toute « approche » que divulguent les écrits d'un auteur réputé « dandy ». Une définition, au demeurant fallacieuse, du dandysme autorise celui qui ne l'est pas, en somme le barbare, à nier toute contradiction, à tenir pour nulle, par exemple, la critique des « valeurs » du monde moderne, lorsqu'elle se trouve formulée par Baudelaire ou Barbey d'Aurevilly. On préjuge de ce que sont une allure et un style et l'on réduit tout ce que peut écrire un auteur à l'aune de ce préjugé.

Je me rebelle contre ce jugement empreint de mauvaise foi, qui se fonde par surcroît sur une double erreur. Non seulement le dandysme ne se réduit pas à cette définition sommaire où l'on prétend faire tenir l'œuvre de Barbey d'Aurevilly, avec certains de mes écrits et d'autres auteurs qui me sont proches : celle de « l'esthète » qui dédaigne le sens et ne se soucie que de l'objet, mais encore je définis précisément tout ce qui m'importe comme une recherche du Vrai ! Rien de décisif dans les prémisses de l'art d'écrire qui ne soit éminemment métaphysique. Vous avouerai-je, au risque de navrer les amateurs, que l'ameublement, la façon de se vêtir, les « beaux » objets, me sont absolument indifférents ! Mon « dandysme » serait alors purement spirituel, ou moral. Je consens à passer pour « esthète », avec Baudelaire et Théophile Gautier, sous condition que cette précellence de la recherche du Beau ne se fasse point au détriment d'une vérité métaphysique et dans une vaine fascination.

Certes, et ce n'est point vous, ombre chatoyante et murmurante qui passez sur la pierre vénitienne, qui viendrez à me contredire sur ce point, la beauté passe avant l'Opinion et la « morale » bonhomesque ; dans l'idéal, elle devrait subjuguer ou abolir toute bien-pensance ; elle précède, chez toute âme bien née, tous les autres soucis, qu'ils soient économiques ou domestiques, mais elle ne m'importe qu'en tant qu'émanation du Vrai. J'use à dessein de ce mot d'*émanation* dans une perspective plotinienne et pour ainsi dire « philosophale ». La beauté émane du Vrai comme la couleur émane de la lumière dans la théorie goethéenne. La beauté est le resplendissement du Vrai. La lumière est invisible ; elle n'apparaît qu'à la rencontre troublante de l'immanence. Croire en l'inexistence du Vrai serait, dans la perspective métaphysique qui est la mienne, aussi absurde que de croire en l'inexistence de la lumière, sous prétexte que la lumière tant qu'elle ne rencontre aucun obstacle, demeure invisible. Distinguons la beauté qui fascine, et dont se drape la marchandise, et la beauté par laquelle nous *communions* amoureusement, en disciples de Dante et des Fidèles d'Amour, avec *d'autres états de l'être*, car, vous m'avez compris, c'est à celle-ci que vont exclusivement mes résolutions et mes ferveurs.

C'est bien la vérité, en un sens non scientifique, mais strictement théologique – et que l'on soit athée ou croyant, peu importe : je m'expliquerai de ce « paradoxe » – qui est la grande affaire de la création littéraire. L'œuvre ne conquiert la beauté que « de surcroît ». Les œuvres ne valent qu'opératoires, je veux dire, en tant qu'instruments de connaissance. Toute poésie est gnose. Les œuvres majeures de la littérature moderne m'apparaissent comme une réactivation de l'immémoriale exigence gnostique plus ou moins étouffée par les cléricatures religieuses ou positivistes du XIXe siècle, qui fut en effet dans son plan général, tel que le décrit Léon Daudet, un siècle assez stupide.

Je vois dans la littérature du XIXe siècle une tentative héroïque et mystique de résister à l'établissement totalitaire de cette bêtise et de cette vulgarité. Les œuvres de Vigny, de Balzac, de Baudelaire, de Flaubert, de Villiers de L'Isle-Adam, de Léon Bloy, d'Élémir Bourges, et de tant d'autres, fort nombreux, dont je dresserai quelque jour le catalogue, sont véritablement des machines de guerre contre l'établissement de la bêtise et de la vulgarité. Or, qu'est-ce qu'un combat de cette sorte sinon un combat pour le Vrai et pour le Bien. Mais, bien sûr, un Vrai et un Bien d'une tout autre nature que ceux que défendent les « valeurs » bourgeoises et sociales. Un Vrai et un Bien, Théophile Gautier le précise dans sa merveilleuse préface à *Mademoiselle de Maupin*, « *contre les Utilitaires* » c'est-à-dire contre l'espèce humaine en tant que telle. Ceux que l'on tentera de déprécier sous le nom d'esthètes, sont alors simplement des penseurs et des artistes – artistes-penseurs ou penseurs-artistes nouant en une même exigence la poésie et la métaphysique – qui se lancent avec audace et ferveur à la recherche d'un Vrai et d'un Bien plus profonds que les masques, les prétextes ou les faux-semblants de l'utilitarisme. Un Vrai en accord avec la profondeur des *Hymnes à la Nuit*, un Bien en résonance avec la profondeur ardente du Grand Midi. Novalis et Nietzsche, qu'on le sache, m'importent davantage que l'art de nouer ma cravate.

Il y aurait cependant beaucoup à dire sur le dandysme en tant que révolte contre le nivellement par le bas, contre la massification qui sont les symptômes, sinon les causes, du monde moderne tel qu'il triomphe aujourd'hui dans la mondialisation technocratique... Le dandysme d'Oscar Wilde, par exemple, loin de se réduire à une pure culture de la singularité, peut aussi être compris comme une *ascèse*. Les dandies se rapprochent souvent d'une certaine forme de catholicisme. En témoigne l'admirable *De Profundis* d'Oscar Wilde. La puissante intellectualité, forgée à la lecture de saint Thomas et la grande somptuosité des œuvres et des rites ne peuvent que séduire le dandy qui envisage le monde moderne, en marche, comme une marée d'ennui et de banalité. À cet égard, le dandy appartient beaucoup plus à la catégorie des « ascètes » qu'à celles des « hédonistes ». Le dandy refuse la massification, il refuse aussi cette forme inférieure d'individualisme qui fait de la subjectivité et de la spontanéité naturelle de l'individu « moderne » une sorte d'idolâtrie abominable... Mais lorsque l'on vous traite de dandy, c'est rarement dans cette perspective religieuse et métaphysique ; c'est tout au plus une façon polie de ramener vos propos à une insignifiance rassurante... Or, j'y insiste, rien ne m'importe que le péril du Vrai et le vertige du Bien. Le dandy, qui se fait une ascèse de la recherche de la forme parfaite, le dandy qui ritualise ses gestes, qui introduit du fanatisme dans des questions en apparence futiles, ne tente rien moins que de défier ce monde dominé par les classes moyennes dont l'égoïsme, la vulgarité et la brutalité monstrueuse sont étayés par une certitude sans faille de leur « bon droit » !

Le véritable dandy se voit dans une citadelle assiégée. La beauté du geste, de l'apparence, le sens aigu de la forme, surtout lorsqu'ils suscitent la réprobation outragée du bourgeois, engagent un combat, voire un drame d'une importance et d'une violence extrême. Le style loin d'être un ornement, est l'ultime Bien. Ce Beau que l'on défend est le secret de la bonté métaphysique. Lorsque les barbares de l'intérieur ont triomphé sur tous les fronts, le style est l'arme dont la possession assure la possibilité d'un recours, d'une recouvrance... Ce fut le dandysme de ceux qui furent d'abord de grands poètes et de grands métaphysiciens, voire de grands historiographes comme Barbey d'Aurevilly. Ce dandysme ne se réduit pas à une singularité exacerbée, accordée au libéralisme bourgeois, dans le genre des « créateurs » de mode, mais s'aventure sur les voies, infiniment plus mystérieuses, d'une impersonnalité et d'une quête d'objectivité à travers le masque, que l'œuvre de Fernando Pessoa expérimentera dans ses ultimes conséquences.

Si le dandysme n'est qu'un esthétisme, alors, il ne m'intéresse pas, et je ne m'y reconnais en aucune façon. Si le dandysme est une métaphysique expérimentale, alors il se dépasse lui-même, et ne demeure perceptible et définissable comme dandysme qu'aux yeux de ceux qui précisément ne sont pas dandies, et, par voie de conséquence, ne peuvent rien comprendre ni au dandysme, ni aux dandies. Posons cet axiome : lorsque qu'un non-dandy parle d'un dandy, il ne peut que se fourvoyer. Nul n'est moins dandy que celui qui apparaît comme tel au regard du non-dandy, qui réprouve le dandysme pour des raisons idéologiques ou moralisatrices. Ceux qui se veulent autre chose que des dandies et qui me voient comme dandy ne voient rien. Leur esprit amoindri par leurs préjugés ou par leur mauvaise foi, ils ne peuvent que voir en autrui ce qu'ils désespèrent ne pouvoir être eux-mêmes. La beauté leur échappe et ils vous récusent comme esthète ! Mais la beauté que nous saisissons, la beauté qui nous transfigure est l'éclat du Vrai, et c'est de ne point chercher le Vrai, en autrui et en eux-mêmes, qui leur interdit de saisir le Beau.

Peut-être le comble du dandysme est-il de refuser de s'envisager soi-même comme dandy, mais enfin, si l'on voit dans le dandysme une forme de marginalité plus ou moins satisfaite, je ne puis que m'en détacher. Faire œuvre, joindre en une même exigence la poésie et la métaphysique, c'est désormais non seulement résister, comme le firent les dandies du XIXe siècle, au nivellement par le bas, c'est aussi *contre-attaquer* !

L'Ombre : Vous dites que la vérité, qui est la grande magnétiseuse de la création littéraire, doit être comprise dans un sens théologique, et peu importe que l'on soit athée ou croyant. Mais pourquoi un athée devrait-il concevoir la recherche de la vérité en terme théologique ? D'autre part, vous affirmez, en même temps, la recherche objective et pour ainsi dire contemplative ou « méditante » du Vrai et l'exigence, polémique, de « contre-attaquer ». Comment conciliez-vous cette recherche et cette exigence, que certains seraient enclins à considérer comme exclusives l'une de l'autre ?

Le Voyageur : Un dandy ne prendrait nullement la peine de se justifier, ni celle de « concilier ». L'intensité d'une pensée se mesure exactement aux contradictions dont elle consent à se faire le théâtre. Tel est exactement le théâtre métaphysique d'Antonin Artaud. Une pensée est efficiente, opératoire, lorsque de la flamme qui naît du heurt des contradictions jaillit une lumière qui éclaire toute la scène de la pensée ! Nous vivons dans un monde ennuyeux, schématique, totalitaire, *moderne*, qui ne supporte plus aucune manifestation de la pensée. Ce monde ne supporte pas la contradiction, ni les contradictions. Il est dans la nature de la pensée d'être contrariante. Il importe cependant de distinguer les contradictions créatrices des contradictions vaines et inopérantes, les contradictions cohérentes, qui sont une menace pour la bien-pensance, et des contradictions incohérentes... Ainsi, dire que la vérité est une question théologique, que l'on soit athée ou croyant, n'a rien d'incohérent, d'autant que l'athéisme lui-même, comme son nom l'indique, participe de la théologie. L'athéisme suppose l'*inexistence* de Dieu. Or, faire de l'inexistence de Dieu le fondement d'une philosophie, d'une pensée, c'est demeurer très rigoureusement dans le cadre de la pensée théologique. De même que méditer sur les nombres négatifs ne nous fait pas sortir des mathématiques, méditer sur l'inexistence de Dieu ne nous fait pas sortir de la théologie. Au demeurant, les théologiens n'ont pas attendu les athées modernes pour inventer la théologie négative. « Dieu n'existe pas » est une formulation théologique parfaite. En effet, si Dieu transcende le monde, l'être et le néant, s'il est la possibilité universelle, comment pourrait-on le réduire à l'*existence* ?

Mais la question posée concerne plus étroitement la création littéraire et son rapport à la vérité. Et là, une contradiction est peut-être sinon plus réelle, du moins plus visible. Un préjugé des plus communs voudrait que la recherche de la vérité et la littérature appartinssent à des régions rigoureusement séparées, comme si le langage, selon qu'en usent Proust ou Baudelaire d'un côté, et Bachelard et Bergson de l'autre, devait soudain servir des fins différentes. Le poète et le littérateur useraient du langage dans des limites prescrites, laissant les prérogatives de la recherche du Vrai au scientifique et au philosophe !

Certes, le Vrai qui est le tréfonds vers lequel s'oriente cette énergie propre de la pensée qui est celle de l'écrivain, est différent du « vrai » des sciences humaines subordonnées aux conditions du temps et du lieu, « vrai » variable, conditionné, évolutif... Le Vrai de l'auteur naît de l'adéquation de la pensée et du langage, de la connaissance et de l'instrument de la connaissance. Le « vrai » des sciences humaines est de l'ordre du savoir, c'est-à-dire de l'ordre des statistiques, alors que le

Vrai de l'écrivain est un vrai qui se révèle à travers une expérience unique, exemplaire, non-quantitative. La vérité de l'écrivain, sa véracité, est pure qualité, il est, selon la formule d'Al-Hallaj, « *Un Unique pour un Unique* »... Et c'est bien pour cela que les œuvres littéraires sont transmissibles et traductibles, car la vérité qu'elles nomment n'est pas, quoi qu'en disent les spécialistes, subordonnée aux conditions historiques et géographiques. Ce pourquoi nous lisons Homère et qu'un bon lecteur français, habitué de Rabelais, de Saint-Simon, de Bossuet ou d'Alexandre Dumas, est moins décontenancé par un traité de mystique soufie ou par un grand roman chinois, tel que *La Pérégrination vers l'Ouest* ou *Au bord de l'eau*, que par le jargon linguistique, psychanalytique ou sociologique...

Donc, j'écris, et je recherche la vérité. Je me permets d'insister sur ce point. Mon expérience d'auteur éclaire au demeurant l'expérience du lecteur. Lire et écrire ne sont point si différents. S'il existe une égalité dans ce monde, c'est bien celle de l'auteur et de son lecteur, au moment où le lecteur réinvente dans sa pensée, la pensée et la vision de l'auteur. Que ce soit pour le lecteur ou pour l'auteur, l'œuvre est un instrument de connaissance. Car connaître, c'est voir, entendre, percevoir, ressentir, pressentir, et lorsque toutes ces puissances sont unies en faisceau, *prophétiser*.

C'est dire que la contradiction entre la théologie et la haute littérature ne m'apparaît pas, sauf lorsque l'on réduit la théologie à n'être qu'un système figé, aux mains d'une cléricature ignorante et jalouse. Mais, pour ma part, je n'attends pas de recevoir l'*imprimatur* de ces gens-là. Ce qui m'importe, c'est l'expérience intérieure par laquelle ce qui est dit dans Maître Eckhart, Angèle de Foligno, saint Bonaventure, Jean de Salisbury ou Hildegarde de Bingen m'apparaît comme *exactement vrai*. L'exactitude en question n'est pas, de toute évidence une exactitude scientifique, au sens moderne, et pas davantage une exactitude psychologique. Il faut alors méditer sur la notion même d'exactitude. Qu'est-ce qui est *exact* ? L'exactitude suppose une concordance. Seul Dieu peut être exact en lui-même. L'expérience de l'exactitude, qui est celle de l'auteur, suppose donc un accord, une rencontre... Ce que disent les théologiens est exactement vrai, car la vérité qu'ils disent se situe exactement à l'intersection de l'intériorité et de l'extériorité, du visible et de l'invisible, du tangible et de l'intangible... Ce qui est dit, en théologie, vaut à la fois pour le monde extérieur et pour le monde intérieur. Toute méditation théologique est une méditation « intersectrice », une méditation sur l'orée, frontalière...

C'est en ce sens que la théologie est devenue incompréhensible pour les Modernes qui n'aiment que les schémas, les oppositions tranchées, les alternatives simples. La théologie est initiation au paradoxe. Mais il faut bien comprendre que le paradoxe n'est pas seulement la contradiction assumée comme telle. Le paradoxe logique, ici, n'est pas un au-delà de la raison, mais un au-delà de la croyance. Je m'intéresse à la théologie précisément parce qu'elle est une méthode pour sortir de la croyance, pour se délivrer des fausses évidences. « *Dieu s'est fait homme pour que l'homme se fasse Dieu.* » Ce paradoxe altier de la liturgie orthodoxe requiert l'écrivain qui pressent dans le paradoxe théologique une théorie du *passage* de la pensée à l'écriture et de l'écriture à la pensée qui laisse loin derrière elle les théories des linguistes. De même, comment ne pas voir dans la lecture une preuve de la résurrection de Dieu ? Ces signes morts, l'esprit les vivifie !

Les dévots modernes, qu'ils soient dévots de la matière, de la nature, du progrès, de la démocratie ou d'un dogme religieux réduit à un pur formalisme sociologique, sont tous des adorateurs de la lettre morte. L'appauvrissement du langage, parallèle à la prolifération des jargons et des idiomes de spécialistes montre bien ce triomphe de la lettre morte, qui n'entre plus en concordance avec rien, qui n'est plus capable du moindre paradoxe, ni de la moindre contradiction. La fonction de l'auteur est alors d'*inquiéter* la pensée, de proposer à la pensée une aventure extrême, radicale. C'est bien en ce sens que la recherche du vrai est un défi, une rébellion. La vérité est radicale. Elle est aussi « en accord ». Musicale en ce sens, et comme vous le disiez, « lyrique »...

L'Ombre : Vos écrits et vos propos comportent, de façon implicite ou explicite, une attaque constante contre ce que vous nommez le « monde moderne », et vous ne cessez de rendre des hommages précis aux auteurs de ce temps...

Le Voyageur : Sans doute, pour reprendre la boutade de Sacha Guitry, il n'est point de meilleure façon d'être *de* son temps que d'être *contre* son temps, *tout contre*. Il me semble, d'une façon générale, que l'homme moderne est posé, pour ainsi dire, *à côté* de son époque. Il la considère comme meilleure que toutes les époques antérieures, mais il ne voit pas son temps, il ne l'éprouve point dans son horreur et dans son éclat. Le Moderne croit que son époque favorise l'égalité, le respect de la personne humaine, la raison etc., alors que, de toute évidence, notre temps est celui des exterminations, des inégalités les plus criantes et de l'obscurantisme le plus noir ! Le Moderne croit que son temps voit progressivement l'extinction des despotismes, alors que le pouvoir de détruire, de contrôler et de manipuler n'a jamais été aussi grand. Tout ceci m'incline à penser que l'homme moderne est un homme qui ne vit pas dans son temps ; un homme qui se caractérise par un degré particulièrement faible de *présence au monde*. Quant à son esprit critique, tant vanté, il est réduit à rien. L'homme moderne a cette étrange faculté de tout voir, de tout entendre, mais de ne rien regarder, ni écouter. Les informations qui circulent rencontrent une oreille absolument passive. Il vit dans un ressassement de mensonges et ne tire aucune leçon de rien. L'homme moderne ne vit point la modernité, il songe hypnotisé à côté d'elle. Devant les écrans, qui s'interposent entre lui et la réalité, il se lasse doucement de vivre.

Les écrivains de la modernité à qui, en effet, va ma gratitude – tels que James Joyce, John Cowper Powys, S. I. Witkiewicz, Fernando Pessoa, Andréi Biély, Ezra Pound, Gottfried Benn, Antonin Artaud, Ernst Jünger, Yukio Mishima, Wyndham Lewis, Dominique de Roux, et tant d'autres – se caractérisent précisément par leur audace à entrer avec violence dans leur époque, à se confronter à son abomination et à tenter de s'en rendre victorieux. Tous les grands écrivains du XXe siècle furent de ces « horribles travailleurs », pour reprendre le mot de Rimbaud, acharnés à empêcher la schématisation du langage et de la pensée. Je lis ces œuvres comme des actes de résistance et de contre-attaque. Lorsque le monde tombe sous contrôle, se planifie, se rationalise, les écrivains deviennent chamanes-guerriers, chevaliers-gnostiques, ils interrogent les théologies et les mythologies, se relient au passé par mille radicelles subtiles. Lorsque le monde se réduit aux schémas grossiers de la production et de la reproduction, les poètes entrent en clandestinité et retrouvent « *les mots de la tribu* ». Vous avez peut-être remarqué à quel point presque toutes les œuvres majeures de notre temps tournaient autour d'une expérience extatique. C'est, au sens mystique et théologique, une *vision* qui est à l'origine des œuvres, et non point ce sinistre « travail du texte » inventé par des fonctionnaires ! L'œuvre de Proust naît d'une extase, comme celle de Nabokov d'une vision. *Ada ou l'Ardeur* se déploie à partir de la vision nabokovienne de la séparation de l'espace et du temps. On se plaint continûment de l'absence de grands philosophes, comme si depuis Sartre, il n'y avait rien. Les écrivains sont nos grands métaphysiciens. Le monde soulevé par l'intelligence et réinterprété, c'est dans *Ada ou l'ardeur* que vous le trouverez, ou dans l'œuvre de Biély !

L'extase, donc, portée par l'*anamnésis*, et la prophétie... J'écrirai quelque jour un livre sur la vertu prophétique des œuvres littéraires. Prophétiques, les œuvres le sont aussi bien au sens de la petite prophétie que de la grande prophétie. Tout ce qui arrive de terrible, de merveilleux ou de banal est déjà écrit. Non seulement dans les registres de lumière de l'au-delà, mais dans les œuvres des écrivains. Il suffit de lire. Mais qui désormais lit encore ? On peut craindre proche le moment où les seuls lecteurs seront les écrivains. Peu importe. L'usage, même rarissime, d'une sapience suffit à tout sauver. L'usage sapientiel de la lecture et l'usage sapientiel de l'écriture *font date*. Je veux dire qu'ils interrompent le temps. Seul fait date ce qui ne se soumet point au temps, ce qui refuse de croire en la nature linéaire et déterministe du temps. Dans le secret et la clandestinité la plus grande, la sapience suspend le temps. Au lecteur ou à l'auteur, toutes les temporalités s'ouvrent alors simultanément... La pointe de la plume est le cœur de la rosace.

L'écrivain moderne qui ne hausse point son exigence jusqu'à la métaphysique et la prophétie me fait penser à l'homme qui tout en disposant de toutes les armes et d'un plan infaillible pour s'évader de prison y demeurerait pour le seul agrément de la conversation avec les gardiens. Beaucoup d'ouvrages me font actuellement penser à ces sortes de conversations : un bavardage avec ceux-là mêmes qui nous tiennent sous les verrous. Les écrivains engagés, moraux, comme le sont souvent les écrivains distrayants, se bornent à discuter de « réalités » qui n'ont aucune réalité. Certes, je connais la devise cartésienne : *larvatus prodeo*. Et il n'est pas mauvais de temps à autre de s'avancer masqué. Mais à trop entrer dans des querelles subalternes, à deviser domesticité, à feindre de s'intéresser à des affaires communes, sans grand intérêt, pour que l'on s'intéresse à eux, les folliculaires de ce temps manquent à la parole et profanent le *Logos*, et sont déjà jugés pour cela ! Posés à côté de leur temps, dans la bien-pensance réconfortante du plus grand nombre, ou d'une minorité influente, ils seront jugés, car ils jugent à courte vue, selon les normes du « politiquement correct », toutes les tentatives d'atteindre, par l'abîme de la nuit, ou par l'abîme du jour, la vérité du *Logos*...

Il est assez remarquable que pour ces gardiens vétilleux de la « bonne pensée » et des « valeurs », tout est relatif, sauf la pertinence de leur censure. Ces gens-là ne croient ni en la beauté, ni en la vérité, toute métaphysique leur est abominable, mais ils n'en sont pas moins d'infatigables moralisateurs et de zélés policiers de toute production artistique ou intellectuelle... Mais là encore, tout se tient dans la conception du temps. Tout part de là. *Sein und Zeit*. La question de l'être est intimement liée à celle du temps. Par-delà les fausses alternatives politiques, idéologiques, religieuses, il y a des conceptions du temps radicalement différentes, et c'est à partir d'elles que se définissent les véritables oppositions ontologiques. Maintenant, comme toujours, les bien-pensants, les moralisateurs défendent une conception linéaire du temps. Pour eux, le temps doit être productif, évolutif, générateur d'espèces, au sens à la fois biologique et monétaire. Leur temps est un temps utilisé, quantifié où l'érotique pure, ni la mystique pure n'ont aucune place. L'érotique, détachée de ses fins reproductives, la mystique et la gnose sont réprouvées car non productives, et sur ce point toutes les idéologies modernes se rejoignent. Communisme, capitalisme, nazisme partagent une même vision du temps en tant que durée calculable, quantifiable, utile...

À cette temporalité dépossédante, usante, « aliénante », comme on disait naguère, l'auteur oppose un temps vertical, un jaillissement pur, sans objet, une dépense ardente, dionysienne ! Les œuvres font date car elles sont l'expression de cette verticalité du temps. Elles sont telles des lances de feu. Elles marquent la limite : là où tout cesse et où tout recommence... Les œuvres font date, car elles sont verticalement reliées à l'Hors-du-temps, à une réalité qui transcende les conditions spatio-temporelles. Les œuvres font date, car elles sont sacrées. Cette vertu d'intemporalité s'accroît avec le temps. Plus on s'en éloigne, plus les œuvres font date. Pour désigner une époque, c'est le poète que l'on nomme. On dit l'époque d'Homère, on parle du temps de Shakespeare. Les chefs d'États, les rois, les empereurs cèdent dans la mémoire humaine leur préséance aux poètes, aux héros et aux saints. Les temps virgiliens dominent comme des fleuves d'or les réalités historiques. Le poète donne au temps sa limite et en révèle les vertus profondes, alchimiques, les teintes, les tonalités. Le temps linéaire est un temps d'usure, le temps vertical est un temps créateur.

Toute la stratégie du monde moderne, et du pouvoir, auquel ce monde moderne a donné une étendue d'une vastitude alors inconnue, consiste à nous ramener dans la temporalité utilitaire. « Gérer » est le maître-mot de ces temps sinistres. Certes, il y eut toujours des cléricatures plus ou moins navrantes pour prétendre à « gérer » et administrer nos existences, mais, rarement, elles furent plus efficientes qu'en ces ultimes obscurations de l'Âge sombre ! Rarement la souveraineté dionysienne de la pensée ne fut aussi déconsidérée. Maître Eckhart, certes, eut maille à partir avec les autorités de son temps, mais ce qu'un esprit libre peut aujourd'hui comprendre et réaliser poétiquement de la pensée qui se déploie dans les *Sermons* et les *Traités* demeure foncièrement hérésiarque. L'auteur qui laissera son œuvre tourner autour du pôle « immanent-transcendant » d'une théologie dionysienne marquera son temps en s'y refusant. Anecdotique, « réaliste », moralisatrice – fût-ce dans une amoralité grotesquement affichée –, la littérature tolérée par notre temps, elle, n'est jamais qu'une initiation à la banalité, un retour au bercail du monde moderne, de sa tristesse repeinte, de sa vanité sans borne. Aussi complaisants qu'ils soient à l'égard des préjugés de leur époque, les anecdotiers postulant aux « prix » littéraires devraient méditer sur la notion même de tolérance dont ils bénéficient. Être toléré, c'est être nié, mais faiblement. Ce que nous n'aimons point, ce que nous n'avons pas le courage de tuer, ce que nous avons la paresse d'exclure, nous le « tolérons ». Peut-on se sentir insulté de n'être que « toléré » ? Ce qui est toléré n'est-ce point ce que nous méprisons, ce qui ne mérite ni notre amour, ni notre haine ? Et que se dissimule-t-il derrière notre tolérance, sinon un jugement impitoyable, une négation radicale ? Je connais bon nombre de ces « tolérants » qui ne tolèrent que des non-pensées et qui excluent toute pensée véritable comme « non tolérante ».

Il y a, certes, différentes façons d'être « tolérant » ou « libéral », l'une d'elle, qui tend à prédominer, ne tolère que ceux qui ont, en tout, les mêmes définitions qu'elle de la tolérance et de la liberté. De même qu'il existe un *libéralisme liberticide*, il existe une *tolérance obscurantiste*. C'est elle qui règne particulièrement dans les milieux « culturels » et journalistiques et a donné naissance à une génération d'intellectuels qui ont pour goupillon la mauvaise foi et, comme sabre, le procès d'intention. Pour ces gens-là, tout travail de lecture est un travail de fiche de police. Je suis quelque peu informé de ces méthodes car l'honneur m'échoit de figurer sur ces fiches qui servent de « vade-mecum » au petit personnel culturel pour séparer le bon grain de l'ivraie, autrement dit les auteurs, les éditeurs dont on a le droit de parler de ceux qu'il faut réduire au silence : les poètes, les métaphysiciens, les ennemis du « monde moderne », les adeptes de la souveraineté et de la théologie « dionysienne », les gnostiques, etc...

Face à cette tolérance obscurantiste, nous préconisons un *fanatisme éclairé*. Il s'agit de comprendre que l'auteur fait du moment où il écrit un temple, *fanum*, et que son fanatisme éclairé consistera à s'y tenir, à ne point se laisser déloger ni déposséder. L'auteur est également appelé à revendiquer une certaine intransigeance pour ne pas céder à l'insignifiance sous l'effet de cette démoralisation insidieuse qui gagne les cœurs qui ne sont pas « triplement cuirassés », pour reprendre la formule de Jünger. Le Moderne agit non seulement en terrorisant les fidèles des anciennes métaphysiques, mais en diffusant une idéologie de « l'à quoi bon ». À quoi bon écrire, à quoi bon résister, à quoi bon sculpter avec tant d'efforts cette matière du langage dure et fragile comme une pierre ? « À quoi bon », telle est l'antienne. À quoi bon se remémorer, à quoi bon hausser la vie vers la beauté, à quoi bon les rêves, les dangers, les ivresses ? À quoi bon la poésie ? À quoi bon l'être ? Le néant, par vagues successives, s'attaque ainsi à l'être, à la demeure de l'être, où il faut en effet à l'auteur quelque fanatisme pour persister à se tenir !

Ne craignons aucun argument, aucun discours, aucune forme d'art. Rien ne nous choque ni ne nous offense davantage que la médiocrité ou la conformité. Laissons l'informe devenir conforme avec une sérénité exemplaire. Notre effort consistera toujours à éviter que notre Forme ne devienne une Opinion. La Forme est une définition de l'être, l'Opinion est une superfétation du néant. Rien à voir. Soyons fanatiques de notre vision comme le furent Rimbaud, Mallarmé ou Artaud, jusqu'à craindre de la partager. Le poète se tient dans sa langue comme dans un temple, fanatiquement, *et il voit* !

L'Ombre : Ce que vous nommez la Forme, se rapproche de l'*Idéa* platonicienne. En ce sens, vous vous situez aux antipodes du milieu intellectuel français de ces dernières décennies, dont le dessein dominant fut, semble-t-il, de tenter un « renversement du platonisme »...

Le Voyageur : Ce que je nomme la Forme ne se rapproche pas de l'*Idéa* : elle *est* l'*Idéa* platonicienne. Contrairement à mes prédécesseurs immédiats, je ne cherche nullement à être anti-, contre- ou a-platonicien. L'Idée platonicienne est la Forme, et toute pensée, tout art, qui se veulent créateurs et non pas seulement « déconstructeurs », sont une méditation sur la Forme. Toute science est d'ailleurs également une méditation sur la Forme. Et toute quête pour atteindre à l'au-delà des formes est aussi, il va sans dire, une méditation platonicienne. La Forme préexiste aux choses car si tel n'était pas le cas tout ne serait qu'assemblage hasardeux d'atomes. Or les choses ont des formes et notre pensée donne aux choses des formes. On comprend ainsi aisément le succès de la pensée platonicienne auprès des artistes. C'est aux artistes que la vision platonicienne apparaît tout d'abord comme vraie. Celui qui éprouve la Forme dans son âme, reconnaît la pertinence de cette philosophie. Quitte à renverser à mon tour une vulgate philosophique en vigueur, je dirai que l'anti-platonisme me paraît en grande part tributaire d'une idéologie du ressentiment contre la plénitude de la Forme, contre l'art conçu comme médiateur entre le sensible et l'intelligible, et contre le magistère de l'artiste. Toute plénitude, toute autorité, toute gloire suscitent le ressentiment. Ceux qui ne purent exceller dans la création et dans la méditation des Formes se firent anti-platoniciens...

Le renversement du platonisme est la grande illusion moderne. On serait tenté de dire qu'un platonisme « renversé » n'est jamais qu'un platonisme à l'envers. Et c'est le cas de maintes philosophies « modernes » : elles demeurent tributaires de ce qu'elles prétendent renverser bien davantage que les artistes et les poètes qui se réclament de Platon, tels Shelley ou Saint-Pol-Roux, et engagèrent leur pensée en des voies audacieuses, fort lointaines du Maître dont elles proclament l'autorité. C'est, au demeurant, une loi assez générale. Le disciple, en approfondissant dans son cœur et dans son intelligence l'œuvre du Maître, innove avec une liberté d'autant plus grande. Celui qui s'attache à renverser ou à déconstruire demeure fasciné et subjugué par ce à quoi il s'oppose.

Ceux qui croient « renverser le platonisme » ne font, en réalité que répéter le platonisme. Ils sont des épigones mesquins, envieux. Ils redisent « à l'envers » ce qu'ils croient avoir compris du Maître et s'en font une vanité. Ce qu'on peut leur reprocher, c'est d'avoir mal compris au départ ce qu'ils prétendent renverser. Il est facile de contester une théorie que l'on a auparavant réduite à un schéma fallacieux. La même question se pose pour la théologie chrétienne dont les négateurs, en général, ne connaissent rien. On chercherait en vain, dans les dialogues de Platon, ce que l'universitaire français moyen nomme « le platonisme ». On présente en général la « pensée de Platon » comme un dualisme qui opposerait le « monde des Idées » et le « monde sensible » de façon irréductible. Or, Platon écrit au contraire qu'entre le sensible et l'intelligible, il existe « une gradation infinie ». Autrement dit, le sensible et l'intelligible sont distincts, comme en musique sont distincts le timbre et la mélodie, mais ils ne sont pas séparés. Lorsqu'un musicologue distingue le timbre, la note, le rythme, doit-on pour autant l'accuser de ne pas entendre que toutes ces choses sont unies dans la même musique ? Or, c'est exactement ce procès d'intention, d'une médiocrité et d'une banalité navrantes, que l'on ne cesse de faire à Platon et aux platoniciens depuis des décennies.

Au demeurant, la richesse des dialogues, leur enchevêtrement de thèmes, de contradictions, de personnages, ne se laissent point si facilement réduire à quelque schéma que l'on puisse « renverser ». L'outrecuidance du Moderne se manifeste encore en cette circonstance d'une manière flagrante. Il lui paraît si insupportable qu'un philosophe séparé de lui par plus de deux mille ans – et si offensant à son préjugé évolutionniste et progressiste ! – ait une vision et des arguments que son intelligence moderne peine à saisir qu'il faut à tout prix « en finir » avec cet intrus, le ramener à quelque rassurant « archaïsme », en faire un naïf, un penseur certes intéressant, mais « dépassé », quitte à lui faire dire tout autre chose qu'il ne dit, quitte à transformer en superstition ce qui, dans les dialogues, apparaît comme une analyse.

Le degré de régression de l'intelligence philosophique est tel que l'on ne se trouve même plus en mesure de comprendre ce qu'est une analyse. Analyser le monde, distinguer ses composantes, tout en reconnaissant qu'elles demeurent unies par des « gradations infinies », c'est, il faut le croire, une opération qui est devenue hors d'atteinte des « spécialistes » en philosophie, mais que les écrivains, ultimes héritiers de la *gnôsis*, accomplissent naturellement. Je vois pour ma part en Proust, Joyce, Biély des virtuoses de ces « gradations infinies ». De l'*anamnésis* platonicienne ils font un instrument prodigieux de connaissance et de sensation. Connaître et sentir, bien sûr, se révèlent en une seule et même expérience intérieure. Cette expérience est à la fois un « connaître » et un « sentir », mais je ne puis la dire qu'en distinguant le « connaître » et le « sentir » et en les unissant dans une langue poétique. Le renversement du platonisme vise avant tout à nous faire croire que le « sentir » n'est plus un « connaître », que toute *gnôsis* est illusoire et qu'à ce titre, il nous faut nous contenter de notre rôle d'« homme-machine ».

Les écrivains, je le redis, s'opposent de toute la force de leur sensibilité, de leur âme et de leur intelligence à cette « fonctionnalisation » de l'*humanitas*. Ils persistent fanatiquement à reconnaître le Beau dans la splendeur du Vrai, à refuser précisément de séparer le Beau et le Vrai comme le font les Modernes, qui croient renverser le platonisme, mais ne font que *se rallier à sa caricature*. L'innovation est un secret qui appartient à l'approfondissement des intelligences les plus traditionnelles. Nul n'innove que le fidèle. Le « monde nouveau » et les « cieux nouveaux » sont au cœur ardent et secret du fidèle. Or, le monde moderne a horreur de la fidélité, et c'est pourquoi il doit se contenter du ressassement des formes anciennes, de leur « renversement » ou de leur « déconstruction ». Historiquement, le monde moderne se caractérise par le massacre des fidèles, des tribus issues de mondes traditionnels, de visions métaphysiques ou prophétiques. Cela débute avec la Terreur et ne cesse plus.

L'acharnement contre le platonisme m'attriste, car dans les décombres de ce platonisme « renversé » ou « déconstruit », je vois surtout une « humanité » livrée sans défense à de nouvelles planifications planétaires. Dans ce monde aux fidélités arrachées, aux hiérarchies détruites, aux temples profanés et aux autorités bafouées, je vois un « individu » livré à la plus vaste entreprise de massification jamais connue à ce jour. Qu'est-ce qu'un individu sans fidélité, sans métaphysique, sans vision, si ce n'est une unité interchangeable, une pure notion quantitative ?

L'Ombre : Il est difficile de faire la part, dans votre propos, du pessimisme et de l'optimisme. D'une part, vous offrez une vision très noire du monde moderne, et d'autre part, vous conférez au personnage que vous nommez l'*auteur* des pouvoirs et des possibilités sans bornes. Finalement êtes-vous pessimiste ou optimiste ?

Le Voyageur : L'auteur libéré du poids du ressentiment, éclairé sur la nature véritable du monde moderne est à la fois radicalement pessimiste et follement optimiste. Fondé sur la considération de ce qu'est le monde moderne, de sa réalité meurtrière et vulgaire, le pessimisme n'a rien d'humoral ni de personnel. Ce monde correspond bien à la formule de Shakespeare « une histoire pleine de bruit et de fureur, racontée par un idiot et qui ne signifie rien ». Mais voir ce monde tel qu'il est, est-ce du pessimisme ou simplement de la lucidité ? Il me semble qu'il s'agit là surtout d'impersonnalité. Je vois ce monde abominable en historien, c'est à dire au terme d'une *enquête* et non point en rapport avec ma situation personnelle. Le seul fait que je puisse ici m'exprimer, disposer des ressources merveilleuses de la langue française, de sa précision, témoigne de mon privilège. J'ai la chance de vivre, le loisir de penser, la grâce de pouvoir dire ma pensée, le bonheur de pouvoir partager mes pressentiments, mes logiques et mes visions avec mes semblables... Ce privilège, je suis bien conscient qu'il est des plus rares et je n'ai pas la prétention d'induire de mon bonheur personnel la supériorité de l'époque où je vis, alors même que ce bonheur fut arraché, avec une brutalité inouïe, à tant de mes semblables !

Ceux qui trouvent merveilleux cet abominable XXe siècle, dont nous venons de sortir, ont pour point commun de n'être morts ni dans des camps, ni sous les bombes atomiques ou autres, et d'avoir été généralement épargnés par les horreurs d'un siècle qui en était prodigue. Ce qu'ils trouvent si formidable dans ce temps, c'est le confort où ils vivent, leurs voitures – « *ces machines qui puent et qui écrasent* », disait Léon Bloy –, leurs appareils ménagers, leur télévision, et j'ai le vague soupçon que le plaisir qu'ils en retirent justifie à leurs yeux le martyre de leurs prédécesseurs. Pour nos joyeux démocrates qui s'épanouissent à l'idée d'être pour quelque fraction de millionième à l'origine pragmatique du choix de leur chef d'État, le nazisme, par exemple, ne fut finalement qu'un accident « régressif » sur le chemin triomphant du « progrès » émancipateur qui justifie leur présent bonheur ! Comme on passe allègrement sur le malheur de ceux qui ne sont plus ! Comme on fait de son propre bonheur la norme du « Bien universel » ! Quelle ingénuité dans l'égoïsme !

Pour ma part, je veille à ce que mon propre bonheur ne m'interdise point de voir les aspects sombres de mon temps. À considérer mes contemporains, je les vois en proie à une misère sans nom. Une misère qui ne se dit point. Certes, des possibilités déroutantes s'offrent au devenir humain, mais les hommes qui nous entourent vivent une vie déplorable. L'appauvrissement du langage témoigne de l'appauvrissement de leur sensibilité. La société du spectacle diffuse ce mélange nauséeux de violence extrême et de mièvrerie dont les productions culturelles en provenance des États-Unis envahissent la vieille Europe sous les yeux hagards des consommateurs !

Mièvre et violent, ce monde est puritain jusqu'au crime ; le mauvais goût s'allie à la mauvaise conscience pour établir, planétairement, le règne de la laideur. Le monde devient immonde. Ce constat, il faut le faire, oser en approfondir en soi la souffrance pour se hausser à la dignité du *Logos*. L'obscurantisme règne, quand bien même il se pare de Descartes ou de Voltaire – que personne ne lit ! J'ai parlé d'un obscurantisme rationaliste, ou, plus exactement rationalisateur. Les États-Unis, me semble-t-il, sont à la pointe de ce mouvement qui est un mouvement d'agression contre les anciennes cultures. Naguère, les colonisateurs de l'Amérique dressaient les unes contre les autres les tribus indiennes par de fausses promesses. La stratégie, des événements récents le montrent, se poursuit aujourd'hui en Europe. Nous autres, héritiers des antiques cultures européennes et méditerranéennes ne sommes plus aux yeux du monde moderne que des tribus en voie d'extinction. Que seront nos *réserves* ? Dans des parcs d'attraction, on montrera de petits hommes râblés, avec un béret et une baguette : des Français ! Ne sous-estimons pas ce mélange de haine et d'envie que suscite la France. Le mot même de France commence à s'effacer. Les journalistes, usant par la redite une métaphore gaullienne, disent l'« Hexagone », c'est moins offensant pour les oreilles étrangères. Proposons de nommer « tubercules », les pays aux formes moins géométriques. La France s'efface, elle cède, elle s'amoindrit, et certes, les Français en sont les premiers responsables. Leur nullité engendre le mépris et ils se font un profil si bas qu'ils n'osent même plus écrire et parler leur propre langue. Par obséquiosité, les romanciers français écrivent le plus souvent une langue qui paraît plus ou moins bien traduite de l'américain. Il n'est pas rare de lire comme une traduction littérale de l'anglo-américain des formules telles que le « jour d'après » au lieu de « le lendemain ». Les écrivains français, de plus en plus nombreux, écrivent le français comme le faisaient les mauvais traducteurs. Dans ces navrances, nous relisons Cioran, ou Albert Caraco, qui est un Cioran survolté, à découvrir ! Voilà pour le pessimisme... La France s'étiole. Les tribus d'Europe seront trompées et vaincues. L'Économie règnera sans partage jusqu'à périr de son propre triomphe. Pessimiste ? À peine ! Je vous dirai que je vois ce qui vient dans ses possibilités les plus avenantes. Les romans d'horreur sont déjà écrits.

Parlons du versant optimiste que vous avez la bonté de discerner dans mes écrits. Le mot optimiste m'insatisfait tout autant que le mot pessimiste. Mes proches me font l'honneur de reconnaître que je ne suis point un être d'humeur. Cependant, quelque élan mystérieux m'entraîne. J'ai le sens des possibilités immenses. Chaque heure m'apparaît comme un royaume. Je vois le temps comme une succession de prières exaucées. Mon âme est dominée par un irrépressible sentiment de gratitude. Je remercie le jour qui vient, « la rose apparence du soleil ». Je remercie la nuit qui pose sur les toits ses grandes ailes bleu sombre : j'y trouve l'apaisement, le silence de l'écriture. Je crois en l'incommensurable puissance de l'intelligence humaine, en ses ressources infinies d'enchantement. Ce sentiment de gratitude me fait redevable. Il me semble toujours que la pointe exquise de la trouvaille, la douce nuit des regards échangés, la gloire des secondes saisie au vol, tout cela qui me comble et me ravit, il m'en incombe une responsabilité. Je n'ai point de théorie précise à ce sujet. Je n'arrive pas à me départir de l'idée que je suis en quelque sorte responsable des bienfaits que je reçois. Cette lumière du soir fut si belle dans mes hautes fenêtres qu'il est pour ainsi dire de mon devoir de l'offrir en partage. Voici ce que je reçois ! C'est pour toi, lecteur ! C'est en ce sens que je crois, comme vous le dites, aux pouvoirs sans bornes de l'auteur.

L'auteur dispose d'un pouvoir sans borne, car il éprouve une gratitude sans borne. Sa puissance sans borne est celle du monde qu'il accueille. L'esprit humain est un infini qui contient la resplendissante finitude du monde, du cosmos. C'est en ce sens que ma vision est théologique. L'Esprit est plus vaste que le monde. Le monde est au sein de l'Esprit. Dans un sens strictement « matérialiste », les scientifiques s'accordent à dire que le cerveau humain est sans doute le composé le plus complexe de l'univers connu à ce jour. Rien de plus simple que les constellations. L'auteur doit s'interroger sur les « ordres de grandeur ». Être auteur, se soucier, comme le souligne Philippe Barthelet, de « *la vertu qui accroît* », être le jardinier des mots français ou le théologique méditant du « iota » de la lumière incréée, c'est toujours affiner en soi le sens des « ordres de grandeur ».

Tout se joue dans le rapport et la proportion. L'auteur établit des rapports et suggère des proportions précisément parce qu'il parle du point de vue de l'infini. La finitude est la preuve de l'infini, de même que la Forme est la preuve de la souveraineté du Sans-Forme. La grammaire et la rhétorique sont des sciences du rapport et de la proportion. Des sciences édifiantes, architecturales, hiérarchiques, musicales, qui sans cesse reconstruisent ce que le nihilisme déconstruit. Certes, on peut abattre les temples, comme on le fit ces derniers temps des églises orthodoxes, on peut bafouer les auteurs, répandre son fiel sur les pensées les plus généreuses, la Forme subsiste dans l'invisible. La Forme est ce recours secret des humiliés et des offensés, et c'est bien pourquoi ceux qui ne vénèrent que le pouvoir la veulent détruire ! La Forme est l'*auctoritas*, elle est ce qui fonde la puissance sans limite de l'auteur face au nihilisme.

L'Ombre : Mais ces « pouvoirs » de l'auteur et de ce que vous nommez la Forme, sont-ils autre chose que des vœux de l'esprit et du cœur ? Comment les manifester ? Quelle influence leur attribuer ?

Le Voyageur : Les vœux de l'esprit sont les seuls à devenir réalité, ou, plus exactement, à se faire réalité. L'esprit ordonne. Les mains obéissent. Rien n'advient dans l'ordre de la culture et de la civilisation qui ne soit tout d'abord un vœu de l'esprit. Toute beauté est un vœu exaucé. L'histoire humaine est faite de ces formes imaginées qui s'emparent de la substance et font les religions, les styles, les morales. Notre présent est fait de la vie ou de la mort de visions lointaines.

Mais la vérité de la Forme est aussi beaucoup plus immédiate. Les pouvoirs de l'auteur sont d'abord des pouvoirs sur lui-même. Ce que l'écriture change en nous, c'est le pouvoir de l'*attention*. Lire, écrire sont des écoles d'attention. Le monde moderne est bien comme le soulignait Bernanos, une gigantesque conspiration contre toute forme de vie intérieure, il est aussi une infatigable attaque contre nos facultés à être attentif. Tout distrait, tout dissipe. L'homme moderne est d'abord un homme qui manque d'attention et de concentration. Dissipé, décentré, irrelié, il divague de « signifiances » en « signifiances ». Il n'est rien de moins naturel que l'attention. Être attentif, c'est être éveillé. L'homme moderne dérive dans une hypnose mortifère. Il s'abreuve au Léthé et dédaigne la source de Mnémosyne. Être attentif au monde, c'est agir. Écrire, c'est changer en signes qui demeurent le moment qui passe. C'est opérer ce renversement herméneutique qui fonde le présent dans ce qui demeure. Le présent n'est plus alors ce qui passe aussitôt que perçu, mais la pointe de l'éternité. Pour voir la pointe, encore faut-il être attentif.

Écrire avec un minimum de respect envers le *Logos*, c'est affiner l'intelligence, la rendre plus sensible à la fine pointe du temps qui passe au-delà du temps, c'est pratiquer une ascèse qui n'est point si éloignée du tir à l'arc tel que le pratiquent les Maîtres du bouddhisme zen. Ce qui change par une certaine pratique de l'écriture, ce qui fait de l'art littéraire un art martial de la recherche de la vérité, c'est l'éclat de l'attention extrême.

Ce qui naît de cet éclat, c'est la conscience. Être conscient, ne plus « dormir », atteindre à l'état d'éveil, c'est *voir*. La vision précède. Elle annonce. Elle nous fait entrer dans une logique providentielle. Mettre en échec l'affreuse banalité du monde moderne, c'est aussi en finir avec l'*insolite*, retrouver l'interdépendance, le tissage du monde. Écrire, c'est évoquer les tapisseries merveilleuses. De celles qui nous emportent comme dans les contes des mille et une nuits. Écrire, c'est prendre conscience de l'entrecroisement des fils. Les mythes hindous font la part belle aux dieux tisserands. Les pythagoriciens et le *Yi-King* excellent à dire ce qui s'entrecroise. Les hommes, la terre, le ciel et le divin dialoguent et l'entrecroisement de leurs propos murmure dans les feuillages orphiques qu'évoque Monteverdi, non moins que dans la pensée du scribe qui humblement recopie et enlumine. L'écrivain le plus imbu de ses pouvoirs sait que sa tâche est d'enluminer avec attention. Écrire, c'est voir et cette vision, à mesure que l'auteur avance dans la tâche qu'il s'est prescrite, devient de plus en plus colorée, lumineuse. Mon expérience intérieure d'écrivain me donne accès à un monde dont les couleurs sont de plus en plus semblables à celles des tableaux des Primitifs italiens. Nous écrivons noir sur blanc, mais les mots vibrent d'or et d'azur.

II

Entretien sur l'autorité et la liberté, la morale et le style, l'incomprise générosité, Nietzsche et « l'éternelle vivacité », le poète-métaphysicien

La nuit est venue ; elle enveloppe le monde d'un manteau de solennité joyeuse. L'ombre, devenue indiscernable, est une voix insistante mais amicale, qui ne laisse point la pensée en repos, sous le ciel foisonnant d'étoiles.

L'Ombre : À vous suivre, et quelquefois à vous précéder, selon l'heure, ou à m'évanouir après la « leçon de ténèbres », il semble, à mon jugement d'ombre qui ignore tous des mystères de l'Incarnation, que s'opposent et se confrontent en vous l'exigence d'une liberté inconditionnée et celle de l'autorité. Vous aimez l'intelligence libre et rare, et sans renier cet amour vous évoquez une autorité théologique. N'est-ce point côtoyer sans cesse le paradoxe comme un abîme, avec un certain goût du péril ?

Le Voyageur : Selon la définition que j'en donne, ou, pour mieux dire, selon l'expérience que j'en ai – car l'expérience précède la définition –, la liberté et l'autorité sont, pour ainsi dire, du même bord. La liberté est d'abord la liberté de faire. Non point une liberté abstraite, proclamée, mais une liberté exercée, jurisprudentielle, opératoire. L'essence de la liberté est dans l'agir. Je doute d'une liberté qui ne serait point agissante. D'où mon impression, alors même que la liberté abstraite est devenue une « valeur » dont tout le monde se réclame, que la liberté effective s'amenuise. Une réflexion épistémologique ne manquera pas de faire apparaître que les théories scientifiques qui sont à l'origine de la modernité se caractérisent par leur logique déterministe. Le Moderne, au fond, ne croit point en la liberté. Il croit au déterminisme économique, social, génétique, il croit religieusement à la Loi du Marché, mais il ne croit point en la liberté humaine. Je serais enclin à penser que la notion même de liberté effective s'est évanouie avec la disparition de l'éthique chevaleresque. Les ultimes libertaires sont Don Quichotte et Falstaff. Ils sont ces personnages frontaliers entre un monde dont ils incarnent les ultimes possibilités libertaires et un monde planifié, bien-pensant. L'admirable film d'Orson Welles, *Les Carillons de Minuit*, illustre à merveille cette intuition. Être un homme libre : rien ne va moins de soi. L'homme moderne ne proclame la liberté que pour ne pas avoir à la vivre. Je crois qu'il existe une antipathie foncière de l'homme à l'égard de sa liberté possible. Sa ruse est de se dire libre tout en bénéficiant de tous les répugnants avantages de l'esclavage.

L'autorité et la liberté sont du même bord, d'abord car nul n'est libre s'il n'exerce une rigoureuse autorité sur lui-même. Être libre, c'est être fidèle à sa propre autorité. Mais cette autorité qui nous fait libres, nous en sommes redevables à d'autres autorités. Ce sont les Maîtres ! Non les Maîtres qui nous font esclaves, mais les Maîtres qui nous font disciples. La liberté n'est point innée, elle s'apprend. Elle est même la chose la plus difficile qui soit à enseigner. Pour être libre, pour exercer librement son autorité sur soi-même, encore faut-il que nous ayons été entourés d'exemples, environnés d'autorités qui nous aient donné le goût de cette liberté et de cette autorité.

L'autorité et la liberté sont indissolublement liées. L'autorité et la liberté créent réciproquement l'espace de leur possible manifestation. Sans autorité, la liberté ne s'impose point face au pouvoir, et sans liberté, l'autorité est sans objet. L'autorité suppose l'existence même de la liberté. Dans un monde sans liberté, dans un monde rigoureusement déterministe, l'autorité n'a aucun sens. Raison d'être de la liberté dont elle assure l'emprise sur le monde face au pouvoir, l'autorité disparaît peu à peu. Les historiens du politique méconnaissent cette concomitance de la montée du déterminisme et de l'extinction de l'autorité.

La conception de l'art et de la littérature en est profondément changée. Les théories du travail textuel, la réduction des œuvres à l'immanence de leurs structures formelles en sont les conséquences les plus visibles. À l'extinction progressive de l'autorité et de la liberté correspond aussi la valorisation de l'éphémère, du transitoire, de l'accidentel, du hasard, etc., qui dissimulent à peine, sous une aura de lyrisme d'emprunt, la froideur du calcul. Car là où disparaissent l'autorité et la liberté, triomphe le pouvoir planificateur. Si je nomme auteur l'écrivain qui use de l'écriture à des fins poétiques et métaphysiques, c'est en effet pour redire ce lien indissoluble, dans la création littéraire, de la liberté et de l'autorité. Mais comprendre l'autorité, j'y reviens, c'est aussi reconnaître l'autorité.

Le rapport entre autorité et liberté, pour un auteur, rejoint celui de la lecture et de l'écriture. Alors que le Moderne ne sait plus lire que vaniteusement, en se posant d'emblée dans une situation de supériorité sur ce qu'il lit, profanant les écrits par son inattention et son arrogance, surtout lorsqu'il s'agit d'écrits appartenant à des époques passées, l'auteur, qui fait siennes les notions d'autorité et de liberté, n'aborde point les œuvres sans une certaine solennité. Ce qui est dit dans une œuvre ne demande pas d'abord à être critiqué, mis en fiches, évalué dans le sens d'une instrumentalisation idéologique ou marchande, mais entendu dans l'aire d'un silence intérieur.

Faire silence en lui-même, telle est l'autorité de l'auteur lorsqu'il s'approche de l'œuvre d'autrui. Que le Moderne haïsse le silence, c'est encore un signe de sa haine de l'autorité. La première liberté humaine, le premier « droit de l'homme » devrait être le droit au silence, qui inclut le droit de se taire et la liberté d'écouter comme la liberté de parler et le droit d'entendre le silence. Le bon lecteur est celui qui commence par entendre le silence. Le silence n'est pas seulement l'absence de bruits désagréables. Il existe différentes qualités de silence. Il existe des hiérarchies du silence. Il existe aussi, selon la formule de Nietzsche, « *un vacarme silencieux comme la mort* ». La vie, elle, est musicale et légère. Je le sais d'autorité et je ferai de la liberté un instrument pour la jouer avec la désinvolture et la virtuosité qui conviennent !

L'Ombre : À bien vous entendre, il semblerait que la fonction de l'auteur dépasse le domaine strictement littéraire.

Le Voyageur : Il en va de même du lecteur. L'acte de lire dépasse la simple transposition des lettres en pensées. De même que le livre n'est que le moment apparent d'une courbe qui débute avant lui et s'achève après lui, la lecture engage une aventure qui débute avant la découverte du livre et s'achève bien après elle. La mentalité moderne tient à tout prix à circonscrire la lecture et l'écriture comme si elle craignait qu'elles n'émanent ou ne s'épandent au-delà. La critique moderne veut réduire l'œuvre au texte.

Mais le texte n'est que le signe de la présence de l'œuvre. Et l'œuvre elle-même est opératoire. Les théories du texte comme les théories de la réception méconnaissent cette vertu opératoire, qui cependant apparaît évidente à tout historien. L'œuvre d'Homère fut opérative. Il ne tient qu'à nous que redeviennent également opératives, les œuvres de Dante ou de Hölderlin, ou de Pessoa.

J'y reviens, ce qui est écrit, n'est que le signe apparent d'une aventure antérieure ou ultérieure. Toute grande poésie connaît sa preuve par neuf – les neuf Muses. Toute poésie est une preuve par neuf. Elle retranscrit l'ultérieur à partir de l'antérieur. La vision qui nous guide, qui nous entraîne comme des voiles frémissantes vers le Grand Large périlleux et limpide, il appartiendra à la « preuve par neuf » de la poésie d'en démontrer la justesse et la pertinence. Contrairement à ce que ressasse le préjugé le plus vulgaire, la poésie, la véritable poésie débute là où cesse l'arbitraire. La poésie est la démonstration à rebours de la pertinence de la vision qui l'impose à notre entendement comme une providence. Le n'importe quoi, le confus, le mal-pensé sont les ennemis absolus de la poésie. Ce qui se publie actuellement sous l'appellation de poésie n'est bien souvent que la profanation de la poésie. La poésie exige la même précision que les mathématiques, précision non seulement philologique, mais gnostique et métaphysique. La justesse grammaticale est dépassée et couronnée par une autre justesse, qui est la justesse métaphysique. Tout grand poème, fût-il le plus heurté, le plus ténébreux, le plus désespérant, porte en lui l'Épée de Justice et l'ensoleillement intérieur de l'être.

Nous retrouverons un art poétique digne de ce nom lorsque nous retrouverons un art de lire. Le monde culturel, hélas, paraît dominé de plus en plus par les barbares et les prétentieux. Ces gens-là sont tout autant dépourvus de courtoisie à l'égard de leurs semblables qu'à l'égard des livres. Avec eux, les lectures sont hâtives, prétentieuses ou sans objet. Tel est le monde de la « culture » : une vague idolâtrie qui s'évanouit, une pieuse obsolescence. Or, ce monde terrible porte dans son propre vide les poèmes qui le combleraient. Ce qui n'est point dit est déjà dit, mais physiquement refusé à la parole. Il s'agit pour les poètes d'opérer cette transposition du métaphysique au physique, de la surnature à la nature : c'est là tout le mystère de l'Incarnation. Être auteur, c'est réactualiser ce mystère. Lire, c'est en célébrer les vertus. C'est pourquoi il me semble urgent de retrouver, du moins par une heureuse disposition intérieure, un cérémonial de la lecture. Il faut, et je me réfère ici à une lettre de Nietzsche à Peter Gast, cesser de lire les livres « *en pillards, qui prennent ici et là ce qui leur semble utilisable et souillent et confondent le reste sous leurs outrages* ». Il faut retrouver, à travers l'acte de la lecture, la bonne foi. Je suis fort loin de croire, dans ce domaine comme en bien d'autres, que la profanation soit une « libération ». La fonction de l'auteur, me semble-t-il serait au contraire de retrouver le sacré à sa racine : ce moment mystérieux où la flamme du sens danse derrière l'apparence des signes, et nous fait signe par-delà les signes...

L'Ombre : Autrement dit : « l'esprit qui vivifie » par-delà toutes les « lettres mortes ».

Le Voyageur : C'est vérité d'Évangile ! Le monde moderne, et vous constatez que je fais mienne la définition qu'en donne René Guénon, n'est autre que le monde de la lettre morte. Or, la lettre morte, c'est aussi la lettre qui tue. Ce qui est mort, en l'occurrence, est meurtrier. La lettre morte prétend à la régence du monde. Là encore je réclame le regard de l'historien. Nul ne peut ignorer que le monde moderne est un monde où les mots ont la faculté de tuer, d'asservir, d'user de l'homme et de la réalité avec une efficience d'autant plus grande qu'ils sont des mots écrits. Les idéologies du XXe siècle, dont il paraît difficile de nier le caractère obscurantiste et barbare, furent des constructions de mots, de lettres mortes et mortifères. Ce que Jean Tourniac nommait « l'exotérisme dominateur », loin de demeurer la particularité des religions, se généralisa à tous les domaines du politique. Ce furent des définitions en tant que lettres mortes qui furent les arrêts de mort de millions de nos semblables dans ce siècle abominable.

À ce titre, le combat de l'auteur contre la lettre morte est bien un combat politique, et sa recherche de la vérité dépasse le simple sentiment esthétique, quand bien même ce sentiment serait aussi une arme contre la lettre morte. L'autorité et la liberté dont nous venons de parler sont également des résistances possibles au pouvoir meurtrier de la lettre morte. Il s'agit bien de l'*autorité du sens* et de la *liberté de l'interprétation*. Toute herméneutique traditionnelle repose sur cette double reconnaissance. L'autorité du sens, qui est le rayonnement du *Logos*, du Verbe, et la liberté de l'interprétation, qui explique et justifie la diversité des formes traditionnelles. Interpréter, c'est traduire sans trahir, c'est-à-dire demeurer dans l'écoute de bonne foi comme le musicien face à la partition. Être libre d'interpréter, ce n'est certes pas être libre de changer les notes, c'est leur donner la résonance la plus pertinente. Cette recherche de la justesse, de la pertinence musicale est infinie. Je dirai même que l'infini n'est rien d'autre que cette recherche. Sans cette quête, la notion même d'infini nous serait incompréhensible. Cependant cet infini s'ordonne à l'absolu et à l'invariable qu'est la partition. Ce qui paraît tout d'abord contradictoire – autorité du sens et liberté de l'interprétation – si on le considère seulement selon la logique formelle, devient, si on le confronte à une expérience réelle – par exemple l'interprétation musicale –, interdépendant. L'infini de l'interprétation désigne le point de l'autorité du sens. C'est en se confrontant à cette expérience que l'écrivain devient un auteur. L'écrivain, quel que soit son talent, peut encore se laisser subjuguer par la lettre morte, l'auteur lui, dans l'acception particulière que nous donnons à ce mot, est l'écrivain délivré de la lettre morte, l'écrivain qui est passé de l'autre côté du pont et qui a vaincu les fantômes qui venaient à sa rencontre...

L'Ombre : De quelle nature sont ces fantômes qu'il faut vaincre ? Cette question éveillant en moi un intérêt singulier, et comment dire, « idiosyncrasique », si je puis me permettre cet anglicisme...

Le Voyageur : Plus on se rapproche du vrai, et plus les erreurs tournent autour de nous avec véhémence. C'est, au sens strict, une épreuve initiatique. Comment n'être point dérouté par ce vrombissement d'erreurs, ces acharnements trompeurs, telle est la question morale fondamentale. Le péché, c'est céder à l'erreur, se laisser dérouter par elle. La morale n'a de sens que dans une quête du vrai. Elle est, pour ainsi dire, la méthodologie et la stratégie de cette quête. Toute stratégie connaît des règles, et c'est à ce titre que l'on peut parler de « règles » morales. Mais ce serait ne rien comprendre à la morale que de croire qu'elle se réduit à cette régulation. La régulation n'est qu'une partie de la morale, de même que les règles stratégiques ne sont pas toute la stratégie. Et la stratégie elle-même prend place dans un ensemble plus vaste...

L'auteur, s'il prend soin, parfois jusqu'à la provocation, de se distinguer des moralisateurs, qui confondent la morale et la régulation, n'en demeure pas moins de tous nos contemporains celui qui cultive le plus quotidiennement un souci moral. André Breton avouait que les questions morales étaient de celles qui l'exaltaient au plus haut point. À chaque étape de l'œuvre, une nouvelle étude du comportement s'avère nécessaire. À mesure de notre progression dans l'inconnu, les configurations de la réalité changent et appellent de nouvelles considérations morales – ou éthiques, si l'on préfère relier ce souci à son étymologie grecque. Si les règles morales changent, il n'en faudrait pas pour autant se hâter d'en conclure que la morale est relative ou inexistante et qu'il existe autant de morales que de subjectivités. Ce serait profondément méconnaître le caractère impérieux du réel. Les règles peuvent changer, c'est précisément parce qu'elles ne sont pas la morale elle-même, ni son essence. On ne peut comprendre la nécessité des règles, leur nature non arbitraire que si l'on s'interroge sur le sens de la morale. Le sens, c'est à dire son orientation. La morale ne se suffit point à elle-même, elle est ce qui rend possible un cheminement vers la métaphysique. L'auteur se constitue une éthique par nécessité dans sa recherche du vrai. La vérité métaphysique, qui est le sens de la morale, révèle, par voie de conséquence, la vérité de la morale. La vérité de la morale est d'être orientée vers la recherche du vrai...

Ces considérations cessent d'être abstraites aussitôt que l'on s'aperçoit que, par exemple, pour l'auteur, la fin ne justifie jamais les moyens. La formule « la fin justifie les moyens » est la formule de base de l'amoralisme vulgaire. Dire que la fin justifie les moyens, c'est s'autoriser n'importe quoi. Ce fut le propre des idéologies de la lettre morte triomphante. Si la fin justifie les moyens, les pires horreurs sont permises, à commencer par l'absence de style.

Dans une perspective éthique, on peut définir l'auteur comme l'être pour qui la fin ne justifie pas les moyens car, en art, ce qui doit être dit exige *la manière*. Pour l'auteur, les moyens sont tout aussi importants que la fin, la fin est contenue dans les moyens, de même que les moyens peuvent être considérés, en quelque sorte, comme une preuve de la pertinence de la fin recherchée. C'est la preuve par les neuf Muses dont nous parlions précédemment. Sacrifier les moyens à la fin, aussi noble soit-elle, c'est, pour l'auteur une pure impossibilité. À ce titre déjà, le fondement de la morale – qui est de ne pas croire que la fin justifie les moyens – lui est déjà acquis. Il est intéressant de voir que ce fondement de la morale est aussi le fondement de l'esthétique. Croire au caractère indissociable des moyens et de la fin, c'est aussi le propre de l'esthète... Celui qui chemine vers le vrai, comme le Chevalier de Dürer, entre la Mort et le Diable, la morale lui est aussi nécessaire que sa monture. Celui qui chemine vers le vrai constitue une morale par son cheminement. Il se distingue radicalement de celui qui, ayant appris quelques règles, croit détenir le vrai et le bien. Le vrai et le bien ne se détiennent point, ils se délivrent du carcan de la lettre morte. En avançant d'intersignes en intersignes, comme les héros des épopées et des Chansons de Geste, l'auteur délivre la flamme des écorces de cendre qui l'emprisonnent, il délivre la flamme, et cette flamme flambe dans l'espace reconquis de la rencontre de la terre et du ciel !

Les fantômes qu'il faut vaincre sont les ombres des signes des flammes délivrées ! Dans ce chemin où les moyens brillent de la fin qu'ils annoncent, chacune de vos victoires suscite un ressentiment. Rien n'est moins compris que la générosité.

L'Ombre : Que voulez-vous dire ?

Le Voyageur : Simplement que s'il est une chose qui est mal comprise, c'est bien la générosité. Le propre de l'esprit mesquin, calculateur, est de ne pas pouvoir imaginer la générosité. Le faible peut imaginer ce qu'est la force, le sédentaire peut imaginer le voyage, mais le mesquin ne peut pas imaginer la générosité. La générosité, le don gratuit sont au sens propre inimaginables. Ce sont des réalités. Le mesquin, qui ne peut imaginer la générosité, mais qui doit bien en constater quelquefois les manifestations, se trouve obligé par sa tournure d'esprit à supputer des motifs intéressés, sous-jacents aux actes généreux qu'il ne comprend pas. Ainsi la création poétique et littéraire se voit accusée de servir la vanité des auteurs, comme si la vanité pouvait exiger un sacrifice aussi grand ! Le sens de la gratuité, de la dépense pure, dionysienne, qui caractérise les plus grands d'entre les auteurs se heurte à une hostilité foncière.

L'esprit calculateur non seulement ne comprend pas l'acte poétique, il lui est viscéralement hostile. Pour lui, tout ce qui n'est point vénal est immoral ; l'acte qui ne s'inscrit point dans l'économie est un acte impur, coupable ; la générosité est un crime, une perversion. Telle est la morale du moralisateur. Elle s'établit sur la conformité de l'acte à l'utilité. À rebours de la morale de l'auteur, elle est une morale pour laquelle la fin justifie les moyens. Pour elle tout auteur est par définition immoral.

Ce serait être extraordinairement schématique que de faire de cette variabilité de la notion morale une relativité de toute morale. Non, il n'y a pas autant de morales que d'individus ou même de peuples, il y a autant de morales que d'orientations fondamentales de l'être humain. La morale domestique, utilitaire, calculatrice, bourgeoise ne se distingue pas seulement de la morale héroïco-sacerdotale de l'auteur, elle s'y oppose, elle vise à son éviction totale. L'être qui est orienté par le profit, par la conformité sociale s'oppose à celui qui est orienté par la quête de la beauté et de la connaissance. Ce sont ces appartenances secrètes qui déterminent le destin des individus, bien davantage que les appartenances aux classes sociales, aux peuples, aux cultures.

C'est en ce sens que les réalités humaines sont infiniment plus diverses et plus universelles qu'il n'y paraît. Les êtres mêmes qui devraient, selon la logique déterministe, nous être proches par toutes les évidences de l'inné et de l'acquis, s'avèrent parfois infiniment lointains, car leur orientation intérieure, leur « caste » au sens métaphysique, est tout autre que la nôtre. À l'inverse, il nous arrive de comprendre comme la parole de notre propre cœur des écrits chinois dont nous sommes séparés par deux ou trois millénaires. René Guénon explique cette expérience par ce qu'il nomme la Tradition Primordiale. Cette belle idée me paraît être une réalité profonde que les Modernes ont d'autant plus de difficulté à saisir qu'elle n'est point d'ordre strictement historique. À ce propos, il est absurde de se livrer à des polémiques. Celui qui ne perçoit point l'unité transcendante des archétypes n'entendra rien à ces questions. C'est moins une intelligence dogmatique ou rationnelle qui est ici exigée qu'une bonne oreille. Il faut entendre le *La*. Toutes les interprétations pertinentes s'ensuivent. Il en va de même de la distinction de l'ésotérisme et de l'exotérisme, du métaphysique et du religieux, de l'initiatique et du rituel. Cette distinction se perçoit, elle ordonne à sa façon l'entendement et nous délivre de l'emprise de la confusion ordinaire, de l'utilitarisme banal qui revient là encore à s'emparer de ce qui est par-delà l'histoire et le temps pour le faire servir à l'histoire et l'emprisonner dans le temps. S'il existe encore de nos jours un combat chevaleresque digne de ce nom, il sera à la pointe de l'audace, de la ferveur, de la générosité qui délivrera la poésie et la métaphysique des morales du ressentiment.

L'Ombre : Vous parlez de l'art de la lecture, de cette sapience de l'empreinte et du sceau qui est le propre du bon lecteur, et par exemple de l'œuvre de René Guénon, dont un auteur dont le nom échappe à ma mémoire ombrageuse, disait qu'elle était « *une fenêtre clairement dessinée* ». Quelles sont les œuvres qui eurent sur vous une influence décisive ?

Le Voyageur : Je reconnais des influences innombrables. Et peut-être celles que j'oublie sont-elles les plus importantes. La composition de mes poèmes doit beaucoup aux musiciens et celle de mes essais aux peintres. Les poètes et les penseurs dont les œuvres me sont le plus proches ne sont pas forcément ceux qui m'ont influencé. Je crois que la vision précède l'œuvre et que les œuvres vers lesquelles nous allons vont, elles aussi, à notre rencontre. Il n'y a point de rencontre fortuite. Les œuvres déterminantes nous sont offertes au moment voulu. Ce qui nous rapproche de certaines œuvres, ce qui établit une proximité entre certaines œuvres, c'est moins une influence formelle que la fréquentation des mêmes espaces visionnaires. Les êtres qui parcourent les mêmes contrées sont destinés à se rencontrer. La passion avec laquelle nous lisons nos auteurs préférés témoigne que leurs œuvres éveillent en nous le ressouvenir d'expériences communes. Les œuvres dont je suis aujourd'hui le plus proche sont d'une découverte trop tardive pour m'avoir influencé. Mais au premier titre des influences, je citerai Nietzsche, dont semblent m'éloigner les propos néo-platoniciens et théologiques que je viens de vous tenir.

La question est : qu'est-ce qu'une influence ? Qu'en est-il du Maître ? De quelle nature est notre reconnaissance à son égard ? La répétition des formules et des anathèmes suffit-elle à faire de nous de bons disciples ? Nietzsche réclamait-il seulement que l'on fût d'accord avec lui ? Ne serait-ce point d'une certaine façon absurde et ridicule que de se dire « d'accord avec Nietzsche » ? Ce grand pourfendeur de toutes les « valeurs » de son temps n'eût-il point éprouvé quelque répugnance à l'endroit de disciples qui se contentent de faire de son œuvre une « *doxa* » matérialiste, darwinienne ou « post-moderne » ?

Ce qui me requit dans l'œuvre de Nietzsche, ce fut tout d'abord le mouvement de sa pensée, sa liberté altière. « *Il m'est odieux de suivre autant que de guider* », est-il écrit dans *Le Gai savoir*. Les malentendus sur Nietzsche sont nombreux. Les ennemis de Nietzsche colportent sur l'auteur du *Gai savoir* les mêmes imbécillités que ses prétendus adeptes nazis, en particulier l'idée d'une surhumanité obéissant à des lois biologiques, évolutionnistes et darwiniennes. Nietzsche fut au contraire le premier contempteur de ce positivisme grossier, de cette vision zoologique de l'être humain. Mais les « nietzschéens » et les « anti-nietzschéens » ne lisent guère l'auteur dont ils se revendiquent ou dont ils usent comme épouvantail ! Au demeurant les « cartésiens » ne lisent pas davantage Descartes, ni les « voltairiens » Voltaire ! C'est une habitude. Les noms des auteurs deviennent le titre d'un vague lieu commun, d'une opinion banale. Les œuvres, les pensées sont radicalement ignorées. Ainsi, il est de coutume de faire dire à Nietzsche tout autre chose ou le contraire de ce qu'il dit. Là où la vulgate associe le nom de Nietzsche au culte de la loi du plus fort, à une sorte de darwinisme brutal, Nietzsche, dans ses fragments posthumes qui furent abusivement rassemblés sous le titre *La Volonté de puissance*, dit exactement le contraire. Je me permets de vous lire un passage : « *Ce qui me surprend le plus lorsque je passe en revue les grandes destinées de l'humanité, c'est d'avoir toujours sous les yeux le contraire de ce que voient ou veulent voir aujourd'hui Darwin et son école. Eux constatent la sélection en faveur des êtres les plus forts, les mieux venus, le progrès de l'espèce. Mais c'est précisément le contraire qui saute aux yeux : la suppression des cas heureux, l'inutilité des types mieux venus, la domination inévitable des types moyens et même de ceux qui sont au-dessous de la moyenne... Les plus forts et les plus heureux sont faibles lorsqu'ils ont contre eux les instincts de troupeaux organisés, la pusillanimité des faibles ou le grand nombre.* »

De même, dans les œuvres de Nietzsche, les exégètes ordinaires ne voient ou ne veulent voir que ce qui ne s'y trouve en aucune façon. À cela, rien de bien surprenant, l'instinct du troupeau consistant précisément à ramener à de mortels lieux-communs les pensées vivantes, à réduire l'audace herméneutique à des « opinions » partageables avec n'importe qui, ou réprouvables par n'importe qui. La pusillanimité des faibles et le grand nombre excellent à ces travaux. Il s'agit toujours de réduire l'exception à la norme de l'inférieur. C'est aussi la tâche de ces études biographiques qui vont chercher dans la vie des auteurs ces anecdotes, ces bassesses, ces banalités, ces engagements politiques qui en font des hommes comme des millions d'autres. Que nous importe ce que ces hommes ont de commun, puisque c'est justement l'*exception* de leur œuvre qui suscite notre intérêt pour eux. Valery Larbaud s'agaçait que ses biographes considérassent comme une trouvaille digne d'intérêt qu'il eût le même tailleur que Marcel Proust. Je partage cet agacement. Les mœurs, les opinions, les fréquentations que les auteurs ont en commun avec un nombre considérable d'insignifiants ne méritent guère que l'on s'y attarde. Ce qui importe ce sont les moments, les circonstances qui favorisèrent l'émergence de l'œuvre. Les livres que lit un auteur, les pays qu'il découvre sont plus intéressants que la marque de ses chemises…

L'Ombre : Oui, revenons à vos lectures, à vos belles humilités, à ces influences qui peuvent n'être pas seulement des influences sur vos œuvres, mais aussi des influences sur votre vie.

Le Voyageur : C'est un point crucial. Les œuvres influencent bien davantage la vie qu'elles n'influencent d'autres œuvres. Des cuistres modernes ont inventé la notion « d'intertextualité » pour dire que le texte est produit par d'autres textes. Mais, avant de produire d'autres écrits, les œuvres influencent la sensibilité, la vision, elles constituent notre âme en tant qu'instrument de connaissance, elles nuancent, elles enrichissent les teintes du monde, elles approfondissent les perspectives… La notion d'influence dit le flux. Ce sont des courants qui entraînent. Nous aimons ces pensées fougueuses. Et s'il est quelque chose que l'on ne saurait ôter à Nietzsche, c'est la fougue. L'œuvre de Nietzsche est une œuvre de jeune homme mû par une grande hâte à se défaire des préjugés, des carcans, des habitudes. Subir cette influence-là, c'est se rendre insaisissable. Nietzsche écrivit qu'il désirait « *non la vie éternelle, mais l'éternelle vivacité.* »

Nous ne prêtons jamais assez attention à ce que disent les auteurs. Non la vie éternelle, mais l'éternelle vivacité… Ce n'est point la vie éternisée qui est notre désir, mais l'éternité vivace ! La vive éternité ! Désirer la vie éternelle ou bien la vive éternité ? La vie éternelle pourrait bien n'être que le prolongement indéfini des conditions biologiques, ce ne serait alors qu'une vie, au sens naturel et biologique, que l'on voudrait sans fin : rien que d'immanent et de profane dans ce désir. Désirer l'éternelle vivacité, c'est tout autre chose. Le point d'appui est l'éternité et non la vie, et ce qui est nommé de la vie est alors une qualité particulière de la vie : sa vivacité. Ce que nous désirons, c'est une éternité qui ait cette qualité particulière de la vie. Ce que nous désirons, c'est une éternité vive.

Il faut apprendre à écouter, à lire, à interpréter. Il règne en ce moment dans les milieux « culturels » une déplorable fatuité, mi-universitaire, mi-journalistique, qui se targue de pouvoir résumer les œuvres en quelques formules. Des ouvrages de vulgarisation se multiplient qui prétendent à donner les « grandes lignes » des œuvres, des pensées, des religions. Ces « grandes lignes » n'existent que dans la pensée des vulgarisateurs. Loin de moi l'idée de dénigrer ce genre exquis : l'essai ! Mais encore faut-il partir de ce qui est dit. D'entendre simplement, sans excessif encombrement d'érudition et sans outrancière schématisation, ce qui est dit. Certes, le secret du poète gît dans la profondeur limpide de son poème, et il n'est point de commentaire qui s'en puisse prévaloir. Mais il existe une tradition herméneutique qui est une tradition d'affinement de l'entendement, un art de l'approche, selon le mot de Jünger, une science des chasses subtiles qui nous porte au seuil du mystère... Il me semblerait particulièrement intéressant aujourd'hui de proposer une relecture de Nietzsche, beaucoup plus précise et beaucoup plus libre que celles, universitaires et journalistiques, qui prévalent encore aujourd'hui. Lecture beaucoup plus précise, car débutant avec ce que Nietzsche écrit, et plus libre, car refusant de s'assujettir à l'idée préalable que l'on se fait d'une « philosophie nietzschéenne ». Il y eut, il y a quelque temps, un ouvrage collectif intitulé *Pourquoi nous ne sommes pas nietzschéens* qui est l'exemple de ce qu'il faut éviter. Pour un esprit soucieux d'exactitude et de liberté « ne pas être nietzschéen » n'a aucun sens puisque « être nietzschéen » déjà n'a aucun sens. Si l'on situe sa pensée dans la perspective de l'auteur qui écrivit : « *Il m'est odieux de suivre autant que de guider* », « ne pas être nietzschéen », c'est littéralement redoubler d'insignifiance. Mieux que d'établir pourquoi nous ne sommes pas nietzschéens, ou pourquoi Nietzsche lui-même n'est pas nietzschéen, il serait important de comprendre pourquoi, lisant Nietzsche, nous pouvons être nous-mêmes, c'est-à-dire faire l'épreuve d'une pensée souveraine.

La souveraineté est le cœur de ma méditation. La pensée souveraine est une pensée de la « vive éternité », c'est dire une pensée musicale. Celui qui ne lit point Nietzsche pour éprouver sa propre souveraineté dédaignera ce qui est dit effectivement dans les livres de Nietzsche pour se contenter de quelques idées générales rapportées. Si l'œuvre de Nietzsche, aux premiers paragraphes, nous apprend déjà quelque chose, c'est bien à nous défier des idées générales. Dès le *Voyageur et son ombre*, *Humain, trop humain*, *Opinions et sentences mêlées*, Nietzsche nous initie à une pensée du particulier et de la nuance. Ce qui est dit ne vaut point en général dans sa perspective propre. Telle est la voie de la souveraineté : elle n'est point une règle générale, elle est l'exception. Ce qui intéresse Nietzsche, ce n'est pas ce qui peut être généralement compris ou appliqué, mais l'exception. Toute règle suppose une exception. Cette exception est la fine pointe. C'est d'elle que naissent les nouvelles règles, qui devront elles aussi être combattues. La quête de la souveraineté est chez Nietzsche une quête du centre. Pour voir l'éternel retour, pour être embrassé par l'éternité, comme il est dit dans *Ainsi parlait Zarathoustra*, il faut être au centre de l'exception.

Nous sommes là fort loin de la vulgate darwiniste, idéologique ou matérialiste qui s'est ornée naguère de quelques citations choisies de Nietzsche pour dissimuler le néant de sa pensée. Chaque fois que l'occasion s'en présente, il faut arracher les auteurs des mains de ceux qui en usent à des fins de propagande, de crétinisation. « *Les hommes, les plus semblables entre eux*, écrit Nietzsche, *les plus ordinaires avaient l'avantage et l'ont encore ; les hommes d'une qualité plus choisie, plus fine, plus rare, moins faciles à comprendre ont une grande chance de rester isolés […]. Il faut faire appel à de prodigieuses forces adverses pour contrecarrer ce processus "in simile" naturel, trop naturel, ce progrès qui rend les hommes de plus en plus semblables en médiocrité, de plus en plus moyens, moutonniers, vulgaires.* »

Tel est me semble-t-il le sens politique de l'œuvre de Nietzsche : contrecarrer le processus d'uniformisation « naturel, trop naturel ». Il ne s'agit nullement, pour Nietzsche, d'aller dans le sens de la nature, de la sélection de l'espèce, mais bien de « contrecarrer » ces forces. Être auteur, aller audacieusement à la rencontre de sa propre souveraineté, c'est *« faire appel à de prodigieuses forces adverses »*. Il y a bien chez Nietzsche une vision aristocratique du monde, mais cette aristocratie est celle des hommes les plus complexes, les plus profonds et les plus fragiles, ceux qui ont la connaissance intime de l'art et de l'ivresse, les initiés aux mystères dionysiens de la vénération. Cette aristocratie se caractérise par une fidélité au passé. « *Celui qui prend la parole ici*, écrit Nietzsche dans *La Volonté de puissance*, *n'a rien fait jusqu'à présent si ce n'est réfléchir et se recueillir […]. Oiseau prophétique qui regarde en arrière.* » J'ai dit ce que ce titre *La Volonté de Puissance* avait de contestable ; il n'empêche que la notion de puissance est capitale dans cette ultime phase de l'œuvre. Mais, là encore, entendons ce que Nietzsche nous dit, prêtons attention au sens qu'il donne au mot de « puissance ». Hegel, par exemple, donne au mot « dialectique » un sens qui dépasse son usage ordinaire. Il en va de même du mot « phénomène » dans l'œuvre de Husserl. Le mot « puissance » dans l'œuvre de Nietzsche mérite une égale attention. Ce n'est point parce que Nietzsche refuse de s'abandonner sans retenue au genre didactique qu'il faut considérer sa terminologie avec désinvolture. La puissance, déjà, n'est pas le pouvoir. Nietzsche oppose, comme des forces adverses, la force naturelle propre aux « instincts de troupeau », et la puissance créatrice de l'art et de l'ivresse qui est le propre des hommes supérieurs, de l'aristocratie véritable. Or, nous l'avons vu, ces hommes supérieurs sont aussi, pour Nietzsche, les plus fragiles et les plus menacés. La puissance, pour Nietzsche, se met elle-même en danger. Elle est paradoxalement sans force devant « *la pusillanimité des faibles et le grand nombre* ». Dès lors, la philosophie et la politique aristocratique de Nietzsche consisteront à défendre et à sauvegarder l'exception heureuse, car elle seule, de par la générosité de sa force, sa prédestination dionysienne et dispendieuse, peut donner l'exemple d'un dépassement du nihilisme, condition de toute civilisation.

Toute civilisation, pour Nietzsche, naît d'une surabondance de biens spirituels. Elle a pour raison d'être cette surabondance, sa justification est l'ivresse de l'art dont les forces contrecarrent la nature : « *Veut-on la preuve la plus éclatante qui démontre jusqu'où va la force transfiguratrice de l'ivresse ? L'amour fournit cette preuve, ce que l'on appelle l'amour dans tous les langages, dans tous les silences du monde ; là, l'ivresse s'accommode de la réalité à un point que, dans la conscience de celui qui aime, la cause est effacée et que quelque chose d'autre semble se trouver à la place de celle-ci – un scintillement et un éclat de tous les miroirs magiques de Circé.* »

Le combat à mener, la puissance à faire rayonner sont inscrits dans le cœur de la souveraineté. La beauté, l'ivresse, la vie magnifique sont des exceptions. Elles n'ont une chance de se manifester que lorsque les instincts du troupeau sont mis en échec. En ces temps où le troupeau devient planétaire, le combat n'en est que plus ardu. L'homme grégaire, mesquin, conformiste, qui conçoit le « bien » comme équivalent de l'utile, n'a jamais autant qu'aujourd'hui disposé du pouvoir de niveler le monde à sa mesure. Le monde de la technique et celui d'un puritanisme moral particulièrement odieux – dont Nietzsche prévoyait la venue – se sont alliés dans un dessein mondialiste pour nous faire une vie ennuyeuse, sous la férule des bien-pensants. À cet égard la critique d'une certaine morale, comme ressentiment à l'égard de la puissance, de la beauté, de l'ivresse, demeure parfaitement pertinente. Le monde technique et celui de l'exotérisme dominateur, du littéralisme religieux sont faits pour s'entendre au détriment de l'art et de la gnose. Le poète et le gnostique sont les véritables hérésiarques du monde moderne, et comme tels, à mon sens, les véritables héritiers de la Tradition, au sens héroïque et sacerdotal.

La pensée de Nietzsche qui se heurta de la part des spécialistes à un mur d'exégèses incompréhensives n'en fut que mieux accordée à la pensée des poètes et des écrivains. L'œuvre de Nietzsche n'a jamais cessé de m'évoquer cette plasticité sonore qui est le propre des œuvres de Debussy et de Ravel. Nietzsche, c'est, pour moi, de la musique française. Bon, ceux qui n'y entendent rien trouveront que je m'aventure... Mais lisez *Aurore* ou le *Gai Savoir* – dans la traduction d'Alexandre Vialatte – en oubliant ce que vous croyez savoir sur Nietzsche et vous entendrez, non seulement un prolongement évident de nos moralistes du XVIIe siècle, mais une musique qui élève dans le ciel et sur la mer des teintes et des orchestrations debussystes.

La pensée de Nietzsche se prolonge également dans l'œuvre de Proust. On a beaucoup insisté sur la parenté de Proust et de Bergson. Mais Proust et Bergson s'ignoraient plus ou moins. En revanche la pensée de Nietzsche se ramifie singulièrement dans *La Recherche*. Les analyses de Proust sont une perpétuelle recherche qui s'apparente étroitement à *La Généalogie de la morale*, et comme celle-ci, elle ne se réduit pas au pur soupçon, mais initie à la découverte d'une « vérité » philosophique dont on peut attendre une vie plus intense et plus belle ! Il faut réfléchir sur cette déclaration de Proust : « *Je n'ai jamais écrit une ligne pour écrire mais pour exprimer quelque chose qui me tenait au cœur et à l'imagination.* » Instrument de connaissance, instrument de destruction des illusions qui nous emprisonnent dans une vie amoindrie, l'œuvre lutte contre la vulgarité et la laideur. « *Il n'y a pas de beauté tout à fait mensongère*, écrit Proust, *car le plaisir esthétique est justement celui qui accompagne la découverte d'une vérité.* »

Un livre de Nietzsche, je crois *Aurore*, devait s'intituler *L'Ombre de Venise*. Ce titre eût également convenu à certaines parties d'*À la Recherche du Temps Perdu* où l'ombre colorée de Venise s'étend sur les pages. L'écriture de Nietzsche comme celle de Proust est prise d'une irisation vénitienne qui perdure dans nos songes bien après que nous avons refermé le livre. Nietzsche dit parfaitement ce que doit être un grand livre : « *Un monologue idéal. Tout ce qui a une apparence savante absorbé dans les profondeurs. Tous les accents de la passion profonde, de l'inquiétude, aussi de la faiblesse. Des adoucissements, des taches de soleil — le bonheur court, la sublime sérénité* […]. » Et ceci encore : « *En quelque sorte un dialogue d'esprits ; une provocation, un appel.* »

L'Ombre : À qui s'adressent ces provocations et ces appels ?

Le Voyageur : Si nous nous faisons à notre tour « *oiseau prophétique qui regarde en arrière* », si nous nous livrons à quelque généalogie des idées à l'œuvre dans *À la Recherche du Temps Perdu*, nous trouvons, par exemple, Ruskin, qui répond à notre appel et nous dit que « *l'artiste est déchiffreur, chanteur et mémorialiste.* » On ne saurait mieux définir la vocation de Nietzsche et les vocations que l'œuvre de Nietzsche favorise. Déchiffrer, c'est toute l'herméneutique, et l'œuvre de Nietzsche est un retour à l'herméneutique. Chanter, c'est comprendre que la vérité doit devenir souffle, prendre une vie éolienne, s'accorder aux secrètes mesures du monde. Être mémorialiste, c'est combattre le nihilisme, s'abreuver à la source de Mnémosyne. Si Proust a choisi pour maître Ruskin, et à travers Ruskin, les cathédrales dont Ruskin parle si bien, c'est assez dire que ce novateur des lettres ne l'est avec tant de puissance que parce qu'il plonge sa pensée dans une fidélité immémoriale. L'œuvre idéale, pour Marcel Proust, ne peut être qu'à la ressemblance d'une cathédrale, elle doit s'édifier dans l'âme avant de l'être sur le papier : « *Le sujet du romancier, la vision du poète, la vérité du philosophe, s'imposent à eux d'une façon presque nécessaire, extérieure pour ainsi dire à leur pensée. Et c'est en soumettant son esprit à rendre cette vision, à s'approcher de cette vérité, que l'artiste devient vraiment lui- même.* » Pour Proust, la vision est antérieure à l'œuvre, mais ce qui est encore plus intéressant, c'est qu'elle est aussi antérieure à la nature. L'auteur de la *Recherche* rejoint ici Emerson qui écrit : « *La Nature est l'incarnation de la pensée. Le monde est de l'Esprit précipité.* »

Telles seront les fonctions du poète-métaphysicien, qui radicalise en quelque sorte l'*éthos* du « philosophe-artiste ». Le poète-métaphysicien sera déchiffreur, chanteur et mémorialiste, mais par son expérience du temps vertical, il sera également, par-delà tout déchiffrement, le chiffre lui-même, par-delà le chant, la musique silencieuse, et par-delà toute mémoire, la présence absolue de la toute-possibilité. Telle est la Figure que je voudrais voir naître de ces entretiens *à l'ombre de Venise*.

Le voyageur se laisse aller à la songerie et se remémore Les Barricades mystérieuses *de Couperin désirées par l'ombre interrogative.*

III

Entretien sur la métaphysique, l'individu, l'orage mallarméen, Fernando Pessoa, la hiérarchie, la rhétorique de Dieu, les pays de Dante et de Novalis, l'abîme de Dionysos et l'abîme du Christ, le Lointain

L'heure qui précède le scintillement matutinal est passée dans le silence. La conversation reprend avec le jour qui recommence sur la terrasse accueillante au voyageur. L'ombre humaine, dont la silhouette se précise comme le soleil s'élève, s'ajoute aux ombres des feuillages dont la mouvante légèreté éveille un sentiment de reconnaissance.

L'Ombre : Notre précédent entretien où vous esquissiez un fervent hommage à Nietzsche, s'achevait sur l'évocation de la Figure du poète-métaphysicien ; mais Nietzsche n'est-il pas considéré par des légions de spécialistes comme l'ennemi de toute métaphysique, l'anti-métaphysicien par excellence ?

Le Voyageur : Certes. Mais vous aurez compris que l'art du poète-métaphysicien consiste précisément à trouver l'angle de vision où l'œuvre cesse d'être réductible à des idées générales – l'angle ou la perspective qui désigne *un point de haute pertinence* qui échappe aux catégories scolaires. La découverte de ce point dans tel ou tel écrit, je le redis, ne fait pas de moi un « nietzschéen ». De même, la découverte dans les œuvres de Platon, de Plotin ou de Proclus d'autres points de haute pertinence ne fait pas davantage de moi un « platonicien » au sens banal d'un adorateur des « Idées » doublé d'un dépréciateur du monde sensible. À ce titre, il me semble que l'œuvre de Platon est moins « platonicienne », et l'œuvre de Nietzsche moins « nietzschéenne » qu'il n'y paraît.

Le poète-métaphysicien est celui qui refuse de sacrifier la moitié de sa pensée au nom d'une alternative qui lui apparaît comme artificieuse. Les esprits dogmatiques, qu'ils soient matérialistes ou spiritualistes, sont enclins à vouloir nous faire renoncer soit à l'esprit, soit à la matière. Si je suis frappé par la pertinence de la « généalogie de la morale » chez Nietzsche, devrais-je tout aussitôt renoncer à l'expérience visionnaire des Idées, à la procession ascendante, glorieuse, vers le Soleil-*Logos* que décrit Plotin, sous prétexte qu'une critique du platonisme serait implicite à la « généalogie de la morale » ? Quelle absurdité ! Ce rigorisme universitaire ne vaut pas mieux que le moralisme religieux qui veut nous faire renoncer aux plaisirs de la chair pour peu que nous prétendions à la célébration de l'Esprit-Saint ! Le poète-métaphysicien ne veut point renoncer à la poésie au nom de la métaphysique, il ne veut pas davantage renoncer à la métaphysique au nom d'une poésie qui serait pure immanence.

Le principe de la reconquête de la souveraineté intérieure guide le poète-métaphysicien à travers le refus des alternatives, l'expérience de la coïncidence des contraires, le refus d'être mutilé de certaines de ses plus hautes possibilités de connaissance ou d'ivresse, la recherche de l'équilibre entre le masculin et le féminin, les forces de l'âme et les puissances de l'esprit.

L'idéalisme et le christianisme qui tombent sous les traits de Nietzsche n'ont pas ma faveur, et de grands philosophes chrétiens avant moi, tels que Berdiaev ou Unamuno furent à l'écoute du Solitaire d'Engadine et partagèrent sa répugnance pour les morales du ressentiment et la fuite dans les « arrière-mondes ». Ce qui a changé depuis Berdiaev et Unamuno, c'est que « l'arrière-monde », en cette phase de l'Âge sombre est devenu notre « avant-monde » et qu'en matière de « réalité » nous vivons entièrement dans ce mensonge spectaculaire ! Le monde, le monde « vrai », le monde lumineux, le monde immédiat, le monde de l'immédiate vérité a été déserté. Ce monde est vide. L'arrière-monde a si totalement triomphé qu'il faut renverser les terminologies et ce qui apparaît comme réalités positives doit être traité, par le poète-métaphysicien, comme des ombres sur le mur de la caverne. Désormais l'arrière-monde que dénonçait Nietzsche et le monde des ombres dont parle Platon dans le Mythe de la Caverne sont un seul et même monde totalitaire. Échapper à ce monde, c'est retrouver d'un même mouvement le « vrai » et l'immédiat, le sensible et l'intelligible, l'immanent et le transcendant.

La stratégie machiavélique et, au sens étymologique, « diabolique » qui consiste à dresser l'admirateur de l'immanence contre le fervent de la transcendance se solde par la dépossession simultanée de la transcendance et de l'immanence. Lorsque l'admiration du monde sensible nous échappe, le sens lui-même nous fait défaut. Les lecteurs de Nietzsche n'ont pas assez remarqué à quel point son combat philosophique était une joute nuptiale et que ses contradictions étaient avant tout des contradictions créatrices. Il ne s'agit point d'user des termes de la contradiction, il s'agit de les faire resplendir en soi. Telle est la devise du poète-métaphysicien : ni alternative, ni compromis !

« *Socrate*, écrit Nietzsche, *m'est, il me faut l'avouer, si proche que je suis constamment en lutte avec lui.* » L'art poétique et métaphysique consiste ainsi à rester au plus proche de ses contradictions. « *La pensée abstraite*, dit encore Nietzsche, *est pour beaucoup un effort pénible – pour moi, dans mes bons jours, elle est fête et ivresse.* »

Faire de la pensée abstraite une fête et une ivresse et hausser la fête et l'ivresse jusqu'à être des instruments de connaissance, d'une connaissance plus subtile et plus complexe, plus nuancée et plus structurale, plus fluante et plus mathématique, plus harmonieuse et plus abyssale que celle de nos « savoirs modernes » si misérablement soumis à l'utilitaire, si domestiqués ! La pensée et la poésie dans leur intensité la plus grande et leur plus haut envol sont préfiguratrices de la vie magnifique.

Je n'ai jamais cessé d'être frappé par l'extraordinaire écart existant entre les possibilités de la vie et la pratique ordinaire de la vie de l'homme moderne. Les possibilités d'expérimentation et de connaissance que nous offrent nos sens et notre intelligence sont grandioses et je ne cesse d'être surpris, heurté et affligé par l'étroitesse, la misère de la vie quotidienne, y compris celle des nombreux « privilégiés » de nos « sociétés avancées ». C'est une énigme : pourquoi disposons-nous d'instruments sensibles et intellectuels si subtils alors que plus rien dans le monde ne nous invite à en user ? Quelle est la nature de cet exil, de ce terrible manque d'imagination qui tient la majorité de nos contemporains dans l'inaptitude à concevoir autre chose que leur vie misérable ? Pourquoi nous tenons-nous si loin de ce que nous sommes et de ce que nous pouvons ? C'est à cette aune-là qu'il convient de reconsidérer ce que Nietzsche nommait la « volonté de puissance ». Je vois d'abord dans cette volonté une volonté de *recouvrance*. Nous sommes en exil, nous avons été dépossédés, notre existence est un leurre, une opulence factice nous maintient dans la méconnaissance de notre pauvreté réelle... Je comprends la « volonté de puissance » comme une volonté de recouvrance des pouvoirs sensibles et prophétiques de l'esprit humain. Un leurre affreux nous maintient en-deçà de nous-mêmes. J'imagine des retrouvailles fabuleuses sous le signe de la puissance reconquise.

Pour la bien-pensance propre au totalitarisme moderne, qui fait de nous des individus interchangeables et massifiés, la puissance c'est le mal. Le totalitarisme ne peut s'établir que sur l'impuissance généralisée des individus. Toute la propagande moderne consiste à convaincre les individus de leur impuissance, au point que la notion d'individualisme se confond désormais avec celle d'une impuissance acceptée. L'individualisme de masse réalise les projets les plus radicaux du collectivisme disciplinaire.

L'Ombre : Les mouvements de pensée que l'on qualifie de « contestataires » se fondent sur une critique de l'individualisme bourgeois, sur un appel à de nouvelles réalités communautaires. Est-il légitime de vous associer à ces mouvements ? Êtes-vous de ces auteurs que l'on peut dire « compagnons de route » ?

Le Voyageur : Je ne déteste pas l'impression d'être à l'origine de mes propres *mouvements*. Les compagnonnages m'agréent lorsqu'ils ne sont point moutonniers, lorsqu'ils témoignent d'un ordre éclairé par l'être et par la transcendance. Certes, la critique de l'individualisme est pertinente. L'individu insolite n'a pas de réalité. Il est un pur atome que l'on peut d'autant plus facilement asservir à un mouvement général. Ma critique de l'individualisme repose surtout sur le fait qu'il ruine la possibilité de réalisation de la personne humaine. C'est entendu, nous naissons héritiers d'une langue et, ce qui n'est pas négligeable, d'œuvres architecturales et littéraires qui sont véritablement, comme l'écrivait Heidegger, « la demeure de l'être ». Quoi que nous fassions, nous recevons davantage que nous ne pourrons donner. Toutefois la communauté à laquelle nous sommes tout d'abord redevables n'est pas ce que l'on nomme une communauté « naturelle », mais une communauté spirituelle et poétique. Et plutôt que de faire dépendre l'individu d'une communauté, je serais tenté de le relier à la Tradition. La critique évolienne du « naturalisme » me paraît particulièrement pertinente. Il n'est pas à exclure que certains ennemis acharnés de l'individualisme ne soient finalement que des adeptes déguisés de la *Magna Mater*, des adorateurs de la nature, hostiles aux puissances différenciatrices du *Logos*. C'est là une tendance typiquement moderne, illustrée par le nazisme et l'hystérie des foules dont il semble bien que la « démocratie » ne nous prémunisse guère !

C'est ainsi que je fais mienne la critique de l'individualisme, avec cette réserve que je m'interroge sur la provenance et la destination de cette critique. Il y a dans « l'homme des foules » moderne un fond de haine contre sa propre liberté qui a quelque chose d'effrayant ! Le goût de la fusion, de la promiscuité, de l'abandon de soi, du conformisme de masse, toutes ces variations de la mentalité grégaire ne laissent pas de m'inquiéter, car elles présagent une culture domestiquée, puritaine, ennuyeuse et laide. Je crois que le moment est venu au contraire de réapprendre le *sens de la distance* avec Marc Aurèle ou Sénèque, ou avec Montherlant et Saint-John Perse. « *Les individus les plus forts*, écrit Nietzsche dans *La Volonté de puissance*, *sont ceux qui résistent aux lois de l'espèce sans en périr, les isolés. C'est parmi eux que se forme l'aristocratie nouvelle.* »

Le sens de la distance aristocratique, la méfiance à l'égard de la fusion et de confusion, la constitution de la personnalité par les vertus différenciatrices du *Logos*, le sens aigu de sa propre unicité se distinguent radicalement, il faut le souligner, de l'amnésie de l'individu massifié. Tout, dans ces vertus stoïciennes, antiques, impériales se fonde au contraire sur la mémoire, sur la fidélité, sur le sens du respect et de la hiérarchie. Je suis unique, irréductible, souverain de moi-même précisément parce que je garde mémoire, que je m'établis avec mes prérogatives particulières dans une tradition.

Un malentendu, entretenu par la bien-pensance moderne, consiste à opposer de façon horizontale, plate, l'individualisme et le communautarisme, alors que l'individu, au sens de la personne souveraine, que Jünger nomme « *der Einzelne* », et dont il projettera la réalisation métapolitique dans la figure de l'*Anarque*, n'est pensable que par le lien, la fidélité essentielle « aux mots de la tribu », dans cette perspective strictement mallarméenne ou « symboliste » qui fonde l'appartenance sur des réalités que les « naturalistes », tout embarrassés qu'ils sont dans leurs « déterminismes » variés, ne peuvent entrevoir. En ce sens l'Individu est le « Coup de Dés », le « cas », la circonstance unique, qui roule dans la tourmente et en saisit les tumultes et les éclats. Vous avouerais-je que cet orage mallarméen hante ma mémoire comme une expérience vécue et qu'il me donne une lumière sur ce que peut être l'*indivis*, bien plus précise et plus forte que les théories des sociologues. Cet orage me hante autant que la double page de Mallarmé me fut vertige, à la lisière où « *veillant, doutant, roulant, brillant et méditant, avant de s'arrêter à quelque point dernier qui la sacre, toute pensée émet un Coup de Dés.* »

L'Ombre : L'individu serait-il un « Coup de Dés » ?

Le Voyageur : L'Individu, au sens que donne au mot la citation de Nietzsche, l'individu non-massifié est un Coup de Dés qui n'abolit point le hasard. De l'individu non réductible à une norme, on dit que c'est un « cas ». Le cas, c'est, étymologiquement, le résultat du Coup de Dés. Chaque individu a sa façon, son moment pour tomber juste. Nous tombons sur nos vérités, lorsqu'elles ne nous font point trébucher.

L'individu est un *cas*, mais le monde est la grammaire de Dieu et ce cas prend place indubitablement dans une déclinaison. L'individu est un cas dans une déclinaison ; il n'est point toute la déclinaison. Si je poursuis la métaphore, je dirai que ce cas, n'est point le nominatif, ni l'accusatif, ni le génitif, mais peut-être l'ablatif absolu. Ce qui est absolument ôté à toute emprise, mais qui s'inscrit cependant dans la grammaire. Ce que les écoliers peinent à apprendre. L'individu est un cas, il prend sa place dans un ordre, mais nul ne peut lui prendre sa place. Prendre sa place, c'est accorder entre elles la vérité et la puissance. Certes, la puissance, semble-t-il, vague entre la vérité et l'erreur, comme les couleurs dans la « Théorie » de Goethe naissent du côtoiement de la lumière et de l'obscurité. Là où la vérité s'approche au plus près de l'erreur, où l'erreur s'approche au plus près de la vérité, naissent les puissances. Mais de même qu'il existe des couleurs chaudes et des couleurs froides, des couleurs suscitées par la proximité de la lumière et des couleurs suscitées par l'approche des ténèbres, des couleurs proches et des couleurs lointaines, il existe des puissances chaudes et éclairantes et des puissances froides et enténébrante.

Je n'ai tant parlé d'art et de poésie que parce que l'art et la poésie sont dans la conscience qu'ils ont d'eux-mêmes. L'art inconscient est une invention d'intellectuels modernes. L'art, comme nous savons assez bien depuis Schopenhauer, et mieux encore depuis Nietzsche, naît de la conscience que la volonté aveugle prend d'elle-même. L'art naît aussitôt que nous sommes conscients des fatalités obscures qui gouvernent notre existence. La conscience est l'espace même de l'art, y compris de l'art le plus dionysiaque et le plus « sublime ».

S'approcher de la vérité, ce sera donc manifester une puissance lumineuse, bienveillante, dispendieuse. Consentir à être un « cas » dans la déclinaison auguste des possibilités universelles, c'est se rendre apte à évaluer le site propice à la réalisation, c'est faire de sa conscience une puissance. C'est le propre de la recherche, ou, plus exactement, de la quête du poète-métaphysicien. Les récits médiévaux de la Quête du Graal ne parlent de rien d'autre que de cette quête de la puissance et de la vérité. Le Graal est puissance et vérité. Unies, la puissance et la vérité sont le Graal.

Je vous assure qu'il n'y a rien d'obsolète dans cette quête, car le monde moderne est précisément une gigantesque conjuration pour priver les individus de leur puissance et de leur vérité. Infime, interchangeable, noyé dans les masses bientôt mondiales soumises aux mêmes appétits de consommation, l'individu se voit atteint dans sa puissance. Quant à la « vérité » il ne manque pas d'intellectuels pour lui dire qu'elle n'existe pas. « Tout est relatif », nous dit-on. Soit ! Mais cette proposition « tout est relatif », ne l'est pas moins que les autres. Ce monde que l'on veut sans clef de voûte, ce monde que l'on veut « déconstruit », c'est avant tout un monde planifiable. Un monde sans vérité, c'est-à-dire un monde où le pouvoir est sans contredit, est aussi un monde où le faux, le parodique, l'*ersatz*, le « spectaculaire », comme le disait Guy Debord, ont pris la place de l'expérience véritable. Le monde moderne poursuit inlassablement son projet qui est de nous faire survivre, impuissants, dans un monde faux.

C'est à ce titre, il me semble, que la quête de la puissance et de la vérité garde toute sa pertinence. À relire aujourd'hui ce que des critiques aussi divers et avisés que Villiers de L'Isle-Adam, Léon Bloy, Nietzsche, René Guénon, Julius Evola, Bernanos ou Henry Montaigu ont écrit du monde moderne, il est impossible de ne pas être frappé par ce fait étrange : leurs critiques gagnent, de jour en jour, en pertinence. Ce qui exigeait naguère, pour être perçu dans toute son ampleur, une sensibilité et une intelligence aiguisées, est désormais devenu tellement évident que nous en sommes comme abasourdis. Les preuves de la crise du monde moderne éclatent de toutes parts, mais les contemporains en restent comme aveugles et sourds. Et ils continuent de vaquer dans leurs représentations fallacieuses. Plus les démentis au cours du « progrès » sont flagrants et moins ils apparaissent comme des mises en demeure. La crise est telle que toute clairvoyance s'y est engloutie. À ce degré, la persistance dans l'erreur devient une énigme.

L'Ombre : Ne peut-on envisager de percer cette énigme ?

Le Voyageur : Peut-être n'est-il pas même nécessaire de percer l'énigme d'une erreur pour lutter contre elle. Ce qui importe tout d'abord c'est d'en mesurer l'ampleur. Cette tache noire ne cesse de grandir. Ce qui fait défaut, c'est l'esprit critique – dont le Moderne prétend avoir fait une vertu cardinale. Le Moderne est aussi passivement consommateur d'opinions rapportées ou suggérées qu'il l'est d'automobiles ou de jeux vidéo. Il ne sera pas même nécessaire, comme l'ont imaginé des écrivains d'anticipation, de substituer une réalité virtuelle à la réalité, puisque dans cette bonne vieille réalité, il est déjà possible de le manipuler à sa guise. Plus le totalitarisme progresse, plus il devient sûr de sa méthode et moins il est ouvertement coercitif. L'homme qui tourne en rond dans un cercle très étroit, il se peut fort bien qu'il ne rencontre jamais les murs de sa prison : il se proclamera libre. Grand bien lui fasse !

J'espère faire comprendre peu à peu que les alternatives dans lesquelles les prétendues « libertés » modernes nous enferment sont des prisons. Ces alternatives étant de fausses alternatives, les prisons sont aussi, et voici la bonne nouvelle, des prisons illusoires. Mais que ces prisons soient illusoires n'empêche point qu'elles soient causes de souffrance pour ceux qui se laissent convaincre de leur réalité. L'homme profondément persuadé que telle ligne est infranchissable vivra comme si elle l'était effectivement. Parmi les fausses alternatives, celle qui tient à tout prix à nous faire choisir entre l'innovation et la tradition n'est pas la moins absurde, car aussitôt la tradition est-elle niée que nous sommes condamnés au ressassement. Il faut être tout de même dépourvu de sens philosophique pour ne pas voir que le sens de la tradition porte en lui, et pour ainsi dire *par définition*, le sens du devenir. L'Être est ce qui devient. La primordialité de la tradition est la source de son devenir. Si nous sommes privés de l'art de la transmission, de la fidélité au primordial, c'est bien l'oubli qui triomphe. Or l'oubli, c'est précisément ce qui, pour les peuples comme pour les individus, nous condamne à répéter les mêmes gestes, les mêmes paroles. Lorsque le sens de la tradition fait défaut, lorsque l'oubli triomphe, l'innovation véritable est impossible. Il n'est point d'innovation qui ne soit profondément innervée par la tradition. Il n'est point de fidélité à l'être, à la primordialité, qui ne soit aussi une fervente célébration du devenir. Défions-nous de ceux – ils sont légions – qui nous pressent de choisir entre la tradition et l'innovation, car ils nous préparent un monde où nous serons privés de l'une et de l'autre. Quiconque se trouve, à un moment ou un autre, dans la situation de l'auteur, c'est-à-dire face à cette mise en demeure de la création, sait par expérience que la liberté conquise n'est rien sans l'autorité consentie. À pousser cette réflexion dans les régions périlleuses de la philosophie politique, je dirai que l'égalité même est aberrante sans l'acceptation profonde de la hiérarchie. Les hommes ne peuvent être égaux qu'en fonction d'une instance plus haute, et si nous considérons que cette instance doit être métaphysique, c'est précisément parce que l'égalité n'est supportable que si elle n'implique point la disparition pure et simple de la diversité. L'égalité et l'équité n'ont quelque chance de subsister que par la diversification hiérarchique.

L'Ombre : Qu'entendez-vous précisément par « hiérarchie » ? Le mot de hiérarchie, c'est le moins que l'on en puisse dire, n'a guère la faveur de nos contemporains.

Le Voyageur : Nos contemporains se vantent. Ils vivent dans un monde où la pauvreté est devenue une infériorité radicale et la richesse une supériorité radicale dont rien ne vient nuancer ou contredire la nature. La sagesse, le courage, le talent ne sont rien. Le sens de la hiérarchie est précisément ce qui peut contrebalancer quelque peu l'écrasement de la pauvreté par la richesse. Il faut bien qu'un pauvre puisse être reconnu supérieur à un riche, par le talent, l'intelligence ou le courage, pour que l'égalité et l'équité ne soient pas simplement de vains mots. Mais redéfinissons plus précisément le mot « hiérarchie », et donnons lui aussi ce sens particulier que tout auteur donne aux mots dont il use selon leur contexte, et selon sa musique et sa métaphysique propres. Le mot hiérarchie, si l'on interroge l'étymologie, excellente conseillère, nous dit le *sacré* et le *principe*. Ces réalités, il faut d'abord les considérer comme des réalités intérieures. Le sacré et le principe sont en nous. Certes, le mot de hiérarchie implique incontestablement la notion de gradation, mais ces gradations ne sont pas moins intérieures qu'extérieures. Nous retrouvons là le sens de la déclinaison grammaticale et musicale. L'ordre du monde, l'ordre sacré des préséances est grammatical et musical. Pour avoir une idée précise des réalités « politiques » d'une époque, de la philosophie politique propre à un temps, sans doute faut-il se tourner vers la musicologie. La cité est à l'image de sa musique. Les Chinois en étaient autrefois particulièrement conscients et réglementaient la composition musicale selon d'immuables lois de correspondances destinées à maintenir dans son ordre propre, et presque sans intervention humaine, l'ordre de l'Empire. Les pythagoriciens eurent une perception également pertinente de ces correspondances. Or, le monde moderne, qui massacre allègrement tout cela, nous laisse pourtant le sens de la hiérarchie intérieure. Certes, au point où en est le monde, il n'est plus de hiérarchie extérieure à laquelle il ne fût point pernicieux de se rallier. Mais ce refus de collaborer trouve précisément sa racine dans le sens de la hiérarchie intérieure. Le communautarisme, dont les idéologues ont la nostalgie, en subdivisant sans cesse davantage les pays en « appartenances », le plus souvent dépourvues de profondeur historique, travaille dans le même sens que l'individualisme de masse.

L'Ombre : Si toutefois l'individualisme de masse et le communautarisme vous paraissent identiques quant à leurs effets, que leur opposer ?

Le Voyageur : Pessoa ! L'œuvre de Pessoa commence enfin à être sinon connue, du moins accessible. Or Pessoa se montre, par l'arborescence de ses hétéronymes, par la vigueur polyphonique de son œuvre, par sa radicale liberté de ton, de style, de pensée – qui le livrerait, comme d'ailleurs Baudelaire, Flaubert et tous les autres à un permanent lynchage médiatique s'ils n'étaient devenus, par chance, et d'une courte tête, des classiques avant l'établissement planétaire du « politiquement correct » – l'auteur par excellence du dépassement de l'individualisme et du collectivisme.

Pessoa ne cherche point à s'agréger, par manque d'être, à une communauté plus ou moins vaste qui lui conférerait la réalité ontologique qui lui fait défaut – comme ce fut le cas de bon nombre d'écrivains tentés par le fascisme ou le communisme. Pessoa décide souverainement de porter en lui la communauté des poètes et des aventuriers, des métaphysiciens, des pâtres et des conquérants, des prêtres et des guerriers qu'embrasse sa tradition poétique et impériale !

Pessoa réinvente l'impérialisme des poètes, qui est un impérialisme maritime et céleste. Il n'a nul besoin de se fondre dans une communauté, car cette communauté vit en lui. Le poète-métaphysicien est l'hôte de la Tradition, au double sens du mot hôte : à la fois celui qui reçoit et celui qui est reçu. Le poète-métaphysicien est récipiendaire d'un Ordre où son individualité se décline selon la loi des correspondances et des gradations. Être homme de la Tradition, c'est porter en soi non seulement la mémoire, les actes et les œuvres des prédécesseurs, c'est faire de cette remémoration déférente un acte de création. Si nous ne sommes pas seulement ce « moi » circonscrit par le déterminisme biologique et sociologique, si d'autres possibilités subsistent, d'autres aventures, d'autres gloires, alors le poète ne témoignera pas seulement pour sa subjectivité, ni même seulement pour sa tribu ou pour son clan, mais il pourra être, le cas échéant, si les neufs Muses le considèrent avec une égale attention bienveillante, une littérature à lui-seul ! Ce fut l'ambition de Pessoa : être à lui seul une littérature nationale, et mieux encore, une littérature impériale.

Ce processus, j'aimerais faire comprendre qu'il n'a rien d'extravagant et que tout devrait nous porter désormais à le considérer comme exemplaire. Au moment où notre civilisation et notre culture se désagrègent, où le repli de chacun dans son clan exacerbe l'individualisme de masse en feignant de s'y opposer, il n'est peut-être d'autre recours que de porter en soi la Tradition, que de rassembler en soi les mémoires de plus en plus disparates et divergentes de notre culture. Le processus hétéronymique mis en œuvre par Pessoa n'a vraiment rien du banal jeu « oulipiste ». Ce n'est pas la notion de texte qui domine l'œuvre de Pessoa, mais la notion de *pensée*. Aussi divergentes que soient les croyances et les réponses métaphysiques ou antimétaphysiques des hétéronymes de Pessoa, le point d'appui n'en demeure pas moins celui d'un questionnement unique. Qu'il s'agisse de Ricardo Reis, d'Alvaro de Campos, de Bernardo Soarès ou de Pessoa lui-même, ce sont toujours des méditations où l'esprit s'interroge lui-même sur l'être, le néant, le possible. À cette interrogation lancinante, toujours identique à elle-même, les hétéronymes apportent des réponses différentes, mais cette diversité même renvoie au cœur de l'interrogation centrale, invariable, abyssale... Le lecteur doué d'une oreille fine ne tarde pas à entendre par-delà l'éclectisme apparent une musique unique, persistante. Les hétéronymes sont nombreux, les réponses philosophiques qu'ils proposent sont variées, mais le questionnement est le même et c'est ce questionnement qui donne leur saveur propre aux poèmes et aux essais.

Faisons du mot « saveur » un mot clef ! Faisons de notre goût un moyen de connaissance ! L'ésotérisme ne fut jamais pour nous que le désir d'atteindre, comme le disait Rabelais, à la « substantifique moelle », à cette savoureuse sapience du monde qui unit la poésie et la métaphysique. Certes, les œuvres dignes de ce nom ont une saveur, et cette saveur est elle-même une déclinaison de parfums. Tout se tient : la connaissance est synesthésique. Il faut apprendre à lire l'œuvre de Fernando Pessoa comme une synesthésie. Toutes ses œuvres se tiennent entrelacées dans l'élévation d'une même interrogation. Ce n'est point l'individu qui doit rechercher refuge dans une communauté, mais la communauté qui trouve refuge dans l'individu. Que dit Ricardo Reis ?

> « *Pour être grand, sois entier : rien*
> *En toi n'exagère ou n'exclut.*
> *Sois tout en toute chose.*
> *Mets tout ce que tu es*
> *Dans le moindre de tes actes...* »

Celui qui n'est rien, celui à qui l'être fait défaut, quand bien même s'agrégerait-il à des millions de ses semblables, il ne participera qu'à un grand néant. Inutile d'insister, le monde moderne nous en donne des exemples. Reis nous dit : « *Sois en toute chose* », et c'est la victoire sur le nihilisme. C'est à ce titre que j'entre dans une conversation particulièrement fructueuse avec l'œuvre de Pessoa, au même titre qu'avec celle de Nietzsche ou d'Evola : il s'agit là encore de traverser le nihilisme et de s'en rendre victorieux ; ce qui me semble être le propre de notre époque en tout point extrême et frontalière. Nos collectivités et nos communautés ne sont à tel point privées de substance que pour une raison : les individus qui les composent ne portent plus en eux la mémoire, la polyphonie ni la déclinaison poétique autant que métaphysique nécessaire à la « conjugaison ». Pour conjuguer, pour établir les liens, pour relier entre eux des êtres humains encore faut-il qu'ils soient des *cas* ! Encore faut-il qu'ils se conjuguent eux-mêmes aux choses du passé et du présent, aux œuvres des poètes morts depuis des siècles ou des millénaires, comme il faut qu'ils se conjuguent à la présence de la lumière sur le feuillage des arbres. « *Vivre l'instant, en vibrant, sur des eaux éternelle* », nous dit Alvaro de Campos.

Je ne puis m'empêcher de retrouver là cette idée centrale de la théologie médiévale qui nous dit que « *le monde est la rhétorique de Dieu.* » La Loi grammaticale, prosodique, où l'individu advient comme un « cas » destiné à être décliné avec les réalités visibles et invisibles, n'est nullement relative, elle révèle un axiome. C'est ainsi que Pessoa explique que le rythme ternaire de l'ode grecque – strophe, antistrophe, épode – retrouvé par Milton « *n'est pas une invention mais une découverte, non un postulat propre à l'esprit grec mais un axiome de l'esprit humain que les Grecs ont eu l'art de découvrir.* » L'axiome, c'est l'axe, la dimension verticale qui unit l'intérieur et l'extérieur, qui fait de la vérité extérieure, de la Loi, le secret de la vérité la plus méditative, la plus rêveuse, la plus intérieure. Alvaro de Campos encore :

> « *Lorsque je mourrai…*
> *Que ce soit en cette heure mystique, spirituelle et très ancienne*
> *En cette heure où peut-être*
> *Platon, en rêve, a vu l'idée de Dieu*
> *Sculpter un corps, une existence nettement plausible*
> *Au cœur de sa pensée à l'intérieur de lui comme un champ…* »

Le plus universel est ce qui est au cœur de la pensée. De ce point central, les vastitudes se déploient. En ce point central les multiplicités se résorbent et d'autres chants naissent comme des paysages innocents. De ces pays qui abritent la promenade et la contemplation ingénue de Ricardo Reis ! Qu'est-ce qu'un Pays ? L'œuvre de Pessoa nous permet de mieux poser cette question. Peut-être est-ce, selon la formule de Heidegger, une quaternité : « *La terre, le ciel, l'homme et le divin* », ou plus exactement, en ce qui concerne notre auteur : la Mer, le Ciel, Pessoa et les dieux. Le poète est toujours au cœur de son Pays qui porte en son cœur son Pays. Il y va de tout autre chose que de l'assez sinistre idéologie de la glèbe et du terroir, invention de déracinés et de fanatiques. Il s'agit d'être, dans le moindre de ses actes, de témoigner dans le moindre de ses actes d'un être qui est le Chant. Le Chant du Pays demeure par-delà la disparition immanente du Pays lui-même. Tel est le beau mystère : nous portons en notre cœur les Pays de Virgile et de Nerval, les Pays de Dante et de Novalis, alors qu'il n'en reste rien.

Et que de nos propres contrées déjà presque mondialisées il ne reste finalement rien ou presque rien, ce serait bien une éminente raison de croire notre fidélité irréductible à toute superstition. Ce qui importe n'est pas un signe qui subsiste, ce qui importe n'est pas une écorce morte, mais l'existence « *nettement plausible* » de l'Idée.

Appliquant à l'Idée platonicienne la pertinente observation de Pessoa sur la prosodie grecque, c'est l'axiome qui nous intéresse. De même Eliade, après des recherches extrêmement méticuleuses en vint à conclure que les chamanes étaient tous « platoniciens ». L'œuvre de Pessoa requiert d'autant plus l'attention qu'il témoigne dans l'expression de sa propre réalité d'auteur de ces ramifications complexes que les Modernes, tout appliqués qu'ils sont à classer les « cultures » dans des bocaux hermétiquement clos, comme des préparations d'apothicaires, méconnaissent jusqu'au ridicule. L'intellectuel moderne est vraiment ce bourgeois gentilhomme qui s'en laisse remontrer par les catégories étanches des « spécialistes ». On le berne à loisir, si bien que, devenu mauvais, il lynchera le premier Molière venu pour le dessiller !

À considérer les remèdes empaquetés dans des sachets différents, il considérera comme un affreux hérétique l'homme qui se hasarderait à lui montrer que ces herbes poussent dans les mêmes forêts ! Le spécialiste abonde dans cette superstition. Il divise le monde, pour complaire au diable et pour régner.

L'Ombre : Qu'en est-il alors du christianisme ? Est-il selon vous du côté de la Tradition ou de la modernité ?

Le Voyageur : Il est du côté de la Tradition ou de la modernité selon celui qui l'envisage et le sert. Il existe des façons traditionnelles d'être chrétien, il en est de modernes. Le Christ des Évangiles ne propose rien de moins qu'un dépassement de la condition humaine. « *Dieu s'est fait homme pour que l'homme se fasse Dieu* », dit la liturgie orthodoxe. Le Christ est celui qui arrache l'homme à son appartenance zoologique, à cette pure immanence, qui n'est, en dernière analyse, rien d'autre qu'une abstraction explicative, une *hybris* de la raison qui oublie de s'interroger sur sa propre raison d'être. Le Christ dont je me sens proche est celui dont parle Berdiaev, qui s'oppose au Grand Inquisiteur ! Le Christ non moralisateur, puritain, bourgeois, mais le Christ cosmique cher à la tradition des Églises d'Orient. Dans cette perspective, fort étrangère aux religiosités modernes, le Christ est cosmogonique, sa venue annonce une nouvelle création. Tout se joue dans cette idée, centrale dans la patristique orientale, d'une « *théosis* », c'est à dire d'une déification de l'homme et de l'univers. La Pierre philosophale des alchimistes n'est autre que ce Christ.

Cette vision est traditionnelle, au sens où nous l'entendons, dans la stricte mesure où elle est aussi supra-confessionnelle. La gloire de la Vérité, c'est de n'être pas une écorce morte, ou ce psittacisme hagard et vindicatif propre aux « intégristes ». Une autre voie est possible qui est celle, nous dit Berdiaev, « *de la vie du présent, la vie dans la profondeur de l'instant, où s'effectue précisément la rupture du temps.* » La *théosis* (« déification ») n'est pas une simple allégorie, elle est une *praxis*. Ce qui s'accomplit n'est pas abstrait. « *L'esprit*, dit encore Berdiaev, *appartient à une qualité d'existence différente, supérieure à celle de l'âme et du corps* ». Cet esprit n'est pas une abstraction, ce n'est pas non plus une de ces « idées générales » qui peuplent l'arrière-monde de nos lieux communs moralisateurs. Cet esprit est l'Esprit-Saint, l'esprit de feu, embrasé et embrasant qui rétablit la verticalité limpide entre ce monde et l'autre monde. « *Cela signifie*, écrit Berdiaev, *que l'âme et le corps de l'homme peuvent accéder à un autre plan, à un plan supérieur.* »

Que nous dit encore Berdiaev : « *Les plus hautes ascensions de ma vie sont liées à une flamme sèche.* » Or, le semblable n'étant connu que par le semblable, le feu qui se révèle dans le feu, la lumière qui s'épanouit dans la lumière suscitent un vertige. Berdiaev ne l'ignore pas lorsqu'il écrit : « *La foi dans la réalité invisible et mystérieuse comporte un risque, il faut qu'on accepte de se jeter dans l'abîme mystérieux.* »

Seuls des esprits excessivement scolaires verront dans ces considérations inscrites dans la logique d'une certaine théologie chrétienne une contradiction avec nos antérieures propositions inscrites dans une perspective nietzschéenne. Rien n'est aussi simple. L'*abîme de Dionysos* et l'*abîme du Christ* ne sont point radicalement étrangers l'un à l'autre. L'opposition, puis le rapprochement que Nietzsche établit entre Dionysos et le Christ, ne se fonde pas seulement sur des analogies que les historiens des religions n'ont pas manqué de remarquer, mais sur une expérience intérieure qui, avant même de trouver son nom, puis d'hésiter sur ce nom, Dionysos ou le Christ, témoigne d'une mise en péril, d'un supplice, d'une descente dans les ténèbres et de l'attente d'une renaissance. Cette translation de Dionysos au Christ et du Christ à Dionysos, se laisse mieux comprendre par la figure d'Orphée, dont le culte, jadis, se confondit souvent avec celui de Dionysos et dont le destin semble marqué par les mêmes épreuves.

Je trouve quelque peu facile le recours, propre à une certaine apologétique chrétienne, à cette opposition entre un « Nietzsche dionysiaque » et un « christianisme humaniste », celui-ci, bien sûr, étant paré de toutes les vertus et celui-là accusé de toutes les horreurs. Cette facilité, pour tout dire, me paraît indigne d'un esprit libre. Qu'est-ce qu'un esprit libre ? C'est un esprit qui, avant de prêcher pour sa paroisse, cherche à comprendre. Dionysos est, dans l'œuvre de Nietzsche, le nom d'une expérience intérieure, vertigineuse, effrayante qui porte l'auteur à s'interroger sur la raison d'être même de la raison. Aussitôt que l'on aborde l'œuvre d'un auteur véritable, le prêchi-prêcha anti-dionysiaque ou anti-chrétien perd tout son sens. Les convictions mêmes auxquelles semble aboutir un auteur sont moins importantes que sa démarche. Et dans le cas de Nietzsche, ses convictions sont pour le moins difficiles à établir. L'homme auquel « *il est odieux de suivre autant que de guider* », ce serait lui faire injure que de le voir en propagateur satisfait d'une conviction. « *Je ne suis pas disposé à mourir pour mes idées,* disait Nietzsche, *mais je suis prêt à mourir pour pouvoir en changer.* » Il est difficile de faire de Nietzsche un fanatique ou le partisan d'une pensée grégaire, quelle qu'elle soit, sans être fort ignorant ou d'une extrême mauvaise foi.

Le rapport de Nietzsche au Christ, et non pas au christianisme en tant que phénomène historique, n'a été que très rarement pris en compte par ces innombrables commentateurs hâtifs qui persistent à offrir de l'auteur du *Gai Savoir* une image caricaturale : « *Il ne faut pas confondre le christianisme en tant que réalité historique avec cette racine unique que rappelle son nom. Les autres racines dont il est issu ont été beaucoup plus puissantes. C'est par un abus inouï que ces formes décadentes et ces malformations qui s'appellent l'Église chrétienne, la foi chrétienne et la vie chrétienne se parent de ce nom sacré. Qu'est-ce que le Christ a nié ? Tout ce qui porte à présent le nom de chrétien.* »

Ces quelques lignes, issues des fragments posthumes, suffisent à frapper d'inconsistance les gloses aventurées, ignares, simplificatrices. Il suffit de lire, mais, ainsi que le soulignait avec pertinence George Steiner, nos contemporains ne lisent plus, ils se contentent de « commentaires de commentaires ». Et lorsque l'on sait que ces commentaires n'ont pas pour fonction d'inquiéter, de susciter la connaissance, d'approcher avec déférence et probité des œuvres difficiles, mais que leur mission est de rassurer et de conforter dans des opinions préalables, « politiquement et moralement correctes », il est facile de deviner ce qu'il en advient des œuvres : elles sombrent dans l'obscurité croissante d'un oubli qui s'ignore lui-même. Dans une large mesure, le commentaire tel que le conçoivent les Modernes n'est pas une façon d'inviter à lire les œuvres, comme nous le faisons, en toute liberté, dans ces entretiens désinvoltes sur la puissance et la vérité, mais une façon d'éviter tout contact direct avec l'œuvre, contact jugé, à juste titre, périlleux. Le travail universitaire est, pour une bonne part, une prophylaxie contre les œuvres, contre la contamination possible des pensées inquiétantes. La devise est « restons entre nous ». Or, les auteurs ne font jamais partie de ce « nous ». Il est déjà fastidieux de tolérer qu'ils eussent existé avec une telle intensité pour supporter, par surcroît, d'être confrontés avec ces preuves que sont leurs œuvres. Ces preuves sont les meilleures que je connaisse de l'existence du divin. Ces œuvres qui sont des preuves ne peuvent exister sans Dieu, mais Dieu non plus ne peut *être* sans elles.

Si, pour Nietzsche, en dernière analyse, seul le Christ peut comprendre son *Antéchrist*, selon une logique profonde selon laquelle, pour reprendre la formule de Raymond Abellio : « *L'abîme du jour contient l'abîme de la nuit mais l'abîme de la nuit ne contient pas l'abîme du Jour* » –, il ne nous est pas interdit de considérer, en préalable à toute réflexion théologique ou philosophique « à l'ombre de Venise », dans l'éclat et la légèreté d'un « gai savoir » retrouvé, que la critique souvent acerbe du christianisme, ou, plus exactement, d'une « certaine morale chrétienne » pourrait bien être désormais le préalable d'une profonde méditation sur le Christ Glorieux, sur l'abîme du jour où le Christ glorieux contient l'abîme de la nuit de Dionysos.

Si Nietzsche n'est pas l'obscurantiste teuton voulu par les folliculaires ou les universitaires de second ordre, il n'est pas davantage, comme le suggèrent d'autres obscurantistes – les obscurantistes « progressistes » –, le fondateur de la modernité avec Marx et Freud. Nietzsche se défiait à l'extrême de cette *hybris* scientifique, déterministe, qui croit pouvoir expliquer ce que nous sommes par des chaînes causales. Dans cette « science » qui fait la vanité du Moderne, Nietzsche ne voyait qu'une laïcisation et une caricature de la Providence divine. À quoi bon se libérer de l'original pour tomber sous le joug de sa caricature ? Nietzsche voit dans la pensée moderne une sorte de théologie pétrifiée, « solidifiée », selon le mot de René Guénon, dont il importe de se libérer à grands coups de marteau.

Nietzsche apporte la démonstration qu'il s'est, contrairement à Freud ou Marx, libéré de la superstition « scientifique » et positiviste du XIXe siècle. Il n'abandonne point une théologie ouverte sur la transcendance pour s'adonner à un dogme fermé sur l'immanence, il ne substitue point une religion de la nature à une religion de la surnature, un collectivisme à un grégarisme, il va, et c'est le propre poétique et philosophique de son œuvre, il va *en amont*. Bachelard a montré les métaphores propres à ce « psychisme ascensionnel » en des pages lumineuses. Nietzsche désire le Haut, l'amont du temps et de l'espace. Son Zarathoustra parle de l'amont. Sa parole vient de ce site originel où la pensée s'entretient librement avec le « *Grand Astre* », où la songerie tient pour compagnons naturels l'aigle, qui détient le secret des profondeurs ouraniennes, et le serpent, qui détient le secret des profondeurs telluriques. Nietzsche cherche une connaissance directe, une illumination souveraine. Je le comparerais ainsi plus volontiers à Maître Eckhart et à Jean Tauler. Je vous cite encore ces quelques lignes qui sembleraient écrites par un maître de la mystique rhénane et qui sont bel et bien de Nietzsche : « *Jésus s'adresse directement à la réalité intérieure, au royaume des cieux qui est dans le cœur ; il ne croit pas à l'efficacité de l'observance orthodoxe juive* […] *Il est purement intérieur. De même, il ne s'attache pas à toutes ces grossières formules qui règlent le commerce avec Dieu ; il se défend contre toute la doctrine de l'expiation et de la* rédemption ; il montre comment il faut vivre pour se sentir uni à Dieu, et comment on n'y parvient pas par la pénitence et la contrition au sujet de ses péchés. Le péché est sans importance, c'est là son principal jugement. »

L'Ombre : Il serait donc possible d'établir une filiation entre Nietzsche et la mystique rhénane ?

Le Voyageur : La question des filiations, des influences reste une question d'érudits, et les questions d'érudition, avec leurs controverses, leurs gloses, leurs preuves, leurs documentations, leurs nécessaires notes infrapaginales ne sont pas de circonstance à l'ombre de Venise. Au demeurant, toute recherche érudite obéit à une intuition. Avant d'être parfaitement informé sur une analogie, une influence ou une confluence, l'érudit pose son pas sur le pas d'une intuition poétique. Avant la recherche est le songe du Pays à découvrir. Un songe qui est cependant fondé sur des aperçus. À l'ombre de Venise s'aiguisent les *aperçus*. Nous voyons mieux les couleurs lorsque le soir commence à tomber, à cette heure transitoire, à exacte distance de la lumière et des ténèbres.

En ce qui concerne Nietzsche et la mystique rhénane, ce qui ne laisse point de doute, et ce qui, le cas échéant, peut légitimer une recherche érudite, c'est que les textes se répondent. Ainsi, le passage d'*Ainsi parlait Zarathoustra* où Nietzsche se gausse de ceux qui veulent encore être payés de leur vertu répond parfaitement au sermon de Maître Eckhart sur les marchands du temple où il est dit : « *On ne trafique point avec Notre Seigneur.* »

« *Voyez,* dit Maître Eckhart, *ce sont tous des marchands, ceux qui se gardent de péchés grossiers, qui aimeraient être des gens de bien et qui accomplissent leurs bonnes œuvres pour l'honneur de Dieu, telles que jeûner, veiller, prier, et autres choses semblables, toutes sortes de bonnes œuvres, et ils les accomplissent pourtant afin que Notre-Seigneur leur donne quelque chose en échange ou que Dieu fasse en échange quelque chose qui leur soit agréable : ce sont tous des marchands. Il faut l'entendre dans ce sens grossier, car ils veulent donner une chose en échange de l'autre et de cette manière trafiquer avec Notre-Seigneur.* »

La concordance, dans un même anti-utilitarisme, de Nietzsche et de Maître Eckhart sonne comme une promesse aux oreilles les mieux averties : il redevient possible de dépasser les fausses alternatives en un même « amour du Lointain ». Vous vous souvenez peut-être que ce thème de l'amour du Lointain que Nietzsche décline admirablement se trouve déjà dans la méditation centrale de *L'Idiot* de Dostoïevski ; et dans ce cas il s'agit bien d'une influence directe, car nous savons l'importance de l'œuvre de Dostoïevski pour Nietzsche… Qu'est-ce qui est Lointain, de ce Lointain que seule capte la proximité extrême, inaperçue, comme la lettre volée d'Edgar Poe ? Ce Lointain, que la pensée désire, dont elle s'émeut, qu'elle convoite et qu'elle craint, dont elle devine le ravissement possible, le double-abîme, la beauté périlleuse, n'est autre que la source vive de la pensée, ce point lumineux dont elle naît, dont elle jaillit avant d'être enfermée dans des citernes et de devenir eau croupissante.

La recherche de Nietzsche, comme celle de Maître Eckhart ou de Tauler, est celle de l'eau vive de la pensée, de son jaillissement pur, non récupéré ni thésaurisé, non la vie éternelle, mais *l'éternelle vivacité*. La philosophie à coups de marteau de Nietzsche vise à détruire les citernes où l'eau croupit, comme en des arrière-mondes pleins de ressentiment et à retrouver la source vive. « *Ce qui a été apporté dans ces citernes,* dit Jean Tauler dans un de ses sermons, *se corrompt et devient nauséabond ; cela sèche... Et il ne reste alors dans le fond qu'orgueil, esprit propre, opiniâtreté, dureté de jugement.* » Que les cléricatures modernes s'y reconnaissent !

Méditons sur le si proche Lointain pour ne pas devenir secs, ni dominés par la dureté de jugement. Ce Lointain brille à l'ombre de la présence ; il est la couleur éveillée, prise dans l'éclat, sur l'orée, dans la translation vertigineuse, dionysienne et christique, qui change, de façon radicale, notre conception du temps.

« *Si je prends un fragment du Temps,* écrit Maître Eckhart, *il n'est ni aujourd'hui, ni hier. Mais si je prends "maintenant", il contient en soi tout le temps. Le "maintenant" où Dieu créa le monde est aussi proche de ce temps que le "maintenant" pendant lequel je parle actuellement, et le dernier Jour est aussi proche de ce "maintenant" que le jour qui fut hier.* » Telle est la source vive, l'éternelle vivacité. Délivrés de l'eau croupissante des citernes, de l'accumulation, de la gestion du temps linéaire, utilitaire, productif, industriel, nous retrouvons l'éternité du « maintenant », sa gloire secrète, sa fluidité scintillante.

Le très-haut soleil aux approches de ce Midi d'automne rapproche l'ombre dans le silence du voyageur. Le voyageur est délivré de son angoisse. Il s'établit avec honneur dans ce jour sans nuages.

IV

Entretien sur le paysage intérieur et le paysage extérieur, Heidegger et les poètes chinois, le regard de diamant, l'attention

Le Voyageur – pour lui-même : Serait-il difficile de faire comprendre à cette ombre que je n'ai guère le goût de l'abstraction ? – En vérité, chère Ombre, les pensées naissent de paysages. Les paysages portent en eux des pensées. C'est un mystère et une évidence, tour à tour. Nos pensées naissent de paysages... elles adviennent à nous en des circonstances particulières d'aube ou de soir, dans des éclairages propres, des rumeurs de vent dans les arbres ou sur la mer, au cœur des senteurs végétales ou maritimes. Les pensées ne naissent pas de rien, ni de nulle part, même lorsqu'elles vont au-delà du monde. Les pensées sont les douces balances où viennent se reposer des sensations intelligentes.

Nous autres poètes-métaphysiciens, comprenons de façon sensitive. Nous n'écartons point d'un geste de mépris ce monde qui nous recueille et nous embrasse. Dans sa transparence la plus ardente, la métaphysique garde souvenance de l'été brûlant où elle miroita entre le ciel et la mer. La transcendance qui dépasse toute sensation porte en elle le renouvellement de toute sensation. La métaphysique est l'espace où la poésie recommence. Elle renaît dans le cercle magique. Le recommencement est cette vertu divine où s'unissent, dans un même dessein, la poésie et la métaphysique. Il n'est point si facile de séparer ce qui naît d'un seul geste. Ce geste est d'offrande. L'offrande rassemble en elle le mystère du poème et la transparence de la métaphysique. Ce qui importe est donné, offert, à ce qui est par-delà les sens, mais ce par-delà porte en lui la mémoire et la révérence du paysage. Telle est la grande et belle bénédiction qui rend notre vie digne d'être vécue.

Nos pensées naissent de paysages, elles révèlent des paysages. Dans la concentration la plus grande de la spéculation métaphysique, le paysage ne disparaît point – comme il le fait dans le ressassement de nos préoccupations banales –, mais *se révèle*. Dans l'intense prospection métaphysique, le paysage se revêt de réalité. Nous sentons, nous humons, nous voyons avec une intensité et une fraîcheur nouvelle aussitôt que notre pensée quitte les routes balisées de la pensée utilitaire pour entrer dans la voie royale de la métaphysique.

La métaphysique n'est point ce qui nous « abstrait » du paysage où nous sommes, elle est ce qui nous y intègre. La métaphysique nous intègre dans l'être où nous sommes. L'horizon du monde se rapproche de nos sens, et ce qui était loin de nous, ou qui nous était indistinct ou indifférent, fait sens avec nos sens. Tel est le recommencement, telle est l'intégration. Telle fut toujours, au demeurant, la fonction de la métaphysique : nous *réintégrer* dans ce que nous sommes et dont maintes instances du monde moderne ne cessent de nous expulser.

Nos pensées naissent de paysages et dans les pensées d'autrui nous retrouvons des paysages vivants, subtils, immortalisés : palmes et rumeurs d'étoiles, ombres de Venise, déserts ardents, forêts et mousses d'émeraude, nous pressentons et retrouvons tout cela dans les proses métaphysiques en apparence les plus austères. Mais rien, à dire vrai, n'est moins austère que la métaphysique. Tout métaphysicien œuvre à une restitution. Il nous restitue au monde et il nous restitue le monde. Nous étions éloignés, séparés, indifférents, et nous voici proches, amoureusement unis, attentifs. La pensée me fait retrouver le paysage et le paysage me fait retrouver la pensée. Qui précède l'autre ? Qui s'intègre à l'autre ? Est-il encore une distinction possible entre l'intériorité et l'extériorité ? Cette intériorité n'est-elle point la vraie extériorité ? Et cette extériorité n'est-elle point la vraie intériorité ?

Qu'est-ce que la vérité métaphysique sinon ce point de pertinence où l'intériorité est ce monde qui s'ouvre, se déploie, se révèle et se revêt de réalité et de vérité lorsque la plus humble corolle de pensée s'y retrouve ? Ce que je pense et ce que je songe, comment aurais-je l'outrecuidance de croire que ce ciel et cette terre où je pense et je songe n'y sont pour rien ? Et comment aurais-je une idée si basse de ma pensée et de mes songes pour ne point imaginer qu'ils portent en eux comme un rêve et comme une vérité magnifique, cette terre et ce ciel ?

L'Ombre : Il faut donc reconquérir à la fois la fierté et l'humilité ?

Le Voyageur : Il faut tout reconquérir. Il est probable que nous méconnaissions nos récentes défaites. La destruction des paysages est d'abord une défaite métaphysique. Pour ces hommes auxquels importe le devenir de l'Esprit – au point qu'ils n'hésitent point à parler de la sainteté de l'Esprit –, l'enlaidissement, la profanation d'un paysage est d'abord un enlaidissement de l'âme et un péché contre l'Esprit. Il y eut des paysages où les âmes reconnurent d'autres cieux. Ces âmes sont *inscrites* dans ces paysages. Elles y demeurent en signes et en sceaux que les regards attentifs reconnaissent et savent déchiffrer. Si le monde moderne, après avoir entrepris la destruction de toute forme de pensée métaphysique ou sapientielle, en est venu à détruire, en grand, les paysages dits « naturels », ce n'est point par hasard. Tout se tient : nos paysages et nos pensées, de même que se tiennent l'irrévérence et la barbarie.

Le monde moderne cultive une inimitié farouche pour toute forme de recueillement. Or, les paysages nous recueillent. Nous nous recueillons dans les paysages et nous recueillons en nous, pour les porter dans le secret des âmes, les paysages. Ce lien, cette concordance simple, le monde moderne en a horreur. Toute l'énergie qu'il met à constituer une réalité virtuelle tient en cette horreur. Comment comprendre cette horreur ? Mais comme elle fut toujours comprise : comme l'œuvre du diable, du diviseur. De cette force qui divise, le monde moderne a démultiplié les pouvoirs. Nous en sommes là, où cette simple évidence : les pensées naissent de paysages, apparaîtra bientôt comme une chose étrange ou incongrue. Il faut tout reconquérir ! À commencer par l'unisson. Tournons-nous vers la sapience musicale du Moyen Âge. Écoutons Guillaume de Machaut ou Hildegarde de Bingen, laissons résonner en nous cette prodigieuse méditation sur le son, sur la mathématique et sur la vibration matérielle du son, et nous aurons quelque chance de comprendre comment naissent nos pensées, et comment il advient que l'Esprit accomplisse ses œuvres à travers elles.

Au contraire des Modernes, qui ne cessent de se laisser manœuvrer par des abstractions, les savants du Moyen Âge ne perdaient point de vue, ni d'oreille, cette évidence pragmatique du rapport et de la proportion. Rien d'abstrait dans cette mathématique théologique, contrairement à ce que peuvent prétendre les esprits faibles. Le sens des rapports et des proportions, et la méditation pythagoricienne, romane, qui en recompose les lignes et les masses dans l'âme humaine, en lui conférant une part de la force et de la sérénité divine, n'est point abstraite, car elle fait tenir des édifices de pierre pendant des siècles et qu'elle se constate à l'oreille : point n'étant nécessaire de connaître les notations musicales pour souffrir d'une dissonance.

S'il faut donc reconquérir une fierté et une humilité de la connaissance, ce sera l'humilité d'un hommage au monde, à l'extériorité, au paysage – auquel toutes les architectures traditionnelles se faisaient une loi première de s'harmoniser – et la fierté d'une connaissance opérative, édificatrice, poétique, sachant accorder la prosodie du monde aux prosodies humaines.

Il s'agit là d'une tout autre chose que d'une simple idolâtrie de la vie, du terroir, de la nature. Le paysage dont nous parlons appartient à la nature, mais il est aussi, et surtout, la nature rendue transparente, devineresse. C'est de cette nature-là dont parle Novalis : ouverte sur la transparence de son au-delà. Les ennemis du réenchantement du monde, les contempteurs du sacré, feignent de croire que l'évocation du paysage, de la nature hiéroglyphique et sacrée, se réduit à une simple idolâtrie. C'est ainsi que certains voient la ferveur « païenne ». Ce dont nous parlons est tout autre chose : c'est l'ouverture de la nature sur une dimension qui la dépasse et où elle s'inscrit. Certes, les Romantiques allemands tels que Novalis ou Hölderlin n'eussent point été du côté des saccageurs de la nature ; il s'en faut de beaucoup que l'on en puisse faire des écologistes. Il ne s'agit point seulement de constater une interdépendance à l'intérieur du visible et du sensible, mais d'une correspondance entre le visible et l'invisible, le sensible et le supra-sensible.

Le paysage que le poète honore et chante est un point de jonction. Il est à la fois paysage de l'âme et du monde. Se reconnaître dans ce paysage, y célébrer sa présence, y attendre l'épiphanie, c'est bien reconnaître que le site, et par voie de conséquence, l'âme humaine, ne sont pas réductibles au genre ou à l'espèce. Dans les Légendes celtes, les héros sont beaucoup plus sensibles à l'individualité des arbres, des pierres, qu'à leur genre ou leur classification naturaliste. Le paysage honoré et chanté par le poète témoigne d'une réalité constituée non seulement de la vie, au sens strictement biologique, mais aussi d'un au-delà de la vie, qui peut donner sens à la vie, d'un Autre Monde qui rayonne du cœur jusqu'à la périphérie, et qui est comme un abîme de transparence au centre du cercle.

C'est ainsi que le paysage honoré et chanté acquiert une réalité que l'on pourrait dire « trans-géographique ». Le paysage acquiert une autonomie enchanteresse. Nous entrons là dans l'enchantement et dans le merveilleux honnis par les contempteurs du paganisme. On pourrait dire que le paysage s'allège, qu'il s'envole. Ce n'est plus un terroir que le héros foule à ses pieds, c'est une terre céleste sur laquelle il inscrit ses pas, comme une écriture sacrée. Ce paysage léger, ce paysage aérien, ces « montagnes vides » sont au cœur de l'esthétique et de la pensée taoïste. Les poètes chinois sont d'abord les chantres de paysages immobiles, légers. Les plus anciens et les plus fameux des poètes chinois furent aussi des dessinateurs. Ils déploient un paysage dans sa verticalité, sa profondeur, sa fraîcheur, et la clef de l'idéogramme en signe l'apesanteur. Le scintillement de la cascade, son mouvement entraînent les constellations. Ce qui tombe reste suspendu, mais l'immobilité des cieux s'engouffre dans le mouvement scintillant qui témoigne de la magnifique impermanence :

> « *Au soleil, le Brûle-Parfum*
> *Exhale ses nuées mauves.*
> *Je vois au loin la cascade,*
> *Comme un fleuve suspendu*
> *Le vol de ses flots s'engouffre –*
> *Chute de trois mille pieds !*
> *On dirait la voie lactée*
> *Tombée du neuvième ciel !* »

Être dans un paysage, nous dit Wei Ying-Wou (737-835), connaître l'éclaircie, c'est tout un art. La connaissance de la nature est un art suprême. Le secret de cette connaissance tient dans la perception du temps. Tout paysage recèle en lui une apogée d'immobilité et un extrême du mouvement. Or, l'attention ordinaire ne saisit que par saccade. Elle oublie la douceur de la courbe. Elle méconnaît le génie de l'essor comme celui de l'infléchissement. Elle vit dans des schémas – qui ont leur utilité pour l'administration de la vie banale, mais laissent hors d'atteinte ce que Nietzsche nommait « *l'innocence du devenir* ».

Que la science du mouvement et la science de l'immobilité fussent une seule et même science, c'est ce que nous dit l'éternel retour de Nietzsche. C'est aussi ce que nous révèle ce conte de Borgès qui nous apprend qu'en dernier recours l'adepte de l'éternel retour et celui de l'instant éternel sont, pour Dieu, un seul et même homme. C'est parce que l'instant est éternel que tout revient éternellement. Par force, nous reviendrons éternellement à cette expérience qui côtoie l'indicible tout en demeurant peut-être la seule chose qui, non seulement mérite d'être dite, mais qui nous fasse dire, qui rende possible la parole humaine. Si l'instant n'était point éternel, s'il n'y avait point d'éternel retour, la parole humaine n'existerait pas. C'est à partir du fleurissement de la parole humaine que nous comprendrons le paysage qui nous entoure, que nous serons dignes de cette beauté, de cette tristesse, de cette immobilité et de ce mouvement, de ces montagnes et de ces torrents que chantent, parfois d'une voix si proche qu'elle paraît confondre les Romantiques allemands et les poètes chinois...

Tout recommence dans ce recueillement, dans cette attention, vertu suprême. Il faut attendre le paysage en gardant les yeux fermés. Tout commence par un son :

« *De lui-même, le monde est sonore,*
Et le Vide à jamais silence.
Ce qui se lève au cœur du Calme
Au cœur du calme se dissout. »
(SSEU-K'ONG CHOU, VIIIe s.)

Le bruissement du vent et de la pluie, les trilles des oiseaux, les pétales emportés, les bruissements des insectes, les feux follets sont autant de signes d'éveil. À leurs signes, le monde devient présence, par cette présence il nous fait don d'une présence qui est le secret même de la pensée. L'admirable texte de Martin Heidegger, intitulé *L'Expérience de la pensée*, laisse au lecteur la possibilité de retrouver le site de la pensée, le moment et l'éclairage de la naissance de la pensée. Car les pensées ne naissent point de l'abstraction : elles naissent de la lumière, de la pluie, de l'instant. « *Quand, dans un ciel de pluie déchiré, un rayon de soleil passe tout à coup sur les prairies sombres...* » Que se passe-t-il alors ? Cette vérité naissante : « *Nous ne parvenons jamais à des pensées. Elles viennent à nous.* »

Les pensées viennent à nous portées par la pluie, le vent, les astres et les fleuves. C'est alors, nous dit Heidegger, « *l'heure marquée pour le dialogue* ». Tout paysage est un dialogue avec lui-même dont nous ne sommes aux moments heureux que les intercesseurs. Il faut être attentif pour entrer entre ce paysage et lui-même, entre sa vérité intérieure et sa vérité extérieure.

> *« La campagne d'automne est lumière*
> *Blancheur, le vent d'automne.*
> *Près du bassin d'eau pure*
> *Les insectes bruissent. »*

Ces quelques lignes de Li Ho (790-816) décrivent le moment où la pensée requiert d'elle-même d'atteindre à la transparence du sans-fond. À cette limite fragile où elle s'abolit, elle devient manifeste, et c'est le paysage qui la dit. Les poètes et les penseurs ont à cœur de se tenir au cœur. Ils luttent pour n'être point relégués dans l'infra-monde, dans ces représentations fallacieuses dont se contentent la majorité de leurs contemporains. Les poètes et les penseurs sont ingénus : c'est leur honneur et leur faiblesse. Ils s'imaginent volontiers que l'on peut faire partager une joie. Mais lorsque cette joie demande de l'attention personne n'en veut. Le monde moderne est peuplé d'être inattentifs qui préfèrent commettre des crimes abominables plutôt que de se réformer sur ce point. L'inattention est la maîtresse abominable du temps. Elle ne couvre pas seulement les crimes, elle ne méconnaît pas seulement la beauté, elle suscite les crimes et milite en faveur de la laideur. Pour lire un poème, écrit Wei K'ing-Tche, « *il faut un regard de diamant.* »

Que notre entendement soit transparent, pur et facetté, c'est ainsi que l'Attention le désire !

MYTHOLOGIQUES

Méditations dionysiennes

Qu'en est-il des dieux antérieurs ? Peut-on, sans avoir à se dire « païen », recevoir d'eux quelque lumière ? Peut-on s'interroger, par leurs ambassades ouraniennes, maritimes ou forestières sur le monde tel qu'il s'offre à nos sens et à notre intelligence ? Pouvons-nous les entendre, ces dieux, dans l'acception ancienne du verbe, c'est-à-dire les comprendre, les ressaisir dans la trame de notre entendement où vogue la navette du tisserand, dieu lui-même, comme des réalités allant de soi, mues par elles-mêmes, pourvues de cet impondérable que l'on nomme l'âme ? Les dieux existent : c'est leur faiblesse, car ce qui existe peut disparaître ; ce qui existe n'est point l'être ; et l'être lui-même n'est qu'à l'infinitif – or l'impératif seul est créateur. Mais ce qui existe vaut tout de même que l'on s'y attarde… L'existence des dieux demeure difficile à situer, car elle est double : à la fois intérieure et extérieure. Précisons encore. Les dieux sont ce qui se laisse dire comme une réalité qui est à la fois en-dedans et au-dehors, subjective non moins qu'objective. Hélios éclaire à la fois la terre et notre intellect. Dionysos fait danser en même temps la terre et nos âmes. Apollon ordonne ensemble le cosmos et nos pensées. Ces quelques notes, prises sur le vif, il y a déjà longtemps, s'interrogent sur cette « zone frontalière », avec les inconséquences désirables qui sont le propre du promeneur.

Les rivages scintillants : disparition et apparition des dieux

Longtemps, et il n'est pas vraiment certain que l'on se soit dépris de cette habitude, on associa l'intérêt pour le monde antique à un engagement « républicain » dont nos sociétés modernes – où la *res publica*, hélas, s'est évanouie dans le culte de l'économie – seraient les héritières. Le fidèle aux anciens dieux se retrouvait ainsi fort paradoxalement du côté de la modernité, des « réformes », voire d'une forme de « progressisme » opposée aux « ténèbres » du Moyen-Âge et des souverainetés royales Or, on ne saurait imaginer forme de pensée plus étrangère aux Anciens que *l'idéologie* du progrès. Toute leur pensée était au contraire orientée par le constat d'une dégradation, d'une déchéance, d'un éloignement graduel de l'Âge d'Or. Comment cette pensée « pessimiste » fut à l'origine de la pensée philosophique la plus audacieuse et de la plus grande plénitude artistique, c'est là une question décisive à laquelle il nous importe d'autant plus d'apporter une réponse que nous constatons que la croyance inverse, « optimiste », nous fait sombrer dans la veulerie et l'informe. Le progrès, disait Baudelaire, est la doctrine des paresseux. N'est-ce point se dispenser d'avance de tout effort et briser tout élan créateur que d'assigner au seul écoulement du temps le pouvoir de nous améliorer ou de nous parfaire ? Au contraire, si, comme Hésiode, nous croyons au déclin, à l'assombrissement des âges, ne disposons-nous point alors nos intelligences et nos âmes, notre ingéniosité et notre courage à faire *contrepoids* à ce déclin ?

Pour une intelligence qui s'accorde aux présocratiques, le monde de la symbolique romane demeurera certes infiniment plus proche, plus amical, que la « société du spectacle » du monde des esclaves sans maîtres. Fidèles à la logique du tiers inclus, nous n'entrerons point dans ces polémiques qui font du paganisme une sorte d'antichristianisme à peine moins sommaire que l'anti-paganisme des premiers chrétiens, tel que le décrivent Celse et l'Empereur Julien. Si le combat du poète contre le clerc revêt à nos yeux quelque importance, comment n'engagerions-nous pas la puissante vision poétique et métaphysique de Maître Eckhart, de Jean Tauler et d'Angélus Silésius contre les modernes cléricatures de la « pensée unique » ? De plus en plus vulgaire, utilitaire, éprise de médiocrité, l'idéologie dominante n'a jamais cessé de détruire la splendeur divine chère aux *Archaiothrèskoi*, les fidèles aux anciens dieux, alors même qu'elle paraît de temps à autres s'en revendiquer. Mais cet éloignement, n'est qu'un éloignement quantitatif. La qualité de l'être, sa vision, demeure, elle, subtilement présente.

Le monde des dieux anciens n'est pas mort, car il n'est jamais né. Que cette pérennité lumineuse soit devenue provisoirement hors d'atteinte pour le plus grand nombre d'entre nous, n'en altère nullement le sens ni la possibilité sans cesse offerte. Pérennes, les forces et les vertus divines s'entrecroisent dans le tissu du monde et nous laissent le choix d'être de simples spectateurs enchaînés dans une représentation schématique du monde ou bien d'entrer dans la présence réelle des êtres et des choses par la reconnaissance de l'Âme du monde. Séparés de tout, enfermés dans une « psyché » qu'il croit être l'« autre » du monde, le Moderne s'asservit à la représentation narcissique qu'il se fait de lui-même.

Pour le Moderne, les dieux, les Idées, les Formes prennent leur origine dans son esprit, mais il ne voit pas assez loin pour comprendre que cet esprit lui-même prend source ailleurs qu'en lui-même. Cette impuissance à imaginer au-delà du cercle étroit de sa propre contingence, n'est-ce point ce que les platoniciens nommaient « *être prisonniers des ombres de la Caverne* » ? Le Moderne idolâtre sa propre contingence, il en fait la mesure de toute chose, inversant le principe grec qui enseigne que l'homme doit retrouver la mesure de toute chose. Croire que les dieux sont purement « intérieurs », aboutit à une idolâtrie de l'intériorité. Les utopies meurtrières du XXe siècle, le fanatisme uniformisateur et planificateur des fondamentalismes divers qui se donnèrent cours n'ont-ils pas pour origine ce subjectivisme effréné qui veut faire de l'intériorité de l'homme et de son incommensurable prétention d'être moral, la mesure du monde ? Pour l'homme ancien, les dieux sont en nous, car ils miroitent en nous. Notre esprit capte les forces extérieures auxquelles il lui appartiendra, en vertu d'un principe de création poétique, de donner des formes ; et ces formes, à leur tour, seront hommages aux dieux qu'elles nomment et enclosent pour d'autres temps.

Cette vue du monde est humble et généreuse, attentive et donatrice. Loin de penser l'homme comme l'Autre, ou face à l'Autre, elle reconnaît en soi le Même sous les atours de l'apparition divine. Le dieu est *celui qui apparaît*. Or l'homme, qui va à la rencontre du monde divin et ne connaît ni naissance ni mort, *apparaît* à l'éternité et le dieu qui lui apparaît est selon l'admirable formule d'Angélus Silésius, « *un éclair dans un éclair* ». C'est dans l'éclat le plus bref et le plus intense que l'éternité nous est donnée. La fulguration d'Apollon demeure à jamais dans l'instant de l'apparition qui nous révèle à nous-mêmes, dans la pure présence de l'être.

Êtres de lumière, les dieux, et non point êtres d'ombre ; êtres de présence et non point être de représentation. L'*apparition* est l'acte du saisissement souverain où la vision se délivre de la représentation pour reconquérir la présence. Telle est la promesse, la seule, que nous font les dieux antérieurs. Ils ne nous promettent que d'être présents au monde, car aussitôt sommes-nous présents au monde que nous entendons leurs voix. Être présent au monde, n'est-ce point déjà, dans une large mesure, être déjà désencombré de soi-même ? N'est-ce point *devenir l'infini à soi-même* ? Que suis-je qui ne soit à l'image des vastes configurations des forces du monde que nomment les dieux ?

Croire aux dieux, c'est croire que le monde intérieur et le monde extérieur sont un. La force lumineuse apollinienne se manifeste à la fois dans le soleil physique, qui épanouit la nature et le *soleil métaphysique*, le *Logos*, qui épanouit l'intelligence. Le génie de l'ancienne sagesse est d'avoir donné un même nom à ces forces intérieures et extérieures, visibles et invisibles. Comment vaincre l'usure des temps, la transformation progressive de la vie en objet, la réification propre à la société marchande, sans le recours aux exigences et aux beautés plus anciennes ? La diversité, la liberté, la complexité des anciennes sagesses, la précellence accordée aux Aèdes – qui sont les créateurs de la vérité qu'ils énoncent, à la différence du clerc qui administre une vérité déjà définitivement formulée – nous demeurent une injonction permanente à ne point nous soumettre. Le monde moderne paraît triompher dans ses vastes planifications, mais il est bien connu qu'il existe des triomphes dont on périt.

Le déterminisme dont les Modernes se rengorgent pour affirmer l'irrémédiable de leurs soi-disant « civilisations » n'est probablement qu'une vue de l'esprit, particulièrement inepte, qu'un peu de pragmatisme suffirait à corriger. Là où le Moderne voit un enchaînement nécessaire, ce qu'il nomme un « progrès » ou une « évolution », un esprit libre ne verra qu'une interprétation *a posteriori*. La suite d'événements qui conduisent à un désastre ou à une circonstance heureuse, selon l'interprétation qu'on lui donne, n'apparaît précisément comme « une suite » qu'après coup. Cette suite, que la science du XIXe siècle nomme déterminisme, apparaît à l'intelligence dégagée et pourvue de quelque imagination, comme un leurre. Dans la vaste polyphonie humaine et divine, les choses eussent pu se passer autrement, et de fait, elles ne cessent de se passer autrement. Les configurations auxquelles elles obéissent engagent non seulement la ligne et le plan, mais aussi les hauteurs et les profondeurs.

La terre dansante

Apollon et Dionysos, par exemple, se manifestent par une logique différente de celle de la planification ou de la linéarité. Apollon fulgure des hauteurs et s'épanouit dans l'ensoleillement intérieur des formes parvenues à l'équilibre parfait. Dionysos, lui, selon la formule d'Euripide, fait danser la terre.

« *Quand Dionysos guidera, la terre dansera* », chante le chœur des Bacchantes. La formule mérite que l'on s'y recueille. Ce recueillement est recueillement dans la légèreté. La terre dionysiaque n'est plus la terre lourde, immobile, des gens « terre à terre », c'est la terre vibrante, la terre mystérieuse, la terre gagnée par le symbole aérien de l'excellence : *la danse*, victoire sur la pesanteur.

Dans le temps et le monde profane, la pesanteur est ce qui nous attache à la terre, nous ferme le royaume du ciel, le séjour des dieux. Dans l'espace et le temps sacré, sous le signe de Dionysos, les forces telluriques elles-mêmes nous délivrent de la pesanteur : *la terre danse*. Notre danse sur cette terre gagnée par les puissances *phoriques* du sacré, est la danse de la terre elle-même. L'ivresse nous accorde au monde.

Cet accord, certes, ne préjuge point d'ultérieurs désaccords. L'accord au monde que suscite l'ivresse n'est pas une béatitude définitive, il n'est pas davantage une approbation sans limite. La face sombre du mythe dionysien, comme du mythe orphique, témoigne que l'accord est la conquête d'un dépassement de la condition humaine ordinaire, avec toutes les audaces, les périls, mais aussi les enchantements qu'implique un tel dépassement. La part dangereuse de l'ivresse n'est pas seulement dangereuse pour l'individualisme, elle est aussi dangereuse pour l'ordre social lorsque celui-ci ne parvient pas à lui donner la place qui lui revient.

Le génie grec fut d'avoir donné au mystérieux et inquiétant Dionysos une place centrale dans la mythologie. Alors que les fondamentalismes modernes paraissent être avant tout des expressions humaines de la crainte devant les dionysies de l'âme et du corps, les mythologies anciennes surent réserver au sens de la dépense pure et à l'exubérance, la part royale. Dans la mythologie grecque, Dionysos est souvent nommé, à l'égal de Zeus, « *le maître des dieux* ». C'est que l'infinie prodigalité de l'ivresse est à l'image de l'inépuisable richesse du monde des dieux.

Aux valeurs d'utilité, de thésaurisation, l'ivresse oppose le don rendu à son ingénuité native. Lorsque Dionysos guide, les identités sont bouleversées. Ce qui, dans la temporalité profane, nous circonscrit dans l'espace-temps dont nous tenons nos identités, est ici remis en jeu sous l'influx des forces du devenir. Dans les époques bourgeoises, les êtres humains qui ne savent pas conquérir de nouvelles vertus sont de plus en plus attachés à leur identité, mais cet attachement est mortel, car l'identité n'est qu'une écorce morte et seule importe la *tradition* qui irrigue, traverse et bouleverse les apparences comme une rivière violente. Lors des dionysies, les identités profanes sont mises à mal et une force de renouvellement saisit l'être, le désencombre de ses écorces mortes, l'expose à nouveau aux aventures. Pour les hommes épris de leur statut, pour les hommes imbus de leurs certitudes, les dionysies sont la pire des menaces. En revanche, pour le poète, les dionysies sont une promesse.

Le resplendissement de l'être, dont les dieux sont en ce monde les messagers, ne cesse, dans les conditions profanes de l'existence, d'être voilé, recouvert de scories qui sont autant d'habitudes mentales. C'est en nous délivrant de ces habitudes mentales par l'apport de la vigueur donatrice de l'ivresse que nous recouvrons une vision de la réalité qui n'est plus une vision instrumentale, mais ontologique. L'ivresse nous révèle le monde non plus tel que nous l'utilisons ou le planifions, mais *tel qu'il est* dans l'ouragan de l'être. Quittant les évidences illusoires de l'identité, nous nous retrouvons au centre d'un jeu de forces dansantes qui nous portent témoignage de l'être que nous méconnaissons.

L'ivresse, lorsque Dionysos en personne guide la danse est *connaissance*. Le monde devant lequel nous passons habituellement, comme devant un spectacle qui ne nous concerne pas, s'impose à nous, retentit en nous, nous exalte et nous effraie tour à tour. L'homme en proie à l'ivresse, ou mieux vaudrait dire, à *une* ivresse – car il existe autant d'ivresses que de couleurs et même de nuances à l'arc-en-ciel – est enclin à voir dans les choses des *mystères*. Les arbres deviennent des arcanes. Les ciels et les mers s'offrent à lui comme de lancinantes interrogations. Les forêts sont bruissantes de présences, et les villes elles-mêmes deviennent des Brocéliande. Mais par-dessus tout, les mots acquièrent une puissance et une résonance nouvelles.

Le dithyrambe dionysiaque fête les retrouvailles de l'homme avec les sources de la parole. Car la source de la parole n'est pas dans l'utilisation du réel, mais dans sa célébration. Ces mots qui, dans le langage profane sont des écorces mortes, la puissance dionysiaque va leur rendre la magie invocatoire. Là où le monde est rendu à la présence de l'être, le mot résonne infiniment dans l'âme humaine. Le mot n'est pas étranger à la réalité qu'il nomme, il est le site magique de la rencontre de l'homme et du monde. *L'ivresse dionysiaque désempierre la source de la parole.* De tout temps, le génie verbal eut partie liée avec l'ivresse. La pauvreté de la parole, l'avarice de l'expression – que certains critiques modernes vantent sous l'appellation « d'économie de moyens » –, qu'est-elle d'autre sinon une crispation sur les évidences, un refus de se laisser gagner par les vastes exactitudes de l'ivresse ? Les belles éloquences sont les œuvres du consentement à l'ivresse, de l'accord souverain de l'âme et du corps. La parole, lorsqu'elle se fait rythme et musique et entraîne avec elle la pensée en de nouvelles aventures, naît de l'accord de l'âme et du corps. Lorsque l'âme et le corps sont désaccordés, la parole se fige et s'étiole.

Le rire des dieux et la science de l'âme

La culture du ressentiment, anti-dionysienne par excellence, répugne à ces preuves magnifiques de la concordance de la hauteur et de la profondeur. La parole, elle la veut « écriture » et « minimaliste », c'est-à-dire aussi peu enivrée que possible, comme si l'ivresse, qui bouleverse les représentations, était le mal par excellence. Les œuvres d'André Suarès, de Saint-John Perse ou de John Cowper Powys sont de magnifiques défis à cette culture du ressentiment dont les seules « valeurs » irréfutables sont la mesquinerie et le calcul. Le « *rire des dieux* » dont parle Nietzsche est fait précisément pour effaroucher le « bien-pensant », pour montrer le comique foncier des « valeurs », et leur inanité face aux principes et à la puissance dont se compose la polyphonie du monde.

Protéenne, l'ivresse invente des formes là où l'identité se contente de reproduire des formes. L'ivresse change, l'ivresse transfigure, là où le principe d'identité profane se limite à la duplication quantitative. L'ivresse crée des qualités. Elle inaugure l'ère, sans cesse reportée, mais sans cesse sur le point d'advenir, du *qualitatif.* Toute perception d'une qualité est prélude d'ivresse. La qualité appartient à l'ordre de l'indiscutable. Celui qui ne la perçoit point ne saurait en parler. Perçue, la qualité suscite une interprétation infinie. L'herméneutique de la qualité est sans limite, alors que la quantité, aussi considérable soit-elle, se définit d'emblée par sa limite. La quantité est limitée, la qualité est infinie. L'ivresse dionysiaque est principe de poésie car elle invite au registre des harmoniques qualitatives du monde. Le souffle s'accorde à l'idée et le poème naît de ce « rien » qui est la chose elle-même rendue à la souveraineté de l'être. Les Mystères orphiques ou dionysiaques n'ont d'autre sens. Le moment du Mystère est celui où l'être apparaît sous les atours de la réalité. Mystère car le site d'où se déploie le chant est celui de l'être irréductible dont aucune explication logique, ou grammaticale, ne peut s'emparer. Ce Mystère n'est point le mystère des « arrière-mondes », il ne relève pas davantage de cette sorte d'occultisme qu'affectionnent les Modernes. C'est le Mystère de la chose rendue, enfin, après la traversée odysséenne du chant, à son propre silence.

Or, nous ne pouvons dire les choses que si nous recevons en nous, comme une promesse, le silence dont elles émanent. Longtemps, les sciences humaines feignirent de croire que les dieux n'étaient que de maladroites explications, dont on pouvait désormais se passer, des phénomènes naturels. Le dieu, en réalité, est ailleurs. Il n'explique pas, *il nomme*, et il nomme avec une pertinence telle que nous n'avons pas jusqu'à présent trouvé mieux que les noms des dieux, et les récits de leurs aventures, pour décrire les aléas de l'âme et du monde. Dire que la croyance aux dieux est morte avec le christianisme, c'est se faire de cette croyance, et de la croyance en général, une bien pauvre idée. L'exubérance, la prodigalité, l'ivresse ne meurent pas sur un décret, fût-il « théologique ». Leconte de l'Isle, par son goût pour la plénitude prosodique, les espaces grands et profonds, les symboles augustes, retrouve naturellement une part du génie ancien. La fidélité aux dieux antérieurs loin d'être une construction artificielle renoue avec une tradition qui ne fut jamais vraiment interrompue. L'éloignement des sagesses anciennes, leur supposée incompréhensibilité pour nous « Modernes », apparaît de plus en plus comme un vœu pieux que la plupart des œuvres d'art, de littérature ou de poésie modernes démentent avec ardeur.

Les dieux virgiliens frémissent dans la Provence de Giono avec une évidence que la morale chrétienne, pour louable qu'elle soit à certains égards, ne saurait leur ôter. Celui qui veut connaître l'être comme une présence, et non comme un concept, voit paraître les dieux qui nomment et racontent les aspects et les forces du monde réel qui échappent à toute utilisation possible. Nous pouvons ainsi reconnaître la pertinence herméneutique du récit mythique, son aptitude à dire ce qui *advient* en ce monde dans l'obéissance à des lois que nous ne comprenons pas entièrement. Les dieux décrivent une connaissance et disent en même temps les limites de la connaissance. Les dieux, certes, régissent, mais l'homme consent à la limite de sa science en disant qu'il ne sait pas exactement *de quelle façon* les dieux régissent. On ne saurait attendre une plus heureuse pondération de la part d'un physicien actuel. Le dieu ne dit pas la cause d'un mécanisme, il nomme le mécanisme et tout ce qui dans son antériorité ou sa postérité ne révèle rien d'évaluable.

Si nous acceptons de reconsidérer cette terminologie divine dans la perspective de nos propres préoccupations herméneutiques, nous allons au-devant d'heureuses surprises. Qui n'a constaté que la faiblesse de maints systèmes d'interprétation tenait d'abord à la scission entre l'intérieur et l'extérieur, l'objet et le sujet ?

Dans l'épistémologie moderne, la science du monde intérieur et la science du monde extérieur paraissent séparées par des barrières infranchissables. Or, chacun sait que le monde intérieur conditionne la connaissance du monde extérieur, et inversement. Il n'en demeure pas moins que les sciences de l'âme et les sciences de la « *physis* » se développent de façon séparée et marquent l'une à l'égard de l'autre une indifférence immense.

Le génie du paganisme et des récits mythologiques fut de formuler la connaissance du monde dans une terminologie qui concernait simultanément le monde physique et le monde l'âme. Loin d'être au-delà de la science, cette recherche d'une coïncidence de l'intérieur et de l'extérieur semble désormais au diapason des recherches contemporaines. Pourquoi faudrait-il tenir en des catégories radicalement séparées ce qui ordonne le monde et ce qui ordonne l'esprit ? Cette obstination dualiste n'est-elle pas la cause du désarroi où nous sommes ? Le triomphe de la technique extérieure et l'absence totale de maîtrise de soi, de discipline intérieure, où nous voyons nos contemporains n'est-il point la preuve de l'inefficience de cette pensée dualiste ? Le dieu antique nous parle, car il parle d'un site qui ignore la séparation de l'en-dehors et de l'en-dedans.

Dans les mythologies hindoue, grecque, celtique, les principes intérieurs et les principes extérieurs ne sont pas jugés de nature différente. Ils sont des *degrés* différents, non des natures différentes. Nous avons traité ailleurs de l'erreur d'interprétation fort commune qui voit dans l'œuvre de Platon une « séparation radicale » entre l'Idée et le monde sensible, là où Platon parle d'une « *gradation infinie* ». De même, les dieux ne sont pas radicalement séparés du monde. Ils sont eux-mêmes gradation infinie, messagers, principes de variations infinies, reliés à d'autres principes selon la loi de l'analogie qui gouverne le monde et nous enseigne que, dans la présence de l'être, rien ne se crée et rien n'est perdu. Les dieux témoignent de l'éternité de nos âmes, de nos pensées comme ils témoignent de l'éternité du monde.

Une temporalité illuminée

Maître des ivresses, Dionysos nous invite à une expérience du temps dégagée de toute servitude linéaire. L'ivresse dionysiaque est la première, et la plus immédiate, des approches du temps modifié. Par l'ivresse, la temporalité devient chatoyante, complexe, variable selon des données métaphoriques et poétiques dont l'imagination est alors la maîtresse souveraine. L'accélération et l'exacerbation des idées, la fougue des sentiments et de l'imaginaire, les puissances démultiplicatrices de l'ivresse subvertissent l'illusion du temps mécanique et du temps quantifiable. Lorsque Dionysos mène la danse, l'âme bondit de qualités en qualités, d'intensités en intensités, si bien que le temps devient semblable à un espace résonnant d'échos et miroitant d'apparitions, toutes moins prévisibles les unes que les autres. L'univers entier devient alors le théâtre de cette fête dithyrambique. Pleine d'intersignes, de manifestations brusques, d'illuminations, au sens rimbaldien, la temporalité dionysiaque est une temporalité illuminée.

La lumineuse construction apollinienne n'est pas moins dégagée du temps linéaire que la fougue dionysiaque. Dionysos lutte encore avec le temps linéaire comme avec un ennemi, alors qu'Apollon domine toutes les temporalités de son évidence sculpturale. L'erreur d'interprétation la plus commune croit tirer avantage de l'intemporalité des dieux pour conclure à leur inexistence, car, selon l'historiographie profane, seules existent les choses et les créatures asservies au temps. Certes, tout ce qui tombe sous nos yeux semble sous le joug du temps. N'est-ce point parce que nous sommes soumis au temps que nous croyons voir dans les choses la marque de cette soumission ? N'anticipons-nous point arbitrairement de la nature des dieux par la connaissance de nos propres infirmités ? Nous passons à travers les apparences vers une extinction plus ou moins certaine et nous en concluons à la fugacité de toute chose. N'est-ce point sauter directement de la prémisse à la conclusion et faillir aux exigences élémentaires de l'exactitude philosophique ? L'ivresse, en nous délivrant de nos affaires trop humaines, de nos préoccupations mesquines, et des conditions qui nous enchaînent, nous laisse enfin face au monde *réel* que nous ne nous croyons plus obligés, alors, d'assujettir aux circonstances qui voient nos limites et nos défaites. Les théurgies anciennes, néo-platoniciennes et orphiques, prescrivaient de sortir de soi-même par l'extase afin d'accéder à la vision. Ce n'est que délivré des conditions de la nature humaine que nous pouvons *voir*. L'*extase visionnaire* fut ainsi longtemps considérée comme un *instrument de connaissance*.

Connaître par l'extase, voir par l'extase, loin de ramener l'homme vers la subjectivité ou l'intériorité, était alors un moyen de voir le monde hors des limites ordinaires de la perception humaine. La mesure de l'homme ne devient la mesure du monde, du cosmos, que si nous acceptons de nous abandonner à l'odyssée de la pensée et de l'âme. L'exigence épique n'est pas radicalement différente de l'exigence philosophique. Empédocle rejoint Homère dans la célébration de l'*areté*, cette vertu fondamentale qui dégage l'homme de la soumission banale aux phénomènes. L'éthique héroïque est une éthique du dégagement qui peut aller jusqu'à paraître désinvolture. La vision sera d'autant plus juste, et d'autant plus riche d'enseignements, qu'elle sera plus inhabituelle, mieux dégagée des conditions ordinaires de l'existence. De même, par ses instruments, explorateurs de l'infiniment grand et de l'infiniment petit, par ses audacieuses hypothèses mathématiques, le chimiste et le physicien usent de méthodes qui invitent le regard à voir la réalité sous un jour radicalement différent de celui auquel elle se propose dans la vie quotidienne. Ce que le physicien nous apprend de la nature du temps, depuis Newton, contredit l'expérience que nous en faisons dans la succession de nos travaux et de nos jours. Le théurge des Mystères dionysiens ou orphiques n'agissait pas autrement en faisant de l'expérience visionnaire, qui rompt les logiques de la perception profane, une source de connaissance. Seul le point de vue inhabituel peut nous renseigner sur la nature de l'habituel. La « sur-temporalité » du monde divin qui se révèle dans la vision du théurge délivre de la *prison de la subjectivité*, qui ne voit en toute chose que sa propre image insignifiante et périssable.

Dans les civilisations de masse, soumises à la loi du plus grand nombre, il est de coutume d'expliquer le supérieur par l'inférieur. Ainsi le désintéressement et les comportements humains, qui participent de la vertu donatrice, sont-ils soumis à la suspicion de l'inférieur qui cherchera les motifs intéressés là où s'exerce librement un génie dispendieux. De même, l'inspiration divine, l'extase visionnaire, les hautes opérations de l'esprit auxquelles nous convie la théurgie orphique seront-elles soumises, par la critique profane, à la « subjectivité » ou justiciables d'une psychologie plus ou moins naturaliste. Dans un ordre plus récent et plus restreint, l'œuvre littéraire et son auteur, lorsqu'ils ne bénéficient point, en espèces sonores et trébuchantes, des fruits de leur labeur, sont invariablement taxés de vanité.

Les cultes grecs tardifs, les philosophies hermétiques, loin d'être seulement les éléments décadents d'une civilisation destinée à laisser place au christianisme, paraissent ainsi à celui qui s'y attache avec une certaine déférence, d'une richesse exceptionnelle. Les *Hymnes Orphiques*, dont une traduction nouvelle et musicale a été donnée par Jacques Lacarrière, témoignent d'une ferveur ancienne et portent en eux le témoignage des plus lointaines méditations grecques. De même le *Discours sur Hélios-Roi* de l'Empereur Julien, *Les Mystères égyptiens* de Jamblique, les fragments pythagoriciens, loin de témoigner d'une corruption des sagesses anciennes en révèlent certains aspects probablement maintenus cachés jusqu'alors, la discipline de l'arcane se levant, par exception, en ces périodes pressenties comme ultimes.

Si ces témoignages ne sont que lubies ou médiocres compilations, alors, en effet, le christianisme le plus exclusif et le plus légaliste prouve sa nécessité. En revanche, si les ultimes formes libres du paganisme sont diaprées de sens et de beauté, si nous pouvons entendre et laisser miroiter en nous ce sens et cette beauté, alors, *rien n'est joué*. La perspective traditionnelle, à laquelle certains des plus éminents auteurs catholiques se sont ralliés, incline à croire que la sagesse n'est point datable, « *qu'elle naît avec les jours* » selon la formule de Joseph de

Maistre, et que les formes religieuses les plus anciennes sont aussi les plus lumineuses ambassadrices de la *lumière d'or des origines*. Ces conceptions, ennemies de toute exclusive religieuse, étaient partagées par les fidèles aux dieux antérieurs. *Si le centre du temps est l'origine du monde, alors toutes nos formulations sont des points sur la périphérie, horizon d'éternité que rien n'altère, qu'aucune obsolescence ne menace fondamentalement.*

Les textes sacrés et l'étincelle d'or du secret

Le génie du paganisme tardif fut d'avoir transposé dans l'ordre du secret, en vue d'une transmission de maître à disciple, les vastes certitudes des dieux afin de garantir leur survie en « *ces temps de détresse* » qu'évoquait Hölderlin. L'orphisme, le pythagorisme, les poétiques dionysiennes, alexandrines, hermétiques, ne sont pas du paganisme « préchrétien », mais du paganisme rendu subtil, en vue d'une traversée historique pleine d'incertitudes. Si les polémiques contre le christianisme, surtout sous la forme vulgaire qu'affectionnent les Modernes, nous semblent vaines – un cloître roman demeurant plus proche, par la forme et le fond, du temple d'Épidaure que de n'importe quelle construction moderne, fût-elle « néo-classique », issue de l'*hybris* moderniste –, nous garderons à cœur, en revanche, de ne rien céder des ferveurs anciennes à l'illusion d'un quelconque « progrès ». Si le génie grec persiste dans l'architecture romane, il persiste aussi ailleurs, avant et après. La similitude entre la fin de l'Empire et l'actuel déclin de l'Occident est trop évidente pour n'être pas de quelque façon fallacieuse.

Certes, l'Occident sombre, et l'arrogance occidentale est mise à mal, mais voici bien longtemps que cet Occident-là, voué au dogme bicéphale de la marchandise, et de la technique, n'est plus que la subversion des principes fondateurs des Cités et des Empires dont nos philosophies et nos arts furent les héritiers. Voici bien longtemps que le génie de l'Europe et les destinées historiques de l'Occident ne coïncident plus en aucune façon, et souvent paraissent, aux observateurs les plus avisés, antagonistes. Le génie de l'Europe n'a pas disparu avec le triomphe historique de l'Occident, mais il est devenu secret, apanage des individus audacieux qui surent résister à l'uniformisation.

Les trois totalitarismes du siècle, totalitarisme nazi, communiste et capitaliste, ont été des tentatives partiellement réussies d'arracher définitivement l'homme à son autarcie pour en faire l'objet docile de la technique et de la société de masse, où l'Occident marque précisément son désastreux triomphe. Le XXe siècle restera dans l'Histoire comme le siècle de la destruction programmée de toutes les cultures traditionnelles. L'Occident fut destructeur de la magnifique culture chevaleresque et visionnaire des Indiens d'Amérique du Nord parce qu'il avait déjà renié en lui-même le génie européen. Pourquoi serions-nous solidaires de ce qui nous tue ? Poètes, artistes, ou amoureux des *grandes heures*, des ivresses dionysiennes et des songes apolliniens, pourquoi notre destin se confondrait-il avec le titanisme d'un pouvoir qui se fonde, selon l'excellente formule de Heidegger, sur « *l'oubli de l'être* » ? Le génie de l'Europe est fidélité aux dieux, le destin de l'Occident est la soumission aux Titans. Lorsque, selon la formule de Drieu La Rochelle « *les Titans à genoux raidissent leur buste* », ce ne sont point les dieux qui rêvent leur défaite, mais le règne d'une force mécanique, aussi insolite que destructrice et passagère. Certes, des milliers de destinées humaines peuvent encore s'y briser, mais le simple *regard d'Athéna* qui se pose sur nos tumultes, si nous en prenons conscience, éloigne déjà tout ce dont nous souffrons dans les limbes des erreurs passées. Quoi qu'il advienne, les dieux nous précèdent. Les dieux ne sont pas dans notre passé, c'est nous qui sommes dans le passé des dieux et qui nous efforçons de les rejoindre.

La mémoire et la bienveillance des dieux

À chaque phrase que nous écrivons, et qui arrache à l'abrutissement et au mutisme le *sens* de la parole, nous reconnaissons que nous vivons dans la bienveillance des dieux. Lorsque les dieux veillent sur nous, notre existence est une ardente veillée. Aux confins du déclin, nous discernons « *l'étincelle d'or* » rimbaldienne. Les poètes gardent le sens, c'est-à-dire la possibilité infinie de dire le génie d'une tradition, quand bien même cette tradition paraît être provisoirement vaincue ou oubliée : il n'est d'autre combat que de mémoire. Par l'étymologie, et par l'expérience de la pensée, la vérité et la réminiscence ne sont qu'une seule et même chose. Nous méconnaissons le sens profond de la mémoire dès lors que nous ne discernons plus en elle la source de la vérité. Un monde peuplé de dieux n'est pas un monde, plus que d'autres, soumis à l'irrationalité.

Un monde peuplé de dieux innombrables, s'il n'est pas un monde où l'on croit davantage, est parfois un monde où l'on voit mieux, un monde où les hommes sont davantage préoccupés du monde et des forces qui le gouvernent que d'eux-mêmes, un monde où les regards s'attardent plus volontiers sur le ciel, les mers, les forêts. Les dieux viennent là où la déférente attention au monde devient inventive. Les poètes sont les chantres des dieux, car ils reçoivent de l'attention qu'ils portent au monde des messages dont témoigneront leurs poèmes. Les Anciens croyaient que le poème est un moyen de connaissance du monde, et pas seulement un moyen de connaissance du poète. Ce que l'on nomme la littérature sacrée n'est rien d'autre qu'une littérature à laquelle on reconnaît le pouvoir d'être un moyen de connaissance du monde, et non pas seulement un « vecteur de savoirs ».

Lorsque le texte sacré n'est pas lu avec un regard profane ou profanateur, celui qui déchiffre les phrases en devient l'auteur. Le principal reproche que l'on peut adresser à certains sectateurs monothéistes, adversaires de l'herméneutique, est d'avoir voulu désacraliser l'ensemble des poésies du monde, depuis l'origine des temps, au profit exclusif de la Bible et du Coran. La critique moderne, formaliste, narratologique ou psychanalytique, est l'héritière de cette désacralisation. Quiconque lit Novalis, Hölderlin, Yeats, Mallarmé, Rimbaud, Saint John Perse ou Cristina Campo voit bien qu'il s'agit d'une littérature qui nous apporte bien davantage qu'un savoir concernant leurs auteurs. Ce qui se trouve remis en jeu dans ces œuvres nous touche précisément, car nous avons accès par elles à la connaissance dont les auteurs et nous-mêmes ne sommes que les miroirs. En l'absence d'un art de l'interprétation, le texte sacré devient un pur secret, hors d'atteinte.

L'augure dit le sens du vol des oiseaux, il déchiffre ces configurations célestes. En l'absence de l'interprète, certes, les oiseaux ne suspendent point leur vol, mais leur vol ne *dit* plus rien. Réduire les textes sacrés à l'insignifiance, telle fut, de tout temps, la stratégie des uniformisateurs, soit qu'ils eussent pour dessein d'établir l'exclusive d'un discours symbolique au détriment de tous les autres, soit qu'ils ourdissent le projet de faire disparaître toute forme de sacré, de langage mythique, et d'éteindre le *Logos* lui-même sous l'accumulation des scories et des insignifiances.

Qu'est-ce qu'un texte sacré ? La science sacrée étant ce qui qualifie la réalité par opposition à la science profane qui quantifie la réalité, on pourrait dire qu'un texte sacré est un écrit qui dispose du pouvoir de faire entrer son lecteur ou son auditeur dans *le monde des qualités*. Connaître qualitativement le monde, tel est le projet créateur du texte sacré. Cette connaissance qualitative, cette gnose, diffère de la connaissance quantitative comme le déchiffrement diffère du dénombrement. Le texte sacré déchiffre le réel et offre ce déchiffrement, par le don poétique, à celui qui sera digne de s'en approprier l'exigence. L'interprète du texte sacré, l'herméneute, prolonge les résonances de la création initiale. Son dessein se confond avec le dessein de l'œuvre. L'herméneutique homérique et virgilienne ne fut point un simple commentaire des œuvres, mais un prolongement du déchiffrement entrepris par les œuvres elles-mêmes.

La légère et infinie trame du monde

Dans un monde où règnent les dieux, la primauté de la qualité sur la quantité est avérée par les rites qui conditionnent l'ordre de la Cité. Lorsque la qualité prime la quantité – de même que le léger domine le lourd –, l'existence s'enrichit elle-même de qualités, qui sont vertus et puissances. Contrairement à ce que prétendent certains exégètes hâtifs, le monde du sacré est beaucoup moins finaliste que le monde profane, lequel soumet finalement tout acte et toute chose à une évaluation quantitative, utilitaire et marchande. Si le monde des qualités auquel nous invite l'herméneutique sacrée ignore les finalités générales des logiques linéaires, il nous dispose, en revanche, à comprendre l'interdépendance des qualités, des puissances et des vertus. Les dieux et les hommes entrecroisent leur destin, et de cet entrecroisement naît l'épopée.

Hommes et dieux tissent la trame du monde et leurs hostilités mêmes sont fécondes. Les dieux pas davantage que les hommes n'ont de sens insolite, ils prennent sens par leurs échanges, en des configurations complexes qui témoignent de l'éternité de l'être. Une certaine intelligence philosophique est nécessaire pour comprendre que le non-finalisme des théurgies anciennes coïncide avec une vision de l'éternité et de l'être. L'être et l'éternité ne sont pas des finalités, ils sont les principes du déchiffrement en même temps qu'ils en sont la fin. Pour les contemporains d'Empédocle, mais aussi pour ceux de Platon et de Jamblique, il n'y a point évolution de l'intelligence, mais reconnaissance du vrai, ce que résume le mot grec *Aléthéia*, qui signifie à la fois vérité et réminiscence. Cette vision non-évolutive de l'accroissement de la connaissance suppose que la plénitude est toujours une *recouvrance*.

« *Deviens ce que tu es* ». La formule résume admirablement cette vue du monde qui tient la plénitude de la connaissance de la recouvrance de l'origine. Le devenir est la célébration de l'être et non point, comme on se hasarde parfois à le penser, le refus ou la négation de l'être. *Les dithyrambes de Dionysos* de Nietzsche saisissent au vif cette vision du tréfonds à partir de la surface, tréfonds et surface ne faisant qu'un dans la vision que gemme l'instant. Le finalisme et l'évolutionnisme sont également étrangers au « *deviens ce que tu es* » dans la mesure où, pour eux, tout se joue, sinon dans l'achèvement, du moins dans l'étape ultérieure qui marque l'obsolescence de l'étape antérieure. Pour le finaliste et l'évolutionniste, ce que nous sommes dans la présence des choses est dépourvu de sens. La plénitude est hors d'atteinte.

Pour les intuitions les plus anciennes, en revanche, l'éternité est consubstantielle au monde. Chaque instant témoigne d'un faisceau de forces à nul autre semblable. Ce qui est unique, irremplaçable, ne passe jamais. La fidélité aux dieux antérieurs n'est point nostalgie, ni seulement un recours au passé afin de peupler un présent déserté de présences. Cette fidélité est éveil. La foi que nous dispense la magnificence du monde est éveil. Nous nous éveillons à la grandeur sitôt que nous nous oublions quelque peu. Un monde sans dieux est un monde sans grandeur. Voyez la mesquinerie de ces existences réduites à elles-mêmes, vaniteuses, despotiques, sourdes à toutes les sollicitations du monde, à toute musique !

L'Odyssée est non seulement le paradigme de presque tous nos récits d'aventure et de toutes nos audaces herméneutiques, elle est aussi la source de notre grande musique. Variation, musique, interprétation, tels sont les modes opératoires des « odyssées » de notre âme. Dans cette perspective, l'expression « *perdre son âme* » reprend son sens fatidique. Lorsque nous avons perdu notre âme dans l'oubli, tout en nous et autour de nous devient immobile et schématique. Les puissances lumineuses et bouleversantes des dieux n'irriguent plus les apparences et nous nous étiolons doucement dans des identités d'emprunt. L'âme, si l'on se souvient de l'étymologie, est *ce qui anime*. À l'interprétation musicale de la variation correspond, dans l'Épopée, l'herméneutique métaphysique de la péripétie. L'*Odyssée* est elle-même art de l'interprétation. Ulysse est non seulement le héros exemplaire, il est aussi le regard qui découvre et délivre dans les choses elles-mêmes le sens et les qualités qui, autrement, seraient demeurées inaperçues.

Le Groenland métaphysique

L'exemplarité du héros se renforce de la primordialité du regard dont l'amplitude conquiert à la fois les hauteurs et les profondeurs. Le regard ample, cela même qu'Ernst Jünger nommera *la vision panoramique*, telle est la conquête de l'épopée. En lisant Homère, nous voyons avec d'autres yeux, et comme pour la première fois, un monde riche d'émerveillements et d'effrois, un monde de forces et de présences qui nous entraîne avec lui dans la plus belle et la plus irrécusable métaphore de l'existence humaine : *un voyage en mer*.

Ceux des écrivains qui firent l'expérience de l'aventure maritime, tel Hermann Melville, se reconnaissent à une vision qui dépasse l'apparence immédiate, une vision *symbolique*. La vision symbolique du réel ne naît point d'un refus ou d'un éloignement du réel, mais de l'expérience de la réalité la plus intense qui soit. Lorsque la réalité est portée à un degré extrême d'incandescence et d'intensité, elle devient symbole. Celui qui vit dans la banalité et l'ennui du quotidien a fort peu de chances d'atteindre à une vision symbolique du réel. Les navigateurs, les poètes, les hommes qui remettent en jeu leur existence dans l'aventure d'une réalité non soumise à la planification, non réduite à l'innocuité, se haussent souvent à une vision lyrique et symbolique de la réalité. Nul mieux qu'Hermann Melville ne sait dire l'expérience métaphysique fondamentale : « *Nous servons de fourreau à nos âmes. Quand un homme de génie tire du fourreau son âme elle est plus resplendissante que le cimeterre d'Aladin. Hélas ! combien laissent dormir l'acier jusqu'à ce qu'il ait rongé le fourreau lui-même et que l'un et l'autre tombent en poussière de rouille ! Avez-vous jamais vu les morceaux des vieilles ancres espagnoles, les ancres des antiques galions au fond de la baie de Callao ? Le monde est plein d'un bric-à-brac guerrier, d'arsenaux vénitiens en ruines et de vieilles rapières rouillées.*

Mais le véritable guerrier polit sa bonne lame aux brillants rayons du matin, en ceint ses reins intrépides et guette les taches de rouille comme des ennemies ; par maint coup de taille et d'estoc il en maintient l'acier coupant et clair comme les lances de l'aurore boréale à l'assaut du Groenland. »

Toute aventure, lorsqu'elle n'est pas réduite à une pure représentation est toujours une aventure de l'âme. L'audace qui se lance à l'assaut des éléments et des circonstances inhabituelles ou extrêmes est déchiffrante. Le navigateur doit déchiffrer les signes du ciel et de la mer. La météorologie, si décisive dans toutes les aventures physiques, n'est autre que le *langage des hauteurs* dont l'herméneute doit s'efforcer de discerner la correspondance dans le langage des profondeurs. L'aventure est déchiffrement et tout déchiffrement est aventureux. Point d'épopée ni d'herméneutique sans une confrontation directe avec l'inconnu.

L'inconnu, nous enseigne l'*Odyssée*, doit être recherché et affronté héroïquement. Il ne s'agit point pour le héros-herméneute de ramener l'inconnu au connu, mais bien au contraire de s'affronter intensément et amoureusement à l'inconnu. Le héros ne réduit point l'inconnu au connu ; il hausse le connu jusqu'à la magnificence de l'inconnu. L'herméneute et le héros non seulement ne se contentent point du connu, ils considèrent que ce connu est un leurre misérable, un mensonge. L'attrait de l'inconnu guide autant celui qui s'aventure sur les mers que l'interprète qui s'aventure dans les contrées indéchiffrées de l'esprit. L'*Odyssée* conjugue magistralement ces deux exigences fondamentales de l'être humain. Dans la vision héroïque et herméneutique du monde, l'inconnu n'étant pas réduit au connu, mais au contraire, *le connu augmenté d'une plénitude d'inconnu*, l'être humain, loin de ramener le monde à lui-même, à son propre usage et à ses instrumentations, s'expose à être métamorphosé par le monde. L'inconnu dans lequel je m'aventure fait de moi un être inconnaissable, et cet inconnaissable est le pouvoir de ma souveraineté.

Dans la part du secret réside ma liberté, ce qui en moi ne saurait être l'objet d'une utilisation ou d'une évaluation quantitative. Affronté à l'inconnu de l'aventure herméneutique, je deviens ce que je conquiers. La lumière herméneutique transfigure ce qu'elle touche et *qui* elle atteint. *L'inconnaissable dont elle me revêt m'illumine jusqu'au fond du cœur.*

Le Songe de Pallas

I. Aristeia

Des héros et des dieux

Toute science politique qui s'écarte ostensiblement de l'*humanitas* suscite en nous une juste aversion. Nous redoutons et nous repoussons les théories dont nous devinons qu'elles peuvent abonder dans le sens de la barbarie. Mais sommes-nous pour autant à même de comprendre ce qu'est au juste cette *humanitas* dont nous nous réclamons ? Pourrons-nous encore longtemps tirer les conséquences d'une idée dont l'origine s'assombrit dans un oubli de plus en plus profond ? Que savons-nous, par exemple, du dessein de la Grèce archaïque et classique qui fut à l'origine des sciences et des arts que l'on associe habituellement à la notion d'*humanitas* ?

Il est fort probable que cette notion d'*humanitas*, telle qu'elle fut comprise autrefois diffère bien davantage encore que nous ne pouvons l'imaginer de l'humanité, de l'humanitarisme, voire de l'humanisme, tels que nous les envisageons depuis deux siècles. Peut-être même notre « humanité » est-elle devenue plus étrangère à l'*humanitas* que ne le sont aux modernes Occidentaux les chamanismes et les rites archaïques des peuplades étrangères. La médiocrité à laquelle nous consentons, le dédain que nous affichons à l'égard de notre littérature, de notre philosophie et de notre style ne sont-ils point le signe d'une incompétence croissante à faire nôtre une notion telle que l'*humanitas* ? Quelques-uns d'entre nous, certes, font encore leurs humanités, d'autres entreprennent de louables actions « humanitaires », mais il n'est pas certain que les uns et les autres soient encore fidèles, si peu que ce soit, à l'*humanitas*.

Que fut au juste pour les Grecs des périodes archaïques et classiques être humain ? Quel était le site propre de cette pensée de l'humain ? Était-ce, comme dans nos modernes sciences humaines, la réduction du monde « à hauteur d'homme » ? Certes non ! Il suffit de quelques vagues remémorations de l'épopée homérique pour convenir qu'il n'est de destinée humaine qu'orientée par l'exemplarité divine. Les dieux sont des modèles, quelquefois faillibles, mais non moins impérieux, et ils entraînent l'aventure humaine dans un jeu de ressemblance où le visible et l'invisible, le mortel et l'immortel s'entremêlent : et c'est ainsi qu'est formée la trame du monde.

L'*humanitas* pour les Anciens n'excluait donc nullement quelque oubli de soi, en tant que pure existence immanente. S'il était donné à l'humain de côtoyer le monde divin et ses aléas prodigieux et parfois indéchiffrables, ce n'était certes point pour s'imaginer seul au monde ou réduit à quelque déterminisme subalterne. L'épopée nous renseigne mieux que tout autre témoignage : l'aventure humaine, l'*humanitas*, obéit à la prédilection pour l'excellence conquise, au dépassement de soi-même, au défi lancé, sous le regard des dieux, à la condition humaine. Être humain, dans l'épopée, se mesure moins en termes d'acquis que de conquête. La conscience elle-même est pur dépassement. Cette verticalité seule, issue des hautes splendeurs divines, nous laisse une chance de comprendre le monde en sa profondeur, d'en déchiffrer la trame auguste.

Ulysse est l'exemple du héros, car son âme songeuse, éprise de grandeur est à l'écoute des conseils et des prédictions de Pallas-Athéna. Âme orientée, l'âme d'Ulysse est elle-même, car elle ne se contente point du déterminisme humain. Elle discerne plus loin et plus haut les orées ardentes de l'invisible d'où les dieux nous font parvenir, si nous savons être attentifs, leurs messages diplomatiques. Le Bouclier d'Achille – sur lequel Héphaïstos a gravé la terre, la mer, le ciel et le soleil – est le miroir du monde exemplaire. Par lui, le héros qu'il défend sait comment orienter son attention. L'interprétation du monde est l'objet même du combat, car il n'est point de connaissance sans vertu héroïque. Toute gnose est *aristéia*, récit d'un exploit où le héros est en proie à des forces qui semblent le dépasser. La vertu héroïque est l'*areté*, la noblesse essentielle qui confère la maîtrise, celle-là même dont Homère donne l'exemple dans son récit. C'est aussi grâce à cette maîtrise, que, selon l'excellente formule de l'éminent helléniste Werner Jaeger, « *Homère tourne le dos à l'histoire proprement dite, il dépouille l'événement de son enveloppe matérielle et factuelle, il le crée à nouveau.* »

Cette recréation est l'essence même de l'*art d'être*. L'histoire n'est faite en beauté que par ceux qui ne se soumettent pas aux lois d'un plat réalisme. Il n'est rien de moins « naturaliste » que l'idéologie grecque. La nature pour Homère témoigne d'un accord qui la dépasse, et le nom de cet accord n'est autre que l'art. L'*aristéia*, l'éthique chevaleresque, ne relève en aucune façon de cette morale naturelle à laquelle nos siècles modernes s'efforcent en vain de nous faire croire. « *Pour Homère et pour les Grecs en général,* poursuit Werner Jaeger, *les limites ultimes de l'éthique ne représentent pas de simples règles d'obligation morale : ce sont les lois fondamentales de l'Être. C'est à ce sens des réalités dernières, à cette conscience profonde de la signification du monde – à côté de laquelle tout "réalisme" paraît mince et partiel – que la poésie homérique doit son extraordinaire pouvoir* ».

Échappant au déterminisme de la nature par les profonds accords de l'art qui dévoilent certains aspects des réalités dernières, le héros grec, figure d'exemplarité, confère aussi à sa propre humanité un sens tout autre que celui que nous lui donnons dans notre modernité positiviste. L'humanité, pour Homère, pas davantage que pour Platon, n'est une catégorie zoologique. L'homme n'est pas un animal amélioré. Il est infiniment plus ou infiniment moins selon la chance qu'il se donne d'entrer ou non dans le Songe de Pallas.

Il n'est pas certain que l'anthropologie moderne soit à même de saisir au vif de son éclat poétique et héroïque cette idée de l'humain dont l'âme est tournée vers un message divin. Cette idée récuse à la fois les théories de l'inné et les théories de l'acquis qui se partagent la sociologie moderne – et ne sont que deux aspects d'un même déterminisme profane – pour ouvrir la conscience à de plus glorieux appels. L'homme n'est la mesure que par les hauteurs et les profondeurs qu'il conquiert et qui appartiennent à d'autres préoccupations que celles qui prévalent dans l'esprit bourgeois.

Or, celui qui ne règne que par la force brute de l'argent a fort intérêt à nier toute autre forme de supériorité et d'autorité. Nul ne profite mieux de la disparition des hiérarchies traditionnelles que l'homme qui exerce le pouvoir dans l'ordre de l'état de fait. Il n'en demeure pas moins que, dans la médiocratie, il y a d'une part ceux qui profitent de l'idéologie de la médiocrité et d'autre part ceux qui y consentent et la subissent, faute de mieux. Mais dans un cas comme dans l'autre chacun tient pour fondamentalement juste et moral de dénigrer toute autorité spirituelle, artistique ou poétique, tout en subissant de façon très obséquieuse le pouvoir dont il dépend immédiatement. Il n'y a là au demeurant rien de surprenant ni de contradictoire, la soumission au pouvoir étant, par définition, inversement proportionnelle à la fidélité à l'autorité.

Soumis au pouvoir, jusqu'à idolâtrer ses représentations les plus dérisoires, le Moderne se fait du même coup une idéologie dominante de son aversion pour l'autorité. Cette aversion n'est autre que l'expression de sa honte et de son ressentiment ; honte à subir sans révolte l'état de fait humiliant, ressentiment contre d'autres formes de liberté, plus hautes et plus dangereuses.

L'autorité légitimée par la vertu noble, l'*areté* au sens grec, est l'apanage de celui qui s'avance le plus loin dans les lignes ennemies, le plus loin au-delà des sciences connues et des notions communément admises. Au goût de l'excellence dans le domaine du combat et des arts correspond l'audace inventive dans les sciences et dans la philosophie. Si nous voyons le Moderne, peu importe qu'il soit « libéral » ou « socialiste », « démocrate » ou « totalitaire », dévot de l'inné ou de l'acquis, si peu inventif, hormis dans le domaine des applications techniques et utilitaires, il faudra admettre que le modèle sur lequel il calque son idée d'humanité le prédispose à une certaine passivité et à une indigence certaine. Le simple bon sens suffit à s'en convaincre : une idéologie déterministe ne peut que favoriser les comportements de passivité et de soumission chez les individus et entraîner la civilisation à laquelle ils appartiennent vers le déclin. L'individu qui se persuade que la destinée est essentiellement déterminée par le milieu dont il est issu ou par son code génétique se rend sourd aux vocations magnifiques. Il se condamne à la vie médiocre et par cela même se rend inapte à servir son pays et sa tradition. Seule l'excellence profite à l'ensemble. Le médiocre, lui, ne satisfait que lui-même dans ses plus basses complaisances.

Les principes aristocratiques de la plus ancienne culture grecque nous donnent ainsi à comprendre en quoi nos alternatives, coutumières en sciences politiques, entre l'individualisme et le collectivisme, ne valent que dans une science de l'homme qui ignore tout de l'au-delà du déterminisme, si familier aux héros d'Homère dans leur exemplarité éducative et politique. Les exploits, les actions qui témoignent de la grandeur d'âme rompent avec l'enchaînement des raisons médiocres et peuvent seuls assurer en ce monde une persistance du Beau, du Vrai et du Bien.

La Grèce archaïque et la Grèce classique, Homère et Platon, s'accordent sur cette question décisive : le Beau, le Vrai et le Bien sont indissociables. Les circonstances malheureuses qui prédisposaient Ulysse à faillir à l'honneur sont mises en échec par l'intervention de la déesse Pallas-Athénée qui est, dans l'âme du héros, la liberté essentielle, héroïque, divine, qui échappe aux déterminismes et guide sa conscience vers la gloire, vers l'ensoleillement intérieur.

Dans cette logique grecque archaïque l'individu ne s'oppose pas à la collectivité, de même que celle-ci n'est pas une menace pour l'individu – ce qui dans le monde moderne est presque devenu la règle. La valeur accordée à l'amour-propre et au désir de grandeur, la recherche de la gloire et de l'immortalisation du nom propres aux héros de la Grèce ancienne excluent toute possibilité de l'écrasement de l'individu par la collectivité, d'autant plus qu'inspirés par le monde des dieux, l'éclat et la gloire du héros le portent dans l'accomplissement même de ses plus hautes ambitions à être le plus diligent serviteur de la tradition dont il est l'élu.

L'Aède hausse la gloire humaine jusqu'à l'illustrer de clartés divines et lui forger une âme immortelle dont d'autres de ses semblables seront dépourvus, mais dans cette inspiration heureuse, il honorera son pays avec plus d'éclat et de façon plus durable que s'il se fût contenté d'un rôle subalterne ou indiscernable. L'individu ne sert avec bonheur sa communauté que s'il trouve en lui la connaissance qui lui permettra d'exceller en quelque domaine. Le rapide déclin des sociétés collectivistes modernes montre bien que l'individu conscient de lui-même en son propre dépassement est la source de toutes les richesses de la communauté. Mais le déclin des sociétés individualistes montre, quant à lui, que l'individu qui croit se suffire à lui-même, qui dédaigne le Songe de Pallas et ne conçoit plus même recevoir les biens subtils des Anciens avec déférence, amène à un nivellement par le bas, une massification plus redoutable encore que ceux des sociétés dites « totalitaires ».

Ce monde moderne où nous vivons – est-il seulement nécessaire de formuler quelque théorie pour en révéler l'aspect sinistre ? La médiocrité qui prévaut, hideux simulacre de la juste mesure, n'est pas seulement l'ennemie des aventures prodigieuses, elle est aussi, et de façon de plus en plus évidente, le principe d'une inhumanité auprès de laquelle les pires désastres de l'histoire antique paraissent anecdotiques et bénins. Si l'*humanitas* des Anciens fut en effet une création de l'idéal aristocratique tel que l'illustre l'épopée d'Homère, la médiocrité moderne, elle, engendre une inhumanité placée sous le signe de l'homme sans visage, de l'extermination de masse, du pouvoir absolu et de la haine absolue pour laquelle la fin justifie les moyens dans le déni permanent des fondements mêmes de toute morale chevaleresque.

De nos jours, les philosophes ne cherchent plus la sagesse ; ils « déconstruisent ». Les poètes ne hantent que les ruines d'un édifice d'où l'être a été chassé. Les « artistes » s'acharnent à ce que leurs œuvres ne soient que « matière » et « travail » – et certes, elles ne sont plus en effet que cela. Et tout cela serait de peu d'importance si l'art de vivre et les sources mêmes de l'existence n'en étaient atteintes, avec la grâce d'être.

Les œuvres grecques témoignent de cette grâce qui semble advenir comme dans une ivresse ou dans un rêve. Le royal Dionysos entraîné dans la précise légèreté de son embarcation, dans l'immobilité rayonnante d'un cosmos aux limites exactes, la *Koré* hautaine et rêveuse, l'intensité victorieuse du visage d'Athéna, nous donnent un pressentiment de ce que pourrait être une vie dévouée à la grandeur. Mais de même que le concept d'humanité diffère selon que l'envisage un poète homérique ou un sociologue moderne, l'idée de grandeur, lorsqu'elle en vient à prendre possession d'une destinée collective, prend des formes radicalement différentes selon qu'elle exprime la démesure technocratique de l'agnostique ou la sapience du visionnaire.

Les œuvres de la Grèce archaïque nous apprennent ainsi qu'il n'est de grâce que dans la grandeur : celle-ci étant avant tout la conscience des hauteurs, des profondeurs et des latitudes de l'entendement humain et du monde. Les actions et les œuvres des hommes atteignent à la grâce lorsqu'elles témoignent d'un accord qui les dépasse. Alors que le Moderne ne croit qu'à la puissance colossale, à la pesanteur, à la masse, à la matière, la Grèce dont il se croit vainement l'héritier, nous donne l'exemple de la légèreté ouranienne, de la mesure vraie, musicale et mathématique, du cosmos qui nous accueille dans une méditation sans fin. C'est par la grâce de la grandeur que nous pouvons être légers et aller d'aventure, avec cette désinvolture aristocratique qui prédispose l'âme aux plus belles inspirations de Pallas.

La lourdeur presque invraisemblable de la vie moderne, tant dans ses travaux que dans ses loisirs, la solitude absurde dans laquelle vivent nos contemporains entassés les uns sur les autres et dépourvus de toute initiative personnelle, l'évanouissement du sentiment de la réalité immanente, à laquelle se condamnent les peuples qui ne croient qu'en la matière, l'inertie hypnagogique devant les écrans ne doit nous laisser ni amers ni indignés : il suffit que demeure en nous une claire résolution à inventer, d'abord pour quelques-uns, une autre civilisation.

De quelle nature est cette claire résolution ? Aristocratique, certes, mais de façon originale, c'est-à-dire n'excluant *a priori* personne de son aventure. La clarté où se déploie cette résolution ne l'exempte pas pour autant du mystère dont elle est issue, qui se confond avec les tonalités essentielles de la pensée grecque telle que sut la définir Nietzsche : le rêve et l'ivresse. Rien, jamais, en aucune façon ne saurait se faire sans l'intervention de Pallas Athéna, l'inspiratrice qui surgit des rêves les plus profonds et les plus lumineux et des ivresses les plus ardentes. Cet au-delà de l'humain, qui fonde l'*humanitas* aristocratique, en nous permettant d'échapper au déterminisme et au nihilisme, fait de nous, au sens propre, des créateurs, des poètes ; et chacun voit bien qu'aujourd'hui, il ne saurait plus être de chance pour la France et pour l'Europe que de se rendre à nouveau créatrices en suivant une inspiration altière !

Grandeur d'âme et claires résolutions

Sur les ailes de l'ivresse et du rêve, Pallas Athéna appelle en nous de claires résolutions. Le Songe d'une nouvelle civilité naît à l'instant où nous cessons d'être emprisonnés dans la fausse alternative de l'individu et de la collectivité. Pallas Athéna, qui délivre Ulysse de sa faiblesse, nous donne l'audace de concevoir la possibilité d'une existence plus légère, plus grande et plus gracieuse, délivrée de la pesanteur dont le médiocre écrase toute chose belle et bonne.

L'utilité, qui n'est ni vraie, ni belle, ni bonne, est l'idole à laquelle le médiocre voue son existence. L'utilitaire se moque de la recherche du vrai et de l'universel et, d'une façon plus générale, de toute métaphysique. Ce faisant, il s'avère aussi radicalement étranger au Beau et au Bien. Conformant son existence au modèle le plus mesquin, la médiocrité est le principe du déclin des civilisations. La grandeur d'âme que chante Homère, l'ascension philosophique vers l'Idée que suscite l'œuvre de Platon ont pour dessein de délivrer l'homme de la soumission aux apparences et de le lancer à la conquête de l'excellence. L'idéal aristocratique de la gloire, dont les Grecs étaient si farouchement épris, est devenu si étranger à l'immense majorité de nos contemporains que son sens même et sa vertu créatrice échappent au jugement, toujours dépréciateur, que l'on porte sur sa conquête.

Tel est, pourtant, le secret même du génie grec d'avoir su, par la recherche de la gloire, exalter la personne, lui donner la plus vaste aire d'accomplissements qui seront la richesse de la civilisation tout entière. Alors que le médiocre, subissant le déterminisme limite son existence à ses proches et n'apporte rien à quiconque d'autre, l'homme à la conquête de la gloire, à l'écoute des plus exigeantes injonctions de la déesse, va s'élever et, de sa pensée et de ses actions, être un dispensateur de bienfaits bien au-delà du cercle étroit auquel l'assignent les circonstances immanentes.

L'idéal aristocratique de la Grèce archaïque – que la philosophie de la Grèce classique va universaliser – unit ainsi en un même dessein créateur les exigences de l'individu et celles de la communauté, dépassant ainsi la triste et coutumière alternative « politologique » des Modernes. Cet idéal dépasse aussi, du même coup, l'opposition entre les tenants de l'universalisme et ceux de l'enracinement. La hauteur ou le faîte éblouissant de l'universel qui se balance au vent garde mémoire des racines et de l'humus.

Nous reviendrons, dans la suite de notre ouvrage, sur la question des racines et du droit du sol lorsque le moment sera venu d'établir la filiation entre l'idée grecque et la tradition française dans l'immense songe de Pallas qui les suscite avec le pressentiment d'une civilisation ouranienne et solaire. Pour lors, il importe de garder présente à l'esprit cette nécessaire amplitude du regard propre à la poésie homérique et sans laquelle tout dessein poétique et politique demeure incompréhensible. Quelques-uns hasarderont que ces considérations relèvent bien davantage de la poésie que du politique, sans voir qu'il n'est point de politique digne de ce nom, qui ne fût, pour l'ancienne Grèce, ordonnée à la poésie.

Dès lors que la politique prétend se suffire à elle-même et ne cherche plus dans la poésie la source de son dessein, elle se réduit, comme nous y assistons depuis des siècles, à n'être plus qu'une gestion d'un ensemble d'éléments qui relèvent eux-mêmes exclusivement du monde sensible. Gérer est le maître-mot de nos temps mesquins où l'esprit bourgeois est devenu sans rival, alors que le héros homérique, tout au contraire, n'existe que par le refus de cette mesquinerie et l'audace fondatrice à se rebeller contre les « réalités », à se hausser et à hausser sa destinée dans la région resplendissante du mythe et du symbole. Alors que le Moderne croit faire preuve de pertinence politique en se limitant à « gérer » une réalité dont il peut reconnaître, le cas échéant, le caractère déplaisant, le héros d'Homère, obéissant à une autorité supérieure à tous les pouvoirs et toutes les réalités, va s'aventurer en d'imprévisibles épreuves et conquêtes. Tout se joue à la fois dans le visible et l'invisible, celui-là n'étant que la répercussion esthétique de celui-ci. L'amplitude du regard épique ouvre l'angle de l'entendement jusqu'aux deux horizons humains et divins, qu'il embrasse, disposant ainsi l'âme à reconnaître la grandeur.

Nul ne méconnaît l'importance des modèles dans la formation des hommes. Le génie grec fut de proposer un modèle exaltant, toujours mis en péril par l'*Eris*, qui nous incite à nous dépasser nous-même. Le Moderne, qui se fait de la médiocrité un modèle, se condamne à devoir céder sans résistance à l'*Eris* malfaisante, la querelle inutile, qui traduit toute puissance en moyen d'anéantissement, alors que l'*Eris* bienfaisante s'exprime en œuvres d'art, en civilités subtiles et ferventes apologies de la beauté.

Le Moderne qui ne tarit pas de déclarations d'intention pacifistes ou « humanitaires » ne connaît en matière d'expression de puissance que l'argent qui fait les armes, et peut-être qu'en dernière analyse, au-delà des confusions nationales et idéologiques, les guerres modernes ne sont-elles rien d'autre que des guerres menées par des hommes armés contre des hommes, des femmes et des enfants désarmés, selon des finalités purement idéologiques et commerciales. Telle est la conséquence de la négation de l'idéal chevaleresque, que l'on récusait naguère encore pour avoir partie liée à la violence. Or, les codes d'honneur de l'épopée et des Chansons de Geste furent précisément une tentative de subjuguer la brutalité à des fins plus nobles, de changer autant que possible l'*Eris* néfaste, destructrice, en *Eris* généreuse, prodigue de dons et de protections à l'égard des plus faibles. Nier cet idéal chevaleresque revenait à se livrer à l'*hybris* de la violence pure.

La persistance à méconnaître cette erreur d'interprétation ne fut point sans verser les sciences humaines dans l'ornière où nous les trouvons. La méditation de la source grecque nous préservera déjà d'interpréter les notions politiques à rebours de leur étymologie. La démocratie, que peut-elle être d'autre sinon, très exactement, le pouvoir du *démos* ? Le respect de la personne humaine, de ses libertés de penser et d'être, auquel on associe, fort arbitrairement, le mot de « démocratie » n'est pas davantage inscrit dans l'étymologie que dans l'histoire de la démocratie. Croire que le pouvoir du plus grand nombre est par nature exempt d'abominations est une superstition ridicule que ne cesse de démentir, hélas, la terrible histoire du XXe siècle. Mais les hommes en proie aux superstitions ont ceci de particulier que le plus éclatant démenti ne change en rien leur façon de voir, ou, plus exactement, de ne pas voir. La forme moderne de la superstition est l'*opinion* que l'on possède et que l'on exprime, entre collègues, au café ou le jour des élections, un peu partout, et dont il va sans dire qu'elle est, du point de vue qui nous intéresse ici, sans aucune valeur.

Insignifiante par définition, l'opinion relève de la croyance, mais d'une croyance imposée de l'extérieur et d'ordre presque mécanique. L'individu moderne possède l'opinion précise qui le dispensera le mieux d'être livré à l'exercice difficile de la pensée. Nous savons, ou nous devrions savoir, depuis Platon, qu'avoir « « ses opinions », c'est *ne pas penser*. Ce n'est pas même commettre une erreur, se fourvoyer, succomber à quelque maladresse fatale ; c'est tout simplement consentir à ne pas tenter l'aventure de la pensée. On peut à bon droit reprocher à certaines formes de démocratie d'avoir favorisé de façon démesurée cette prétention de l'opinion à trancher de tout. Et il n'y a pas lieu de s'étonner outre mesure que la plus ancienne démocratie connue fît condamner Socrate, auteur de tant de subtiles maïeutiques ! Si la formulation, et la mesure quantitative des « opinions » suffisent à créer une légitimité, toute autre forme de pensée ne saurait en effet apparaître que rivale et dangereuse.

Le système parlementaire a ses vertus, mais l'idéologie démocratique demeure, elle, singulièrement menaçante à l'endroit de toute pensée qui prétend à trouver sa légitimité non point en quelque fin utile, mais dans son propre *parcours infini*. Le voyage d'Ulysse accompagne dans l'invisible celui qui tente d'échapper à la tyrannie de l'opinion. L'interprétation infinie du monde, héroïque et poétique, débute avec cette délivrance. L'idéologie démocratique se propose, à travers ses sciences humaines, positivistes ou matérialistes, comme une explication *totale* du monde et de l'homme ; explication totale d'autant plus facile à formuler, et à promouvoir, qu'elle se fonde sur la négation du *haut* et du *profond* et réduit le monde à la platitude de quelques schémas. À cette prétention, l'épopée oppose le génie de l'interprétation infinie, la science d'Hermès-Thoth : l'herméneutique.

Le Haut, l'Ardent et le Subtil

L'*humanitas*, en politique, consiste d'abord à tenir pour important ce qu'il advient de la nature humaine, quels types d'hommes tendent à apparaître ou disparaître et dans quelles circonstances. Autant de questions que les gestionnaires modernes refusent en général de se poser. Les modèles n'en demeurent pas moins opératoires et, particulièrement, les pires d'entre eux. Les modèles du Moderne sont à la fois dérisoires et inaccessibles ; ils ne mobilisent son énergie que pour l'illusion : la copie d'une réalité sensible qui elle-même n'advient que sous la forme d'une opinion : d'où l'extraordinaire prolifération des écrans, avec leurs imageries publicitaires. À cet assujettissement au degré le plus inférieur du réel, à savoir la copie de l'immanence, l'*areté* homérique, tout comme l'Idée platonicienne, qui n'est autre que sa formulation philosophique, oppose le désir du Haut, de l'Ardent et du Subtil. À ces grandes âmes, le monde sensible ne suffit pas. Au-delà des représentations, des ombres, des copies, des simulacres, l'âme héroïque entrevoit une présence magnifique, victorieuse de toute temporalité et de tout déterminisme, et de laquelle elle désire amoureusement s'emparer.

La veulerie, la laideur, la lourdeur, tout ce qui rend impossible la résistance au mal, que sont-elles, sinon ces qualités négatives qui indiquent l'absence de la grandeur d'âme ? Celui qui ne désire plus s'élever vers les régions resplendissantes de l'Idée, c'est à la lourdeur qu'il s'adonne. L'individualité vertigineusement égocentrique des Modernes, dont témoigne la disparition de l'art de la conversation, ne change rien au fait que, par leur matérialisme, qui n'est rien d'autre qu'un abandon à la lourdeur, et leurs opinions, qui ne considèrent que les représentations du monde sensible – qu'ils s'abusent à croire « objectives » –, les Modernes s'éloignent de la possibilité même de l'art.

Morose, brutal, mécanique et lourd, le moderne ne laisse d'autre choix à celui qui veut être de son temps qu'entre l'*hybris* technologique et l'intégrisme religieux ou écologique qui ne sont que l'avers et l'envers d'un même nihilisme. Après avoir perdu toute foi et toute fidélité et, par voie de conséquence, la force créatrice nécessaire au dessein artistique, le Moderne ressasse ses dévotions à l'idole morne de l'utile. Que la personne humaine ait une vertu propre et qu'il soit de son devoir de l'illustrer en œuvres de beauté, ces notions-là sont devenues à tel point étrangères que toutes les idéologies récentes peuvent se lire comme des tentatives, à l'encontre de la philosophie platonicienne, de maintenir le plus grand éloignement possible entre la morale et l'esthétique. Tout conjure, en ce début de siècle pénombreux, à faire de nous de simples objets d'une volonté elle-même sans objet. L'idolâtrie de la prouesse technique, réduite à elle-même dans une souveraineté dérisoire n'est pas sans analogie avec la morale puritaine qui prétend se suffire à elle-même.

Le moralisme intégriste, dont l'expression directe est le crime, rejoint le moralisme technocratique qui profane le monde de fond en comble. Le monde moderne, qui tant voulut confondre la juste mesure avec la tiédeur, se trouve désormais en proie au pouvoir exclusif des profanateurs. Loin d'être un quelconque retour aux temps anciens, l'intégrisme serait bien plutôt un des accomplissements ultimes de la modernité.

L'éloignement du Songe de Pallas et de l'idéal aristocratique, nous livre à ces irrationalités farouches. Certains s'effarent de l'extension, dans nos univers urbains et bourgeois, des superstitions les plus aberrantes. Le *New Age*, les marabouts, les pratiques occultes les plus répugnantes gagnent un nombre croissant d'adeptes dont les existences bourgeoises, impliquant l'usage quotidien de techniques dites « avancées » paraissent livrées sans défense à de monstrueuses déraisons. Telles sont quelques-unes des conséquences de la « déconstruction » du *Logos* platonicien. La haine de la métaphysique, quand bien même elle use à ses débuts d'arguments « rationalistes », a pour conséquence fatale la destruction de la raison, celle-ci n'étant qu'une réfraction de l'Idée et du *Logos*. La réfutation de toute hiérarchie métaphysique, la volonté acharnée de réduire l'angle de l'entendement humain au seul domaine du sensible, la négation de l'objectivité du monde métaphysique, la réduction des royaumes de l'âme à quelque « inconscient » psychanalytique contribuèrent de façon décisive à saper le fondement même de la raison qui n'est jamais que l'instrument de la métaphysique en tant que science de l'universel. Les généticiens nazis, les informaticiens qui font « marabouter » leurs entreprises expriment la déraison d'une modernité scientifique qui est à l'origine des plus abominables possibilités de manipulation de l'être humain. Désormais, les Titans règnent sans partage. Mais à quelques-uns les dieux dissimulés dans les profondeurs vertigineuses et éblouissantes de l'Éther font signe.

Nous sommes de ceux qui croient qu'un grand songe peut seul nous sauver de cette terrible déraison qui envahit tout. Seule la célébration d'un Mystère nous rendra aux sagesses sereines du *Logos*, et nous montrerons, dans la suite de cet ouvrage, que ce Mystère ne saurait plus être qu'un *Mystère français*. Que la philosophie politique, selon la terminologie française, soit d'étymologie grecque suffit à justifier notre déférence pieuse au Songe de Pallas. La *polis* grecque contient ces deux notions de Cité et d'État que la monarchie saura concilier avec les bonheurs et les malheurs que l'on sait.

Pallas, n'en doutons pas, veille sur les beaux accomplissements de la monarchie française. L'alliance du mystère et de la raison, la beauté propre à cette double clarté qui donne aux choses leur relief et leur profondeur me paraît du privilège des cultures grecques et françaises. Les exégètes modernes, qui vantent la clarté française et la raison grecque, semblent ignorer avec application les prodigieuses arborescences métaphysiques dont elles sont issues. Ils ne veulent gloser que sur certains effets et dédaignent le rêve immense où ils prennent place.

Redisant l'importance de la beauté du geste et l'éternité irrécusable du plus fugace lorsqu'il illustre la fidélité à une souveraineté qui le dépasse, le Songe de Pallas nous rend la raison en nous délivrant du rationalisme. La distinction entre la raison et le rationalisme paraîtra spécieuse à certains. Elle n'en tombe pas moins sous le sens. Car la raison digne de ce nom s'interroge sur elle-même : elle est Raison de la raison, quête infinie, alors que le rationalisme n'est qu'un système qui soumet la pensée à une opinion. Le rationalisme est le sépulcre de la haute raison apollinienne qui ordonne les bienfaits, établit d'heureuses limites et œuvre en ce monde sensible selon la norme intelligible. Or, Apollon, qui, selon la thèse de Nietzsche, est le dieu de la mesure, est aussi le dieu de la sculpture et du rêve. La forme de la beauté qui s'inscrit dans le paysage, définissant l'espace par ses figures mythiques et ses orientations symboliques, affirmit la raison alors même qu'elle invite au rêve.

Mais de quelle nature est au juste ce rêve qui nous délivre ? À quel règne appartient-il ? Quels sont ses privilèges et ses vertus ? Le consentement à une pensée qui n'exclut point les hiérarchies du visible et de l'invisible, les imageries poétiques de la hauteur et les mathématiques subtiles des lois célestes nous inclinent à voir dans le sentiment qu'éveille en nous le Songe de Pallas, un assentiment primordial à la légèreté. Il serait bien vain de se référer aux mythologies anciennes si nous n'étions plus à même d'en éveiller en nous d'intimes résonances. Le seul nom de Pallas Athéna intronise dans notre âme un règne qui est victorieux de la pesanteur. L'exactitude intellectuelle que requiert la déesse nous ôte la possibilité de l'abandon à la veulerie de l'informe. Tel est sans doute le secret de l'euphorie rêveuse qu'éveille sa présence en nous. Car le songe que Pallas éveille en nous est tout d'abord un envol, et de cet envol nous tiendrons, jusqu'aux étincelantes armes de la raison, la connaissance de la dimension verticale du monde qui est le principe même de toute connaissance métaphysique.

La limite du pouvoir qu'exercent les utilitaristes et les puritains est la limite de tout pouvoir. Le pouvoir, aussi hypertrophié soit-il, n'a de pouvoir que sur le pouvoir : l'autorité lui échappe, qui incombe, elle, à la résolution que suscite en nous l'intervention de Pallas. Autant dire, d'ores et déjà, qu'il faut n'avoir de cesse de redonner à notre résolution les formes que lui mérite son inspiratrice.

C'est au plus bas que les choses bonnes et mauvaises se confondent et c'est au plus haut qu'elles s'unissent après être passées par l'équateur des plus nettes distinctions. Feindre de croire que les distractions de masse et la publicité puissent être équivalentes de quelque façon aux poèmes de Maurice Scève ou de Mallarmé revient à donner aux premières une insupportable éminence. L'état de fait qui, dans nos sociétés de masse, revient à accorder plus d'importance aux expressions rudimentaires et barbares, est-il encore nécessaire de s'y soumettre au point de leur trouver, par surcroît, quelque légitimation morale ou « intellectuelle »? Faut-il toujours ajouter au pouvoir, déjà abusif par lui-même, l'abus incessant de nos obséquiosités de vaincus ? Telle est pourtant l'attitude d'une grande majorité de nos intellectuels, par antiphrase, qui assistent de leurs applaudissements l'extinction progressive de toute intellectualité. Nous sommes sans hésiter de ces élitistes affreux qui tiennent en mépris les amusements du plus grand nombre. Nous sommes avec enthousiasme les ennemis des « intellectuels », que Péguy sut traiter comme il convient, dont le parti pris n'est autre qu'une lâche approbation de la force effective du plus grand nombre.

Ces gens-là, ayant pris le parti de la force la plus massive, s'imaginent à l'abri de tout revers et de toute vindicte, et il est vrai qu'en cet Âge sombre, le cours des choses, que les cuistres nomment l'Histoire, semble en effet aller à leur avantage, mais nous ne sommes pas non plus de ceux qui trouvent leur plus grande satisfaction à suivre le chemin le plus avantageux. Notre joie s'accroît avec la conscience que nous prenons de la nécessité de résister ; telle est exactement la différence qui existe entre l'idéologie collaboratrice et l'idéologie résistante. L'une se targue de réalisme et du caractère irrécusable de l'état de fait, l'autre augure et s'aventure pour l'honneur. Si les conditions immanentes sont défavorables au triomphe du juste, comment pourrait-il être question, pour un homme d'honneur, de « s'adapter » ?

Toute la ruse de la modernité consiste à faire en sorte que nous nous trompions de combat et que les sentiments nobles qui n'ont pu être anéantis soient employés à mauvais escient, en des combats douteux et de fausses espérances. D'où l'importance de la remémoration religieuse des mythes et de la poésie fondatrice de la Cité. L'exercice du discernement et l'exercice de la poésie ne sont point exclusifs l'un de l'autre. Quiconque a su dévouer son attention à une œuvre de poésie au point d'y fondre ses propres intuitions et états d'âme, sait bien qu'une des vertus les moins rares du poème est d'ajouter à l'entendement des modes opératoires un discernement qui gagne en finesse à mesure que l'on s'abandonne à l'euphorie des rythmes et des rimes. Une politique radicalement séparée de la poésie revient à assujettir la Cité à la dictature d'une science utilitaire dont les ressorts irrationnels, les soubassements de volonté de puissance ne peuvent nous entraîner que vers les désastres de l'*hybris*.

Or, sinon la mesure musicale, l'attention portée aux nuances et la fervente exactitude de la pensée, que reste-t-il pour résister à l'*hybris* ? La poésie seule est le recours. La poésie est la seule chance pour échapper aux parodies, mi-cléricales, mi-technocratiques, qui se substituent désormais aux défuntes autorités. Bientôt nous n'aurons plus le droit de dire un mot plus *haut* que l'autre. Et tout se joue dans la hauteur divine des mots, qui certes les accorde en musique, mais leur donne aussi une couleur différente selon leur élévation plus ou moins grande dans les secrets d'azur des états multiples de l'être. Selon leur *hauteur* sur la gamme des nues, les mots chantent et brillent de façon différente. Les divines gradations exaltent en nous le meilleur : le plus délié et le plus intemporel.

L'anamnésis, le seuil éblouissant, la Cité inspiratrice

La véritable *anamnésis* emporte ainsi le meilleur de nous-même sur les chevaux ailés de la poésie. Notre ressouvenir est l'essor. Il nous élève vers des nues de plus en plus transparentes : au sens exact, nous gagnons les hauteurs. Toute connaissance est élévation et réminiscence. « *Ainsi, l'âme,* est-il dit dans le Ménon, *immortelle et plusieurs fois renaissante, ayant contemplé toutes choses, et sur la terre et dans l'Hadès, ne peut manquer d'avoir tout appris. Il n'est donc pas surprenant qu'elle ait, sur la vertu et le reste, des souvenirs de ce qu'elle en a su précédemment. La nature entière étant homogène et l'âme ayant tout appris, rien n'empêche qu'un seul ressouvenir (c'est ce que les hommes appellent savoir) lui fasse retrouver tous les autres, si l'on est courageux et tenace dans la recherche ; car la recherche et le savoir ne sont au total que réminiscence.* » Tout dans le monde moderne conspire à nous livrer à l'oubli morose. Ceux que la réminiscence ne ravit plus sont condamnés à n'être que des écorces mortes. Il faut encore que l'expérience du ressouvenir soit en nous un ravissement intense pour que nous devenions dignes d'œuvrer aux retrouvailles avec les origines poétiques et politiques de notre civilisation.

Du poétique et du politique, aussi indissociables que l'âme et le corps qu'elle anime, la concordance fonde les hautes civilisations. Mais cette concordance est elle-même la preuve de l'advenue de la réminiscence sans laquelle ce qui unit le plus lointain et le plus proche tombe dans l'oubli. Ceux qui, dans notre triviale modernité, se distinguent par quelque inclination à l'héroïsme se caractérisent ainsi par leur vif désir d'aller en amont des idées dont il ne subsiste, en effet, de nos jours, que des formes vides. En amont des définitions scolaires, il y eut l'appel du large, et les aventures prodigieuses, le voisinage des dieux, les enchantements et les dangers.

Les discussions vétilleuses qui supposent que le Bien, le Beau et le Vrai puissent être considérés séparément ne tiennent pas face à la seule évidence de l'*areté* grecque qui proclame que le Beau est mon seul Bien et qu'il ne saurait être de Vérité qui nous contraigne à subir la loi de la laideur. Chercher le Vrai au détriment du Beau et du Bien, le Beau au détriment du Vrai et du Bien ou encore le Bien au détriment du Beau et du Vrai procède d'une aberration semblable à celle qui chercherait *à s'approprier la dureté du diamant au détriment de sa transparence.* Le Vrai, le Beau et le Bien ne sont pas des réalités distinctes, mais des aspects d'une vertu unique que l'on conquiert par un incessant dépassement de soi-même.

Dans le visible ni dans l'invisible, il n'est rien d'acquis. Tout se joue, toujours, dans la mise en péril donatrice qui, privilégiant l'audace, nous éloigne de nos semblables et nous rapproche du seuil éblouissant que la raison corrobore. L'acte du raisonnement, loin d'y contredire, nous invite au voyage du dieu. « *Il faut en effet,* écrit Platon, *que l'homme saisisse le langage des Idées, lequel part d'une multiplicité de sensations et trouve l'unité dans l'acte du raisonnement. Or, il s'agit là d'une réminiscence des réalités jadis vues par notre âme, quand elle suivait le voyage du dieu et que dédaignant ce que nous appelons à présent des êtres réels, elle levait la tête pour contempler l'être véritable. Aussi bien il est juste que seule la pensée du philosophe ait des ailes car les objets auxquels elle ne cesse de s'appliquer par son souvenir, autant que ses forces le lui permettent, sont justement ceux auxquels un dieu, parce qu'il s'y applique, doit sa divinité.* »

Le plus haut modèle invite ainsi la divinité à se reconnaître elle-même, à trouver le secret de la source de toute divinité. Le plus haut modèle, l'Idée platonicienne, est la forme formatrice de toute poésie et de toute politique, et son ressouvenir, par la source qu'elle désempierre en nous, nous montre la voie de la déification. Pour l'esprit héroïque, la condition humaine n'est point telle que nous devions nous y soumettre. Aux ailes de la pensée de nous porter au-delà de toute condition, au grand scandale des esclaves non-promus qui passeront leur vie à jalouser les esclaves promus. « *L'homme*, écrit encore Platon, *qui se sert correctement de tels moyens de se souvenir, toujours parfaitement initié aux mystères parfaits, est seul à devenir vraiment parfait. Détaché des objets qui suscitent les passions humaines et occupé de ce qui est divin, il subit les remontrances de la foule, on dit qu'il a perdu la tête, mais en fait la divinité l'inspire, et c'est cela qui échappe à la foule.* »

« *Initié aux mystères parfaits* » est celui qui, au-delà des conditions humaines s'aventure dans l'espace de l'inconditionné. L'*areté* grecque, à cet égard, ne diffère pas fondamentalement de la noblesse spirituelle telle qu'elle s'illustre dans le Vedantâ ou la tradition chevaleresque soufie, au demeurant grandement influencée par les néo-platoniciens.

L'amour de la beauté, le consentement à être subjugué ou bouleversé par la beauté, unissent ces diverses branches d'une même Tradition dont l'origine se perd dans les profondeurs primordiales de l'Âge d'Or. Mais de l'extase visionnaire qui accueille l'apparition de l'Idée, encore faut-il pouvoir tirer un enseignement précis, ce qui est précisément la fonction des *œuvres*. Distinctes, échappant dans une certaine mesure aux ravages du temps, les œuvres font servir le génie de l'illimité à concevoir des limites salutaires. Elles puisent à la source du Sans-Limite la transparence intellectuelle par laquelle nous distinguerons les contours à bon escient.

La précision de l'art reflète l'exactitude de la loi, de même que l'harmonie des formes, leur élégance avenante présagent du bon cours de la justice. De nos jours, où toute inégalité est perçue comme injuste, de telles notions sont devenues incompréhensibles, mais à quiconque s'abreuve à la Source grecque on ne saurait faire accroire la confusion passablement volontaire de l'équité et de l'égalité qui est devenue le véritable lieu commun de toutes les sociologies modernes. L'égalité et l'équité non seulement se confondent plus rarement qu'il n'y paraît ; elles ne cessent, dans les requêtes les plus pertinentes de l'intelligence politique, de s'opposer. Au vrai, dans le monde sans principes où nous vivons, l'égalité ne cesse de bafouer l'équité. Aussi bien nous revient-il désormais de prendre le droit d'en appeler à un principe d'équité contre les égalités qui nous oppriment et entravent l'advenue du matin profond.

Constructrice, mais non « édifiante » au sens moralisateur, Pallas-Athéna définit par son rêve sculptural les limites imparties au génie de la Cité inspiratrice. Et là devrait être l'enjeu de toute politique digne de ce nom : faire en sorte que la Cité demeure inspiratrice. Tout le génie des Anciens se prodigue à cet aboutissement magnifique où l'individu doit bien reconnaître qu'il reçoit de la Cité infiniment plus qu'il ne peut lui apporter. Dans ces circonstances heureuses, l'*Eris* bienfaisante pousse l'individu à donner le meilleur de lui-même pour conquérir cette gloire personnelle qui ajoutera à la splendeur de la Cité. Telle est la Cité inspiratrice qu'elle s'enrichit de la force de l'amour-propre magnanime des individus au lieu d'en prendre ombrage. C'est bien que la Cité et sa morale propre ne se confondent point avec les sentiments de la foule, toujours envieuse et niveleuse, et fort entraînée par ce fait à donner naissance aux tyrannies, étapes habituellement précédentes ou successives des démocraties. Faire de la Cité inspiratrice, née de la légèreté architecturale du Songe de Pallas, le principe poétique de toute philosophie politique, cette ambition, nous éloigne déjà, pour le moins, des travaux d'érudition. Aussi ces écrits sont-ils écrits de combats qui n'hésitent pas à donner au pessimisme lucide la part qui lui revient.

Il est vrai que la dictature du vulgaire triomphe sur tous les fronts, que toute chose est pensée en termes de gestion et de publicité, que le réalisme plat semble en tout domaine s'être substitué aux vocations un peu hardies. Le pays se décompose en clans et factions qui ne revendiquent plus que des formes vides et il devient fort difficile de trouver encore quelque trace de civilité ancienne dans la sourde brutalité qui nous environne. La « nostalgie des origines » dont parlait Mircea Eliade existe bel et bien, mais, par défaut de civilité, et dans le déclin de la Cité inspiratrice, elle prend des formes dérisoires ou monstrueuses. Engoncés dans leurs folklores ou livrés aux élucubrations du « *New Age* », les nostalgiques de l'« Origine » contribuent activement à la déroute des ultimes hiérarchies traditionnelles. L'art de vivre, avec la politesse et la tempérance, n'est plus qu'un souvenir que l'on cultive pieusement dans quelques milieux universellement décriés ou moqués.

Tout cela porterait à la désespérance si notre caractère y était de quelque façon prédisposé ; ne l'étant pas, il ne peut s'agir là que d'un pessimiste état des lieux. Le pessimisme interdit de se réjouir en vain, il nous porte à ne pas détourner les yeux des spectacles déplaisants ; il n'implique pas pour autant que nous cédions à quelque état d'âme défavorable au redressement. À la fois pessimistes, fidèles et actifs : tels nous veut la songeuse Pallas dont nous sommes les espoirs humains.

II. De la source grecque à la tradition française

Les « fils de Roi »

Selon la métaphysique et l'étymologie grecques, nos âmes sont des reflets. La lumière qui frappe l'âme éveille l'image dont elle garde la mémoire, car les reflets, les âmes survivent à nos disparitions immanentes.

Les destinées des âmes après la mort ne sont pas indifférentes à la Cité inspiratrice dont le souci des hommes qui la composent dépasse l'apparence et l'utilité immédiate. À la Cité visible correspond une Cité invisible peuplée d'âmes et de reflets dont l'aube du Songe de Pallas divulgue les éclats. Cette Cité invisible survit à la disparition de la Cité visible ; et c'est elle qui ne cesse de nous inspirer alors même que les décombres nous entourent.

La fidélité à la Cité invisible est le principe de la *droiture*. Faire preuve de droiture, ce sera donc témoigner de l'éminence de la Cité invisible et du reflet, et ne pas se soumettre aux déterminismes lorsque ceux-ci contredisent l'honneur. La droiture marque le respect de l'honneur, qui n'est autre que la disposition heureuse à honorer l'excellence en toute chose. La droiture, l'honneur, tels qu'ils s'expriment dans l'histoire de la *polis* grecque, nous sont un enseignement de l'universel. Mais la notion d'universel, comme celle d'humanité, exige, dans l'actuelle confusion, d'être elle aussi reconsidérée avec attention.

L'universalité telle que nous la voyons à l'œuvre dans la politique et la philosophie grecque, et plus tard dans la catholicité romane et gothique, est bien le contraire du déracinement qui réduit chaque individu à une unité insolite en ce qu'elle n'est plus reliée à ses semblables. L'universel de la philosophie politique des anciens se rapporte à l'idée de *cosmos* qui décrit dans son ordonnance lumineuse l'interdépendance de tout être et de toute chose. Notion par excellence politique, le *cosmos* maintient l'ordre de la Cité, force invisible qui empêche le fort d'outrepasser ses droits. L'universalisation de cette notion politique implique moins sa diffusion à l'ensemble de la planète que son extension à la nature dont l'ordre, pas moins que celui de la Cité, exige d'être sauvegardé. La phrase d'Héraclite, « *le peuple doit combattre pour ses droits comme pour ses murailles* », établit la concordance entre la Cité invisible des lois et la Cité immanente que symbolisent les murailles. L'irrespect des lois est la pire barbarie, car elle porte atteinte, de l'intérieur, au *cosmos*, à la juste ordonnance du monde, et livre ainsi les meilleurs à la vengeance des médiocres qui s'acharnent à entretenir la confusion entre l'État de droit et le despotisme du plus grand nombre.

L'égalité des hommes devant une loi écrite est une chose, la démocratie, une autre, et souvent une tout autre, le pouvoir du *démos* ne tardant guère, à l'usage, à éroder cette ultime autorité que constitue la loi s'il ne parvient pas à la retourner en sa faveur. La plus redoutable confusion s'ensuit entre l'ordre, le *cosmos*, et *l'état de fait*, ce désordre établi qui favorise de façon navrante les activités les plus niaises et les plus néfastes. Ce désordre établi contraint le serviteur de Pallas-Athéna à paraître subversif dans la formulation de sa plus pure fidélité traditionnelle. L'esprit de justice, la droiture, nous entraînent désormais à nous désintéresser de la chose publique lorsque celle-ci ne donne plus lieu qu'à des disputes subalternes.

Le souci du politique peut nous détourner de la politique au point de nous laisser paraître indifférents – mais cette indifférence ne sera jamais que l'impassibilité conquise sur les forces obscures du chaos ou du désespoir. Si j'avoue ne point voter et ne pouvoir me départir d'une condescendance vaguement écœurée pour les discours des hommes politiques, je n'en continue pas moins à me soucier du destin politique de la France. L'abandon où je trouve mes compatriotes, le désordre intellectuel où les précipitent les « opinions », ces non-pensées apparemment rivales, mais secrètement similaires, ne laissent pas de m'inquiéter. Et cette inquiétude m'interdit de me laisser davantage dissimuler la France invisible par la France visible qui, certes, n'a que peu d'attraits pour nous disposer à la ferveur et au sacrifice.

De la France invisible, c'est à la songeuse Pallas que nous devons de pressentir le mystère, qui est une présence. Que peuvent ici nous dire les sociologies et les idéologies ? Tout ce qui importe de l'esprit de la Cité s'est réfugié, voici déjà plus de deux siècles, dans la poésie et la création littéraire. Homère fonde un idéal politique dont nous héritons et dont ne témoignent plus aujourd'hui que les œuvres de nos auteurs. Les mots *œuvre* et *auteur* ont leur importance. Il ne s'agit pas ici d'un « texte » réalisé aux fins d'un quelconque « travail », mais bien d'*œuvre*, au sens alchimique d'une transmutation de la matière vile en matière noble, réalisée par un *auteur*. La littérature, qui se manifeste en œuvres et non point en travaux, est le creuset de la transmutation. Le langage humain est cette matière vile que le dessein de l'auteur, semblable à la foudre d'Apollon, change en pure lumière aurorale.

De la bavasserie aux royales splendeurs du *Logos*, il existe un périple immense, odysséen, que l'âme entreprend d'abord par défi, sous l'influence de l'*Eris* bienfaisante incitant dans certaines circonstances de la vie profane à *prendre le large*. Car le don du *Logos*, qui transmute le langage humain, n'échoit pas à n'importe qui, et il s'agit là beaucoup moins de culture et de savoir que de caractère et d'audace. De beaux écrivains peuvent se fourvoyer terriblement, en politique particulièrement, ils n'en demeurent pas moins des caractères exemplaires. Les bonnes raisons des médiocres sont fortuites et sans intérêt, les mauvaises raisons, voire les déraisons, des grands caractères donnent à penser. Les erreurs de Drieu ou de Roger Vailland m'inspirent de plus grandes leçons de liberté que la médiocrité satisfaite d'un social-démocrate qui proscrit toute aventure et se contente d'avoir raison *a posteriori*. Nous retrouvons Roger Vailland, dans sa préface aux *Pléiades* de Gobineau, songeant aux retrouvailles avec un Âge d'Or où tous les hommes seraient des fils de Roi, ce qui vaut certes mieux que de vouloir un monde où nul n'aurait plus aucune chance de l'être ou de le devenir !

Le rêve d'une universalisation de l'idéal aristocratique demeure d'une tout autre nature que l'idéologie qui planifie la disparition des ultimes traces de cet idéal. Loin de proposer une idéologie de classe, comme le font le marxisme et le libéralisme, qui veulent assujettir l'ensemble de la Cité aux valeurs propres soit du prolétariat soit de la classe moyenne, l'idéal des Pléiades fait appel à ce qu'il y a de meilleur dans chacun, *sans autre souci d'appartenance*. Est-il plus belle générosité philosophique ? Gobineau nous le dit en toutes lettres : peu importe les lignées, les déterminismes, nous pouvons tous être des fils de Roi, si nous en avons la grâce. Alors que les idéologies progressistes nous veulent tributaires de « milieux » qui souvent n'interviennent que médiocrement, Gobineau célèbre les ressources profondes de la personne en elle-même : « *C'est parce que, en prononçant cette parole magique : je suis fils de roi, le narrateur établit du premier mot, et sans avoir besoin de détailler sa pensée, qu'il est doué de qualités particulières, précieuses, en vertu desquelles il s'élève naturellement au-dessus du vulgaire. "Je suis fils de Roi" ne veut donc nullement dire : "mon père n'est pas négociant, militaire, écrivain, artiste, banquier, chaudronnier ou chef de gare..." Cela signifie : Je suis d'un tempérament hardi et généreux, étranger aux suggestions ordinaires des naturels communs. Mes goûts ne sont pas ceux de la mode ; je sens par moi-même et n'aime ni ne hait d'après les indications du journal. L'indépendance de mon esprit, la liberté la plus absolue dans mes opinions sont des privilèges inébranlables de ma noble origine ; le ciel me les a conférés dès le berceau, à la façon dont les fils de France recevaient le cordon bleu du Saint-Esprit, et tant que je vivrai, je les garderai...* »

L'humus et le Ciel, l'esprit des lieux

L'*areté* grecque de l'époque homérique revit en cette prose française où s'affermit pour nous le modèle, l'autorité légitime d'un style dont nous chercherions en vain l'équivalent dans un autre pays. Telle est la nature de notre enracinement, non point dans une classe, comme le voudraient les idéologies modernes, mais en des terres et des ciels qui ne sont eux-mêmes que les reflets visibles de l'âme, du mystère de la France. Être français, ce n'est point vivre dans tel « contexte sociologique », mais être au diapason des œuvres de Maurice Scève, de Nerval ou de René Guénon : là où le singulier côtoie quelque bleu profond universel. Si l'on prend la peine d'imaginer le monde que nous préparent les intégrismes étrangers —

dont nous n'excluons pas les puritanismes propres à l'idéologie marchande américaine –, il est difficile de ne pas éprouver, par anticipation, une déférence mélancolique pour les rares survivances de l'esprit français qui nous permettent, par exemple, d'écrire ce que nous écrivons aujourd'hui.

Nous croyons la renaissance encore possible, car un brandon, une escarbille d'âme suffisent à embraser la beauté du monde : encore faut-il que *tout* ne soit pas éteint. D'où l'importance de ces brefs rappels. Je n'ignore pas que l'on m'en voudra beaucoup d'éveiller ainsi des images, des mythologies, des idées, si étrangères, en leur éternelle vivacité, à l'esprit mortel du temps, mais je tiens que ce temps précisément n'a plus d'esprit, que plus rien n'y souffle et ne s'anime. Une pénombre immobile est tombée sur nous, tel un oubli de l'oubli où toute providence s'assombrit. Le terrible, le véritable danger est dans ce dépérissement par oubli même du sens de ce qui nous fait défaut. Souffrir d'un manque est moins grave que ce consentement insolite où nous voyons les moins défavorisés de nos contemporains tenir à tel point leur position que tout, désormais, leur est frayeur.

Certes, le monde est effrayant, mais par bien d'autres réalités que celles dont nos contemporains se croient menacés. Leur peur est la première cause du déclin. Tout conspire à faire de nous des êtres inférieurs, timorés, soumis par la crainte à consentir aux servitudes et aux ridicules du travail moderne – dociles rouages du règne des Titans. Nous vivrons bassement de trop nous laisser impressionner par des dangers immanents et de ne pas assez redouter les périls de l'âme dont le plus grand est l'oubli de l'âme par elle-même. Cet oubli est le pire désastre et chaque jour de notre vie il nous faut œuvrer pour qu'il ne triomphe point. Voici la seule guerre sainte qui n'usurpe point son nom en de mesquines luttes de pouvoir. Lorsque l'âme oublieuse d'elle-même s'anéantit dans la pénombre immobile, tout ce qui donnait à l'existence sa valeur et à la vie son intensité nous est ôté, brusquement, et nous demeurons dans notre malheur insolite.

Les idéologues de ces temps modernes, qui tant privilégièrent les logiques et les rhétoriques du commerce, voudraient nous faire croire qu'en échange de la beauté nous avons reçu du monde moderne la possibilité de mieux exercer notre liberté à des fins hédonistes. Il n'est rien de plus faux. Jamais l'ennui, jamais l'embarras, jamais la mesquinerie, jamais l'intervention abusive dans la vie privée ne connurent une telle extension.

Le déracinement propre au monde moderne loin de nous laisser entrevoir l'universel, nous prive au contraire du désir même d'aller à sa rencontre, car il nous semble être à l'image de l'uniformisation dont nous souffrons. De la sorte nous méconnaissons à la fois les vertus de l'enracinement et celles de l'universel, qui vont de pair, ainsi que l'enseignent toutes les civilisations dignes de ce nom.

La philosophie grecque – dont chacun sait qu'elle développa de façon fort explicite une métaphysique de l'universel, à laquelle se réfère la notion d'*humanitas* – n'en considérait pas moins les autres peuples comme des barbares. Concevoir l'universel, s'y référer, en recevoir une légitimité supérieure, cela ne signifie certes pas devoir donner raison à n'importe qui, et recevoir avec un intérêt égal tout ce qui nous vient de l'extérieur. Ce qui est universel, au sens grec, platonicien, est avant tout ce qui au-delà du monde sensible, appartient au pur intelligible, c'est-à-dire au monde métaphysique. Ce qui est universel est métaphysique et la métaphysique, par définition, ne peut être qu'universelle.

Les terres, les ciels français, et la langue française, sont nos racines et, sans eux, nous n'aurions pas la force d'ascendre vers le monde métaphysique des Idées. Non seulement l'universalité n'est pas le contraire de l'enracinement, mais elle en est le seul couronnement légitime. Être enraciné ce n'est pas s'enfermer dans un déterminisme familial ou social, mais, tout au contraire, devenir une personne en puisant ses forces dans les réalités plus larges du pays. Être enraciné, ce n'est point se limiter à un folklore ou à une « identité », mais creuser plus loin et plus profond dans l'humus où gisent les forces d'aller au plus haut. L'enracinement est d'abord une réalité poétique : c'est être soudain conscient du cosmos miroitant qui nous entoure et dont nous sommes, par la grâce de Dieu, la seule juste mesure. Lorsque les sociologues, les idéologues et les politiciens modernes parlent d'enracinement, je n'y reconnais rien de ce que ce terme pourrait signifier, par exemple, pour Henri Bosco, Jean Giono ou John Cowper Powys.

Pour les idéologues modernes, le terme d'enracinement se rapporte tout au plus à un établissement purement immanent dans un lieu, selon les normes de l'inné et de l'acquis qui déterminent les appartenances familiales et professionnelles, sans que *l'esprit du lieu* n'y ait aucune part. Pour nous, qui ne concevons le monde que poétiquement, il ne saurait y avoir d'enracinement sans le consentement à être transformé par le lieu où nous nous trouvons, d'en recevoir un influx autre qu'humain, même s'il appartient à l'homme d'en restituer, par l'art, la juste mesure. L'enracinement tel que le conçoivent les Modernes ne prend en compte que le fait humain et matériel, c'est pourquoi il en vient à s'opposer à l'universel : il ne serait pas moins absurde d'opposer les racines de l'arbre à ses feuillages.

Le Noble Voyageur, le chevalier des épopées anciennes, ne rompt avec l'enracinement sociologique que pour mieux réinventer l'enracinement poétique. Au plus profond, les racines touchent au mythe. Dès lors, le temps s'approfondit, et le périple devient expérience du sacré. Les coutumes et les habitudes ne sont pas la Tradition, elles en sont parfois même les ennemies. La Tradition est, au sens propre, l'ambassadrice d'une primordialité qui dénonce nombre de coutumes comme des usurpatrices récentes. À nous, dont le songe s'est ensoleillé du Songe de Pallas-Athéna, à nous qui nous sentons plus proches d'Homère et d'Héraclite que de nos contemporains, il ne saurait plus être question de faire passer les plus ou moins aimables habitudes bourgeoises du siècle passé pour des expressions de la Tradition. Il devrait aller sans dire que la vulgarité contre laquelle se révoltent les songeurs de Pallas a désormais cours dans toutes les classes de la société – encore qu'elle soit plus ostensible dans les classes privilégiées –, sans aucune différence de nature. Les modèles pitoyables prévalent partout, et la teneur de la tradition française s'en trouve bafouée à chaque instant. Aux libertés conquises sur soi-même et sur les normes indues, le monde moderne préfère diverses formes de veuleries qui se valent et se rejoignent dans une même adulation matérialiste. La morale chevaleresque n'existe que par la *distance* prise avec les normes favorables aux veuleries ; tel un défi permanent, la quête infinie du sens et de la langue qui sont les principes de la poésie – car telle nous apparaît, de tout temps, la tradition française, la secrète lignée des hommes libres, non point dévouée au clerc, mais à l'Aède.

Éros et Logos

Éros est le dieu qui par sa présence ou son absence définit la différence fondamentale qui existe entre le clerc et l'Aède. Qu'il s'agisse de l'*Éros* de Sapho, qui chante l'émotion qui naît du souvenir de la beauté fragile de l'Aimée, ou de l'*Éros* platonicien, qui s'élève dans l'Éther, porté par les ailes puissantes du ressouvenir, c'est toujours au désir, qui nous aventure en dehors de nous-mêmes, que nous assignons les promesses et les pressentiments de la poésie.

Le clerc croit posséder la vérité alors qu'il n'en détient que le système. L'usage qu'il fait du système peut être utile, et quelquefois nécessaire, il ne doit pas pour autant remplacer la quête infinie de la vérité éprouvée qui est la récompense de l'Aède dont l'âme odysséenne est sans repos, toujours animée par le désir. À l'Aède reviennent la chance et les dangers de la connaissance ardente, de la gnose amoureuse que les jargons envieux du clerc s'efforcent en vain de profaner.

Tant que le génie français demeura fidèle à lui-même, la puissance et le rayonnement politique du pays vinrent, par surcroît, comme une extension naturelle de la limpidité conquérante et cependant mystérieuse de la langue française. Le déclin politique coïncide avec l'altération du langage, les jargons savants ou vulgaires embarrassent la langue, parfois jusqu'à la paralysie totale : signe que l'on cherche à plier le français à des règles qui lui sont impropres. Les jargons sont laids et malvenus, car ils sont une tentative pour conformer la langue aux modes idéologiques du jour. Les sciences dites humaines, fort enclines à la jargonnerie, se caractérisent par cette volonté de soumettre la pensée à des systèmes, des « fonctionnements » qui sont, par leur rigueur excessive, étrangers au génie propre de la langue française, apanage des hommes libres, et d'auteurs qui n'obéissent à d'autres règles que celles prescrites par leur inspiration et leur style.

L'exigence du style, en tout contraire à celle du jargon – est une exigence poétique. Elle va au plus profond et au plus haut dans une quête de l'exactitude qui laisse à chaque œuvre le sceau d'une singularité entre toutes reconnaissable. L'auteur se forge son style – sans rompre l'accord qui mystérieusement l'unit au génie de la langue. À rebours de cette singularité héraldique, le jargon tend à uniformiser le langage dans le mépris et l'ignorance des formes les plus hautes et les plus libres. Que les pires vanités cléricales aient été ces dernières décennies le fait de théories « matérialistes » n'est guère paradoxal, car le matérialisme ne fut jamais rien d'autre pour ces gens-là que l'adulation de la lettre morte. L'adulation de la lettre morte se théorise inévitablement en écrits composés de lettres mortes. Que le combat pour le *Logos* s'inscrive en lettres vives dans notre âme ; que le Songe de Pallas, en amont de l'*areté* grecque, demeure en nous comme le principe d'une chevalerie française !

De la source grecque à la tradition française, les passages sont si nombreux et certains d'entre eux si parcourus qu'il est à peine nécessaire d'en faire état. Par-delà les voies de grand passage – les autoroutes scolaires et universitaires –, il existe des passages secrets, des sentes aventureuses qui pour n'être pas généralement connues n'en sont pas moins importantes. En ces temps où notre société et notre culture se désagrègent, où s'approchent les désastres qui rendront infréquentables les voies communes, les passages secrets deviennent des chances ultimes. Ni galvaudée, ni vulgarisée, protégée par leur clandestinité relative, et la cooptation par le goût et le style, la nature même de ces passages secrets permettra à ceux qui oseront s'y aventurer de saisir au vif, dans la plus grande luminosité et incandescence, ce qui se transmet du plus lointain au plus proche.

En certaines circonstances favorables, il advient que les siècles et les millénaires ne sont plus que des réalités intangibles devant la réalité auguste des symboles. À ces moments, l'ordre naturel des préséances est rétabli. Le regard cesse d'être emprisonné dans les rets de l'illusion historique et peut de nouveau considérer les réalités intérieures et extérieures sous leurs aspects éternels. Rien de ce qui importe vraiment n'est jamais caduc. Nous devons au Songe de Pallas, qui est à l'origine de ces pages, d'avoir compris que les modalités essentielles de l'existence échappent à l'Histoire et aux enchaînements logiques. La « logique » des modernes est une insulte au *Logos* – nous y reviendrons –, de même que le rationalisme est une insulte à la divine Raison d'être.

Pour remonter à la source grecque, entrevoir ses scintillements salvateurs, c'est moins à quelque fastidieux labeur philologique que nous devons nous livrer qu'à l'attentive écoute de nos auteurs français en apparence les plus familiers. La

Provence de Jean Giono et d'Henry Bosco, Provence légendaire, entièrement réinventée par la poésie, peuplée de personnages qui sont, en leur profonde réalité, un défi magnifique au réalisme, cette Provence-là, à qui sait écouter les phrases mystérieuses, donne une image de la terre hellène telle que surent la vivre les poètes-philosophes présocratiques. Ce n'est certes pas un hasard si le premier ouvrage de Giono fut une variation sur l'*Odyssée* ; et si Bosco chante le retour des dieux, ce n'est pas davantage une convention littéraire. Pour Giono, comme pour Bosco, la Provence fut l'hôtesse des dieux ; les feuillages, l'eau, l'air, la lumière, les odeurs, tout cela à l'évidence est peuplé de présences qui veulent nous dire quelque chose et auxquelles il ne convient pas de rester indifférent.

« *Les jours sont ronds* », nous dit Jean Giono. Cette rondeur des jours, des jours non plus linéaires, ou utilitaires, mais cosmiques, on hésite à la dire hédoniste ou religieuse. Mais de la hauteur où nous sommes, ces notions s'opposent-elles encore ? Le divorce entre la jouissance du monde et sa célébration religieuse, entre l'*Éros* et le *Logos*, ne serait-il point quelque tardif symptôme de déclin et assurément l'expression d'une vue du monde morbide ? La « *rondeur des jours* » n'est-ce point la jubilation sensuelle qui célèbre l'ordre cosmique, et ses mystères qui nous révèlent à nous-mêmes dans une lucidité passionnée ? Hédoniste ou religieux ? La question ne se pose plus dès lors qu'en amont de nos divisions et de nos désagrégations modernes, nous saisissons au vif de l'instant l'éclat de ce qui demeure : l'éternité éclatante. « *Les jours*, écrit Jean Giono, *commencent et finissent dans une heure trouble de la nuit. Ils n'ont pas la forme longue, cette forme des choses qui vont vers des buts : la flèche, la route, la course de l'homme. Ils ont la forme ronde des choses éternelles et statiques : le soleil, le monde, Dieu.* »

Jean Giono, Henri Bosco sont extraordinairement sensibles à la météorologie. Rares sont les auteurs qui égalent leur justesse et leur profondeur à décrire les variations qui se passent dans les hauteurs. La météorologie, l'étymologie nous l'enseigne, est avant tout la connaissance des choses d'*en haut*, dont sont fatalement tributaires les choses d'en bas, comme savent si bien l'évoquer ces vrais romanciers qui étendent leurs préoccupations au cosmos tout entier. Toute grande littérature est météorologique. Même nos esthètes « décadents » et nos « amateurs » qui ne prisaient guère les champs et les forêts et leurs préféraient les intérieurs cossus, c'est encore dans la lumière immense qui tombe à travers les rideaux qu'ils font apparaître leurs artifices et nous ravissent ainsi du contraste voulu entre l'exquis et l'immense. L'habitude a été si bien prise de négliger les auteurs français que rares deviennent ceux qui connaissent encore les météorologies tamisées et savantes d'Élémir Bourges ou d'André Fraigneau, dont Jean Giono et Henri Bosco ne sont pas si éloignés que voudrait nous le faire croire cette manie qui consiste à classer les auteurs selon les anecdotes et l'environnement qu'illustrent leurs œuvres au mépris de la pensée et du style.

Le légendaire, le rare, le merveilleux, le terrible sont des catégories de l'épopée que l'on retrouve chez les meilleurs des écrivains français : ceux qui ont refusé de se vassaliser au réalisme plat. De même que Giono nous donne à voir le cosmos obéissant aux lois circulaires d'Anaximandre, Henri Bosco nous offre une songerie du feu qui accroît notre familiarité avec l'œuvre d'Héraclite et sa poétique des éléments. « *Ces feux*, écrit-il, *entretiennent en nous la chaleur nécessaire à l'arrivée des songes, et ils ont sur notre mémoire une puissance telle que les vies immémoriales sommeillant au-delà des plus vieux souvenirs s'éveillent en nous à leur flamme, et nous révèlent les pays les plus profonds de notre âme secrète. Seuls ils éclairent, en deçà du temps qui préside à notre existence, les jours antérieurs à nos jours et les pensées inconnaissables dont peut-être notre pensée n'est souvent que l'ombre...* » L'air, l'eau, le feu, la terre, ne sont pas seulement des réalités physiques. Ces éléments éveillent dans nos pensées et nos imaginations d'autres ressources. Le pouvoir que les philosophes présocratiques exercent sur nous n'est pas étranger à la coexistence de la poésie et de la connaissance, qui ne s'opposeront que bien plus tard dans les désastreuses occurrences de nos modernités désabusées. En ces époques héroïques et aurorales, la poésie et la connaissance n'existent encore que l'une par l'autre – la poésie étant non moins l'instrument de la connaissance que la connaissance l'instrument de la poésie. En se rendant attentif à la poésie, aux variations subtiles de l'âme humaine, c'est l'Âme du monde qui se révèle à nous dans ses prestiges et ses mystères. « *Bientôt*, écrit Henri Bosco, *il me sembla que je recevais des appels encore légers d'un être lointain et sans nom, réminiscences, transmissions mentales, aubes en train d'éclore aux confins d'une obscure mémoire.* »

Les fragments des présocratiques, lorsque nous les abordons sans excessives préventions universitaires, produisent un effet analogue : l'âme s'y éveille à des sens délaissés ou endormis. Proches à nous toucher sont les aubes aux confins de la mémoire. Xénophane de Colophon, Héraclite, Empédocle, Parménide nous sont plus proches que tant de nos « intellectuels » contemporains, car ils sont plus proches de notre enfance. À travers les fragments et les éclats qui nous en parviennent nous devinons leur pensée comme une méditation de l'être, telle que nous la connûmes à l'aube de notre vie. Pensée archaïque, si l'on veut, ou enfantine, et cependant infiniment plus savante et plus riche que nos idéologies modernes. Car la méditation sur l'origine et l'ordre du monde, que l'on voudra bien dire métaphysique, est le principe de tout essor de la pensée et de toute liberté humaine. Seul un esprit des plus superficiels peut croire que nous nous écartons ici de la philosophie politique. Nous sommes en son cœur. Si la politique ne relève pas seulement d'une gestion plus ou moins judicieuse des rapports entre les hommes, nul doute que la part méditative et métaphysique de l'aventure humaine devra s'y faire entendre.

Il n'est pas souhaitable que de la politique soient exclues ces instances moins directement discernables et plus subtiles. Tout ce que la civilisation engendre de civilité, et tout ce que la politique devrait engendrer de politesse, tient en ce consentement à prendre en considération les nuances les plus subtiles de la pensée dont les livres de Bosco nous offrent tant d'exemples. Les économistes marxistes – il en subsiste sous d'autres appellations – et libéraux se targuent d'avoir découvert la primauté de l'économie, mais force nous est de constater le désastre des systèmes qui fondent leur politique sur la croyance en cette primauté. Des civilisations étendues sur des siècles nous montrent l'usage persistant et à bon escient d'un fort sens pragmatique au service d'un idéal, d'une spiritualité ou d'un dieu.

Chimériques et vaines en revanche sont les tentatives de vouloir traiter l'économie par l'économie. Lorsqu'une déficience apparaît dans une fonction, c'est à l'ensemble qu'il faut porter son attention. Le principe d'interdépendance, admirablement formulé par Anaximandre et l'École pythagoricienne, devrait, s'il était compris, nous éviter de céder à ces réductions insensées de l'interprétation à un seul dénominateur. Toute politique décente suppose une hiérarchie des importances où l'économie cède à la recherche de la justice et de la vérité. À méconnaître cette hiérarchie, à vouloir faire de l'économie la souveraine des actions et des idées des hommes, ne risque-t-on point de se livrer à un pouvoir aveugle qui viendra à se détruire lui-même ? L'économie n'existe qu'en tant que moyen et lorsque ce moyen se trouve livré à lui-même en l'absence de toute autorité extérieure et de toute orientation, il ne peut que s'égarer. Seule une instance tout à fait étrangère à l'économie, et pourquoi ne pas le dire, *supérieure*, peut sauver l'économie de ses propres désastres, qui menacent de devenir les désastres de la Cité toute entière si nous n'y prenons garde. Car l'idolâtrie de l'économie ne ruine pas seulement l'économie elle-même, qu'elle prive de ses ressources extérieures, philosophiques et morales, elle menace encore d'emporter dans son déclin les possibilités humaines qu'elle avait pour mission de servir.

Ces possibilités, il va sans dire qu'elles sont de l'ordre de la poésie. Toutes les grandes et belles réalisations humaines sont précédées d'une vision. L'Idée devance les mots, entraîne leurs associations en phrases d'autant plus musicales et harmonieuses qu'elles poursuivent avec plus de vigueur cette Idée, cette Forme qui les précède. L'âme est la force motrice. Un corps sans âme est un corps inanimé. Celui-là l'assassine qui veut ordonner la Cité selon une pure logique d'économiste. Ce qui échappe au domaine de l'économie semble étrange aux hommes politiques modernes, car réduits à n'être que des gestionnaires, ils ne méritent plus le nom de politiques. Ils ne vivent désormais que par l'oubli et l'usurpation, oubli de la source grecque, reniement de la tradition française et usurpation du titre de *politique*, qui s'en trouve extraordinairement galvaudé et déprécié.

Dans le vaste ensemble de la pensée dite présocratique, l'œuvre d'Empédocle est l'une de celles qui montrent le plus magnifiquement l'interdépendance de la poésie et du politique. Les phrases de Giono ou de Bosco, que nous citions plus haut, et dont un politicien moderne s'empresserait de dire qu'elles n'ont rien à faire avec la politique, l'œuvre d'Empédocle nous permet d'en entrevoir la sagesse profonde qui ne peut demeurer étrangère à la vie de la Cité. Il ne s'agit certes pas de donner une rhétorique ou un verni « poétique » à des stratégies qui sont étrangères par nature à toute aventure poétique : ce serait une profanation. Il est question de refuser à l'exercice concret du pouvoir la prétention, qu'il ne cesse d'affirmer, de se suffire à lui-même. Le subtil, la nuance, qui jaillissent de la rencontre des forces contraires acquièrent, dans l'esprit formé par l'attention poétique, une autorité plus grande que tout pouvoir de fait. Or, de cette autorité supérieure dépendent toutes nos libertés personnelles.

Empédocle, poète et, au sens le plus noble, soucieux de sauver la parole juste, de préserver l'ordre du monde des atteintes hybrides du chaos, ne nous intéresse pas seulement parce qu'il fut le personnage d'une admirable pièce de Hölderlin. Ce qui de son œuvre nous est parvenu subjugue par sa beauté. Nous y retrouvons, nous écrivains français, la source même du secret de notre dessein littéraire.

Philosophes d'Éphèse et d'Agrigente

D'Empédocle, nous savons plus de choses qu'il n'est coutume de l'affirmer. Nous pouvons rompre avec cette habitude paresseuse qui consiste à ne rien dire des présocratiques en prétextant l'éloignement des âges et le caractère fragmentaire des œuvres qui nous en sont parvenues. Orateur, inventeur, d'après Aristote, de la rhétorique, physicien et médecin, ses hexamètres, qui s'adressent au peuple d'Acragas, nous donnent un magistral exemple de philosophie politique.

Dans la recherche de la justice, de l'équilibre, entre l'Un et le multiple, l'Amour et la Haine, le philosophe fait preuve d'une singulière profondeur car loin d'opposer l'Un au Multiple, ce qui équivaudrait à maintenir une forme de dualisme implicite au sein même d'une prétention moniste avec le risque d'aboutir, de la sorte, à l'idolâtrie métaphysique de l'Un, où se figent certaines formes de dévotion monothéiste, Empédocle fait advenir l'Un du Multiple et le Multiple de l'Un, comme s'ils étaient poétiquement la source l'un de l'autre.

« *Mon discours sera double*, écrit Empédocle, *car tantôt l'Un a grandi, subsistant seul du Multiple, tantôt au contraire, c'est le Multiple qui se produit par la division de l'Un.* » La dualité créatrice se différencie du dualisme en ce qu'elle suppose un flux et un reflux qui célèbrent également l'unité, alors que le dualisme scinde le monde, le particularise outrancièrement, favorisant ainsi les forces de l'inimitié. La philosophie d'Empédocle apporte quelques ébauches de réponse à une question que l'on s'étonne de voir si peu posée par la philosophie politique. Quelle est l'origine de la haine politique, idéologique ou sociale ?

Il semblerait que pour les idéologues qui ont pris en charge la réflexion politique, la haine aille de soi et que ces causes doivent être cherchées dans l'histoire. Il y aurait ainsi des idéologies haineuses par nature, et d'autres bénignes. L'explication est un peu courte. Existe-t-il à proprement parler des idéologies affables ? Si la haine d'un individu pour un autre, en conséquence de torts et d'offenses effectifs, peut se laisser comprendre en termes presque pragmatiques, la haine idéologique semble, elle, le produit d'une dysharmonie moins discernable, dont les causes ne peuvent être que métaphysiques. Si quelque discord non pensé est à l'origine d'un état de fait politique, il est à prévoir que la haine idéologique ou raciale en sera la conséquence sinistre. Comment croire qu'un système fondé sur le ressentiment et la haine de toute autorité puisse ne pas donner lieu à une succession sans fin d'abus de pouvoir ?

« *Double est donc la naissance des choses périssables,* poursuit Empédocle, *double aussi leur disparition ; car pour toute chose la réunion engendre et tue et par ailleurs la désunion croît et se dissipe. Et ce changement perpétuel est sans fin : tantôt c'est l'Amitié qui rassemble tout jusqu'à l'Un, tantôt, au contraire, tout est séparé et entraîné par la Haine. Ainsi dans la mesure où l'Un naît naturellement du Multiple, et qu'à son tour, par la division de l'Un, le Multiple se constitue, les choses naissent et ne durent pas éternellement. Mais, dans la mesure où le changement perpétuel est sans terme, elles subsistent toujours dans le cercle immobile de l'existence.* »

Les choses, nous dit Empédocle, durent et ne durent pas ; elles sont à la fois fugaces et permanentes, mortelles et immortelles. Comment une chose peut-elle être à la fois ceci et cela ou, plus exactement, ni ceci, ni cela. La philosophie d'Empédocle œuvre à nous le faire entrevoir. Une autre logique se laisse entrevoir, présente aussi dans le Vedantâ et la mystique rhénane, qui change les alternatives en alternances et hausse l'intelligence jusqu'au point d'où les choses « *subsistent toujours dans le cercle immobile de l'existence* ». Montaigne, les moralistes du XVIIe siècle, et, plus proches de nous, Paul Valéry ou Montherlant, s'inscrivent dans cette logique grecque où la dualité est préférée au dualisme. On se souvient de la formule de Montaigne qui sert d'exergue à l'admirable *Histoire de l'Aquitaine* d'Henry Montaigu : « *Au Gibelin j'étais Guelfe, Au Guelfe, Gibelin* ».

L'esprit français répugne à se laisser enfermer en des alternatives qui entravent l'essor d'une libre pensée. Là où l'alternative évoque les anneaux de fer encastrés à la même dalle de béton, la dualité évoque les ailes doubles de la pensée anagogique. Pensée ascendante, pensée des hauteurs, au voisinage des cimes et des aigles, c'est ainsi que de tous temps apparut la pensée métaphysique. Au-delà des apparences, l'être est l'éclaircie de la pensée humaine. Cet au-delà des apparences, ou, plus exactement, cet au-delà des opinions qui ne traduisent des apparences que des aspects convenus ou figés, n'est pas un monde séparé, mais un prolongement, un approfondissement de l'attention. L'Être est dit au-delà des apparences tout simplement parce que l'intelligence humaine, pour y accéder, doit se déprendre des objets qui l'occupent habituellement et sont de l'ordre de la croyance, de l'opinion ou de l'utilité immédiate. Ce dégagement de l'intelligence se traduit naturellement par des métaphores ascensionnelles. Méditer sur l'Être suppose que l'on prenne la hauteur nécessaire pour embrasser toutes les apparences en un même regard métaphysique. Or, prendre de la hauteur, c'est aussi gagner en légèreté.

La méditation sur l'Être telle que l'initient les présocratiques n'engage point à quelque systématisation de l'étant, ou à quelque gestion totalitaire de la réalité. La méditation de l'Être prédispose au contraire à la pensée la plus dégagée qui soit, la plus légère. Alors que l'intelligence d'ordinaire se disperse, se laisse distraire, et dans le travail encore bien davantage que dans le loisir, la question de l'Être nous ramène à la plus haute concentration, à laquelle correspond aussi la plus haute énergie. On ne saurait assez y insister : la question de l'Être est le principe, dans l'intelligence humaine, de la plus bouleversante des énergies. Les sciences et les arts, les philosophies, les religions, les morales, les temples et les palais naissent de la manifestation de cette énergie qu'éveille au cœur de l'homme la contemplation de l'Être. Ce pourquoi il est absurde d'opposer la contemplation et l'action, et plus absurde encore de juger la seconde supérieure à la première. À méconnaître la contemplation, la philosophie politique s'engage dans ces activismes destructeurs où nous la voyons se renier elle-même. Pallas-Athéna, « *la déesse aux yeux brillants* », intervient dans les espaces transparents de notre conscience pour nous révéler la beauté de l'Être, plus intense que toutes les apparences, et dont brilleront nos regards. Ce que nous décelons dans les apparences nous révèle à nous-mêmes. L'Être, cette clairière, pour reprendre le mot de Heidegger, se propose à nous à la fois comme une aventure intérieure et extérieure. Le monde nous révèle à nous-mêmes, confirmant ainsi l'adage delphique : « *Connais-toi toi-même et tu connaîtras le monde et les dieux* ».

La méditation métaphysique qui, de prime abord, paraît être une pure introspection, se révèle méditation sur le monde et sur l'être du monde, car il n'y a pas lieu de supposer, pour les Grecs, une loi différente pour les hommes et les dieux, les phénomènes intérieurs et extérieurs. La connaissance intérieure correspond à la connaissance du cosmos, car l'homme est lui-même un petit cosmos, un microcosme. Il n'est pas certain que cette philosophie, dont les formules sont citées dans tous les manuels, soit bien comprise, de même qu'il n'est pas certain que l'on comprenne vraiment ce qu'est le *Logos*, cet ambassadeur entre le monde extérieur et le monde intérieur. Cette incompréhension me paraît plus délibérée que fatale. Il est faux de croire que la philosophie de la Grèce archaïque nous serait devenue incompréhensible en vertu d'un « changement des mentalités » ; plus juste de dire qu'elle demeure incomprise, car on ne s'attache guère à la comprendre. L'éloignement de cette philosophie tient bien plus au dénigrement qu'à quelque différence irréductible entre les âges. Les spécialistes modernes en philosophie n'entendent guère, en général, se poser les questions qui sont au cœur de ces œuvres philosophiques et poétiques ; et les raisons profondes de ce refus relèvent de la politique.

Héraclite est sans doute, avec Empédocle et Pythagore, de tous les philosophes présocratiques celui qui exerça l'influence la plus durable sur la philosophie occidentale. Philosophe d'Éphèse, fils de roi, il est devenu par ses fragments le maître de la formulation lapidaire, en apparence paradoxale, où la réalité de la pensée est saisie au vif de son mouvement créateur, défiant les préjugés et les explications toutes faites.

Ne pas se fier aux apparences, deviner les entrelacs obscurs, l'action des forces sous-jacentes, tel fut le génie d'Héraclite que ses contemporains déjà considéraient comme un auteur difficile. Étrangère aux opinions et aux convictions communes, soucieuse de comprendre l'Être et le *Logos*, la pensée d'Héraclite, volontairement dégagée des circonstances, nous est à la fois lointaine et proche. Lointaine car toute métaphysique, en ces temps utilitaires, l'est devenue ; proche car l'Être et le *Logos* sont des préoccupations constantes et des questions universelles et invariables.

Pour Héraclite, la connaissance de l'Être précède toute justice et toute civilité en ce qu'elle fonde leur pérennité. Un principe que les circonstances et les accidents de l'Histoire peuvent bouleverser à tout moment, n'est plus un principe ; il est, tout au plus, un arrangement à l'intérieur de la confusion et du chaos. Lorsque les malfaiteurs s'arrangent entre eux, il ne saurait être question de justice. La justice, l'équilibre, suppose l'attention fervente au *Logos*. Seul le *Logos* peut nous éveiller de la « confusion morose » où nous nous trouvons habituellement. Le *Logos*, pour Héraclite, est Éveil. Le philosophe doit être celui qui éveille les consciences à la profondeur de l'âme. « *Parcourez toutes les routes*, écrit Héraclite, *vous ne sauriez découvrir les frontières de l'âme – si profond en est le Logos.* » L'éveil n'est pas un acquis, mais une mise en mouvement. Il existe un éveil à l'intérieur de l'Éveil, et un éveil encore à l'intérieur de l'éveil de l'Éveil : telle est la profondeur du *Logos* qui donne à l'âme de plus vastes frontières.

III. Civilité et civilisation

L'ère du reniement

Poètes, philosophes, historiens ou physiciens, nous sommes les héritiers de la pensée grecque, mais le monde où nous vivons est bien moins l'héritage de la pensée grecque que son reniement. On nous répondra que la technique, la démocratie qui prédominent mondialement en notre fin de siècle sont issus de la science et de la politologie grecque, mais telle est précisément la nature profonde du reniement : être issu d'une tradition dont on trahit la vocation première.

Nous vivons de politiques sans politesses dans une civilisation sans civilité. L'idéal s'est inversé ; il est devenu une sorte d'idéal en négatif. Nous ne mobilisons nos énergies que pour n'*être pas* ceci ou cela. La crainte permanente qui nous aveugle quant aux dangers réels que nous courons, nous interdit de considérer avec la ferveur requise la beauté de la *présence*. Nous méprisons les jours que nous vivons, et c'est pourquoi nous ne savons plus envisager l'être véritable avec la vision du philosophe et du poète.

Nous manquons à la fois de courage et de sagesse. Car le courage que célèbre le poète épique et la sagesse du philosophe sont en réalité une seule et même chose. Le courage, qui délivre le héros du déterminisme des événements et des sentiments trop humains n'est autre qu'un aspect de la sagesse, qui, elle aussi, délivre et rayonne. La gloire qui couronne l'acte héroïque n'est pas différente du rayonnement de la sagesse. Mais sans doute ne mesurons-nous pas assez ce qu'il faut de courage pour approcher de la sagesse véritable.

Dans nos civilisations sans civilité, la sagesse ne se conquiert qu'au prix de combats terribles et de résolutions sans failles. Le seul fait qu'un certain sens commun en soit venu à opposer la sagesse et le courage montre dans quelles gigantesques proportions s'est amplifiée la méprise. Il faut avoir le courage d'être sage, et ne jamais perdre de vue la sagesse qui consiste à être courageux. Tel est précisément l'enjeu de la civilité, à laquelle nous invite la songeuse Athéna. Sage et courageux sera l'acte fondateur de la civilité. La civilité est le cœur secret et ardent de la civilisation. Lorsque ce cœur cesse de battre, toute la civilisation se désaccorde. Or, cette civilité est faite de courage et de sagesse, et c'est encore chez les héros d'Homère que nous en trouverons l'exemple, quoi qu'en disent ceux qui considèrent les épopées, avec leurs dieux, leurs merveilles et leurs terreurs, comme des vestiges des temps barbares.

Jacqueline de Romilly donne dans ses ouvrages maints exemples de cette profonde civilité homérique : « *De tous côtés*, écrit-elle, *surgit le respect de l'autre. Et l'on voit souvent, entre des personnages qui ne sont rien l'un à l'autre, apparaître un sentiment qui semble avoir été primordial pour Homère lui-même : c'est tout simplement la pitié pour les souffrances humaines.* » Les héros se combattent avec acharnement dans l'*Iliade*, mais ils ne conçoivent ni mépris ni haine les uns pour les autres. Ce respect de l'adversaire est l'une des choses les plus étranges en nos temps modernes, où l'on ne respecte même plus ses alliés et ses amis.

L'immense, la vertigineuse distance qui sépare notre humanité moderne de ces humanités épiques est rendue perceptible par ce seul fait. Le Moderne doit disqualifier son ennemi, jusqu'à le priver de son humanité même, pour pouvoir le combattre : c'est le signe de son hypocrisie et de sa lâcheté. Après avoir souligné la courtoisie de Priam à l'égard d'Hélène, sa captive, où l'on retrouve les égards propres à l'hospitalité sacrée des cultures traditionnelles, Jacqueline de Romilly souligne que dans l'*Iliade*, au contraire de l'*Énéide*, tout entière rédigée à la seule gloire romaine, aucune partialité n'intervient : « *Même dans la description, aucune différence n'est faite entre les deux peuples qui s'affrontent. Ils sont évoqués comme identiques* ».

Sans doute la navrante absence de civilité des Modernes réside-t-elle pour une grande part dans leur tendance persistante à dissimuler leurs ambitions effectives en des brouillards idéologiques au point de s'abuser eux-mêmes jusqu'aux plus funestes déraisons. La morale, dont les hommes en cette fin de siècle semblent faire grand cas, n'est rien d'autre, le plus souvent, qu'une façon plus ou moins retorse de s'abuser soi-même et de dissimuler sous de pompeuses déclarations d'intention de simples ambitions que le puritanisme des temps récents a rendues inavouables.

Dans l'épopée d'Homère, la morale se confond avec le style qui va porter sur le monde la marque de la noblesse du héros. Les principes vivent, car loin de se constituer en une sorte de corpus abstrait, ils s'incarnent dans les actions et dans les œuvres. Les moralisateurs, qui sont littéralement légion, manquent singulièrement de civilité. Sans cesse à intervenir dans la vie d'autrui, presque toujours avec grossièreté, le moralisateur s'obstine à vouloir faire du manque de tact une sorte de loi sociale. Alors que toutes les affaires importantes de la Cité sont laissées à l'abandon – c'est-à-dire au profit exclusif des malfaiteurs –, les moralisateurs, alliés d'une certaine conception de la vie à prédominance punitive, ne se lassent pas de vouloir régenter les moindres circonstances de nos existences privées. Les sociétés modernes sont d'autant plus extraordinairement vétilleuses sur des points sans importance qu'elles se réclament de la liberté absolue de laisser à vau-l'eau nos biens les plus précieux qui sont de l'ordre de la beauté et de l'esprit.

On se souviendra de l'apostrophe nietzschéenne « *Libre ? Pour quoi faire ?* » La question est plus pertinente que jamais. La liberté au nom de laquelle nous renonçons à toute autorité spirituelle ou poétique est devenue le territoire d'innombrables tracasseries qui réduisent encore la part de la civilité. Les moralisateurs modernes, qui comprennent peu de choses à la politique, et encore moins à la métaphysique, ne rêvent que d'accroître encore le nombre des tracasseries. Lorsque l'on confond ainsi un ressentiment personnel avec l'intérêt général, toutes les conditions sont requises pour la perdition du pays. Le débat « démocratique » contemporain offre le spectacle ennuyeux et sinistre de ressentiments qui se heurtent et de haines qui s'attisent. Et chacun y va de son opinion comme représentation de sa faction. L'adversaire est déshumanisé, et par retour des choses et nous nous en trouvons pareillement déshumanisés.

Les guerres d'extermination sont le phénomène le plus visible de cette déshumanisation qui peut aussi prendre des formes moins apparentes. Ces dernières décennies ont vu le progrès inquiétant d'un mal politique qui, pour n'être pas encore totalement déclaré, ne s'en manifeste pas moins par un contrôle sans cesse croissant des individus, non seulement dans leurs faits et gestes, mais aussi dans leur langage, leur conscience et leurs imaginations subjuguées par la civilisation des écrans.

Le temps n'est plus au réajustement des effets. Seules désormais importent les causes. Nous ne sauverons l'idée de civilisation que par l'invention poétique d'une nouvelle civilité toute résonnante de la plus ancienne civilité. De cette civilité sont bruissantes les âmes de l'*Iliade* et de l'*Odyssée*. Tout recommence toujours avec la divine prévenance d'Athéna : « *Achille, cher à Zeus, se lève donc. Sur ses fières épaules Athéna vient jeter l'égide frangée ; puis la toute divine orne son front d'un nimbe d'or, tandis qu'elle fait jaillir de son corps une flamme resplendissante.* »

Honneur et déshonneur

« *Les bonnes lois*, écrit Solon, *mettent souvent des entraves à l'injustice, aplanissent les sentiers abrupts, font cesser la convoitise et disparaître la démesure, dessèchent en leur croissance les fleurs de l'égarement, redressent les arrêts tortueux, adoucissent les actes de l'orgueil.* » Qu'il y ait une responsabilité métaphysique dont l'esprit doit se faire l'écho, ou, mieux encore, le *répons* –, c'est là le fondement même de la philosophie politique, telle que nous pouvons la comprendre à partir des Grecs.

« *Vivre selon la loi et non selon la force* », c'est ainsi qu'Euripide définit le fait d'être grec. Nous sommes là aux antipodes des idéologies modernes pour lesquelles, au contraire de ce qu'elles prétendent d'elles-mêmes, la force fait le droit. C'est ainsi que, selon le bon ordre, la parole précède l'action, en éclaire le devenir et la délivre de l'utilitarisme ignoble qui veut que la fin justifie les moyens. Ce que dit aussi Périclès, cité par Thucydide : « *Car la parole n'est pas à nos yeux un obstacle à l'action ; c'en est un au contraire de ne pas s'être d'abord éclairé par la parole avant d'aborder l'action à mener.* » Dans cette perspective philosophique le respect de la loi ne se réduit nullement à une mécanique juridique. L'exigence est plus haute, et il apparaît que les États de droit que nous connaissons actuellement ne sauraient aucunement s'en prévaloir.

Les lois, pour judicieux qu'eussent été les légistes qui les rédigèrent, ne valent, pour le bien des personnes et de la Cité, que lorsque les conditions de leur application heureuse sont requises. Les pauvres, dans nos sociétés libérales, disposent théoriquement des mêmes droits que les riches, mais tout conspire à ce que l'application de ces droits soit des plus aléatoires. Celui qui, tout en étant pauvre, n'appartient pas à quelque groupe représentatif qui prendra charge de ses intérêts aura bien du mal à faire valoir ses droits théoriquement les mieux établis.

Le propos de Démosthène demeure d'une criante actualité : « *Or, cette force des lois, en quoi consiste-t-elle ? Est-ce à dire qu'elles accourront pour assister celui d'entre vous qui, victime d'une injustice, criera à l'aide ? Non, elles ne sont qu'un texte écrit qui ne saurait posséder un tel pouvoir.* » On ne saurait mieux poser les termes de la question fondamentale de toute philosophie politique, qui est celle de l'autorité. La force des lois n'est rien sans l'autorité qui permet leur application. Sans autorité, les injustices demeurent sans réparation.

« [...] *Alors,* poursuit Démosthène, *qu'est-ce qui fait la force des lois ? Vous-mêmes, à condition de les fortifier et de mettre en toute occasion leur puissance souveraine au service de l'homme qui les réclame : voilà comment vous faites la force des lois, de même qu'elles font la vôtre. Il faut donc les assister comme on s'assisterait soi-même si l'on était offensé.* »

La force des lois n'est qu'une conséquence de l'*auctoritas*, et cette *auctoritas* est en nous, s'adresse à nous et nous laisse le choix du noble et de l'ignoble, de l'honneur et du déshonneur. L'autorité qui fait la force des lois « *gît dans le mystère du cœur* », pour reprendre le mot de Mallarmé. C'est à nous-mêmes de fortifier les lois et de mettre « *en toute occasion leur puissance souveraine au service de l'homme qui les réclame* ». Sans l'autorité de l'honneur, la mécanique juridique est sans usage et elle peut même s'avérer néfaste et broyer des innocents. Nous comprenons ainsi en quoi la civilité, et la loi, ne concourent au bien de la Cité que par leurs sources profondes qui sont l'honneur et l'*areté* originelle, qu'illustrent les héros de l'épopée. Entre la civilité et l'héroïsme, il n'y a point de rupture de ton ou de philosophie, mais une admirable continuité semblable à une ligne d'horizon, d'où nous verrons bientôt reparaître les divines escadres.

Certains nous reprocheront d'entremêler de façon indue le poétique et le politique, les œuvres de la mythologie et celles de la raison, mais telle est justement la manière des auteurs dont nous nous réclamons. « *On découvre là, en fait,* écrit Jacqueline de Romilly, *un trait propre à la culture grecque : il consiste à associer une forme concrète et une signification abstraite, en les faisant le plus possible coïncider.* » Platon lui-même, qui se défiait du lyrisme trompeur ne cesse de laisser jouer sa pensée entre le symbole et la raison. Dans les Dialogues, la démonstration rationnelle loin de contredire le mythe y puise sans cesse de nouvelles ressources. Et c'est bien pourquoi nous osons faire de l'admirable continuité de l'*areté* grecque, qui nous conduit d'Ulysse à Platon, la ligne d'horizon où apparaîtront les dieux. En ces époques superstitieuses et fanatiques par manque d'esprit, il est devenu bien difficile de faire comprendre de quelle nature furent et demeurent pour quelques-uns d'entre nous les dieux grecs.

Sous le regard des dieux

Fauteurs de prodiges et de métamorphoses, intervenant dans les destinées humaines, non sans être, en retour, influencés par elles, les dieux s'offrent tout d'abord à notre attention comme les clefs et les chiffres des situations. Les choses qui adviennent ont un sens dont témoigne l'existence des dieux ; mais c'est aux hommes qu'appartient l'aventure, l'odyssée de l'interprétation.

Les dieux apparaissent et disparaissent comme des aspects de la réalité absolue. L'explication n'est pas donnée, mais suggérée. L'effort décisif nous appartient. Les dieux ne sont ni des notions abstraites revêtues d'apparences concrètes, ni des réalités concrètes dépouillées et rendues abstraites. La région d'où viennent les dieux ne connaît point ces dualités. Nos scolastiques modernes sont bien incapables de formuler quelque théorie concernant cette fusion ardente du sensible et de l'intelligible d'où surgissent les dieux pour notre émerveillement et pour notre effroi. Alors, surviennent les figures augustes et rayonnantes.

« *Il est plus facile de tromper une foule qu'un seul homme* », écrit Hérodote. Le propos mérite d'être médité. Ce qui nous trompe nous entraîne dans l'*hybris*, dans la démesure. Le Juste Milieu, toujours subtil et fragile, résiste mal aux mouvements massifs de la foule. La foule ignore les rapports et les proportions. Son égalité n'est pas géométrique, mais arithmétique. De la force s'ajoute quantitativement à la force sans référence supérieure. L'individu peut seul concevoir l'égalité géométrique admirablement définie par Euripide : « *C'est l'égalité qui a fixé aux humains les mesures et les divisions des poids ; c'est elle qui a défini le nombre ; la nuit à la paupière obscure et la clarté du soleil suivent d'un pas égal le cercle de l'année sans qu'aucun des deux en veuille à l'autre de sa victoire* ».

La foule, plus que l'individu, est encline à s'écarter de cet équilibre que présume l'égalité géométrique. Les plus belles œuvres de la civilité et de la civilisation ne peuvent y résister. Tout ce que l'homme porte en lui à la fois de grossier et de mesquin est multiplié par la foule, haussé à une puissance infiniment supérieure à celle des crimes individuels les plus horribles. Si facilement trompée, la foule incite celui qui s'adresse à elle à la tromperie. Or, il est probable que la foule télévisuelle et avachie se laisse fourvoyer encore plus facilement, s'il est possible, que la foule haranguée.

Parmi les nombreuses similitudes que nous avons constatées entre la culture grecque et la civilisation française, la plus évidente est l'importance accordée à la littérature. Les mythes grecs, qui sont, selon la formule de M. Yourcenar, « *une tentative de langage universel* » au même rang que l'algèbre, la notation musicale et le latin d'Église, vivent en effet par les œuvres des poètes et disposent de ces latitudes et de ces variations propres aux créations poétiques et littéraires. Culture d'Aèdes, de poètes, la culture grecque ignora le dogmatisme propre aux sociétés occidentales plus récentes. Toujours, elle voulut chercher sa légitimité dans le chant et l'interprétation des poètes. La création poétique a ceci de particulier qu'elle s'adresse toujours à l'homme intérieur. L'œuvre poétique parle aux personnes et non à la foule. Peu importe au demeurant le nombre de ces personnes. Le chant qui est récité pour tous est entendu par chacun dans la magnifique oraison de sa solitude. Les dieux et les merveilles revivent *uniquement* dans l'âme de celui qui écoute.

La précellence du poète sur le clerc, qui caractérise la culture grecque se retrouvera de façon plus secrète dans la tradition française. La forme de pensée propre à la création littéraire, avec la liberté impérieuse qu'elle implique à l'égard des explications toutes faites ; la chance qu'elle offre à celui qui la découvre d'atteindre la vérité par son courage propre et non par sa subordination à quelque règle administrativement établie ; tout cela parut si précieux à l'élite des intelligences françaises qu'elle en fit l'égide de toute lutte humaine pour une dignité supérieure.

La liberté de l'auteur n'est pas seulement la liberté d'expression, telle que la conçoivent les Modernes et qui se réduit en effet à la possibilité de proclamer ses opinions. La liberté de l'auteur va bien au-delà. L'auteur n'a pas seulement la liberté de répondre comme il veut à la question qu'on lui pose, il dispose de la liberté de choisir lui-même la question, sous le regard des dieux. La « liberté d'expression » se réduit le plus souvent à un choix fort réduit entre quelques possibilités présumées dont on s'aperçoit souvent qu'elles sont, en dernière analyse, équivalentes. La liberté de l'auteur consiste à d'abord choisir le site de sa pensée, son éclairage et sa musicalité propre, sans presque tenir aucun compte des alternatives qu'on présente de l'extérieur. L'auteur est l'instigateur de la question. C'est lui qui choisit l'angle et la méthode. Ainsi les questions essentielles trouvent-elles leur rayon d'action sans être d'emblée entravées par quelque système préalable. L'extraordinaire diversité des formes littéraires témoigne de la diversité des approches de la vérité. C'est qu'en effet, selon la belle formule d'Héraclite : « *On ne se baigne jamais deux fois dans le même fleuve* ».

Il ne s'agit point là d'une apologie du devenir, comme se plaisent à le croire les Modernes, mais d'une simple observation pragmatique. L'eau temporelle qui s'écoule dans l'acte de la création irise cette création du lustre d'une perpétuelle nouveauté. Tout ce qui importe est toujours « *pour la première fois* ». Il n'y a pas de deuxième fois, car le fleuve n'est plus le même. Ce pourquoi les œuvres d'art sont uniques et témoignent de l'Unique. J'entre pour la première fois dans l'eau du fleuve et cette première fois est à jamais la première fois. À rebours de l'interprétation coutumière, l'aphorisme d'Héraclite nous éclaire sur l'unicité et l'intemporalité de la création poétique. Ce qui est dit par un grand poète ne se retrouve jamais, ni vers la source, ni vers l'estuaire du fleuve. Ce qui vaut pour cette fois et à jamais est d'une importance sans égale. L'œuvre poétique et littéraire nous enseigne à reconnaître cet incommensurable, sans quoi toute métaphysique se réduirait à de la propagande.

Tout ceci laisse comprendre les raisons profondes de l'aversion plus ou moins ostentatoire que les clercs ont de tous temps éprouvé pour la création poétique et littéraire, et plus particulièrement pour la littérature de leur propre pays. Nos intellectuels férus de statistiques et de sociologie, qui sont la véritable cléricature moderne sous son aspect le moins avenant, éprouvent pour la littérature une indicible méfiance. À l'écrivain, qui inquiète par son irréductible singularité, ces intellectuels préfèrent leur semblable : le cuistre dont le travail – et non l'œuvre ! – se situe dans un ordre préétabli, obéit à des règles prescrites par la bienséance. L'auteur qui, à chaque phrase, déroute les normes dont sont imbus les bien-pensants, devient ainsi l'objet de tous les ressentiments.

La culture grecque nous paraît exemplaire en ce qu'elle trouva toujours ses modèles dans l'œuvre poétique, marquant ainsi, en amont des spécialisations, sa préférence pour l'expression la plus libre, la plus singulière et la plus audacieuse. Si l'*Odyssée* est devenue le paradigme de toute œuvre littéraire européenne, c'est qu'elle se trouve être le récit de l'aventure poétique par excellence : le voyage d'Ulysse étant celui de l'âme du poète se délivrant successivement des faux-semblants et des emprisonnements de l'apparence. À la fierté du héros, dont l'auteur demeure l'héritier, les Modernes semblent désormais préférer les vanités des spécialistes, et cela, sans doute, au plus grand détriment de la science. Il suffit pour s'en convaincre de comparer l'*Enquête* d'Hérodote avec maintes productions modernes. Là où Hérodote conjugue par son génie littéraire le récit, la réflexion, l'analyse, la méditation, la synthèse, les Modernes, vains de leurs méthodologies particulières, vont s'acharner sur un aspect particulier au mépris de tous les autres.

L'économiste jugera de tout d'après l'économie, le juriste d'après le droit, le psychanalyste d'après la psychanalyse ; mais tous s'accorderont à dire que celui qui ne se limite pas à une approche exclusive ne fait que de la littérature. La « rigueur » méthodologique du Moderne n'est pas seulement hostile à l'exactitude, elle l'est aussi à la vraisemblance. Comment croire en une « science » de si mauvaise foi ? Ce particularisme scientifique n'est qu'un signe, parmi d'autres, de la désagrégation de la civilisation, la première civilité étant de ne pas être vain de sa propre science au point de ne voir qu'elle. La surestimation de la lettre en défaveur du sens a pour conséquence la disparition de toute conversation. L'intolérance religieuse s'est généralisée à tout et à tous ; elle n'est plus seulement l'apanage des fanatiques. Désormais, chacun y va de son fanatisme particulier et les motifs en sont de plus en plus futiles. Nous sommes loin des grandes ferveurs et des profondes passions.

À l'opposé de ces exclusives ineptes, les rapports entre les hommes et les dieux tendent, dans les traditions grecques et françaises, à la plus grande universalité. Ainsi débute la prière du chœur de l'*Agamemnon* d'Eschyle : « *Zeus ! quel que soit son vrai nom, si celui-ci lui agrée, c'est celui dont je l'appelle* ». Le nom même du dieu n'est qu'une forme, un vêtement de la réalité métaphysique. Ainsi Hérodote peut-il écrire : « *En langue égyptienne, Apollon, s'appelle Horus, Déméter Isis, Artémis Boubastis.* »

Pour Hérodote, non seulement les divinités des peuples ne s'opposent pas, mais elles sont, par essence, les mêmes. L'unité transcendante des religions et la notion de Tradition primordiale, que les dévots modernes trouvent si contestables chez René Guénon ou Frithjof Schuon, se trouve donc présente, déjà, chez Hérodote.

Plutôt que d'accumuler des informations savantes, et c'est un point sur lequel il va sans dire que nous n'entendons point rivaliser avec nos prédécesseurs, le moment est venu de retrouver dans les œuvres grecques ce qui ne les distinguera plus en rien de nos œuvres futures. L'universalité métaphysique des œuvres est indissociable de leur intemporalité. N'est universel que ce qui est métaphysique et intemporel. Ces rappels ne sont pas entièrement inutiles dans la confusion où nous sommes. Les noms des dieux importent peu car la réalité des dieux appartient à une objectivité métaphysique qui transcende les lieux et les temps.

Il n'est rien de moins subjectif que les réalités divines. Lorsqu'il est dit que le Royaume est en nous, ce n'est certes point pour le réduire aux aléas des subjectivités individuelles. L'intériorité, au sens métaphysique, n'est pas une particularité individuelle, mais la porte d'un royaume universel. C'est toujours aux tréfonds de soi-même que l'on trouve les ressources de comprendre le plus lointain. Cette approche métaphysique des réalités humaines sises sous le regard des dieux nous paraît la première garante de la civilité, et, par voie de conséquence, de toute civilisation. On nous objectera que l'on trouve aussi des gens de haute civilité chez de forts mécréants et des athées résolus, et nous en convenons volontiers. Il n'en demeure pas moins que les sources profondes de la civilité se confondent avec une expérience métaphysique, dût-elle prendre, face aux bigots, quelque apparence inquiétante ou subversive.

Les querelles les plus fréquentes ne sont que des questions de terminologie. Pour nous, fidèles au Songe de Pallas, toute conversation aimable est *divine*. Le seul fait d'écouter son semblable, d'en accepter la contradiction courtoise, voire l'étrangeté foncière, est si peu naturel qu'il faut, pour en expliquer l'usage aimable, recourir à des siècles de civilisation. Accepter une autre parole que la sienne, jusqu'à la prendre en considération, suppose une maîtrise de soi, une bienveillance qui ne peuvent être que la conséquence d'un apprentissage savant. Pour peu qu'intervienne la moindre interruption dans la continuité civilisatrice, aussitôt reparaissent les comportements fanatiques qui, sous prétexte d'oubli de soi, constituent en réalité le comble de l'égoïsme.

Pouvons-nous dire que tout ce qui, brusquement, se saisit de nous pour nous ôter de nos appartenances subalternes, de nos écorces mortes, est de l'ordre de l'inspiration divine ? Divine est l'inspiration qui nous permet de nous mettre un instant à la place de ce qui n'est pas nous-même. Tout rêveur odysséen a connu ces secondes prodigieuses où son âme soudain se fond avec l'oiseau, la vague, l'arbre ou la pierre. L'art de la conversation n'est pas d'une nature très différente. Là encore il faut savoir changer son point de vue. Savoir prendre des formes différentes, cela signifie d'abord que l'on est au-delà des formes, non pour les dédaigner, mais pour les aimer et les célébrer toutes !

IV. L'Attelage ailé

L'objectivité poétique

Les mythes et les symboles témoignent par excellence de l'*objectivité poétique*. Ce qui existe, dans l'union des reflets entre le sensible et l'intelligible, ne sort point des aléas de l'inconscient, mais s'y répercute, suscitant ces rêves, ces actes manqués qui donnèrent aux psychanalystes prétexte à maintes théories. Ces sciences « trop humaines » nous eussent dégoûté de tout symbolisme si l'usage que l'on faisait jadis des mythes ne nous avait donné à voir mythes et symboles comme des figures apparaissant dans *la texture même du monde réel*. Les symboles n'ont point pour origine l'inconscient des hommes. La part qu'ils tiennent dans ces profondeurs est de l'ordre de l'écho ou de la résonance : réalités secondes, effets d'une cause tout extérieure que la vanité humaine se plaît à croire issue d'une part de lui-même qu'il méconnaît, qui échapperait à son contrôle tout en se réduisant à lui-même, sans autre origine possible ou imaginable. Si l'on daigne s'intéresser, sans condescendance, aux œuvres de Platon, il devient soudain possible d'opérer une « réorientation » de l'intelligence où l'homme cesse d'être la cause exclusive des symboles qu'il découvre dans l'univers.

La métaphysique, qui suppose l'objectivité poétique des mythes et des symboles, nous délivre de ce singulier narcissisme théorique où nous enferment les « sciences humaines ». Il va sans dire que les formes d'art où nous découvrons les mythologies sont des créations humaines, mais la source de cette création, cela n'est pas moins évident, est *dans le monde et au-delà du monde*. Ne pouvoir trouver dans les mythes et les symboles, selon l'habitude investigatrice des psychologues, que des informations sur ceux qui les formulent, c'est méconnaître toute une part de la réalité, qui n'est autre que le monde lui-même où vivent les hommes qui disent et chantent les symboles et les dieux. Il peut être intéressant de prendre en considération les nuances que les hommes apportent aux symboles et aux mythes dont ils peuplent leurs poèmes, leurs récits ou leurs spéculations, mais c'est insulter leurs œuvres que de croire que ces mythes ne donnent accès à rien d'autre qu'à la personne qui leur donne une forme. Ces analyses sont bien proches du dénigrement pur et simple, qui réduisent les œuvres d'art à ne témoigner que des particularités psychologiques de leurs auteurs. Le sens des œuvres d'art ne se laisse penser que par la reconnaissance d'autres réalités et d'autres influences. L'approche moderniste des mythes et des symboles ignore, avec une sorte d'acharnement suspect, l'usage que les hommes en firent naguère.

Ambassadeurs entre le monde intérieur et le monde extérieur, les mythes et les symboles favorisent le commerce harmonieux des genres. Si le symbole est une clef, l'homme antique s'en empare et s'empresse d'en ouvrir une porte là où le Moderne va gloser sur la psychologie de l'artisan qui la forgea. Les mythes et les symboles ne valent, dans cette perspective immémoriale, que nous faisons nôtre, que par l'accès qu'ils favorisent à des aspects de la réalité qui, autrement, nous fussent demeurés inconnus ou obscurs. Lorsqu'il est dit que les symboles nous entraînent à la découverte d'un monde inconnu, c'est l'évidence même, et il n'y a pas lieu, pour s'en rendre compte, de se livrer à des rhétoriques occultistes. L'expérience humaine la plus universellement partagée nous voit livrés à des spectacles, des aventures, des événements, dont le sens nous échappe en partie. L'inconnu que le symbole apprivoise, dont il nous protège, n'est pas une utopie, une étrangeté psychologique, mais l'ombre qui définit toute destinée humaine.

Comment jouer une partition sans connaître les symboles propres à la notation musicale ? Peut-on se satisfaire, pour connaître le sens d'une œuvre musicale, d'en examiner la partition selon les critères de la graphologie ? De même, les auteurs qui abordent les mythes et les symboles se devront désormais d'essayer, à tout le moins, d'*en jouer*. Encore faut-il croire que les partitions sont destinées à produire de la musique. Nous voulons bien admettre qu'un acte de foi est nécessaire à cette connaissance, à cette *gnose amoureuse* dont nous esquissons ici quelques figures.

La rencontre du monde et de l'entendement humain

Le mythe illustre ce dont il témoigne. Il apporte ordre et lumière dans une pénombre où le sens n'est pas encore apparu. Tout langage qui donne accès à la connaissance des choses illumine l'esprit. Le langage mythique dans ses plus grands bonheurs frappe d'inconstance l'opacité du monde, révèle en nous et autour de nous des transparences qui donnent à la connaissance cette intense et bouleversante vertu des regards échangés. Un monde qui n'est pas interprété par les mythes et les symboles est un monde absolument étranger et hostile ; le seul recours consiste alors à s'y conduire en prédateur absolu. À ceux qui connaissent les dieux des mers, des ciels, des arbres et de l'éther, un respect s'impose qui commence avec l'écoute du « chant du monde ».

Les mythes ne sont pas inventés par les hommes : ils surgissent de la rencontre du monde et de l'intelligence humaine. Et ce surgissement témoigne lui-même de quelque chose de plus haut qui l'appelle. Ce ne sont pas les hommes qui « ont » des vocations, mais les vocations qui suscitent des humanités artistiques et aristocratiques. Certains hommes obéissent à des vocations qui viennent des régions hautes des nues, de ces météorologies subtiles qui tracent des silhouettes de dieux dans l'éther rayonnant. Ce privilège-là est inconditionné. Nul ne saurait y prétendre par seule présomption humaine. Là où les sciences humaines limitent leurs approches de la réalité à des méthodes et des domaines très particuliers, mythes et symboles proposent une approche qui reconnaît d'emblée l'interdépendance entre la connaissance, celui qui connaît et l'objet de la connaissance.

Les mythes nomment les grandes réalités immanentes, les grandes causes du monde sensible en les intégrant dans un récit. Ainsi en est-il de tous les aspects du cosmos, du plus évident au plus mystérieux. Dieux du vent et dieux des vagues, dieux de l'éclair et déesses de la neige traverseront infiniment nos épopées et nos mémoires aussi longtemps que le vent, la vague, l'éclair ou la neige vivront dans notre esprit comme des présences réelles.

Telles seraient les prémisses d'une philosophie de l'objectivité poétique, de commencer par reconnaître dans les mythes et les symboles non pas des représentations, mais de présentes réalités. Car les dieux ne relèvent pas d'un univers simplement métaphorique. Ils sont dans la réalité du monde comme une flamme, un bruissement secret dont dépendent tous nos pouvoirs d'émerveillement et toutes nos chances d'extase.

L'idéologie moderne, qui veut réduire le poétique aux aléas des subjectivités individuelles pour mieux en dénigrer le caractère fondateur, ne peut que prendre parti, ce qu'elle fait au demeurant de façon de plus en plus ostentatoire, pour le puritanisme le plus exclusif. Celui-ci dévoue radicalement l'homme à l'utilitarisme. Réduit à n'être que producteur ou reproducteur, déterminé par des schémas précis, l'homme moderne, chacun s'en aperçoit, a cessé de tendre vers le supra-humain, pour s'aligner sur le contre-idéal d'un homme-insecte. Dédaigneux des variations subtiles et violentes, hostile aux ivresses, aux visions, et aux extases, l'homme moderne s'achemine vers un monde d'où disparaît la présence réelle des choses au profit de représentations toujours plus éloignées et sommaires. Ce passage de la présence réelle à la représentation est au cœur même de la philosophie platonicienne par le très fameux, et cependant mal compris, « Mythe de la Caverne ».

L'habitude ayant été prise de ne voir dans la philosophie platonicienne qu'une sorte de vague dualisme opposant le monde sensible et le monde idéal en l'ignorance des « gradations ininterrompues », il n'est guère surprenant que le Mythe de la Caverne soit généralement interprété de façon aussi pauvre, comme si le « monde sensible » ne renvoyait en rien au « monde idéal » et que celui-ci ne témoignait en rien du monde sensible. Le mythe et le symbole demeurent incompréhensibles si l'on ne parvient pas à donner à sa pensée le sens hiérarchique propre à toutes les philosophies antiques ou médiévales. Loin que le monde soit partagé en deux comme aiment à le penser les idéologues de toutes sortes, il existe des degrés de l'être et de la connaissance qui vont de la représentation la plus illusoire à la présence la plus réelle.

Dans cette hiérarchie, les copies, les réalités matérielles, les objets mathématiques et les Idées sont autant de gradations de l'être dont l'illusion, la croyance, la raison discursive et la raison intuitive sont les étapes correspondantes dans l'ordre de la connaissance. Quitter le monde des ombres, des représentations, pour la lumineuse présence réelle, c'est aussi quitter le domaine de la *doxa*, de l'opinion, pour s'aventurer dans les régions de la science propre à la raison discursive et de la gnose, propre à la science intuitive. Passer de l'ignorance à la connaissance suppose une « libération » du monde illusoire. En ce sens la philosophie platonicienne est bien une philosophie initiatique. Elle ne se satisfait point d'analyser ou de classer les phénomènes, voire de justifier, rétrospectivement, par la raison discursive, telle ou telle opinion ; elle exige au-delà des constats et de la croyance, cette singulière mise en demeure où la raison s'interrogeant sur elle-même s'ouvre sur l'intuition divine.

« *Présences* » *et représentations*

Il n'est nullement question, dans l'œuvre de Platon, de nier la réalité sensible, comme le feront certaines écoles de l'idéalisme allemand, mais, bien au contraire, d'en hausser la présence réelle jusqu'à l'indubitable d'une intuition suprarationnelle. Platon, contrairement à certains de ses continuateurs, ne dénigre pas la réalité sensible en tant que telle, il réclame que l'on ne s'en tienne pas à la représentation de cette réalité, car la présence même de la réalité périt dans sa représentation.

L'Idée n'est pas la dépossession de la réalité sensible, mais son couronnement. La beauté sensible est magnifiée, rendue plus précise et plus intense, par la lumière intuitive qui la distingue. Dans la radicale ignorance de la beauté intelligible, les beautés particulières du monde sensible, qui ne sont plus éclairées par rien, se perdent dans une pénombre uniformisatrice. L'ignorance, au sens platonicien, n'est pas seulement le contraire de la science, elle est aussi, et surtout, dépossession de la réalité sensible elle-même, réduite à l'état d'ombre ou de représentation.

Le texte de Platon ne saurait être plus explicite. Les hommes illusionnés d'ombres et qui, précise Platon, nous ressemblent, sont des prisonniers. La condition humaine sur laquelle Platon attire notre attention en soulignant sa similitude avec la nôtre, est celle d'enchaînés. L'état d'être et de conscience qui correspond à notre condition ne correspond pas seulement à une moindre possibilité de connaissance à laquelle un esprit peu exigeant pourrait en effet se résigner ; cet état inférieur de la *doxa* est une entrave. Le monde de la *doxa* moderne, plus que tout autre, confirme cette mise en garde platonicienne. Enchaînés sans même avoir conscience de nos chaînes, emprisonnés dans un univers de représentations publicitaires, à chaque instant distraits de l'essentiel par la titanesque planification des images, des sons et des mots dont la « communication » moderne s'est rendue maîtresse, nous vivons dans un monde faux que nous nous efforçons de modeler avec nos opinions et nos convictions, également fausses.

Si l'on envisage de s'aventurer dans la pensée de Platon avec cette alliance d'innocence et de discernement qui autorise les plus belles herméneutiques, il n'est pas exclu que nous y trouvions, en place des confortables lieux communs « idéalistes », quelque injonction farouche à nous arracher aux mondes des ombres pour rejoindre le monde de la présence réelle des êtres et des choses, sans laquelle nous ne sommes nous-mêmes que des ombres.

L'anti-platonisme, qui fut le principal dessein des philosophes universitaires de ces dernières décennies, leur bannière unique, se fonde à l'évidence sur une interprétation si rudimentaire de l'œuvre de Platon qu'elle en paraîtrait presque comique n'était la défaite de la pensée et la haine de toute métaphysique en laquelle elle se complaît. Il n'y a pas lieu ici de récapituler toutes les bourdes, approximations ou aberrations suscitées par l'outrecuidance moderne – chaque « philosophe », aussitôt son diplôme en poche, se croyant habilité à donner des leçons à l'ensemble de ses prédécesseurs. Cette habitude ridicule porte les moins avisés des Modernes à écrire, par exemple, que « Proust est anti-platonicien » comme si les œuvres de Platon, d'une part, et celle de Proust, d'autre part, péchaient par un systématisme aussi grossier que celui des partis politiques en période électorale. Affirmer que Proust est « anti-platonicien » montre à quel point la *doxa* a tout envahi, y compris ce qui, par définition, devrait demeurer hors de ses atteintes. Pour l'heureux enseignant qui se livre à de telles définitions, toute la pensée de Platon se réduit à un système et ce système à une opinion contre laquelle une œuvre littéraire, elle-même réduite à n'être qu'une opinion, pourrait se définir. Ce comble de l'ignorance équivaut à un comble du mépris.

Proust, il va sans dire, n'est pas plus anti-platonicien que Mozart n'est anti-thomiste ou Bach anti-aristotélicien ! Une œuvre ne peut être l'antithèse d'une autre que d'une façon explicite ou délibérée. Ainsi, il est légitime de dire que Proust est « contre Sainte-Beuve ». Mais la déclaration d'intention ne suffit pas. Unamuno n'a pas considéré que Nietzsche, pourtant auteur de *L'Antéchrist*, devait demeurer étranger au sentiment tragique de sa foi chrétienne. Il est vrai que Miguel de Unamuno est un *auteur* et non quelque arrogant compilateur de banalités.

L'auteur, soucieux de l'autorité du sens, de la vertu qui accroît, est bien davantage enclin aux joutes nuptiales qu'aux formulations exclusives. L'œuvre de Proust, loin de rejeter l'œuvre de Platon en éclaire les aspects les plus intéressants. Ainsi la réminiscence, l'art de la mémoire qui se saisit de la vie de l'auteur pour lui en donner une vérité à travers les épreuves de la beauté, dont Proust annonce le projet dès le début d'*À la Recherche du Temps Perdu* par les admirables pages sur le passage entre la veille et le sommeil, abondent magnifiquement dans le sens du Phèdre : « Il *faut en effet*, écrit Platon, *que l'homme saisisse le langage des idées, lequel part d'une multiplicité de sensations et trouve l'unité dans l'acte du raisonnement. Or, il s'agit là d'une réminiscence des réalités jadis vues par notre âme quand elle suivait le voyage du dieu et que, dédaignant ce que nous appelons à présent des êtres réels, elle levait la tête pour contempler l'être véritable. Aussi bien il est juste que, seule, la pensée du philosophe ait des ailes, car les objets auxquels elle ne cesse de s'appliquer par le souvenir, autant que ses forces le lui permettent, sont justement ceux auxquels un dieu, parce qu'il s'y applique, doit sa divinité.* »

Connaissance et « création de l'Âme »

Unissant le mythe et la spéculation philosophique, la philosophie de Platon unit contre elle les forces les plus disparates de la modernité. Mais à celui qui opère le nécessaire renversement herméneutique – le brisement des chaînes dans la Caverne – et pour qui le mythe devient un instrument de connaissance, l'œuvre de Platon est d'une importance décisive. Ce qu'elle autorise n'est rien moins que la connaissance de l'Âme, et plus secrètement peut-être, la *création de l'Âme*.

À celui qui ne sort pas de la *doxa*, l'Âme dans ses essors et ses splendeurs demeurera inconnue, hors d'atteinte, quand bien même il ferait sien tel ou tel discours moralisateur incluant le souci de l'âme immortelle. Il s'agit, certes, dans la philosophie platonicienne, de sauver son âme. Mais ce salut exige sans doute moins de morale et beaucoup plus de connaissance que l'on est enclin à l'admettre dans le christianisme moderne. Pour Platon, le péché est moins une action mauvaise devant susciter la honte qu'une erreur. Sauver son âme consiste avant tout à *viser juste*. On ne saurait éviter les actions basses sans avoir en soi le sens de la hauteur que nous enseigne le mythe de l'*Attelage ailé* : « *Imaginons donc l'âme comme une puissance dans laquelle sont naturellement réunis un attelage et un cocher soutenus par des ailes.* »

L'image est parlante, mais elle n'est pas naïve ; elle traduit et résume une connaissance de l'âme qui outrepasse toute image, car elle relève du pur intellect : « *Pour exposer ce qu'elle est*, écrit Platon, *il faudrait un art absolument divin, et ce serait fort long ; mais en donner une image n'excède pas les capacités humaines et demande moins de temps : prenons donc ce moyen* [...]. » La condescendance avec laquelle l'adepte de la science discursive appréhende le mythe n'est plus de mise. Platon nous indique clairement que par-delà l'image, il faut aller à la rencontre d'une réalité complexe. Loin d'être des fables enfantines, les mythes sont des synthèses imagées, symboliques, de réalités intellectuelles que l'on ne peut appréhender sans se soumettre à l'étude déférente et patiente propre à tout véritable cheminement herméneutique.

De même que les sept « Jours » de la création biblique désignent tout autre chose que sept journées telles que nous pouvons les connaître, mais sept plans situés dans l'intemporel, de même les mythes synthétisent en un langage symbolique des connaissances qui, par nature, ne relèvent pas de la crédulité. Il n'est pas d'y croire ou non, mais d'être en mesure de les interpréter. L'interprétation ne vient pas se surajouter au mythe, mais en dévoile les causes invisibles, ces profondeurs limpides qui seront nécessaires à toute renaissance immortalisante. « *Comment, dans ces conditions*, s'interroge Platon, *l'être vivant est-il appelé mortel ou immortel, c'est ce qu'il faut tâcher d'exposer. Tout ce qui est âme a charge de tout ce qui est inanimé ; cette âme circule à travers tout le ciel tantôt sous une forme tantôt sous une autre. Quand elle est parfaite et porte des ailes, elle s'élève dans les hauteurs et gouverne le monde entier ; quand elle a perdu ses ailes, elle est entraînée jusqu'à ce qu'elle saisisse quelque chose de solide ; là elle établit sa demeure.* »

L'âme n'est pas cet agrégat de bons sentiments ni cette assurance d'immortalité qui nous serait octroyée en dividendes de nos bonnes actions, l'âme selon Platon est inconditionnée ; elle survole toutes les conditions ; elle est ce qui, en nous, reconnaît la gloire de ce qui échappe à toute condition et toute détermination. C'est en notre âme que s'embrase le Songe de Pallas. C'est en notre âme que nous pouvons lire les signes d'une prédestination surnaturelle de nos actes et de nos pensées. « *Circulant dans tout le ciel, tantôt sous une forme ou sous une autre* », l'âme nous enseigne à ne point nous attacher excessivement aux formes et à reconnaître la beauté dans les *météorologies splendides de l'inspiration poétique*.

Du mythe platonicien de l'Attelage ailé, il convient donc de prendre connaissance non point comme d'un aimable vestige d'une mentalité archaïque, mais comme d'une injonction actuelle qui nous serait faite d'aller à la conquête de la légèreté. Lorsque le bien n'entre plus en discordance avec le beau et le vrai, ne sommes-nous pas invités à la plus grande légèreté ? La pesanteur, au contraire, n'est-elle point l'enchaînement aux opinions et aux représentations ? « *L'aile*, écrit Platon, *a reçu de la nature le pouvoir d'entraîner vers le haut ce qui pèse, en l'élevant du côté où demeure la race des dieux. C'est elle qui, d'une certaine manière, parmi toutes les choses corporelles, participe le plus au divin. Or le divin est beau, sage, bon, et possède toutes les qualités de cet ordre ; c'est là ce qui nourrit et développe le mieux les ailes de l'âme, tandis que la laideur, le mal, les défauts contraires aux précédentes qualités causent leur ruine et leur destruction.* »

Tel est donc le sens secret du bien : être léger, se déprendre des valeurs de la pesanteur et se saisir des principes de la légèreté. Mais il est de l'heureuse prédestination de ce bien de s'approfondir en beauté, de même qu'il est de la prédestination du beau d'être tout resplendissant de la Vérité, qui est elle-même, nous dit Platon, « *par-delà du ciel* », dans une réalité métaphysique que l'on ne peut aborder sans avoir laissé derrière soi l'envie et le ressentiment qui enchaînent aux réalités immanentes : « *C'est alors que l'épreuve et le combat suprême attendent l'âme car celles des âmes qui sont dites immortelles quand elles atteignent le sommet s'avancent au-dehors, se dressent sur le dos de la voûte céleste et là, debout, se laissant emporter par la révolution circulaire, contemplent les réalités qui sont en dehors du ciel.* »

Le combat contre la mesquinerie de l'opinion, contre l'idolâtrie de l'utilité immédiate qui enlaidissent le monde et sont les véritables maîtresses de fausseté, précède un autre combat dont l'issue est la seule véritable victoire. Car l'épreuve et le combat suprême, qui fondent l'*humanitas* et déploient ses plus hautes possibilités, n'est elle-même possible que par la délivrance des nécessités subalternes. Alors seulement, lorsque nous avons été assez dignes pour laisser derrière nous toute soumission à la *doxa*, s'offre la chance magnifique de la vision au-delà de toutes les visions. Alors la réalité métaphysique nous est donnée et, dans le basculement des nues, entraîne l'âme tournante comme un miroir embrasé du côté de l'intelligible afin de contempler les réalités qui sont au-delà du ciel.

La « *véritable science* »

« *Réalités métaphysiques* », cette formule *paradoxale,* définit parfaitement l'objet ultime de la pensée platonicienne qui est aussi son sujet premier, que l'on cherche en vain à faire servir d'autres maîtres et d'autres idoles. Galvaudé par tant d'usages fallacieux, le mot de métaphysique retrouve ici son sens pur et plénier : « *Cet espace qui s'étend au-delà du ciel, écrit Platon, n'a jamais encore été chanté par aucun poète d'ici-bas et ne sera jamais chanté d'une manière digne de lui. Or voici ce qu'il en est, car on doit oser dire le vrai, surtout quand on parle sur la vérité. L'essence qui n'a point de couleur ni de forme et qu'on ne saurait toucher, l'essence qui est réellement, que seul est capable de voir le pilote de l'âme, l'intelligence, celle enfin qui est l'objet de la véritable science, occupe ce lieu-là.* »

Ce n'est pas fortuitement que la description platonicienne de l'espace métaphysique s'achève sur une définition de la *véritable science*. La vision supra-céleste, qui embrase le miroir de l'âme, précède la véritable science. La vision ne relève pas de l'imaginaire, mais au sens qu'Henry Corbin donne à ce mot, de l'*Imaginal*, lieu prédestiné de la *coincidentia oppositorum* où se rencontrent le monde sensible et le monde intelligible. L'expérience visionnaire, qui donne accès au monde des dieux, est nécessaire à la conquête de la « véritable science », connaissance essentielle, située par-delà le ciel et les visions supra-célestes. La « véritable science », que nous serions enclins à désigner du mot de sapience ou de gnose pour la distinguer des sciences qui ne s'occupent que de la substance, ne saurait être approchée sans un renoncement préalable au préjugé historique ou géographique. Ce dont il est question dans le texte de Platon dépasse à l'évidence toute particularité culturelle.

Sainte Thérèse d'Avila retrouve presque les mêmes mots que Platon pour décrire une expérience similaire dans les *Châteaux de l'Âme* : « *Je reviens à ce vol rapide de l'esprit. Il semble que l'être se trouve dans une région complètement différente de celle où nous vivons, que là on lui a montré sans parler d'autre chose, une lumière tellement supérieure à celle d'ici-bas, qu'elle n'aurait pu malgré les efforts d'une vie entière se l'imaginer [...]. En un instant, on lui procure tant de connaissances à la fois que son imagination et son entendement n'auraient pu après beaucoup d'années, en forger la millième partie [...].* » Ce « *vol rapide de l'esprit* », n'est-ce point celui auquel nous invite l'image de l'Attelage céleste platonicien ? Cette connaissance supérieure que les efforts d'une vie entière ne suffiraient à imaginer, n'est-elle point à l'image de cet « *espace qui s'étend au-delà du ciel et n'a encore été jamais chanté par un poète digne de ce nom* » ? Faut-il, au nom d'un relativisme général, se résigner à voir dans la « connaissance supérieure » qu'évoque sainte Thérèse quelque chose de radicalement différent de la « science véritable » platonicienne ? Ne serait-ce point là une façon de nier la métaphysique, de récuser le propos même de Platon et de sainte Thérèse qui disent leur connaissance de ce qui est au-delà des circonstances terrestres et humaines ? Ne serait-ce point refuser de prendre en considération ce qui est dit, comme un témoignage d'une vérité essentielle, c'est-à-dire « *au-delà des formes et des couleurs* » ? Est-il possible enfin de prétendre amener à la compréhension de certaines pensées, que l'on récuse par ailleurs en leur dessein essentiel ?

Cette morgue singulière qui consiste à vouloir traiter d'auteurs auxquels on dénie, dans le même temps, le bien-fondé de leur recherche, fait à tel point partie de la bêtise ordinaire des temps modernes que l'on n'en remarque plus même l'aberration. Cette prétention de parvenu qui veut se montrer supérieur aux auteurs qu'il devrait se contenter de servir, selon une éthique chevaleresque, est particulièrement déplacée en ce qui concerne l'œuvre de Platon. Origine de tout ce que nous savons, nous autres Occidentaux, de la philosophie, l'œuvre de Platon est l'objet de la vindicte affairée de ceux-là mêmes qui poussent la faute de goût jusqu'à vouloir priver la pensée occidentale de ses racines, lesquelles sont les racines métaphysiques de toute connaissance amoureuse du monde sensible.

Nous avons parlé ailleurs de la tradition des Fidèles d'Amour qui, de Dante et Pétrarque, jusqu'à Milosz et Joë Bousquet, s'est inspirée de la vision platonicienne pour fonder une *vérité en poésie* dont l'importance dans l'histoire de la littérature est indéniable. Mais la chevalerie spirituelle, inspirée de la philosophie platonicienne, n'est pas davantage que celle-ci réductible à une forme culturelle, car ce dont elle témoigne, cet embrasement par la connaissance amoureuse, nous divulgue un aspect fondamental de la réalité universelle.

Les ordres de l'absolu et du relatif

Toute connaissance nous ravissant dans l'envol de l'Attelage ailé est amoureuse. De même que tout sentiment amoureux est un essor vers la connaissance d'autrui. Le désir de la connaissance et la connaissance du désir sont *en miroir*. La rencontre nuptiale des regards fonde toute « science véritable ». La gnose est le miroitement de l'âme dans la nuit de la prunelle. La gnose amoureuse qu'illustrèrent par leurs œuvres les grands platoniciens d'Occident et d'Orient nous porte au cœur de la question la plus essentielle de la philosophie politique, qui est celle de la communion des êtres. Est-il possible que les uns par les autres notre ardente connaissance du monde soit multipliée ? Quel idéal humain doit servir l'ordre politique ? À quelle vocation répondre ? Et si l'on parle de vocation, où localiser l'appel auquel il convient d'obéir ?

Sans doute n'est-il point de plus resplendissante liberté que celle qui nous autorise à obéir à l'appel le plus lointain et le plus haut. Les entraves, qui sont tout autre chose que des disciplines, nous contraignent à limiter notre attention au plus bas et au plus proche ; et c'est en effet ces entraves-là qu'il importe de briser en référence à une plus haute liberté. La gnose amoureuse qui présage, en nous, la reconnaissance d'autrui comme un miroitement infini, loin de nous retrancher de la philosophie politique, nous en divulgue la nécessité la plus profonde. Sans philosophie politique, les hommes, à moins d'être anachorètes, sont livrés à l'enchevêtrement de leurs instincts et de leurs peurs qui entravent leurs plus belles et leurs plus hautes possibilités d'être au monde. La « vision supracéleste » dont parle Platon, nos pragmatiques modernes pourront bien s'en moquer, elle n'en fonde pas moins, par la découverte de l'*espace métaphysique*, toute politique digne de ce nom.

On s'accorde à reconnaître dans la référence à l'universalité une caution de civilisation, mais l'universalité est et ne saurait être, par définition, que métaphysique, et c'est bien par la métaphysique, et non par des prétentions hégémoniques, que l'on touche à l'universel. C'est à la métaphysique que nous devrons aussi de ne point confondre les ordres de l'absolu et du relatif. La tendance funeste qui consiste à absolutiser le relatif, les temps modernes en offrent maints exemples. Ainsi en est-il des intégrismes et des fondamentalismes qui donnent l'exemple non point d'une suprématie indue de la religion, mais, tout au contraire, de la disparition de la religion dans une tyrannie d'ordre sociologique. Loin de soumettre le domaine social à ses exigences, la religion est soumise à la société au point de ne plus faire qu'une avec elle, de confondre son destin avec celui de la société au mépris de sa vocation *supra-temporelle*. Ces formes modernes de religion idéologique sont les rets où viennent s'emprisonner les ultimes représentations de l'esprit.

Là où certains, avec une plus ou moins grande mauvaise foi, voient un retour de la religion, nous ne saurions voir que son reniement et son échec. Absolutiser le relatif, c'est interdire, ou vouloir interdire, l'accès à la contemplation de l'Absolu. Les conséquences politiques en sont désormais si flagrantes que l'on ne peut davantage les ignorer. L'abaissement de l'homme à ses fonctions productrices et reproductrices, à quoi travaillent certaines formes de fondamentalisme, est en telle concordance avec le projet global du monde moderne, utilitaire, gestionnaire et technocratique, qu'il faut sans doute voir dans ces deux phénomènes la bifurcation d'un seul. Les dieux, les mythes, les symboles, les idées et la gnose dont ils témoignent et à quoi ils initient en nous arrachant aux mesquineries du proche et du bas, nous emportent vers les sites de la pensée d'où se dévoilent à nous les intensités, les extases, les enchantements, et le sens de la grandeur.

Les preuves scintillantes

Toutes ces expériences vives de l'être que le monde profané prétend nous interdire concernent la philosophie politique pour autant que celle-ci ne se désintéresse point de la qualité. Une philosophie politique qui prend en compte la qualité accroît la puissance par la beauté, et donne à celle-ci, par la profondeur métaphysique, le retentissement nécessaire à son avènement dans l'âme humaine. Or, tel paraît bien avoir été, longtemps, la vocation de toute véritable philosophie politique. L'abandon de toute idée et de toute vocation métaphysique en ce domaine nous a livré ce dernier siècle à des jougs si terribles qu'il est devenu fort difficile désormais de concevoir cet abandon comme une liberté conquise. Si l'exigence poétique qui nous est imposée à titre personnel, exigence mystérieuse il est vrai, mais dont un esprit noble ne saurait se déprendre sans déchoir à son propre jugement, est à tel point similaire, à travers l'aventure odysséenne des mythes et des symboles, à l'exigence d'une véritable philosophie politique, n'est-ce point-là le signe que l'individu et la Cité ne s'opposent que d'une façon fictive, à la suite d'une vue du monde fallacieuse qui, dans la méconnaissance de la métaphysique, nous a induits en erreur ?

Le point irradiant de l'être que symbolise le reflet de l'âme dans la pupille, ce point d'où naissent tous les chants et toutes les interprétations, alors même qu'il donne un sens à notre vie personnelle, devrions-nous l'oublier quand il est question du bien de la Cité ? L'accomplissement de la personne est-il sans rapport avec la Cité ? La personne n'est pas seulement la partie d'un Tout, qui est la Cité, incluse, donc, dans un ordre qui la dépasse et dont elle est redevable. L'inverse est également vrai : toute la Cité vit dans le cœur de chaque personne. Lorsque la Cité cesse de vivre dans notre cœur, nous-mêmes cessons de vivre dans le cœur de la Cité. Viennent alors les temps des marginalités généralisées. D'où le danger des communautés improvisées dans l'urgence des détresses individuelles. On ne s'entraîne jamais si aveuglément à obéir aux « valeurs » d'une communauté que lorsque l'on manque soi-même de cohérence intérieure. La mentalité grégaire s'alimente presque inépuisablement de l'incohérence intérieure. L'homme en profond désaccord avec lui-même cherche d'autant plus fanatiquement à se joindre à d'autres, également égarés. La « communauté » qui résultera de cet agrégat d'individualités disharmonieuses sera elle-même un principe de discorde. Or, tel est précisément l'objet de la philosophie politique d'œuvrer contre ce qui divise afin de sauver non la paix pour elle-même, mais pour les plus hautes conquêtes qu'elle permet et dont le discord actif ou passif entrave l'accomplissement.

La poésie non seulement n'est pas étrangère à la philosophie politique, elle en est l'ésotérique raison d'être. Les plus étonnantes réalisations du « miracle grec » sont contenues comme en germe dans l'*Iliade* et dans l'*Odyssée*, ce projet étant, selon l'étymologie même du mot poésie, ce qui se devait faire et dont les preuves scintillantes animent encore les meilleurs d'entre nous. De même devrons-nous, si quelque confiance en nous subsiste, recourir au mystère des symboles, à la source même du chant dont la limpidité est la mémoire.

Méditation néo-platonicienne

> « *Mais que, s'ils reconnaissent dans le sensible l'imitation de quelque chose qui se trouve dans la pensée, ils sont comme frappés de stupeur et sont conduits à se ressouvenir de la réalité véritable – et certes à partir de cette émotion s'éveillent aussi les amours* »
>
> « *Ainsi l'âme ne s'encombre pas de beaucoup de choses, mais elle est légère, elle n'est qu'elle-même* »
>
> Plotin

Chaque philosophe qui parle d'un autre est livré à deux tentations égotistes. L'une consiste à montrer en quoi l'œuvre de son prédécesseur est dépassée ; l'autre, plus subtile, cède à la prétention d'apporter sur l'œuvre du passé un « éclairage nouveau ». Ces deux tentations témoignent de la farouche « néolâtrie » qui est le propre des Modernes. Seul le « nouveau » trouve grâce à leurs yeux. La déclaration d'intention novatrice se trouve être cependant, dans bien des cas, un peu vaine – d'autant plus que répétée de générations en générations, elle psittacise et cède, au moins autant que l'humilité traditionnelle, et souvent bien plus, à la redite.

Nietzsche lui-même, le plus radical et le plus prophétique des « novateurs », ne cesse d'engager avec ses prédécesseurs des joutes nuptiales dont le perpétuel recommencement montre assez que l'idée d'un « dépassement » des philosophies antérieures demeure à tout le moins problématique.

L'œuvre de Plotin se distingue des œuvres philosophiques modernes en ce que la notion de nouveauté n'y tient aucune place. Plotin ne se soucie point d'être nouveau, mais d'être vrai. Quand bien même il invente, innove, et souvent de façon décisive, sa pensée se veut celle d'un disciple, et ses plus grandes audaces se réclament encore de l'autorité de ses maîtres. Pour Plotin, il ne s'agit point d'imposer sa vérité, sa vue du monde, mais de laisser transparaître, par la fidélité au *Logos*, une vérité qui n'appartient à personne et dont la « transparition », en sa bouleversante luminosité, demeure hors de toute atteinte. Loin de se limiter à l'exposé didactique, au jeu du concept, voire à la morale ou à la politique, la philosophie pour Plotin est un mode de vie, une *expérience métaphysique*, autant qu'un savoir méditant sur lui-même.

La spéculation et l'oraison, l'aventure intellectuelle et l'aventure visionnaire, la raison et la prière participent d'une même ascèse. Pierre Hadot, dans son livre, *Plotin ou la simplicité du regard*, montre bien qu'il faut, dans le cheminement plotinien, donner au mot ascèse un sens sensiblement différent de celui qui prévaut communément de nos jours, où ce que l'on nomme « l'idéal ascétique », généralement décrié, est perçu comme une austérité abusive, une contrition, voire comme une « auto-punition », pour user de la terminologie psychanalytique.

Rien de tel dans l'œuvre ni dans la vie de Plotin, où le don de soi à une vérité et à une beauté qui nous dépassent, certes dispose à certaines épreuves, mais sans pathos outrancier, rhétorique ou théâtralité. Ce dont il s'agit, dans l'œuvre de Plotin, c'est d'aller vers Dieu, tant et si bien que ce voyage vers Dieu devient un voyage *en Dieu*. Or, voyager *en Dieu*, ce n'est point s'arracher à la nature ou à la terre, mais reconnaître en la nature le signe de la surnature et dans la terre une *terre céleste*.

La sempiternelle accusation formulée contre les néo-platoniciens de dévaloriser le monde sensible, d'exécrer la chair et de ne vénérer que d'immobiles idées détachées du monde ne résiste pas à la simple lecture des textes. Certes, l'Idée, pour Plotin comme pour tous les platoniciens, est supérieure à la matière, en ce qu'elle est plus proche de l'être et de l'Un, mais c'est ne rien comprendre à cette Idée que de ne pas voir qu'elle est d'abord, et étymologiquement, la Forme, et c'est ne rien comprendre à la Forme que de la juger abstraite, détachée du monde.

La Forme est précisément ce qui s'offre à notre appréhension sensible. Le monde sensible est peuplé de formes et c'est la matière qui est abstraite, puisque nous ne pouvons l'appréhender, la percevoir que par l'entremise d'une forme. La philosophie néo-platonicienne est ainsi, de toutes les philosophies qui jalonnent l'histoire humaine, celle qui est la moins encline à l'abstraction, la plus rétive à se fonder sur une expérience médiate, la moins portée à éloigner l'expérience de la présence pure dans une représentation. Le matérialiste, croyant réfuter le platonisme adore la matière – qui devient pour lui l'autre nom du « tout » – comme une abstraction, car nous avons beau la chercher, cette matière qui serait en dehors de la Forme, elle nous échappe toujours, elle n'est jamais là et toujours se dérobe à l'expérience.

La matière ne se dérobe pas au langage, puisque nous la nommons, ni à l'adoration, le matérialisme moderne étant la forme sécularisée du culte de la *Magna Mater*, mais bien à l'expérience immédiate qui ne nous offre que des formes, qu'elles soient vivantes ou inanimées, êtres et choses qui n'existent, ne se distinguent, ne se reconnaissent, ne se nomment, ne se goûtent, ne s'éprouvent que par elles-mêmes. La pensée néo-platonicienne – et c'est en quoi elle peut, elle, la négatrice de toute nouveauté, nous sembler nouvelle – est une tentative prodigieuse de nous arracher à l'abstraction, de nous restituer au monde divers, chatoyant des formes, à cette multiplicité qui est la manifestation de l'Un.

La multiplicité des formes témoigne de la souveraineté de l'Un. Si l'Un n'était point *l'acte d'être* de toutes les formes du monde, la dissemblance ne règnerait point, comme elle règne, bienheureusement, en ce monde. Là encore, l'expérience immédiate confirme la pertinence de la méditation plotinienne. Les formes sont le principe de la dissemblance. Non seulement il n'est aucun cheval qui se puisse confondre avec un chat ou avec un renard, mais il n'est aucun cheval qui ne soit exactement semblable à un autre cheval, fussent-ils de la même race, aucune rose exactement semblable à une autre rose, fussent-elles du même bouquet ou du même buisson.

L'œuvre de Plotin est une invitation à la luminosité. Cette invitation, il nous plaît de savoir que nous ne sommes pas les premiers à y répondre. Depuis l'édition des *Ennéades* établie par Porphyre, qui fera l'objet au XXe siècle, de contestations plus ou moins justifiées – portant d'ailleurs davantage sur l'ordre des traités que sur leur texte –, l'œuvre de Plotin exerça une influence considérable dont il n'est pas certain que nous mesurions encore l'ampleur. Le plotinisme oriental, théologique et théophanique, en particulier celui de Sohravardî, des ismaéliens et des soufis, échappe encore en partie à nos investigations, un grand nombre de textes ismaéliens demeurant hors d'atteinte, protégés par leurs héritiers, par le « secret de l'arcane », si bien que les chercheurs ne les connaissent que par ouï-dire. Nous sommes informés de l'influence de la pensée de Plotin sur des philosophes tels que Marsile Ficin ou Pic de la Mirandole, mais nous sous-estimons encore son influence sur les poètes modernes, tels que Shelley, Wilde, Hofmannsthal, Rilke, Stefan George ou Saint-Pol-Roux. Il n'est pas impossible que les songeries héliaques du premier Camus, celui de *Noces*, aient été influencées par l'auteur des *Ennéades* auquel Camus, en ses jeunes années, consacra sa thèse de philosophie. Dans le domaine de l'art, hormis les symbolistes et les préraphaélites, largement influencés par le néo-platonisme, nous voyons un Kandinsky retrouver dans la définition qu'il donne du Beau une pure formulation plotinienne : « *Est beau ce qui procède d'une nécessité intérieure de l'âme. Est beau ce qui est beau intérieurement.* »

De tous les philosophes, Plotin est sans doute, avec Nietzsche, mais pour des raisons semble-t-il diamétralement opposées, celui qui s'accorde le plus immédiatement à une sensibilité artistique. L'idée, qui est cette « *nécessité intérieure* », n'est en effet nullement une abstraction. Le mot de « concret » lui convient parfaitement pour peu que notre audace herméneutique nous porte à imaginer un « supra-sensible » concret et à ne point limiter le « concret » aux objets qui s'offrent directement à nos sens. La distinction entre l'idée et l'abstraction est ici essentielle. La pensée de Plotin n'est pas seulement une pensée de la pensée ; elle n'est point « abstraite » des êtres et des choses. Elle hiérarchise, gradue, distingue, mais ne sépare point. Pour Plotin, philosopher, ce n'est point s'*abstraire* de la multiplicité, mais s'*intégrer* dans une unité supérieure. Il ne s'agit point de quitter un monde pour un autre, de se séparer des êtres et des choses, mais de s'élever et d'élever ces êtres et ces choses à une *unificence divine* qui les délivre de la fausseté et de l'inexistence pour les restituer à elles-mêmes, c'est-à-dire à leur réalité qui est vraie et à leur vérité qui est réelle. L'idée du beau n'est pas en dehors des beautés diverses, sensibles et intelligibles du monde, mais *en elles*. C'est à ce titre qu'il est légitime de dire, de l'idée plotinienne, qu'elle est une *transcendance immanente*, un suprasensible concret qui échappe à nos seuls sens comme elle échappe à l'intelligence abstraite.

Schopenhauer, dans *Le Monde comme Volonté et Représentation*, souligne l'importance de cette distinction nécessaire et fondatrice entre l'Idée et le concept abstrait : « *L'Idée, c'est l'unité qui se transforme en pluralité par le moyen de l'espace et du temps, formes de notre aperception intuitive ; le concept au contraire, c'est l'unité extraite de la pluralité au moyen de l'abstraction qui est un procédé de notre entendement ; le concept peut être appelé* unitas post rem, *l'Idée* unitas ante rem. *Indiquons enfin une comparaison qui exprime bien la différence entre concept et Idée ; le concept ressemble à un récipient inanimé ; ce qu'on y dépose reste bien placé dans le même ordre ; mais on n'en peut tirer, par des jugements analytiques, rien de plus que ce qu'on y a mis (par la réflexion synthétique) ; l'Idée, au contraire révèle à celui qui l'a conçue des représentations toutes nouvelles au point de vue du concept du même nom ; elle est comme un organisme vivant, croissant et prolifique capable en un mot de produire ce que l'on n'y avait pas introduit.* »

L'idée est antérieure, en amont, elle est avant la chose, et avant même la « cause », au sens logico-déductif. Elle est, au sens propre, *instauratrice*. Alors que le concept peut se réduire à sa propre définition, et qu'il n'offre à l'entendement dont il est issu aucun obstacle, aucun voile, aucun mystère, l'idée échappe à la connaissance totale que nous voudrions en avoir ; elle se propose à nous à travers le voile de ses manifestations, de ses émanations et déroute la perception directe que nous voudrions en avoir par la multiplicité de ses apparences. « *Le concept,* écrit encore Schopenhauer, *est abstrait et discursif, complètement indéterminé quant à son contenu, rien n'est précis en lui que ses limites ; l'entendement suffit pour le comprendre et pour le concevoir ; les mots sans autre intermédiaire suffisent à l'exprimer ; sa propre définition enfin, l'épuise tout entier. L'Idée au contraire […] est absolument concrète ; elle a beau représenter une infinité de choses particulières, elle n'en est pas moins déterminée sur toutes ses faces ; l'individu en tant qu'individu ne peut jamais la connaître ; il faut pour la concevoir se dépouiller de toute volonté, de toute individualité et s'élever à l'état de sujet connaissant pur.* »

On ne philosophe jamais seul. Toute philosophie est une conversation. Est-il possible aujourd'hui de philosopher avec Plotin, de susciter, avec les *Ennéades*, un entretien dont les résonances s'approfondiraient de tout ce que nous éprouvons *hic et nunc*, de tout ce que cet « *hic et nunc* » nous donne à penser et à éprouver ? Notre dialogue intérieur, certes, sera différent de celui que Porphyre, Sohravardî ou Marsile Ficin eurent avec Plotin. Considérons alors l'espace-temps – incluant les différences historiques, religieuses et linguistiques – comme un prisme qui diffracte, en couleurs diverses, l'éclat d'une même clarté. Cette clarté nous ne pouvons l'atteindre d'emblée, nous ne pouvons en avoir la connaissance absolue dans l'immédiat. Notre lecture passe par le prisme de l'espace-temps tel qu'il se présente à nous. Est-ce à dire que cette clarté nous est plus lointaine qu'à Marsile Ficin ou Sohravardî et que, par cet éloignement, nous dussions nous contenter de considérer l'œuvre de Plotin comme un document concernant des temps définitivement révolus ? Ce serait ignorer, déjà, que le révolu est précisément ce qui revient ; ce serait surtout méconnaître ou refuser de voir ce que nous dit l'œuvre de Plotin, ce serait refuser le don de l'œuvre, ce qu'elle nous donne à penser et qui, explicitement, se donne par-delà les contingences de l'espace et du temps.

Lisons donc, tentons de lire à tout le moins, ces traités comme s'ils avaient été écrits le jour même. Leur premier abord, ingénu, offre-t-il d'ailleurs de si grandes difficultés ? Les phrases de Plotin nous semblent-elles si obscures que nous dussions les traiter comme des documents anthropologiques et non comme une parole qui nous est adressée, comme un murmure au creux de l'oreille ? Combien d'œuvres de la littérature moderne ou contemporaine nous sont plus opaques, mieux défendues, plus rigoureusement barricadées dans leur idiolecte, dans leur singularité extrême ? Alors que les critiques sont loin encore d'avoir même une vague idée des références à l'œuvre dans le *Finnegan's Wake* de Joyce ou dans les *Cantos* de Pound, les références de Plotin nous sont d'emblée presque toutes connues avant même que nous abordions l'œuvre pour peu que nous eussions été préalablement un lecteur de Platon. Ce dont il parle ne saurait nous être étranger puisqu'il s'agit du bien, du beau et du vrai et que chacun d'entre nous ne cesse de considérer les actes, les œuvres, les sciences selon un rapport avec le bien, le beau et le vrai. Enfin, la philosophie de Plotin étant un élan de dégagement de la contingence historique et sociale, celle-ci ne l'informe que par un biais et fort peu, si bien que notre relative méconnaissance de la société du temps de Plotin ne nous interdit nullement d'entendre ce qu'il nous dit. Disons : bien relative méconnaissance, car, à celui qui s'y attache, les données sont peut-être offertes en plus grand nombre, en l'occurrence, que sur d'autres régions, dont il est le contemporain et peut-être le voisin ; les différences de classe, de quartier induisent de nos jours des disparités de langage peut-être plus réelles et plus profondes que celles qui séparent un lettré moderne d'un lettré de la période hellénistique.

Ce qu'il y a de plus essentiel dans une œuvre se laisse comprendre à partir de ce qui semble être un paradoxe. En marge de la *doxa*, c'est-à-dire de la croyance commune, le paradoxe est l'antichambre ou le frontispice de la *gnôsis*, de la connaissance. Il y a du point de vue des croyances et des philosophies modernes de nombreux paradoxes dans l'œuvre de Plotin. La grande erreur des Modernes est d'attribuer à l'Idée plotinienne les caractéristiques propres à leurs concepts. Cette abstraction figée, despotique, séparée du sensible, ce mépris de la diversité heureuse ou tragique du réel, ce dualisme qui scinde en deux mondes séparés ce qui est perceptible et ce qui est compris, ce qui relève de l'émotion esthétique et ce qui s'ordonne à la raison, n'appartiennent nullement à l'œuvre de Plotin, ni à celle de Platon. À ce titre, il n'est pas illégitime de retourner leurs propres arguments contre les « anti-platoniciens ».

Les « intellectuels » modernes, dont on ne sait s'ils s'arrogent cette appellation par prétention vaine, par antiphrase ou par défaut – leur croyance la plus commune consistant à nier l'existence même de l'*Intellect* – propagent volontiers l'idée que leur époque est celle de la diversité, du foisonnement, de l'éclatement « festif » et « jubilatoire », voire, lorsqu'ils se piquent de culture classique, d'un « rebroussement vers le dionysiaque » qui nous délivrerait enfin du carcan des époques classiques, médiévales ou antiques, si « normatives » et « dogmatiques ».

À celui qui dispose de la faculté rare de s'abstraire de son temps, à celui qui sait voir de haut et de loin les configurations historiques, religieuses ou morales et ne serait point dépourvu, par surcroît, de la faculté, propre aux oiseaux de proie, de *fondre* sur les paysages des temps contemporains ou révolus jusqu'à en éprouver la *présence réelle*, une réalité tout autre apparaît. Cette modernité, qu'on lui vante chatoyante, lui apparaîtra tristement uniforme et grisâtre, et ces temps anciens réputés sévères surgiront devant son regard comme des blasons ou des vitraux, ou mieux encore, comme des forêts blasonnées de soleils et de nuits dont les figures suscitent et soulignent les oppositions chromatiques. Les philosophies modernes, se révéleront à lui d'autant moins diverses que chacune d'elles, comme dressée sur ses ergots, n'aura cessé de prétendre à « l'originalité », à la « rupture », à la « nouveauté ».

En philosophie, non moins que dans nos mœurs, l'individualisme systématique devient un *individualisme de masse* et la prétention à la singularité ne tarde pas à donner l'impression d'une grande uniformité. Ce qui distingue Lucrèce de Pythagore, Héraclite de Parménide ou encore saint Augustin de Maître Eckhart brille d'un éclat beaucoup plus certain, d'une force de différenciation beaucoup plus puissante que tous les discords et disparates que l'on souligne habituellement chez les Modernes. Dans l'inflation des singularités et des jargons, les dialogues n'ont plus lieu, chacun s'en tient à son idiome et les disciples, lorsqu'il s'en présente, ne sont que les gardiens des mots, les vigiles du vocabulaire, les idolâtres de la lettre morte.

Il semblerait que les philosophes modernes soient d'autant plus soucieux de se distinguer par leur vocabulaire qu'ils se sont plus uniformément dévoués au même dessein, à savoir « renverser » ou « déconstruire » ce qu'ils nomment « le platonisme ». Chacun y va de sa méthode, de ses sophismes, de sa prétention, de ses ressentiments ou de ses approximations pour tenter d'en finir avec ce qu'il croit être la pensée ou le « système » platoniciens. Derrida traque les survivances platoniciennes dans la distinction du signifié et du signifiant. Deleuze, plus subtil et plus aventureux, propose le « rhizome » susceptible de déjouer la prétendue opposition de l'Un et du Multiple. Sartre croit vaincre la métaphysique, considérée comme une ennemie, en affirmant la précellence de l'existence sur l'être. Ces belles intelligences suscitèrent d'innombrables épigones, tous plus acharnés les uns que les autres à affirmer la « matérialité » du texte au détriment du sens et la primauté du « corps » sur l'esprit.

Cet unisson à la fois anti-platonicien et antimétaphysique ne donne cependant de la pensée contre laquelle il se fonde et par laquelle il existe qu'une image caricaturale. Le lecteur attentif, dégagé des ambitions novatrices, cherchera en vain dans les dialogues de Platon le « système » dénoncé. Les textes contredisent ce qui prétend les contredire. On discerne mal dans le magnifique entretissage d'arguments et de contre-arguments des Dialogues, cette pensée qu'il serait si aisé de « renverser » ou ce « système » qu'il faudrait « déconstruire ». Ce qui, en l'occurrence, se trouve renversé ou déconstruit n'est qu'un résumé scolaire, un schéma arbitraire, une hypothèse mal étayée.

Nos philosophes qui se croient novateurs alors qu'ils ne sont que *modernes*, c'est-à-dire *plagiaires ingrats*, ne renversent et ne déconstruisent que ce qu'ils ont eux-mêmes édifié et construit pour les besoins de leur démonstration. Leur volonté est certaine : en finir avec l'Idée, le *Logos*, le sens, la *vox cordis*, mais les instruments de leurs démonstrations sont défaillants et leurs arguments sont fallacieux. L'exposé des idées qu'ils combattent est trompeur, tant il se trouve subordonné à leur argumentaire et, pour ainsi dire, fabriqué de toutes pièces pour les besoins de la cause. Platon ne dit pas, ou ne dit pas seulement ce qu'ils envisagent, non sans vanité, de contredire, et la logique même de leur contradiction, soumise à l'arbitraire de celui qui fait à la fois les questions et les réponses, masque difficilement l'envie de celui qui dénigre une audace intellectuelle qu'il pressent demeurer hors de sa portée. Il lui faudra donc, avant même d'engager les hostilités, réduire l'adversaire à sa mesure, le portraiturer à son image.

Anti-platonicienne, la *doxa* moderne est aussi, de la sorte, *caricaturalement platonicienne*. Elle suppose que tous les ouvrages de Platon se résument à l'opposition de l'Idée et du monde sensible, à une sorte de dualisme, aisément réfutable, entre deux mondes, alors même que Platon unit ce qu'il distingue par une « *gradation infinie* ». Ce système dualiste qui oppose le corps et l'esprit, l'intelligible et le sensible, l'Un et le multiple, et auquel les Modernes prétendent s'opposer, c'est le leur. Lorsque Platon et les platoniciens unissent ce qu'ils distinguent, comme le *sceau invisible* et l'*empreinte visible*, nos Modernes s'en tiennent à l'opposition, au dualisme, en marquant seulement – ce qu'ils imaginent être une faramineuse nouveauté – leur préférence pour le corps, pour le sensible, pour le multiple, autrement dit pour *l'empreinte*, en toute ignorance de la cause et du *sceau*. Dualistes, ces chantres de la primauté du corps le sont éperdument puisqu'ils l'opposent à l'esprit et leur éloge du multiple n'est jamais que l'envers de la célébration de l'Un. Ce qui manque à ces gens-là, ce n'est point la dialectique – encore que –, c'est bien le sens platonicien de la *gradation infinie*.

Je m'étonne que personne jusqu'à présent n'ait esquissé une *physiologie de l'anti-platonicien* ou ne se soit aventuré à interroger précisément, et selon l'art généalogique, les *origines* de cette hostilité à l'esprit et au *Logos*. Que cache ce repli sur le corps et la matière conçus comme le « négatif » de l'esprit nié ? Quelle est la nature du ressentiment dans l'affirmation du corps et de la matière comme « réalités premières » dont toutes les autres, métaphysiques ou « idéales », ne seraient que les épiphénomènes ? À quelles rancœurs obscures obéissent ces sempiternelles redites ? Quelle image du monde proposent-elles ? Si les mots gardent un sens où rayonnent encore leurs vérités étymologiques, force est de reconnaître que ces philosophes d'obédience anti-platonicienne font ici figure de *réactionnaires*. Niant l'Idée, qui leur apparaît coupable d'intemporalité et d'immatérialité, ils en viennent tout naturellement à opposer la matière et le temps à l'esprit et à l'éternité dont elles sont, selon Platon, la forme et l'image mobile. Or, dans la langue grecque, dont Platon use avec un bonheur propre à susciter la rage des consciences malheureuses, la *forme* et l'*Idée* se rejoignent en un seul mot : *Idéa*.

Cette idée qui est la forme et cette forme qui est l'idée apparaissent, pour des raisons qu'il s'agit d'éclaircir, comme insoutenables à la pensée exclusivement *réactive* des Modernes, qui préfèrent rendre la pensée impossible ou la déclarer telle, plutôt que de reconnaître le monde comme ordonné par le *Logos*. Ce refus de reconnaissance, cette ingratitude foncière, cette vindicte incessante, cette accusation insistante, le Moderne voudra l'ennoblir sous les appellations de « contestation » ou de « subversion », lesquelles, nous dit-on, sont au principe du « progrès » et des conquêtes de la « démocratie » et de la « raison ». Ces pieux mensonges satisfont à la raison de celui qui n'en use guère, mais laisse dubitatif l'intelligence distante, dont nous parlions plus haut, par laquelle ce corps, cette multiplicité idolâtrée demandent encore à être *interprétés* dans le jeu inépuisable de leurs manifestations. Nos matérialistes de choc qui, en bons consommateurs, ne se refusent rien, ne se sont pas privés d'enrôler Nietzsche dans leurs douteuses campagnes. Nietzsche, qui, soit dit en passant, ne croyait nullement en *l'existence de la matière*, se trouve ainsi réduit au rôle de magasin d'accessoires pour les « philosophes » éperdus à trouver quelques justifications présentables à leur *ruée vers le bas*. Seulement, l'accessoire le plus usité, à savoir la critique que Nietzsche fait des arrière-mondes et du ressentiment, se retourne contre eux, car, à vanter le corps au détriment de l'esprit, la lettre et le « fonctionnement du texte » au détriment du *Logos* et de son magnifique *cœur de silence*, nos Modernes illustrent à la perfection la parabole de la paille et de la poutre. Ce corps, cette matière auxquels ils veulent restituer la primauté ne sont pour eux que des réalités abstraites, qui n'existent que par l'abstraction ou l'ablation, pour ainsi dire chirurgicale, de l'esprit.

Le Moderne veut que le corps soit, *en lui-même*, que la matière soit, *en elle-même*, en même temps qu'il dénie à l'âme, à l'esprit et même au cœur toute possibilité de prétendre à cette réalité « en soi ». Ce platonisme inverti prétend nous emprisonner à jamais *dans la représentation subalterne, seconde, de la pensée qu'il parodie en l'inversant*. Alors que les œuvres de Platon, de Plotin, de Proclus – comme celle de tous les philosophes dignes de ce nom, qui aiment la sagesse, c'est-à-dire *le mouvement de leur pensée vers la vérité dont elle naît* – nous enseignent à nous délivrer d'elles-mêmes, à devenir ce que nous sommes, nos anti-platoniciens de service – qui sont, la plupart du temps, des fonctionnaires d'un État qu'ils dénigrent – n'existent qu'en réaction à ce qui pourrait se détacher de leurs systèmes, échapper à leur pouvoir, et vaguer à sa guise, qui est celle de l'Esprit, *qui souffle où il veut*.

Le corps qu'ils idolâtrent, et dont ils font une abstraction d'autant plus revendiquée qu'elle est, par définition, moins *éprouvée*, loin d'être le principe d'une relation au monde, et donc, d'une pérégrination du *Logos*, n'est, au mieux, que le site d'une expérimentation refermée sur ses propres conditions. Philosophes, ou mieux vaudrait dire idéologues du *Non*, du refus de la relation, le corps et la matière, qu'ils installent *en médiocres métaphysiciens croyant ne l'être plus* à la place de Dieu, ne valent que par eux-mêmes et pour eux-mêmes. Une philosophie de l'assentiment, une philosophie du *Oui* resplendissant de toute chose, et de toute

151

cause, cette philosophie, que l'on trouve au cœur même de la pensée Héraclite, de Maître Eckhart et de Nietzsche, leur est la plus étrangère, la plus inaccessible du monde. Le corps qu'ils vantent abstraitement et dont ils n'éprouvent point la nature spirituelle n'est pour eux qu'une arme contre l'Esprit. L'« idéal » de ces anti-idéalistes est de peupler le monde de *corps sans esprit*, c'est-à-dire de corps pesants, fermés sur eux-mêmes, réduits à leurs plus petits dénominateurs communs, en un mot des « corps-machines ». La science, qui suit l'idéologie bien plus qu'elle ne la précède, s'applique aujourd'hui à déconstruire et à parfaire ces mécanismes, non sans cultiver quelque nostalgie d'immortalité, mais d'une immortalité réduite aux dérisoires procédures californiennes de la survie prolongée, voire de l'acharnement thérapeutique.

La distinction platonicienne du sensible et de l'intelligible ouvre à celui qui la médite des perspectives à perte de vue, où la « vérité » n'est point acquise, mais à conquérir dans l'espace même de l'*aporie*, de la perplexité, de la suspension de jugement. La hâte à juger, à réduire la pensée à une opinion, l'empressement à déclarer caduques, mensongères, hors d'usage, des pensées et des œuvres dont le propre est de nous inquiéter, de nous dérouter – et, par un paradoxe admirable, de nous contraindre à une liberté plus grande – sont, en ces temps qui adorent le temps linéaire et la fuite en avant, les pires conseillères. Elles abondent dans nos facilités, nos prétentions indues, nos paresses. Elles nous invitent à voir court. Elles nous prescrivent le mépris du Lointain, elles nous enclosent dans un *corps abstrait*, c'est-à-dire dans un corps mécanique, sans humeurs ni mystères. Le propre de ce corps abstrait est d'être transparent à lui-même et opaque au monde. Il se perçoit lui-même comme corps, un corps qui serait un « moi », en oubliant qu'il n'est d'abord, et sans doute rien d'autre, qu'un *instrument de perception*.

L'œil, l'oreille, la bouche, la peau, les bras qui nous donnent à saisir et à embrasser et les jambes qui nous permettent de cheminer dans le monde, sans oublier les mains, créatrices, devineresses, travailleuses et caressantes, et les sexes, en pointes ou en creux, sont d'abord des instruments de perception. Notre corps n'existe qu'en fonction de ce qu'il perçoit et de ce qu'il dit, par les regards, les gestes et les paroles. Or, ce qu'il perçoit est de l'ordre du langage qui est, lui, radicalement immatériel, car il ne se situe ni dans le corps, en tant que réalité matérielle, ni dans le monde, mais *entre eux*. Le corps n'existe pas davantage « en soi » que l'instrument de musique n'existe en dehors de la musique qui le suscite et à laquelle il obéit. Un instrument de musique dont on se servirait comme d'une massue cesse, par cela même, d'être un instrument de musique, un corps qui n'est qu'un corps « en soi », et dont les œuvres de l'esprit ne seraient que les épiphénomènes, serait également méconnu.

La méconnaissance du corps se laisse constater par la singulière restriction de nos perceptions ordinaires. Le Moderne qui idolâtre le corps « en soi » réduit à l'extrême l'empire de ce qu'il perçoit. La réduction des perceptions s'accélère encore par l'oubli, caractéristique de notre temps, d'une *science empirique du percevoir* qui fut, naguère encore, la profonde raison d'être de l'art sous toutes ses formes. Le corps ne dit point « je suis un corps », formule abstraite, s'il en est, le corps dit « je suis ce que je perçois ». *Je est un autre.* Sitôt nous sommes-nous délivrés du ressentiment qui prétend *venger* le corps des prétendues autorités abusives de l'esprit, sitôt se déploient en nous les *gradations* qui n'ont jamais cessé d'être, mais dont nous étions exclus par un retrait arbitraire, voici qu'un assentiment magnifique nous saisit, au cœur même de nos perceptions, à cette étrangeté si familière du monde.

Cette énigme de l'écorce rugueuse sous nos doigts, ce mystère de la voûte parcourue du discours magnifique des météores, ce bruissement des feuilles, cette pesanteur douce, sans cesse vaincue et retrouvée de nos pas sur la terre ou l'asphalte ne cessent de nous faire savoir que nous sommes faits pour le monde que nous traversons et qui nous traverse. Qu'en est-il alors du « moi » ? Sinon à l'intersection de ces deux traverses, il faut bien reconnaître qu'il ne se trouve nulle part. Notre œil n'existe que par la lumière étrangère et surprenante qui le frappe et dont notre intelligence se fera l'éminente métaphore. Le discours entre le monde et nous-mêmes ne résiste pas davantage à l'interprétation qu'à la contemplation. Seuls peuvent le perpétuer et lui donner une apparence de vérité notre ressentiment contre l'esprit et notre aveuglement aux signes, intersignes et synchronicités, qui, sans cesse, en vagues de plus en plus pressantes, s'offrent à nous avec munificence. Le déni de l'esprit et de l'âme et l'affirmation pathétique du corps en tant que réalité ultime et première ne reposent que sur notre crainte, sur notre attachement craintif, effarouché, à ce que nous croyons être notre « identité » et qui n'est, et ne peut être, qu'un moment de notre traversée. L'interprétation infinie à laquelle nous invite l'esprit nous effraie. Nous nous raccrochons désespérément, quitte à nous refermer sur nous-mêmes comme un cercueil, à ce corps qui, pour être éphémère, nous semble certain, et nous préférons cette certitude éphémère à l'éternité incertaine de l'esprit.

Alors qu'aux temps de Nietzsche, si proches et si lointains, le ressentiment se figurait sous les espèces d'un idéalisme scolaire, taillant la part du lion à la redite, notre époque timorée et pathétique s'est constitué un matérialisme vulgaire *aux ordres de ce même ressentiment* qui semble être passé d'une idéologie à l'autre, à l'instar de la police politique tsariste recyclée avec les mêmes hommes et les mêmes méthodes au service de la police stalinienne.

L'homme derrière ses écrans, ne jetant plus un regard aux nues que pour planifier son week-end, l'homme calculateur, tout appliqué à « gérer » les conditions de son esclavage et ourdissant, aux avant-gardes, de sinistres projets eugénistes d'amélioration de l'espèce – venus se substituer aux anciens idéaux, stoïciens, ou théologiques, du perfectionnement de soi –, l'homme pathétique et dérisoire des « temps modernes » se trouve désormais si peu aventureux, si narcissiquement contenté, si piteusement restreint à sa fonction édictée par le « Gros Animal » social, dont parlaient Platon et Simone Weil, que l'idée même d'un mouvement, d'une âme, d'une métamorphose obéissant à une loi impalpable et incalculable lui paraît une offense atroce à ses certitudes chèrement acquises.

Le cercle vicieux est parfait. Le Moderne tient d'autant plus à sa servitude ; sa servitude est d'autant plus volontaire, et même volontariste, que la liberté sacrifiée est plus grande. L'esprit de vengeance contre les œuvres qui témoignent de « *la liberté grande* » n'en sera que plus radical, jusqu'au ridicule. Il suffit, pour s'en persuader, de lire les ouvrages de biographie et de critique littéraire qui parurent ces dernières décennies, alors que se mettaient en place les procédures draconiennes de réduction de l'homme au « corps-machine », sinistre héritage du prétendu « Siècle des Lumières ». Entre les biographies qui s'appliquent consciencieusement à ramener des destinées hors pair à quelques dénominations connues d'ordre sociologique ou psychologique – « expliquant » ainsi l'exception par la règle, et le supérieur par l'inférieur – et les critiques formalistes se fermant délibérément à toute sollicitation et à toute relation avec les œuvres pour n'en étudier que le « fonctionnement » à la manière d'un horloger si obnubilé à démonter et à remonter ses montres qu'il en oublie qu'elles ont aussi pour fonction de *donner l'heure*, la littérature secondaire, critique et universitaire, apparaît rétrospectivement pour ce qu'elle est : *une propagande dépréciatrice* dont les ruses plus ou moins grossières ne sont plus en mesure de tromper personne, sinon quant à leur destination : *la ruine du Logos*.

Au corps qui ne serait « que le corps », au texte qui ne serait « que le texte », à la vie qui ne serait « que la vie », il importe désormais d'opposer, en cette « grande guerre sainte » dont parlait René Daumal, le corps comme *intercession de l'Esprit* – c'est-à-dire *passage* des perceptions, des intersignes et des heures –, le texte comme *témoin du Logos*, empreinte visible d'un sceau invisible et la vie comme *promesse*, comme preuve de l'existence de l'âme. Cette *guerre* n'a rien d'abstrait, elle est bien *sainte*, selon la définition que sut en donner René Daumal dans un poème admirable, car loin de définir un ennemi extérieur, par la race, la classe, la religion, ou d'autres catégories, plus vagues encore, cette guerre intérieure, sainte, cet appel à *l'inquiétude de l'être* ne connaît d'autre ennemi que le *dédire*. Chaque homme est à la fois le servant et le pire ennemi du *Logos*. Celui qui peut dire peut dédire, de même que celui qui chante peut déchanter. Le monde moderne, s'il fallait en définir la nature dans une formule, pourrait être défini comme l'*Adversaire* résolu du Verbe ou du *Logos* – nous tenons en effet, à tout le moins dans leur résistance au *dédire* moderne, le *Verbe créateur* de la Bible et le *Logos invaincu* de la philosophie platonicienne pour équivalents, sinon similaires.

    Le monde moderne ne semble être là, avec ses théories, ses politiques, ses blagues et ses méthodes de lavage des cerveaux, de mieux en mieux éprouvées, que pour mieux récuser la possibilité même du Verbe. La réalité du monde moderne ne semble tenir qu'au ressentiment de la créature contre ce qu'il suppose être son créateur et dont sa vanité lui prescrit de s'affranchir. D'où, en effet, l'irréalité croissante de ce monde, sa nature de plus en plus virtuelle et évanescente, mais aussi cauchemardesque. Ce monde où rien ne peut se dire est aussi un monde où rien ne peut être éprouvé. La réduction de notre vocabulaire, de nos tournures grammaticales est corrélative de la *restriction* de nos sensations et de nos sentiments. Le déni de la surnature nous ôte le sentiment de la nature et le refus de la métaphysique nous exile du monde physique. La guerre contre le *Logos*, guerre d'images, de signifiants réduits à eux-mêmes, est à la fois une guerre contre toute forme d'autorité et contre toute forme de relation. L'antipathie instinctive que suscite chez les Modernes le déploiement heureux de la parole humaine est un signe parmi d'autres de leur soumission au nihilisme, également hostile à la raison et au chant. Loin de s'exclure, d'être ces adversaires perpétuels livrés à un combat qui ne connaîtrait que de rares et surprenantes accalmies, la raison et le chant, pour celui qui pense à la source du *Logos*, sont bien de la même eau lustrale, ou du même *feu*.

    Sans céder à l'obsession historiciste qui consisterait à lui trouver une date précise, il est permis de situer le premier signe d'une déchéance, qui se poursuivra jusqu'au triomphe du nihilisme moderne, à ce moment fatidique où la raison, se disjoignant du chant, furent l'une et l'autre livrés aux incertitudes respectives de leurs spécialisations. Cette scission fatale – incontestablement la première étape du déclin de notre culture, les forces de la raison s'opposant désormais aux puissances de la poésie, s'épuisant dans leurs contradictions aveugles, au lieu d'étinceler en joutes amoureuses – fut à l'origine de ce double mensonge qu'est le dualisme théorique où la rationalité folle se retourne contre la raison et où la poésie, anarchique et confuse, devient l'ennemie du chant.

    Réduite à la logique marchande et technologique, la raison, oublieuse de ses questions essentielles, de ce nécessaire retour sur elle-même qui s'interroge sur « la raison de la raison », laissa la poésie au service de la publicité et de l'expression lassante, voire quelque peu répugnante, des subjectivités abandonnées à elles-mêmes et n'ayant plus d'autres motifs qu'elles-mêmes. Le poisson, dit-on, pourrit par la tête. Mais il faut croire que nous n'en sommes plus là. La *doxa* populaire reproduit désormais exactement les sophismes diserts de ceux qui furent, naguère, des nihilistes de pointe. Le « tout est relatif » du café du commerce par lequel on entend sans doute nous faire entrer dans la tête, et si possible une fois pour toutes, qu'il n'existe aucune clef de voûte au jeu des relations et que toute « vérité » vaut n'importe quelle autre – « chacun a la sienne », ce qui ne fâche personne – entre en parfaite résonance avec les sophismes des intellectuels qui se croient énigmatiquement mandatés pour « déconstruire » et « démystifier », le premier terme leur convenant à ceci près qu'ils déconstruisent surtout pour rebâtir – avec les pierres dérobées aux édifices vénérables – des cachots *modernes*, le second relevant de la pure vantardise, ou de l'antiphrase, car ils furent, lâchant leurs proses jargonnesques comme les sèches leur encre, ces éminent mystificateurs dont le monde moderne avait besoin pour dissimuler la froide monstruosité de ses machinations.

Rationalistes contre la raison, de même que les publicitaires sont « créatifs » contre la création, qu'ils entendent nous vendre universellement après étiquetage, les Modernes, qui se donnent encore la peine, non sans ringardise, de justifier leurs dévotions ineptes par des arguments, n'ont plus désormais pour tâche, dans leur guerre contre le *Logos*, que de nous rendre impossible l'accès aux œuvres, soit par le dénigrement terroriste, soit par l'accumulation glossatrice. Les plus « humanistes », ceux qui osent encore se revendiquer de cette appellation délicieusement désuète, ne considèrent plus les œuvres qu'en tant que témoins de « valeurs », cédant ainsi, quoi qu'ils en veuillent, à une forme particulièrement mesquine de la morale : la « moraline ».

Ainsi nous trouvons-nous en un pays et une époque où les œuvres, ces songes de grandeur et d'espérance, lorsqu'elles ne sont point mises en pièces par les cuistres « déconstructeurs » sont jaugées à l'aune d'une morale inerte, dépourvue de toute ressouvenance divine. Une morale sans transcendance, une morale qui n'oppose plus à l'infantilisme et à la bestialité de la nature humaine le refus *surnaturel* ne saurait être qu'un ersatz, une caricature. Tels sont nos modernes moralisateurs, à quelque bord qu'ils appartiennent : les uns, idolâtres du Démos et du Progrès, trouvent l'incarnation du Mal en tout esprit libre qui s'autorise à douter du bien-fondé systématique de l'opinion majoritaire et considère avec scepticisme l'ordalie électorale, tandis que les autres fourvoient et profanent leur intransigeance en d'infimes combats pour « l'ordre moral » au-dessous de la ceinture. Aux uns comme aux autres, le *Logos* est inutile et même hostile.

Toute fidélité digne de ce nom se devra de poser en préalable ce propos de Bernanos : « *Je crois toujours qu'on ne saurait réellement servir, au sens traditionnel de ce mot magnifique, qu'en gardant vis-à-vis de ce que l'on sert une indépendance de jugement absolue. C'est la règle des fidélités sans conformisme, c'est-à-dire des fidélités vivantes.* » Le Verbe est le principe de cette fidélité nécessaire, car au-delà des formes qu'il engendre, il porte ceux qui le servent au cœur du silence embrasé dont toute parole vraie témoignera. Que les querelles intellectuelles ne soient plus aujourd'hui que des querelles de vocabulaire et les « intellectuels » – par antiphrase – des babouins se jetant au visage l'écorce vide des mots idolâtrés nous laisserait au désespoir si nous ne savions de source sûre, de la source même de Mnémosyne, qu'il n'en fut pas toujours ainsi.

Et s'il n'en fut pas toujours ainsi, il y a de fortes chances qu'il n'en sera pas toujours ainsi : *patientia pauperum non peribit in aeternum*. Et s'il n'en fut pas toujours ainsi, peut-être est-ce précisément parce qu'il n'en sera pas toujours ainsi.

« *Le temps n'existant pas pour Dieu*, écrit Léon Bloy, *l'inexplicable victoire de la Marne a pu être décidée par la prière très-humble d'une petite fille qui ne naîtra pas avant deux siècles.* » Les ennemis du Verbe ne s'évertuent si bien à nous ramener au temps linéaire que pour donner à leur refus d'interprétation l'apparence d'une vérité absolue et préalable. Une raison médiocrement exercée peut s'y laisser prendre, mais non le chant dont l'ingénuité porte en elle la *vox cordis* et la très humble prière.

LES DIEUX, CEUX QUI ADVIENNENT

Définir le paganisme sans se fonder sur le point de vue de ses principaux adversaires n'est pas chose aisée. Depuis un peu plus de deux millénaires, le « païen » existe d'abord comme appellation réprobatrice dans le discours de ses ennemis, de ceux-là mêmes qui se sont évertués à éradiquer ses rites, ses coutumes et ses symboles et à rendre impensables ses idées, sauf à les plier à leurs propres théologies.

Ce qui oppose le païen au monothéiste n'est pas tant ce qui oppose le multiple à l'Un, sinon peut-être dans le culte rendu. Sans Aristote ou Platon, qu'en eût-il été de la théologie chrétienne ? Toutefois si, par une de ces chances impondérables de l'intelligence qui sont au principe de toutes les œuvres vives, nous parvenions à penser l'Un et le multiple non comme une opposition, un dualisme, mais comme une diffraction – le multiple diffracté de l'Un –, nous nous approcherions déjà de ce que put être une métaphysique païenne fondée sur le consentement poétique à la multiplicité des aspects du monde.

Ce consentement exige une force d'âme qui semble s'être perdue. La faiblesse, nous le savons depuis Nietzsche, emprunte les voies du ressentiment, de la vengeance et de la technique elle-même, « arraisonnement du monde », selon la formule de Heidegger, qui est la première des formes de l'esprit de vengeance contre la diversité du monde.

Dans ses formes les plus récentes, le monothéisme le plus agressif, par la terreur, issue de la vengeance, et par l'argent uniformisateur, montre assez qu'il n'est plus du tout une théologie, et moins encore une métaphysique, mais la simple application d'une loi du ressentiment, contre tout ce qui, pour un esprit libre, est aimable : les cheveux au vent, la musique, l'intelligence librement exercée, et contre l'âme elle-même des individus et des peuples.

En politique internationale, nous assistons à la mise en place d'un dispositif où de faux ennemis s'avèrent être de véritables alliés dans la fabrication d'une machine de guerre destinée à faire disparaître la *profondeur du temps*. Les massacres, les statues détruites, les manuscrits brûlés ne sont que la part visible d'un projet d'aplatissement du réel qui suppose la destruction ou l'oubli du palimpseste du temps.

Dans quel temps vivons-nous ? La question se pose à chacun, et à chaque peuple. Est-ce le temps de l'abolition des temps antérieurs ou le temps de la *reconnaissance*, avec la décisive nuance de gratitude qui s'attache à ce mot ? Ce que l'on nomme, faute de mieux, le paganisme, renaît dans la reconnaissance, qui est à la fois gratitude, mission de reconnaissance, initiation à ces temporalités qui échappent à l'usure et nous donnent la chance, selon la formule de Hölderlin, d'*habiter en poètes* un monde dont, ainsi que le rappelle Heidegger, nous ne sommes qu'une part – avec le ciel, la terre et les dieux.

Le paganisme, s'il fut banni, parfois non sans brutalité, des campagnes et des cités, ne s'en est pas moins perpétué dans le cœur des poètes, c'est-à-dire dans les langues européennes elles-mêmes, lorsqu'elles ne se sont point asservies aux seuls jargons utilitaristes, et nous relient, du seul fait de la grammaire et de l'étymologie, à notre plus lointain passé. Loin de n'être qu'un folklorisme, une néo-attitude, une déférence muséale, le ressouvenir des dieux fut, en poésie, un rappel de cet *autre temps*, ce temps sacré, ce temps historial par lequel nous échappons au temps des banques, au temps numérique, au temps administratif.

La parole revient au poème, c'est-à-dire au cœur du réel, hors des abstractions despotiques. Le soleil et le vent, les forêts et la mer, l'amour et l'ivresse sont des déesses et des dieux. Dans *ce temps-là*, dans ce temps spacieux et ondoyant, l'intériorité ne se distingue pas de l'extériorité, une circulation s'établit, en forme de ruban de Moebius, entre nous et le monde – circulation, orbe nocturne et solaire, qui interdit que nous puissions vouloir planifier ce qui nous entoure et le soumettre à la seule vision narcissique que nous nous faisons de nous-mêmes.

Le paganisme, à cet égard, est une humilité, un « sens de la terre » pour reprendre la formule de Nietzsche, et cette terre est sous un ciel, qui n'a rien d'abstrait, un ciel qui approfondit nos yeux et nos poumons. Le païen se rend à cette évidence : nous avons des poumons parce qu'il y a de l'air, des yeux parce qu'il y a de la lumière. Notre corps, notre peau, notre cerveau, sont des instruments de perception. Notre subjectivité n'est qu'une réalité seconde, une représentation, un relent.

Demeurer fidèles aux bonheurs qui nous advinrent quand bien même il n'en subsiste que des traces presque indiscernables, runes couvertes de mousse dans la profondeur des forêts ; sauvegarder le souvenir, dans le ciel vide, d'une escadre d'oiseaux qu'aruspices de la minute heureuse nous déchiffrâmes ; voir les crépuscules, comme dans les tableaux de Caspar David Friedrich, détenir de secret de l'aurore – telle est, par la longue mémoire qui fait du présent une *présence*, l'égide protectrice que nous offre la profondeur du temps.

Da-sein, être là, c'est refuser de se laisser chasser de là où nous sommes, physiquement et métaphysiquement, au nom d'une universalité qui est la plus radicale négation de l'Un diffracté. L'atteinte portée à la langue française par les forces conjointes des politiques, du pédagogisme, des animateurs et publicistes divers, est l'essence même, vengeresse, du projet d'aplatissement qui n'a d'autre fin que la disparition même du réel. Cependant, quand bien même uniformiserait-t-on tous les aspects de notre environnement et de nos styles de vie, les dieux demeurent, en puissance, tant que nous pouvons les nommer.

Notre langue irrigue nos pensées, la porte plus loin, gardant le souvenir de la source, lumineuse fraîcheur, jusqu'à l'estuaire où elles s'abandonnent à l'océan du monde et des autres hommes. On chercherait en vain, dans ce monde devenu abstrait, un enracinement plus profond ailleurs que dans le cours des phrases – et mieux encore qu'un enracinement, une source, une ressource de notre intelligence – de cette intelligence que nous avons *avec* ce qui nous environne, et qui nous regarde et nous reconnaît.

Nommer les dieux, c'est être *d'intelligence*, non pas avec l'ennemi, mais dans l'amitié des aspects divers du monde. Ce vent, Éole, ce soleil, Hélios, cet Océan nous parlent, nous regardent, et nous pouvons leur adresser nos louanges, nos imprécations ou nos prières. Les dieux disent, en existant, la relation qui opère entre le monde et nous, entre l'immense et l'infime, entre le mortel et l'immortel. Ainsi, la vision que nous avons du temps ne se réduit pas à la seule temporalité des mortels que nous sommes, et nous pouvons servir ce qui est plus haut et plus grand que nous ; condition nécessaire à toute fondation, à toute civilisation.

Le grand souci politique de toutes les épopées et Chansons de Geste, tient en une définition de la noblesse. Qu'est-ce qu'être noble ? De quelle nature est l'*areté* homérique ou la vertu héroïque ou chevaleresque des romans arthuriens ? Sa nature est d'être, précisément, la réverbération d'une surnature et l'approche d'une merveille. Elle est d'être de ce monde sans lui appartenir entièrement ; elle est de fonder, en mortel, ce qui doit nous survivre.

Nous, modernes, méconnaissons la chance de recevoir. Nous préférons rompre avec ce qui exigerait de nous une reconnaissance ou une gratitude, une admiration, sans savoir à quel point ces beaux sentiments peuvent être, lorsqu'on s'y abandonne, *légers* – légers comme d'une ivresse légère, une dansante dionysie. Sans doute la plus triste, la plus morose des souffrances humaines est-elle cette illusion funeste de n'avoir rien, ni personne, à remercier. Le nihilisme se fonde sur cette arrogante illusion que meut, comme l'automate d'un cauchemar expressionniste, cette volonté de puissance retournée, inversée, et rendue infirme, qu'est la volonté de vengeance, non plus contre des ennemis, ou, comme dans l'*Odyssée*, d'abusifs prétendants, mais contre la simple dignité des êtres et des choses.

Proches et lointains sont les dieux. Ce lointain si proche, cette proximité si lointaine sont la nature surnaturelle des dieux. Dans la vastitude qui nous surplombe comme dans l'interstice que nous devinons, leur secret est d'advenir, d'être, selon la formule grecque, « *ceux qui adviennent* », et qui adviennent par notre art et notre ferveur à les nommer.

À écouter Hésiode et Pindare, Homère et Virgile, les dieux qu'ils évoquent et dont ils disent les advenues, les dieux qu'ils invoquent et qu'ils racontent, nous nous apercevons soudain que ces dieux, depuis la nuit des temps de notre mémoire, nous accompagnent, et que nos destinées s'accomplissent sous leurs égides menaçantes ou protectrices. Intercesseurs du tragique et de la joie, ils sont, approfondissant l'espace et le temps, ombres et lumières entretissées, frontières frémissantes, orées impondérables, et rien, sinon une interdiction que nous nous faisons à nous-mêmes, valant ignorance, ne nous interdit d'en recevoir, *hic et nunc*, les messages.

Cette proximité lointaine, ce lointain si proche, cette distance immanente et transcendante, tendue comme un arc entre le temps et l'éternité, définit un rapport au monde où les contraires s'avivent, ourdissent ensemble un grand dessein, lors que les dualismes sont frappés d'inconsistance.

Il est une façon « païenne » d'approcher du vrai, du beau et du bien, ni scolastique, ni systématique. Dans un monde où les dieux sont les résonances du possible, le réel ne se donne point à administrer, à diviser, ou à planifier. On remarquera à quel point, chez les philosophes grecs, qu'ils soient ante- ou post-socratiques, ce mode la pensée, l'opinion, la *doxa*, si despotique de nos jours, est, sinon absent, du moins immédiatement mis en perspective. L'esprit critique – qui naît de la philosophie grecque et de nulle autre, fonde, dans le raisonnement, la précellence de l'objectivité.

La *doxa* corrigée par la *gnôsis* de la philosophie platonicienne et néo-platonicienne, de Plotin, jusqu'à Marsile Ficin ou Pic de la Mirandole, succède à la *doxa* livrée et éprouvée par le paradoxe d'Héraclite ou de Zénon. La pensée grecque, mesurée à l'objectivité des dieux qui nous délivrent de la subjectivité outrancière de la croyance réduite à une monologie, demeure cette flèche paradoxale qui ne devrait jamais toucher sa cible, alors même qu'elle la frappe. Les dieux et cette façon grecque de s'entretenir avec les dieux, ne sont pas étrangers à cette pensée spéculative toute d'audace, d'élans et de surprises.

Pour les Grecs, les théophanies ne sont pas les causes ou les conséquences d'une *croyance*, mais une expérience que l'on *éprouve* – sauvegardant ainsi le sens étymologique du mot expérience, *ex-periri*, traversée d'un péril. Ce qui s'éprouve n'est pas affaire d'opinion, de croyance, mais de connaissance. Ces dieux qui nous regardent sans nous juger, qui interviennent de façon contradictoire ou paradoxale dans nos destinées, ces dieux qui nous guident et nous déroutent, nous enchantent ou nous terrifient, prédisposent nos pensées à des vigueurs qui font paraître ineptes ces dualismes si reposants, quel que soit le côté vers lequel ils nous inclinent, pour mieux nous déchoir.

Entourés d'Aphrodite, de Dionysos, d'Apollon, ou d'Athéna, comment pourrions-nous reposer notre pensée dans une représentation, comment pourrions-nous administrer cette représentation et, par elle, vouloir planifier la réalité des hommes et du monde ?

L'opposition de la croyance et du scepticisme, de la nature et de la surnature, du corps et de l'esprit, du sensible et de l'intelligible – que l'on accuse à tort Platon d'avoir promue, alors qu'il nous dit, entre les deux, non la rupture, mais « la gradation infinie » ; l'opposition entre le singulier et le collectif, entre le destin individuel et la communauté de destin – ces oppositions scolastiques, universitaires, puis, hélas, journalistiques, sont devenues si familières aux esprits formés par le dualisme qu'elles sont devenues comme intrinsèques à presque tous les discours idéologiques de notre temps – alors qu'elles n'eurent, sans doute, pour les Grecs, entourés de la polyphonie concordante des dieux, aucun sens.

Entre l'individualisme de masse et le collectivisme planificateur, une tierce voie demeure possible qu'illustre le voyage odysséen. Cette voie, encore que généralement oubliée, n'a jamais cessé d'être fréquentée. Fénelon, dans son *Voyage de Télémaque*, y invita celui qui devait devenir notre Roi-Soleil, et Versailles, ce temple apollinien du Roi très-chrétien, en témoigne.

Si arrogantes qu'eussent été les prétentions des sectateurs, de ceux qui coupent et qui divisent le temps, de ceux qui eussent voulu nous séparer de notre passé, celui-ci, précisément parce qu'il fut déplacé hors de la temporalité qu'on voulait nous imposer, nous revient, si l'on ose dire, quand il lui plaît.

La formule des physiciens présocratiques, « rien ne se crée, rien ne se perd » se transpose aisément dans l'ordre des idées, au sens où les idées ne sont pas des abstractions, mais des formes, et des *formes formatrices*. Qu'elles soient hors de la *doxa*, proscrites, dénigrées, exclues du monde social, ces formes, qui nous forment et forment le monde, demeurent, fussent-elles inapparentes, car clandestines, et ressurgissent dans l'advenue des dieux qui les figurent.

Là où l'abstraction ne règne plus adviennent les dieux ; là où la nature n'est plus un spectacle ou une zone d'exploitation, les épiphanies surgissent, et point n'est nécessaire d'y croire pour les éprouver. Dans un monde peuplé de dieux, la dissociation entre ce qui serait de l'esprit et ce qui serait du corps n'a aucun sens, car c'est de l'âme que nous viennent les dieux, âme humaine dans l'éclat de la prunelle et Âme du monde – celle qui figure, dans Virgile, sur le bouclier de Vulcain.

Entre le sensible et l'intelligible, entre l'extériorité énigmatique et l'intériorité mystérieuse, les dieux sont intercesseurs. Le propre de leurs messages est qu'ils ne sont jamais entièrement délivrés ; ils demeurent en suspens, et attendent de nous un déchiffrement sans fin à la ressemblance de l'attente amoureuse ou du voyage en haute mer.

La haine du paganisme fut peut-être avant tout une haine de l'*Éros*, un ressentiment contre la joie. Dans son cours puissant, dévastateur, cette haine de l'*Éros* est devenue aussi une haine du *Logos*. Dans la mythologie grecque, il n'est point rare que les déesses se laissent étreindre par des hommes. Mais l'étreinte la plus ardente, la plus nuptiale, est celle qui unit l'*Éros* et le *Logos*, et dont naissent les épopées et les chants. L'inimitié du mythe et du *Logos*, sur laquelle insistent parfois messieurs les professeurs, est des plus relatives : il n'est que de voir l'importance des mythes platoniciens.

Dans les Hymnes homériques, la Théogonie d'Hésiode, la poésie de Pindare, le *Logos* embrasse le monde et s'embrase d'*Éros*. Au consentement tragique répond le consentement à la joie, à la jouissance. Être aimé d'une déesse donne une haute idée de l'amour, fort éloigné du puritanisme et de son envers pornographique – qui ne sont l'un et l'autre que deux aspects de cet utilitarisme moralisateur dans lequel Théophile Gautier, dans son admirable préface à *Mademoiselle de Maupin*, voyait la pire menace contre l'art, le plaisir, le goût et la civilisation elle-même.

Entre la maussaderie et la dérision hargneuse, les Modernes semblent mal disposés au combat allègre, savant et léger auquel Théophile Gautier nous convie – où furent cependant engagés, dans un magnifique « tous pour un » des écrivains puisant aux sources les plus hautes, tels que Gérard de Nerval, Marcel Schwob, Pierre Louÿs ou Paul Valéry – dont la traduction des *Géorgiques* de Virgile donne à la langue française un autre texte sacré.

Or ce puritanisme, ce moralisme, cette complaisance, voire cette obédience, à l'égard de ce qui veut nous détruire, que sont-ils sinon les écorces mortes d'une détestable fatigue ? Tout en ce monde moderne conjure à nous épuiser, à nous distraire, à nous culpabiliser, à nous anémier, à nous uniformiser et à nous faire oublier l'Aphrodite aux mille parfums.

Repoussés hors du réel, expropriés de nos terres et de nos traditions, chassés de nos paysages et rendus sourds à l'esprit des lieux, au palimpseste des légendes, aux bruissement des sources sacrées, nous sommes devenus ce troupeau aveugle dirigé vers les lotissements de l'abstraction, là où, en place de vivre dans la tragédie et dans la joie, nous serons figés en statues de sel devant des écrans auxquels nous servirons d'intercesseurs lucratifs. Ainsi, avec le réel, disparaissent le mythe et le *Logos*, et par eux, la voie d'accès avec ce qu'il y a de réel en nous, c'est-à-dire de souverain et de différencié.

Plus encore que par les religions qui s'y substituèrent – et gardèrent souvent de secrètes révérences à l'égard des symboles plus anciens –, la vue du monde portée par les dieux antérieurs est niée par le règne de l'abstraction pour lequel il n'est plus de rites opératoires ni de symboles qui relient le visible à l'invisible : abstraction par laquelle le monde est vide de toute présence et de toute puissance qui ne soit humaine et utilisable par l'humain.

Lorsque l'action se réduit à être strictement utilitaire dans un temps linéaire qui est le temps de l'usure, elle cesse d'être en corrélation avec la contemplation. Or ce qui ne se donne pas à contempler disparaît tôt ou tard de notre regard et de la vie elle-même, cette polyphonie de forces concordantes et contradictoires.

Les dieux peuplent les mers, les forêts, les prairies, les clairières, les glaciers, l'abord des rivières, car il y eut des regards d'homme pour s'y attarder, pour les considérer d'un autre œil que celui de la rentabilité. Pour qu'un dieu advienne, il faut que le regard approfondisse en lui le paysage qui sera son voile et son dévoilement. Le dieu, ou la déesse, surgit là où nous l'attendons.

La grande erreur morose, la grande erreur de la lassitude, la grande erreur du renoncement, est de croire que tout a déjà été vécu. Mille nuances sont en attente. Nous ne reviendrons pas aux dieux comme vers un passé, ou pire encore, un musée ; ce sont les dieux qui reviendront en nous, à l'impourvue – dès lors qu'abandonnant comme de trop humaines vérités nos trajectoires scolastiques, didactiques, discursives ou linéaires, nous consentirons à laisser nos pensées emprunter la forme des constellations, des concrétions minérales, des fleurs de givre, du vol des hirondelles, de l'étoilement.

Les formes, les dieux, les idées – au sens étymologique – sont à la fois une liberté conquise et une limite. Rien cependant n'est pire prison que l'informe, dont nul ne peut s'évader, car il n'a pas de frontières. Perdus dans le nulle part, nous sommes livrés sans défense et sans contredit possible à la servitude et au déterminisme le plus immédiat. Toute liberté *exercée* suppose la protection d'une forme, d'une idée ou d'un dieu qui libère et définit l'aire où nous pouvons agir. L'utopie de la liberté absolue conduit à la dictature absolue. Défions-nous des « libérateurs » dont le premier souci est de nous inventer, et surtout de nous vendre, de nouvelles servitudes. Ainsi chaque innovation technique se présente comme une liberté nouvelle, de se déplacer, de « communiquer », alors même qu'elle nous ôte une aptitude, nous soumet à son véhicule et nous fait dépendre de son objet.

La limite de la forme est une frontière que nous gardons la liberté de franchir en toute connaissance de cause, et qui nous garde aussi de nous dissoudre, de nous évanouir, et de perdre ainsi, dans l'indélimité, le sens même de notre souveraineté.

Ces dieux qui demeurent et que, parfois, notre attention ravive dans la profondeur du temps, veillent sur notre civilisation dont ils disent les puissances, les paradoxes et les détours – et ce Dit, cette *Dichtung*, nous protège de la société qui travaille à la liquidation, à la table rase, à la solderie de tout et de tous. L'apparence de vérité de la théorie du « choc des civilisations » cède devant l'évidence de cette guerre plus profonde, plus radicale et plus impitoyable, qui oppose désormais la société, régie par l'argent, suprême liquidité, au palimpseste des civilisations.

Qu'attendons-nous ? Dans quels temps attendons-nous ? De quelles attentions honorons-nous le monde, et dans quelles attentions divines, à l'exemple d'Ulysse, sommes-nous ? Lorsque les hommes sont attentifs aux dieux et les dieux attentifs aux hommes, cet autre temps, qui n'est plus le temps de l'usure, se déploie et devient un espace de réminiscences et de pressentiments. Les signes deviennent symboles et rappels. On songe à ce poème platonicien de Théophile de Viau :

« Au seul ressouvenir d'avoir couru les eaux
Nos rapides pensers volent dans les étoiles
Et le moindre instrument qui sert à des vaisseaux
Nous fait ressouvenir des cordages et des voiles. »

La profondeur n'est pas dans la seule direction du passé ; elle environne l'instant d'un beau cosmos miroitant, dans toutes les directions. Lorsque les dieux apparaissent ou interviennent, le temps n'est plus seulement une ligne, qui va du passé vers un futur en abolissant le présent, mais une roue solaire, un *feu de roue* comme disent les alchimistes, qui changera en or, en ensoleillement intérieur, en épiphanie héliaque du *Logos* le plomb du temps accumulé.

La théophanie est l'instant qui fait éclore le cœur du temps. Au temps passé, au temps futur s'ajoutent d'autres temps, *latéraux* ou *transversaux*, selon des modalités non plus discursives, mais rayonnantes. « *La musique creuse le ciel* », disait Baudelaire. Les dieux et leurs légendes creusent le temps – et ce n'est point vers un passé momifié que nous allons, mais vers l'eau la plus fraîche, qui sourd des profondeurs, la claire fontaine du temps perdu qui est l'éternité même, ainsi que nous le dit la *Feuille d'Or* d'Hipponion : « *Ceci est l'œuvre de la mémoire, quand tu seras sur le point de mourir. Tu iras dans la maison bien construite d'Hadès. Il y a une source à droite, et dressée à côté d'elle un blanc cyprès : descendue de là les âmes des morts se rafraîchissent. De cette source ne t'approche surtout pas ! Mais plus avant tu trouveras une eau qui coule du lac de Mnémosyne ; devant elle il y des gardes. Ils te demanderont, en sûr discernement, ce que tu viens chercher dans les ténèbres de l'Hadès obscur, dis : Je suis fils de Terre et de Ciel étoilé.* »

De tels écrits situent ce que nous sommes, le cœur secret de nos songes et de nos actions, dans un présent qui est présence parfaite à ce qu'il y a de plus archaïque, de plus originel. Ces phrases ne se donnent pas à entendre comme un témoignage anthropologique ou historique, mais s'offrent au déchiffrement, à l'herméneutique ardente, amoureuse, comme la trame sur laquelle s'incurvent, ici et maintenant, la conscience de notre finitude et notre espérance d'immortalité. En ce qu'elles sont un péristyle de l'au-delà, et peut-être par cela même, elles peuvent aussi se comprendre comme une vue du monde, une légende de nos œuvres ici-bas, de nos songes et de nos combats.

L'autre monde, l'autre temps, dans la vision antique du monde, n'est pas donné, il est conquis. L'éternité est conquise par l'attention, ainsi que la vie elle-même qui ne resplendit jamais aussi bien que lorsque nous savons, avec Platon, que « le temps est l'image mobile de l'éternité », et qu'il nous vient ainsi, naturellement et surnaturellement, à servir plus grand que soi.

Chacun perçoit plus ou moins obscurément que deux mondes s'opposent, celui de la réglementation abstraite et celui des libertés réelles. Ces deux mondes s'opposent, au demeurant, en nous tout autant qu'autour de nous. À cet égard, nous sommes, que nous le voulions ou non, doublement impliqués dans leur discord. Le comble de l'abstraction est l'Argent. De même qu'il y a une nature naturante, une idée idéatrice, une forme formatrice ou génétique, il y a cette abstraction *abstractive*, si l'on ose dire, en ce qu'elle tend à faire de toute chose une quantité abstraite.

Quiconque a vu mourir l'un des siens a vu aussitôt s'affairer autour du défunt un grouillement de banquiers, de notaires et de parasites divers, dont l'État. Dans le monde moderne, le disparu n'est pas « *fils du Ciel étoilé* », selon la formule orphique, mais une chose immédiatement monnayable. Rien de bien surprenant, puisque selon l'atroce devise en vigueur, « *time is money* », la vie elle-même est destinée à être soumise à cette réduction de la qualité à la quantité. Le temps quantifié n'est plus ce « temps perdu », ce temps qui précisément nous reviendra en reconnaissances, en réminiscences, comme le Graal de Wolfram von Eschenbach, lequel nous enseigne que le Graal perdu est le Graal trouvé, mais un temps *détruit*. Au temps détruit, le temps des dieux oppose le temps fécond, printemps de l'âme.

Cette titanesque machine uniformisatrice que nous voyons à l'œuvre, outre l'esprit de vengeance et de ressentiment, a pour moteur la peur du tragique et le dédain de la joie qui lui est corrélative. Le sentiment tragique de la vie naît de cette certitude que rien, aucune situation, aucune personne, aucun peuple, aucun paysage, aucune œuvre, aucun combat ne sont interchangeables. Leur essence et leur génie fleurissent et meurent avec eux. Rien ne peut les remplacer. Les œuvres peuvent en prolonger la mémoire, en perpétuer les gloires, mais rien, à jamais, ne pourra s'y substituer. La joie la plus intense brûle ainsi de la flamme tragique : elle sera à jamais sans ressemblance. Ce constat est si cruel que, pour le fuir, les hommes en vinrent à se vouloir interchangeables dans un monde uniformisé et désirer être ces « derniers des hommes » qu'évoquait Nietzsche. Or cette utopie funeste, quand bien même la société du contrôle lui donne quelque apparence de succès, n'en demeure pas moins, comme les sociétés disciplinaires du début du siècle précédent, vouées à l'échec – mais après quels ravages ! – et d'un échec qui sera plus cruel que la cruauté qu'elle voulut fuir, car le tragique alors lui retombera dessus, alors même que toute joie sera éteinte.

Les dieux viennent de la profondeur du temps, ils nous adviennent afin de nous détacher des écorces mortes, des représentations, des ombres sur les murs de la caverne. Une plus haute et plus impondérable fidélité est requise dans leur advenue. Les dieux nous reviennent, intacts, comme au premier matin du monde, lorsque tout est dévasté. Ils nous reviennent afin que nous apprenions à distinguer ce qui passe de ce qui demeure, les formes vides, les écorces mortes et les formes formatrices, les attachements qui asservissent et les fidélités qui libèrent, les choses mortes et les causes créatrices, la source du Léthé et la source de Mnémosyne. Celle-ci n'est pas la source de la remémoration morose, de la repentance, ces frelatées friandises modernes. Mnémosyne nous abreuve du souvenir de ce que nous n'avons jamais appris, elle nous relie au *tradere*, ressource venue de la nuit des temps.

Ce monde dans lequel nous vivons et qui n'exige rien de nous, sinon la répétition psittaciste de l'opinion dominante et le paiement des factures, est la platitude même, et le « réalisme », dont parfois il se vante, est le plus grand déni possible du réel, en latitudes et longitudes, en hauteur et en profondeur. Là seulement où il y a une hauteur et une profondeur adviennent les dieux qui sont les noms des hauteurs et des profondeurs qui nous regardent.

Il n'est rien qui soit moins « du passé » qu'une épiphanie ou une théophanie puisqu'en elles se rassemblent, en un point d'incandescence, toutes les puissances du présent. Ces forêts, où nous nous égarons, sont pleines de dieux, ce fleuve que nous avons longé en repensant cruellement ou tendrement toute notre vie, certes, est un dieu ; toutefois ces dieux ne sont pas seulement, comme le pensaient certains anthropologues, des « représentations des forces de la nature », mais la nature elle-même en tant qu'elle est une réverbération du *Logos*, un miroir de l'âme et des puissances sympathiques, *magnétiques,* qui se manifestent, en même temps, en nous et dans le monde.

Qu'ils soient généralement oubliés n'ôte rien à la présence des dieux, lesquels – contemporains perpétuels d'une philosophie qui pense le monde sans commencement et sans fin – ne meurent jamais, mais s'éloignent et se rapprochent, et ne s'absentent qu'aux regards de ceux qui vivent dans un temps sans profondeur et dans un espace purement quantitatif. *Les dieux, ceux qui adviennent* ; rien n'advient jamais que dans le présent. Les dieux sont ce qui soulève, ce qui fait advenir dans le présent – que notre inattention eût distrait – une présence attentive, une présence qui exige d'être dite et chantée, à notre façon, française et européenne, afin qu'elle devienne, ou redevienne, une présence au monde, un ensoleillement de l'être.

André Suarès, *Miroir du temps*

Qu'est-ce qu'une civilisation ? Alors que la notion en devient incertaine, menacée par l'indifférence ou des « déconstructions » pédantes et repentantes, un livre nous advient qui donne à cette question une réponse magnifique, tant par le style, dont on sait, par Buffon et Saint Pol-Roux, qu'il est l'homme, et l'âme, et sans doute la vie elle-même, que par une multiplicité d'exemples précis, de Suétone à Cézanne, en passant par Spinoza, Cervantès, Goethe, Chateaubriand, Dostoïevski, Tolstoï, Wagner, Stevenson, Péguy, Debussy, D'Annunzio, et bien d'autres.

Ce livre, intitulé *Miroir du temps*, rassemble les principaux inédits d'André Suarès. Il est le résultat de deux décennies de recherches, de voyages et de rencontres. Nous le devons à Stéphane Barsacq, auteur, entre autres, d'un beau recueil de pensées intitulé *Mystica*. Ce livre nous vient, comme une victoire du *Kaïros*, au juste moment. Plutôt que de nous perdre dans les remugles des romans du ressentiment, du grief et de la vindicte, dans ces récits d'hommes et de femmes incarcérés en eux-mêmes, qui haïssent leur passé et celui de l'Europe, voici que la chance nous est donnée de nous abreuver à la source de Mnémosyne grâce à une œuvre altière dont l'immédiate vertu est de nous rendre à ce qu'il y a de meilleur en nous-mêmes. Les plus grands d'entre ses contemporains et ses successeurs, au demeurant, ne s'y trompèrent pas. De Claudel à Cendrars, de Malraux à Jankélévitch, tous reconnurent en André Suarès un des plus grands écrivains de la langue française.

Toute œuvre digne de ce nom est au service d'un grand dessein. Celui d'André Suarès est de délivrer l'âme de ses écorces mortes et de *relever* la vie, en lui donnant une hauteur oubliée et l'intensité d'une épice, « *sel de Typhon* », selon la formule virgilienne. Voici son adresse au lecteur, qui donne le ton de l'ouvrage, son orgueil, qui est pudeur, et son insolence, qui est amitié : « *Tu as toujours de l'or pour boire, pour manger, pour te mettre au lit ou pour aller voir danser des oies pendant que des singes font de la musique en frappant sur des casseroles : soucie-toi un peu de ton âme, mon Lecteur, il est temps. Tu n'y penses pas, telle est ta négligence et nous le savons bien : c'est pourquoi nous y avons songé pour toi.* »

De splendides journées de lecture seront données à celui qui, ouvrant ce livre, laissera André Suarès *songer à son âme*. L'incuriosité est souvent le fait de ceux qui, trop pleins d'eux-mêmes, ne laissent, dans leur ressassement égotiste, aucune place au songes qui viennent de haut et de loin. Lire André Suarès, à cet égard, est un exercice spirituel ; l'espace intérieur s'accroît, en longitude et en latitude, le temps s'approfondit comme une grotte marine, Pétrone et Suétone posent leur main sur notre épaule, et à lire ce qu'en dit André Suarès, voici qu'ils sont, depuis toujours, nos voisins de campagne, de chers amis. Un beau ressac gronde et chante, dont les crêtes sont des œuvres, non plus embrigadées, ou empoussiérées, non plus objets de la triste médecine légale des universitaires, mais toutes vives, ruisselantes d'écumes, aimables enfin, ou redoutables, comme l'Aphrodite Anadyomène.

Chez André Suarès, l'Intellect, qui est particulièrement aiguisé, est toujours au service de l'*Éros* ou de la *Philia*. L'œuvre qu'il évoque, entre en vibration ; il en parle, souvent en bien et parfois en mal, comme d'une amante ; son esprit souffle à travers les ramures des phrases comme Éole par les cordes. « *Mon œuvre*, écrivait André Suarès à Stefan Zweig, *est un vaste poème de la connaissance. Comme à un vieux Grec de l'Occident, tout est poésie à mes yeux, mais poésie de Psyché, qui cherche l'Amour dans le palais de la Métaphysique.* »

André Suarès ne céda jamais aux facilités ni aux opportunités des idéologies, qui permirent à tant d'autres écrivains, avec l'usage d'une certaine mauvaise foi, de *passer la rampe*, comme on dit, et de toucher le gros public. À la *doxa*, Suarès préfère le *paradoxe* – non, s'il faut préciser, le jeu d'un esprit enclin au sophisme, mais la fervente délivrance de cette chape de plomb que font peser sur nous ces dévots, fussent-ils « matérialistes », auxquels précisément manque l'immémoriale piété –, *paradoxe* alors comme une brèche ouverte sur le Grand Large, là où tournoient les nuées, où règnent, en leurs impondérables puissances, les dieux. « *De plus en plus*, écrit André Suarès, *je me suis rendu compte de mon être véritable : un homme du VIe siècle avant Jésus-Christ, qui voit partout des dieux et qui ne peut voir qu'eux.* »

Libre d'allure, André Suarès est un classique incandescent. Aucun romantique ne le surpasse en fougue. S'il est classique, ce n'est point par atermoiements raisonnables, goût du passé, mais par une défiance à l'égard du mauvais infini, celui qui finit justement par tout uniformiser. L'indistinction n'est pas son fort ; en toute œuvre il discerne, et retient, pour l'honorer, le trait sans ressemblance, la limite heureuse, l'accord de la pensée avec l'acte d'être, la sollicitude pour la nuance. La Grèce et l'Italie de ce classique dionysien ne sont pas celles, en blouse ou en habit, ou en mots d'ordre, des scolaires, des académiques ou des politiques. Son esprit veille mieux au bord du volcan d'Empédocle. Une transcendance le requiert, mais insoumise au dogme, une conscience morale le hante, comme son ami Péguy, mais contre ces moralisateurs vaniteux toujours empressés à rabattre ce qui leur est supérieur à doses, de plus en plus létales, de moraline.

Sitôt croit-on saisir André Suarès qu'il est ailleurs. Le croit-on païen plus que Leconte de Lisle qu'il donne cette précision: « *Comme je suis à l'aise entre Éleusis et Delphes ; et d'Olympie à l'Hymette ! Toutefois, Jésus, la Vierge et les autres dieux du cœur palpitant sont aussi dans mon Olympe.* » *Les autres dieux du cœur palpitant...* peut-être ceux qui viendront, les dieux attendus, qui veillent sur l'orée, entre la parole et le silence, ceux qui annonceront le seconde souffle de l'Europe, le Paraclet. Par devers la société, qui n'est que « *le masque de la convenance sur l'os nu de l'intérêt* », Suarès évoque la Vierge du Paraclet « *celle sans le savoir, qui est née pour le Paraclet, qui va d'un pas si léger, si doux et si tranquille sur la route sacrée* ». Quoi qu'il nous dise, tout, chez André Suarès, est toujours écrit à fleur de peau, mais cette peau est d'âme, comme le savait Catherine Pozzi ; elle est ce qu'il y a de plus profond en nous. Toute surface lui est ainsi révélatrice. En platonicien d'instinct, en platonicien homérique, ce qui n'est point tant un oxymore, le beau fait, en lui et dans son œuvre, resplendir le vrai, non comme une finalité, mais comme l'épiphanie de la lumière sur l'eau, « *la mer allée avec le soleil* », l'éternité rimbaldienne. Cependant le mot de Nietzsche lui conviendrait assez bien : « *Je cherche non la vie éternelle, mais l'éternelle vivacité* ».

Rien n'est plus vivace qu'une phrase d'André Suarès, et c'est à sa phrase qu'il faut juger un écrivain, non à sa thèse. Ses essais ne sont pas du « paratexte », mais un dialogue. Nous le voyons ainsi engager une conversation, parfois âpre, souvent rêveuse et admirative, avec des écrivains, des peintres, des musiciens dont les œuvres nous viennent, non comme des objets d'étude, mais comme des voix vivantes, des sapiences nocturnes ou soleilleuses. André Suarès n'écrit pas sur Debussy, par exemple, il écrit *à* Debussy : « *Rien d'ascétique en vous, ni d'un homme qui fuit le monde ; mais beaucoup de celui qui n'y est pas sans y être étranger* », ou ceci encore : « *Votre imagination tournait en beauté musicale tout ce qui touchait vos sens et vos pensées* ». Nul mieux qu'André Suarès ne sait discerner ce qui dans une œuvre est profondément français, et qui, s'éloignant de nous, devient peu à peu un mystère. Suarès, ce « grand Européen », mais au sens de Nietzsche, a l'oreille et le cœur, pour reconnaître, dans la prose, dans la peinture, dans la musique, celles des Muses grecques qui veillent, avec une diligence particulière, aux œuvres françaises. Il y faut une alliance particulière, reconnaissable, mais difficile à analyser, entre la désinvolture et la vigueur, la liberté conquise et le goût des formes, une façon parfois de fluer au-dessus des apparences que la langue française favorise, et que le génie de Stendhal ou de Valéry illustra diversement. « *La musique française*, écrit André Suarès, à propos de Debussy, *a trouvé dans Claude Achille son Watteau et son Racine, le maître qu'elle attendait depuis Rameau, celui qui enrôle la puissance dans la grâce et la profondeur dans la suprême élégance. Le Valois est une contrée de l'Attique : on l'a bien vu, cette fois. Un grand Français est toujours, quoi qu'il semble, ou presque toujours, un grand aristocrate. Le vrai peuple de France, jusqu'ici, a toujours été bien né, comme celui d'Athènes* ». Jusqu'ici, oui, mais qu'en est-il depuis ? Où sont les hommes, bien nés, les Athéniens d'esprit, sinon relégués dans quelques marges extrême ; mais nous savons *qui ils sont*, ces insoumis : lecteurs d'André Suarès, déjà, que nous espérons aussi nombreux que possible.

André Suarès parle de ce qu'il aime, certes ; ses goûts sont, selon la formule de Philippe Sollers, « une guerre », qu'il lui convient de mener, non sans le beau fanatisme de celui qui est entré, un jour, dans le temple de la beauté, et s'en souvient ; il parle aussi de ce qui *nous regarde*, si nous daignons ne point passer à côté sans le voir. André Suarès n'est pas esthète monomane, un Des Esseintes abîmé dans la contemplation de sa tortue coruscante ; il s'adresse à nous, sa phrase est toujours orientée, flèche, hirondelle, vers nous, fût-ce au-dessus de nous, ses lecteurs, ou vers les dieux qu'il nous rend présents. Rien n'est moins morose que le monde d'André Suarès, tout y est vif, tragique et joyeux, la joie étant le bel envers du consentement au tragique. Tout ce que nous eussions été si nous n'étions pas passés à côté, dans nos sinistres affairements, se trouve, dans un air d'aurore, dans l'œuvre d'André Suarès : l'attente exquise, l'ombre bleue des amandiers, et dans toute chose discernable, une couleur, un accord, un mot, l'immense gradation qui va du sensible à l'intelligible.

André Suarès fut de ceux qui ne vécurent que pour la beauté, existence héroïque s'il en est, par laquelle le monde est moins laid qu'il ne l'eût été sans lui. André Suarès ne déroge pas au bel orgueil de le savoir, et même de le rappeler aux gendelettres qui, à ses yeux, galvaudent et souillent le *Logos*-Roi ; mais lorsque la grandeur apparaît, hors de son œuvre, et dans la vie, dans l'Histoire, il est aussi le premier à lui rendre hommage. Excepté Albert Londres, peu nombreux furent en France ceux qui reconnurent la grandeur de Gabriele D'Annunzio à Fiume, dont la reconquête, pour Suarès, dépasse la rébellion nationale, le refus d'un traité félon, voire l'utopie sociale, pour réinventer l'accord fondamental entre la poésie et la politique. « *Faute de poésie, la politique n'est jamais qu'au jour le jour. Elle manque de but même lorsqu'elle y touche.* » Ce qui nous est au plus proche vient de l'horizon inconnu, la force qui arrache au prosaïque comme l'aile arrache à la pesanteur. « *Du balcon illustre*, écrit André Suarès, *trente siècles de culture et de pensée ont volé de sa bouche ; sa parole a manié la foule, sans l'aduler ; il a su la convaincre sans l'avilir jusqu'à la suivre ; il n'a jamais eu plus de raison dans l'ardeur, ni plus de sage magnanimité. Il les a ennoblis de sa propre noblesse.* »

D'Annunzio, entre la lumière d'Homère et l'ombre de Dante

> « *En quelque sorte, un dialogue d'esprit, une provocation, un appel...* »
> Friedrich Nietzsche

Né en 1863, à Pescara, sur les rivages de l'Adriatique, Gabriele D'Annunzio sera le plus glorieux des jeunes poètes de son temps. Son premier recueil paraît en 1878, inspiré des *Odes Barbares* de Carducci. Dans *L'Enfant de volupté,* son premier roman, qu'il publie à l'âge de vingt-quatre ans, l'audace immoraliste affirme le principe d'une guerre sans merci à la médiocrité. Chantre des ardeurs des sens et de l'intellect, D'Annunzio entre dans la voie royale de l'art dont l'ambition est de fonder une civilisation neuve et infiniment ancienne.

Le paradoxe n'est qu'apparent. Ce qui échappe à la logique aristotélicienne rejoint une logique nietzschéenne, toute flamboyante du heurt des contraires. Si l'on discerne les influences de Huysmans, de Baudelaire, de Gautier, de Flaubert ou de Maeterlinck, il n'en faut pas moins lire les romans, tels que *Triomphe de la Mort* ou *Le Feu,* comme de vibrants hommages au pressentiment nietzschéen du surhomme.

Il n'est point rare que les toutes premières influences d'un auteur témoignent d'une compréhension plus profonde que les savants travaux qui s'ensuivent. Le premier livre consacré à Nietzsche – celui de Daniel Halévy publié en 1909 – est aussi celui qui d'emblée évite les malentendus où s'embrouilleront des générations de commentateurs. L'écrivain D'Annunzio, à l'instar d'Oscar Wilde ou d'Hugues Rebell, demeurera plus proche de la pensée de Nietzsche – alors même qu'il ignore certains aspects de l'œuvre – que beaucoup de spécialistes, précisément parce qu'il inscrit l'œuvre dans sa propre destinée poétique au lieu d'en faire un objet d'étude méthodique.

On mesure mal à quel point la rigueur méthodique nuit à l'exactitude de la pensée. Le rigorisme du système explicatif dont usent les universitaires obscurcit leur entendement aux nuances plus subtiles, aux éclats brefs, aux beaux silences. « *Les grandes idées viennent sur des pattes de colombe* », écrivait Nietzsche qui recommandait aussi à son ami Peter Gast un art de lire bien oublié des adeptes des « méthodes critiques » : « *Lorsque l'exemplaire d'*Aurores *vous arrivera en mains,* *allez avec celui-ci au Lido, lisez le comme un tout et essayez de vous en faire un tout, c'est-à-dire un état passionnel ».* L'influence de Nietzsche sur D'Annunzio, pour n'être pas d'ordre scolaire ou scolastique, n'en est pas pour autant superficielle. D'Annunzio ne cherche point à conformer son point de vue à celui de Nietzsche sur telle ou telle question d'historiographie philosophique, il s'exalte, plus simplement, d'une rencontre. D'Annunzio est « nietzschéen » comme le sera plus tard Zorba le Grec de Kazantzakis. Par les amours glorieuses, les combats, les défis de toutes sortes, D'Annunzio poursuit le songe ensoleillé d'une invitation au voyage victorieuse de la mélancolie baudelairienne.

L'enlèvement de la jeune duchesse de Gallese, que D'Annunzio épouse en 1883, est du même excellent aloi que les pièces de l'*Intermezzo di Rime*, qui font scandale auprès des bien-pensants. L'œuvre entière de D'Annunzio, si vaste, si généreuse, sera d'ailleurs frappée d'un interdit épiscopal dont la moderne suspicion, laïque et progressiste, est l'exacte continuatrice. Peu importe qu'ils puisent leurs prétextes dans le dogme ou dans le « sens de l'Histoire », les clercs demeurent inépuisablement moralisateurs.

Au-delà des polémiques de circonstance, nous lisons aujourd'hui l'œuvre de D'Annunzio comme un rituel magique, d'inspiration présocratique, destiné à éveiller de son immobilité dormante cette *âme odysséenne*, principe de la spiritualité européenne en ses aventures et créations. La vie et l'œuvre, disions-nous, obéissent à la même logique nietzschéenne – au sens ou la logique, désentravée de ses applications subalternes, redevient épreuve du *Logos*, conquête d'une souveraineté intérieure et non plus soumission au rationalisme. Par l'alternance des formes brèves et de l'ampleur musicale du chant, Nietzsche déjouait l'emprise que la pensée systématique tend à exercer sur l'intellect.

De même, D'Annunzio, en alternant formes théâtrales, romanesques et poétiques, en multipliant les modes de réalisation d'une poésie qui est, selon le mot de Rimbaud, « en avant de l'action », va déjouer les complots de l'appesantissement et du consentement aux formes inférieures du destin, que l'on nomme habitude ou résignation.

Ce que D'Annunzio refuse dans la pensée systématique, ce n'est point tant la volonté de puissance qu'elle manifeste que le déterminisme auquel elle nous soumet. Alors qu'une certaine morale « chrétienne » – ou prétendue telle – n'en finit plus de donner des lettres de noblesse à ce qui, en nous, consent à la pesanteur, la morale d'annunzienne incite aux ruptures, aux arrachements, aux audaces qui nous sauveront de la déréliction et de l'oubli. Le déterminisme est un nihilisme. La « liberté » qu'il nous confère est, selon le mot de Bloy, « *celle du chien mort coulant au fil du fleuve* ».

Cette façon d'annunzienne de faire sienne la démarche de Nietzsche par une méditation sur le dépassement du nihilisme apparaît rétrospectivement comme infiniment plus féconde que l'étude, à laquelle les universitaires français nous ont habitués, de « l'anti-platonisme » nietzschéen – lequel se réduit, en l'occurrence, à n'être que le faire-valoir théorique d'une sorte de matérialisme darwinien, comble de cette superstition « scientifique » que l'œuvre de Nietzsche précisément récuse.

Le surhomme que D'Annunzio exalte n'est pas davantage l'aboutissement d'une évolution que le fruit ultime d'un déterminisme heureux. Il est l'exception magnifique à la loi de l'espèce. Les héros du *Triomphe de la Mort* ou du *Feu* sont des exceptions magnifiques. Hommes différenciés, selon le mot d'Evola, la vie leur est plus difficile, plus intense et plus inquiétante qu'elle ne l'est au médiocre. Le héros et le poète luttent contre ce qui est, par nature, plus fort qu'eux. Leur art instaure une légitimité nouvelle contre les prodigieuses forces adverses de l'état de fait. Le héros est celui qui comprend l'état de fait sans y consentir. Son bonheur est dans son dessein. Cette puissance créatrice – qui est une ivresse – s'oppose aux instincts du troupeau, à la morale de l'homme bénin et utile.

Les livres de D'Annunzio sont l'éloge des hautes flammes des ivresses. D'Annunzio s'enivre de désir, de vitesse, de musique et de courage, car l'ivresse est la seule arme dont nous disposions contre le nihilisme. Le mouvement tournoyant de la phrase évoque la solennité, les lumières de Venise la nuit, l'échange d'un regard ou la vitesse physique du pilote d'une machine – encore parée, alors, des prestiges mythologiques de la nouveauté. Ce qui, aux natures bénignes, paraît outrance devient juste accord si l'on se hausse à ces autres états de conscience qui furent de tout temps la principale source d'inspiration des poètes. Filles de Zeus et de Mnémosyne, c'est-à-dire du feu et de la mémoire, les Muses héliconiennes, amies d'Hésiode, éveillent en nous le ressouvenir de la *race d'or* dont les pensées s'approfondissent dans les transparences pures de l'Éther !

« *Veut-on*, écrit Nietzsche, *la preuve la plus éclatante qui démontre jusqu'où va la force transfiguratrice de l'ivresse ? L'amour fournit cette preuve, ce qu'on appelle l'amour dans tous les langages, dans tous les silences du monde. L'ivresse s'accommode de la réalité à tel point que dans la conscience de celui qui aime la cause est effacée et que quelque chose d'autre semble se trouver à la place de celle-ci – un scintillement et un éclat de tous les miroirs magiques de Circé* [...]. »

Cette persistante mémoire du monde grec, à travers les œuvres de Nietzsche et de D'Annunzio, nous donne l'idée de cette *connaissance enivrée* que fut, peut-être, la toute première herméneutique homérique dont les œuvres hélas disparurent avec la bibliothèque d'Alexandrie. L'âme est tout ce qui nous importe. Mais est-elle l'*otage* de quelque réglementation morale édictée par des envieux ou bien le pressentiment d'un accord profond avec l'Âme du monde ? « *Il s'entend*, écrit

Nietzsche, *que seuls les hommes les plus rares et les mieux venus arrivent aux joies humaines les plus hautes et les plus altières, alors que l'existence célèbre sa propre transfiguration : et cela aussi seulement après que leurs ancêtres ont mené une longue vie préparatoire en vue de ce but qu'ils ignoraient même. Alors une richesse débordante de forces multiples, et la puissance la plus agile d'une volonté libre et d'un crédit souverains habitent affectueusement chez un même homme ; l'esprit se sent alors à l'aise et chez lui dans les sens, tout aussi bien que les sens sont à l'aise et chez eux dans l'esprit.* » Que nous importerait une âme qui ne serait point le principe du bonheur le plus grand, le plus intense et le plus profond ? Évoquant Goethe, Nietzsche précise : « *Il est probable que chez de pareils hommes parfaits, et bien venus, les jeux les plus sensuels sont transfigurés par une ivresse des symboles propres à l'intellectualité la plus haute.* »

La connaissance heureuse, enivrée, telle est la voie élue de l'âme odysséenne. Nous donnons ce nom d'*âme odysséenne*, et nous y reviendrons, à ce dessein secret qui est le cœur lucide et immémorial des œuvres qui nous guident, et dont, à notre tour, nous ferons des romans et des poèmes. Cette âme est l'aurore boréale de notre mémoire. Un hommage à Nietzsche et à D'Annunzio a pour nous le sens d'une fidélité à cette tradition qui fait de nous à la fois des héritiers et des *hommes libres*. Maurras souligne avec pertinence que « *le vrai caractère de toute civilisation consiste dans un fait et un seul fait, très frappant et très général. L'individu qui vient au monde dans une civilisation trouve incomparablement davantage qu'il n'apporte.* »

Écrivain français, je dois tout à cet *immémorial privilège de la franchise*, qui n'est lui-même que la conquête d'autres individus, également libres. Toute véritable civilisation accomplit ce mouvement circulaire de renouvellement où l'individu ni la communauté ne sont les finalités du politique. Un échange s'établit, qui est *sans fin*, car en perpétuel recommencement, à l'exemple du cycle des saisons.

La philosophie et la philologie nous enseignent qu'il n'est point de mouvement, ni de renouvellement sans âme. L'âme elle-même n'a point de fin, car elle n'a point de limites, étant le principe, l'élan, la légèreté du don, le rire des dieux. Un monde sans âme est un monde où les individus ne savent plus recevoir ni donner. L'individualisme radical est absurde, car l'individu qui ne veut plus être responsable de rien se réduit lui-même à n'être qu'une unité quantitative – cela même à quoi tendrait à le contraindre un collectivisme excessif. Or, l'*âme odysséenne* est ce qui nous anime dans l'œuvre plus vaste d'une civilisation. Si cette âme fait défaut, ou plutôt si nous faisons défaut à cette âme, la tradition ne se renouvelle plus : ce qui nous laisse comprendre pourquoi nos temps profanés sont à la fois si individualistes et si uniformisateurs. La liberté nietzschéenne qu'exigent les héros des romans de D'Annunzio n'est autre que la liberté supérieure de servir magnifiquement la Tradition. Ce pourquoi, surtout en des époques cléricales et bourgeoises, il importe de bousculer quelque peu les morales et les moralisateurs.

L'âme odysséenne nomme cette quête d'une connaissance qui refuse de se heurter à des finalités sommaires. Odysséenne est l'âme de l'*interprétation infinie* – que nulle explication « totale » ne saurait jamais satisfaire, car la finalité du « tout » est toujours un crime contre l'esprit d'aventure, ainsi que D'Annunzio nous incite à le croire dans le *Laus Vitae* :

« *Entre la lumière d'Homère et l'ombre de Dante semblaient vivre et rêver*
en discordante concorde
ces jeunes héros de la pensée balancés entre le certitude
et le mystère, entre l'acte présent et l'acte futur... »

Victorieuse de la lassitude qui veut nous soumettre aux convictions unilatérales, l'*âme odysséenne*, dont vivent et rêvent les « *jeunes héros de la pensée* », nous requiert comme un appel divin, une fulgurance de l'Intellect pur, à la lisière des choses connues ou inconnues.

L'Allemagne secrète de Stefan George

La poésie est un combat. Aussi sereine, désinvolte ou légère qu'on la veuille, si éprise de songes vagues ou du halo des mots qui surgissent, comme l'écume, de l'immensité houleuse de ce qui n'est pas encore dit, la poésie n'existe en ce monde que par le dévouement, le courage, l'oblation martiale de ses serviteurs. À ce titre, toute poésie est militante, non en ce qu'elle se voudrait au service d'une idéologie, mais par la mise en demeure qu'elle fait à ceux qui la servent de la servir elle seule. Nul plus que Stefan George ne fut conscient de cette exigence à la fois héroïque et sacerdotale qui pose la destinée humaine dans sa relation avec la totalité de l'être, entre le tout et le rien, entre le noble et l'ignoble, entre l'aurore et le crépuscule, entre la dureté du métal et « l'onde du printemps » :

> « *Toi, toujours début et fin et milieu pour nous*
> *Nos louanges de ta trajectoire ici-bas*
> *S'élèvent Seigneur du Tournant vers ton étoile…* »

Le cours ordinaire des jours tend à nous faire oublier que nous vivons brièvement entre deux vastitudes incertaines qui n'appartiennent point à ce que l'homme peut concevoir en terme de vie personnelle, et qu'à chaque instant une chance nous est offerte d'atteindre à la beauté et à la grandeur en même temps que nous sommes exposés au risque d'être subjugués par la laideur et la petitesse. Depuis que nous ne prions plus guère et que nos combats ne sont plus que des luttes intestines pour le confort ou la vanité sociale, ce qu'il y a de terrible ou d'enchanteur dans notre condition nous fait défaut. Nous voici au règne des « *derniers des hommes* ». Pour Stefan George, la poésie est un combat, car le monde, tel qu'il se configure, n'en veut pas. La poésie n'est pas seulement le combat de l'artiste avec la matière première de son art, elle est aussi un combat contre le monde, un « contre-monde » selon la formule de Ludwig Lehnen, qui est, pour des raisons précises, le contraire d'une utopie. Pour Stefan George, ce n'est pas la poésie qui est l'utopie, le *nulle part*, mais ce monde tel qu'il va, ce monde du dernier des hommes auquel la poésie résiste :

> « *Ainsi le cri dolent vers le noyau vivant*
> *Retentit dans notre conjuration fervente.* »

On peut, certes, et ce sera la première tentation du Moderne, considérer cette majestueuse, hiératique et solennelle construction comme une illusion et, de la sorte, croire la récuser. Il n'en demeure pas moins que cette illusion est belle, que cette illusion, si illusion il y a, entraîne en elle, pour exercer les pouvoirs du langage humain, le sens de la grandeur et du sacrifice, l'exaltation réciproque du sensible et de l'intelligible. Force est de reconnaître que cette « illusion », si l'on tient à ainsi la nommer, est à la fois la cause et la conséquence d'une façon d'être et de penser plus intense et plus riche que celles que nous proposent ces autres illusions, ces illusions subalternes dispensées par les sociétés techniciennes ou mercantiles, voire par les idéologies dont les griseries sont monotones et fugaces :

> « *Et renferme bien en ta mémoire que sur cette terre*
> *Aucun duc aucun sauveur ne le devient sans avoir respiré*
> *Avec son premier souffle l'air rempli de la musique des prophètes*
> *Sans qu'autour de son berceau n'eût tremblé un chant héroïque.* »

L'éthique de Stefan George s'ordonne à des symboles et à une discipline qui resserre l'exigence autour du *poïen*. Ascèse de la centralité, du retour à l'essentiel, de l'épure, cette éthique rétablit la précellence d'une vérité qui se laisse prouver par la beauté en toute connaissance de cause. Pour Stefan George, rien n'est moins fortuit que la poésie. Loin d'être le règne des significations aléatoires ou de vagues divagations de l'inconscient, la poésie est l'expression de la conscience ardente, de la lucidité extrême. L'intellect n'est point l'ennemi de la vision, bien au contraire. L'image n'advient à la conscience humaine que par le miroir de la spéculation. Toute poésie est métaphysique et toute métaphysique poésie. On peut considérer cette poésie métaphysique comme une illusion, Stefan George se refusant à en faire un dogme, mais cette illusion demeure une illusion supérieure, dont la supériorité se prouve par la ferveur et la discipline qu'elle suscite :

> « *Seul peut t'aider ce qu'avec toi tu as fait naître* –
> *Ne gronde pas ton mal tu es ton mal lui-même...*
> *Fais retour dans l'image retour dans le son !* »

Notons, par ailleurs, que ceux-là mêmes qui « déconstruisent » et « démystifient » avec le plus d'entrain les métaphysiques sont aussi ceux qui s'interrogent le moins sur les constructions et les illusions banales comme si, du seul fait d'être majoritaires à tel moment de l'Histoire, elles échappaient à toute critique, voire à toute analyse. La pensée de Stefan George se refuse à cette complaisance. Peu lui importe le jugement ou les habitudes de la majorité. Plus humaniste, au vrai sens du terme, que ses détracteurs, Stefan George prend sa propre conscience comme point de référence de la conscience humaine. Il éprouve la conscience, la valeur, la volonté, la possibilité et la création à partir de son propre exemple et de sa propre expérience : méthode singulière où l'on peut voir aussi bien un immense orgueil qu'une humilité pragmatique qui consisterait à ne juger qu'à partir de ce que l'on peut connaître directement, soi-même, et non par ouï-dire, précisément à partir d'un « soi-même » dont l'exemplarité vaut bien toutes les représentations et tous les stéréotypes du temps :

> « *Seuls ceux qui ont fui vers le domaine*
> *Sacré sur des trirèmes d'or qui jouent*
> *Mes harpes et font les sacrifices au temple...*
> *Et qui cherchent encore le chemin tendant*
> *Des bras fervent dans le soir – d'eux seuls*
> *Je suis encore le pas avec bienveillance*
> *Et tout le reste est nuit et néant.* »

Pour Stefan George, croire que sa propre conscience ne puisse nullement être exemplaire de la conscience humaine, ce serait consentir à une démission fondamentale, saper le fondement même du « connais-toi toi-même », c'est-à-dire le fondement de la pensée grecque du *Logos* qui tient en elle le secret de la liberté humaine. Si un seul homme ne peut, en toute légitimité, donner tort à ses contemporains, fussent-ils en majorité absolue, toute pensée s'effondre dans un établissement automatique et général de la barbarie, voire dans une régression zoologique : le triomphe de l'homme-insecte. Toutefois, à la différence de Stirner, George ne s'appuie pas exclusivement sur l'*unique*. Sa propre expérience de la valeur, il consent à la confronter à l'Histoire, ou, plus exactement à la Tradition. Son « contre-monde » se fonde à la fois sur l'expérimentation du « connais-toi toi-même » et sur la tradition qui nous juge autant que nous la jugeons. L'*humanitas*, en effet, ne se réduit pas aux derniers venus quand bien même ils s'en prétendent être l'accomplissement ultime et merveilleux. Ce que le dépassement de sa propre conscience exige de lui, ce qu'exige son sens de la beauté et de la grandeur, son refus des valeurs du « dernier homme », Stefan George le confronte à ce que furent, dans leurs œuvres, les hommes de l'Antiquité et du Moyen-Âge, les Prophètes, les Aèdes, les moines guerriers ou contemplatifs, non pour être strictement à leur ressemblance, mais pour consentir à leur regard, pour mesurer à l'aune de leurs œuvres et de leurs styles ce que sa solitude en son temps lui inspire, ce que sa liberté exige, ce que son pressentiment lui laisse entrevoir :

> « *Nommez-le foudre qui frappa signe et guida :*
> *Ce qui à mon heure venait en moi...*
> *Nommez-le étincelle jaillie du néant*
> *Nommez-le retour de la pensée circulaire :*
> *Les sentences ne le saisissent : force et flamme*
> *Remplissez-en images et mondes et dieux !*
> *Je ne viens annoncer un nouvel Une-fois :*

De l'ère de la volonté droite comme une flèche
J'emmène vers la ronde j'entraîne vers l'anneau. »

Si la joie de Stefan George n'était que nostalgie, elle ne serait point ce salubre péril pour notre temps. La nostalgie n'est que le frémissement du pressentiment, semblable à ces ridules marines qui, sous le souffle prophétique, précèdent la haute vague. Il ne s'agit pas, pour George, de plaindre son temps ou de s'en plaindre, mais de le réveiller ou de s'en réveiller, par une décision résolue, comme d'un mauvais rêve. La décision n'est nullement une outrecuidance ; elle a pour contraire non point une indécision, qui pourrait se targuer de laisser les hommes et le monde à eux-mêmes, mais une décision inverse, également résolue :

« *Possédant tout sachant tout ils gémissent :*
"Vie avare ! Détresse et faim partout !
La plénitude manque !"
Je sais des greniers en haut de chaque maison
Remplis de blé qui vole et de nouveau s'amoncelle –
Personne ne prend… »

De même que l'on ne peut nuire à la sottise que par l'intelligence, on ne peut nuire à la laideur que par la beauté. Les promoteurs du laid sous toutes ses formes sont si intimement persuadés que la beauté leur nuit qu'ils n'ont de cesse d'en médire. La beauté, selon eux, serait archaïque ou élitiste et, quoi qu'il en soit, une odieuse offense faite à la morale démocratique et aux vertus grégaires. Le plus expédient est de dire qu'elle n'existe pas : fiction aristocratique et platonicienne dépassée par le relativisme moderne. Sans entrer dans la dispute fameuse concernant l'existence ou l'inexistence de la beauté en soi – et devrait-elle même *exister* pour être la *cause* de ce qui existe ? –, les démonstrations en faveur de l'une ou de l'autre hypothèse tiennent sans doute plus à ce que l'on éprouve qu'à ce que l'on raisonne. La beauté telle que la célèbrent Platon ou Plotin est moins une catégorie abstraite qu'une ascension, une montée, une ivresse. Cette beauté particulière, sensible, lorsqu'elle nous émeut, lorsque nous en éprouvons le retentissement à la fois dans notre corps, dans notre âme et dans notre esprit, nous la voulons éternelle. La pensée platonicienne, surtout lorsque s'en emparent les poètes, autrement dit le platonisme qui n'est pas laissé exclusivement à l'usage didactique, est une ivresse, une extase dionysienne qui, par gradations infinies, entraîne l'âme du sensible vers l'intelligible, qui est un sensible plus intense et plus subtil. Entre le Sens et les sens, Stefan George refuse le divorce. Sa théorie de la beauté, et le mot « théorie » renvoie ici à son étymologie de *contemplation*, dépend de ce qu'elle donne ou non à éprouver à travers ses diverses manifestations. Éprouvée jusqu'à la pointe exquise de l'ivresse, la beauté devient éternelle. On peut certes discuter de la relativité des critères esthétiques, selon les temps et les lieux, il n'en demeure pas moins que par l'expérience que nous en faisons, la beauté nous arrache à la temporalité linéaire pour nous précipiter dans un autre temps, un temps rayonnant, sphérique, harmonique, qui n'est plus le temps de l'usure, ni celui de la finalité. Confrontée à cette expérience, la pensée platonicienne édifie la théorie de la beauté comme splendeur du vrai qui n'exclut nullement l'exclamation rimbaldienne : « *Ô mon bien, ô mon beau !* » car cette beauté en soi n'est « en soi » que parce qu'elle se manifeste en nous. Elle nous doit autant que nous lui devons et réalise ce que les métaphysiciens nomment une « unité supérieure à la somme des parties » :

« *[…] Instant intemporel*
Où le paysage devient spirituel et le rêve présence.
Un frisson nous enveloppa… Instant du plus grand heur
Qui couronnait toute une vie terrestre en la résumant
Et ne laissait plus de place à l'envie de la splendeur
De la mer parsemée d'îles de la mer divine. »

La beauté n'appartient ni à l'esprit, ni à la chair, mais à leur fusion ardente. Sauver la cohésion du monde, son unité supérieure pour garder en soi la multiplicité, la richesse des contradictions, la polyphonie des passions, ce vœu exactement contraire à celui des Modernes, Stefan George en appellera pour le réaliser « *aux Forts, aux Sereins, aux Légers* », qu'il veut armer contre les faibles, les excités et les lourds, autrement dit les hommes grégaires, acharnés à peupler le monde de leurs abominations sonores non sans, par surcroît, être de pompeux moralisateurs et les infatigables publicistes de leur excellence, au point de considérer tous les génies antérieurs comme leurs précurseurs. Tout Moderne imbu de sa modernité est un dictateur en puissance éperdu d'auto-adulation, mais en même temps extraordinairement soumis, soucieux de conformité sociale, « bien-pensant », zélé, esclave heureux jamais lassé de s'orner des signes distinctifs de son esclavage. Le Moderne « croit en l'homme », c'est-à-dire en lui-même, mais ce « lui-même », il consent à ce qu'il soit bien peu, sinon rien ! Rien ne lui importe que d'être, à ses propres yeux, supérieur à ses ancêtres. La belle affaire ! Ceux-ci étant morts, il s'en persuade plus aisément.

« *Ne me parlez d'un Bien suprême : avant d'expier*
Vous le ravalez à vos existences basses…
Dieu est une ombre si vous-mêmes pourrissez !
[…] Ne parlez pas du peuple : aucun de vous ne soupçonne
Le joint de la glèbe avec l'aire pavée de pierres
La juste co-extension montée et descente –
Le filet renoué des fils d'or fissurés. »

L'œuvre est ainsi un rituel de résistance à l'indifférenciation, c'est-à-dire à la mort : rituel magique, exorcisme, au sens « artaldien », où la magie évocatoire et l'intelligence aiguë s'associent en un même combat contre Caliban. Pour Stefan George, rien n'est dû et tout est à conquérir, ce qui relève tout autant d'une haute morale que d'une juste pragmatique. Chaque espace de véritable liberté contemplative ou créatrice est conquis de haute lutte contre les autres et contre soi-même. Il n'est d'autre guerre sainte, pour Stefan George, que celle qui sauve, qui sanctifie la beauté de l'instant.

À l'heure où l'Europe fourvoyée se désagrège, on peut voir en Stefan George l'œuvre ultime de la culture européenne. Cet Allemand nostalgique de la France, disciple de Shakespeare et de Dante, ce poète demeuré fidèle, dans ses plus radicales audaces formelles, aux exigences et aux libertés de la pensée grecque nous donne à penser que l'Europe existe en poésie. Une idée, une forme européenne serait ainsi possible, mais qui ne saurait se réaliser en dehors ou contre les nations. Pour le poète rhénan, l'Idée européenne jaillit des profondeurs de l'Allemagne secrète, autrement dit de ces puissances cachées, étymologique, ésotériques qui gisent dans le palimpseste de la langue nationale. Évitons un malentendu. Certes, la poésie, comme nous en informe Mallarmé, est faite non avec des sentiments ou des significations, mais avec des mots, mais ces mots participent d'une poétique qui engage la totalité de l'homme et du monde. La poésie qui n'est point confrontation avec la totalité de l'être n'est que babil, « inanité sonore ». Toute chose possède son double hideux ; celui de la poésie est la publicité.

La poésie de Stefan George est militante, mais en faveur d'elle-même, où, plus exactement, en faveur de la souveraineté du symbole dont elle témoigne, du dessein dont elle est l'accomplissement. La poésie est au service de son propre dessein qui, loin de se réduire aux mots, s'abandonne aux resplendissements de l'esprit dont les mots procèdent et qu'ils tentent de rejoindre sur ces frêles embarcations que sont les destinées humaines. Stefan George dissipe ainsi le malentendu post-mallarméen. Son œuvre restitue aux vocables leur souveraineté. On distingue d'ordinaire dans l'œuvre de Stefan George deux époques, l'une serait vouée à « l'art pour l'art », dans le sillage de Villiers de l'Isle-Adam et de Mallarmé, l'autre, qui lui succède, serait militante, au service de l'Allemagne secrète. L'une n'en est pas moins la condition de l'autre. Mallarmé et Villiers sont, pour Stefan George, dans sa nostalgie française, « les soldats sanglants de l'Idée ». Villiers est un écrivain engagé contre le « progrès » et contre l'embourgeoisement du monde. Mallarmé poursuit une « explication orphique de la terre ». C'est en accomplissant l'exigence de la poésie, en amont, que la poésie et la politique se rejoignent. Toute politique procède de la poésie. Rétablir la souveraineté de la poésie, c'est aussi rétablir celle de la politique contre le monde des insectes, contre le triomphe du subalterne sur l'essentiel.

HERMETICA

ÉLOGE DE L'ENCHANTEMENT
Notes sur les romantiques allemands

Le romantisme allemand fut à la fois une quête et une humeur. La quête romantique, au moins dans ses préférences, semble mieux connue que son humeur. Par des ouvrages didactiques, parfois hostiles, plus souvent hélas que par les œuvres, nous nous sommes formés, en France, une idée du romantisme allemand comme d'une quête de l'irrationnel, d'un culte de la nature et des forces obscures, d'un environnement de brumes et de forêts sur fond d'orchestrations wagnériennes. Nous savons de ces romantiques qu'ils écrivirent des romans d'initiation, qui s'aventurent du côté de l'Orient et des arcanes du monde invisible. Les mieux informés, enfin, savent que les romantiques allemands furent aussi des philologues, des naturalistes, des mythologues qui eurent le souci de recueillir des contes et des légendes et d'esquisser une méditation sur la communauté de destin des Allemands.

La quête romantique, toutefois, ne se laisse pas distinguer de son humeur, qui ne se trouve que dans les œuvres, et relève d'une réalité plus subtile, plus impondérable que les « notions » dont la collecte peut satisfaire l'universitaire, mais laisse en suspens celui qui voudrait, lui aussi, « romantiser » avec les romantiques, faire siennes leurs aspirations et leurs découvertes ; ce qui est sans doute la seule manière de lire qui vaille mieux que l'ignorance.

Avant d'être une théorie, un système, s'il le fut jamais, le romantisme allemand fut une façon d'être. Pour savants qu'ils eussent été, férus de toutes les sciences de leur temps non moins que d'excellents humanistes, connaissant souvent non seulement le grec, le latin, les langues romanes, mais encore le sanscrit et l'hébreu, pour encyclopédiques que fussent leurs curiosités – ne méconnaissons pas tout ce par quoi l'œuvre de Novalis, par exemple, relève encore du XVIIIe siècle –, les Romantiques n'en tinrent pas moins leur *modi essendi*, leurs façons d'être, leur présence au monde, comme supérieures aux *modi intellegendi*, aux « modes de connaissance », à l'intelligence didactique ou critique.

À ces poètes-métaphysiciens, qui revendiquèrent la phrase de Goethe : « *Je hais tout savoir qui ne contribue pas à rendre ma vie plus intense* », toute science était vaine qui ne fût ordonnée à l'être, autrement dit à une connaissance supérieure, à une sapience à la fois sensible et intelligible qui se laisse traduire non par des systèmes et des doctrines, mais par une qualité d'élégance et d'enchantement, de noblesse et de légèreté, à laquelle les esprits pompeux et lourds ne peuvent rien comprendre et qu'ils tiendront toujours, à juste titre, pour ennemie.

Novalis qui fut bien le contraire d'un esprit chagrin, Novalis qui fut tant aimé des dieux qu'il mourut à l'âge de trente ans, reprochait précisément à la seconde partie du *Wilhelm Meister* de Goethe ce retour au sérieux, à la vie domestique, au savoir planifié, cette trahison de l'intensité et de la joie, qui éclate, au profit du bonheur qui dure et qui s'étale. Rien n'est plus difficile à définir qu'une humeur, elle est ce « je ne sais quoi », ce « presque rien » dont parlait Fénelon, qui nous emporte. On peut, sans trop prendre le risque de se tromper, la dire juvénile, quand bien même Jean-Paul Richter en perpétua toutes les vertus jusqu'au grand âge. On peut aussi, en hommage à Antoine Blondin, la dire *vagabonde*. La *Lucinde* de Schlegel, les *Mémoires d'un propre à rien* de Joseph von Eichendorff, annoncèrent la couleur : elle sera d'un bleu léger, d'une révolte sans pathos, souvent encline au libertinage, où le sens de la rencontre, du rêve et de l'ivresse avive le monde, délie les langues, dénoue les peurs, et nous précipite, avec impatience, vers le mystère des êtres et des choses.

Ces vertus, chères aux premiers romantiques allemands, sont d'un genre viril. Elles se nomment liberté et courage, amitié chevaleresque et fidélité, et correspondent assez peu à l'image du romantique se tordant les mains au clair de lune. L'humeur romantique se laisse aussi approcher par ce que Gobineau dit des « *Calenders* » dans son roman *Les Pléiades*, qui fut sans doute largement influencé par les romans de Jean-Paul Richter, et en particulier par *Titan* – cet immense entrelacs de songes, d'aventures et de bonheurs. Si la peine et la mélancolie des temps qui nous abandonnent, la nostalgie et la déréliction, la folie même de ceux que frappe la foudre d'Apollon, la tragédie et la mort ne sont pas absentes des œuvres romantiques, leur humeur, à qui fréquente leurs œuvres, fut d'emblée à la fantaisie, à l'audace, au rire et à l'ironie.

L'ombre et la lumière, au demeurant, n'existent que l'une par l'autre. Pour les romantiques allemands, précurseurs, nous y reviendrons, de la logique du tiers-inclus, le bien et le mal ne sont pas des entités massives, irréductibles l'une à l'autre qu'affectionnent les esprits schématiques ; les crépuscules contiennent les aurores, et la Nuit dont Novalis écrivit les *Hymnes*, laisse se réfugier en elle, comme un éclat de lumière dans la prunelle de l'Aimée, tous les secrets du jour.

Il y aurait un livre entier à écrire sur l'ironie romantique. Cette ironie n'est point le ricanement de la certitude ou de la supériorité, l'antiphrase didactique et condescendante de Voltaire, mais une reconnaissance de la nature double, visible-invisible, du réel. Tout sens apparent divulgue, à celui qui s'y rend attentif, un sens caché. Toute apparence est transparence. Le monde n'est pas cette prison de convenances ou cette autre prison que serait une liberté dépourvue de sens. Le monde nous parle. Pour les romantiques allemand, le langage que le monde nous adresse à travers les cristaux de neige, les murmures des feuillages ou les rumeurs de la mer n'est pas radicalement différent de celui dont nous autres humains usons et mésusons à loisir. Cette similitude, cette parenté est, pour les romantiques allemands, une leçon d'humilité et de prodiges. Elle témoigne d'un accord possible entre le monde et l'homme, elle annonce des solitudes immensément peuplées d'âmes.

« *La nature ne montre pas, ne dissimule pas, mais fait signe* », écrivait Héraclite. Le Grand-Œuvre des romantiques allemands sera le déchiffrement de ces signes – déchiffrement dont l'humour, comme en témoignent les contes d'Hoffmann, n'est pas exclu. Tant qu'il est possible de rire, à travers l'herméneutique elle-même, rien n'est perdu. Les romantiques allemands sont d'autant moins obscurantistes que l'interprétation qu'ils proposent des apparences et des signes, des textes sacrés – dont font partie les œuvres des poètes –, est infinie. La sapience romantique est aussi peu administrative que possible. Le jeu des symboles et des correspondances ne s'y trouve ni réglementé, ni instrumentalisé.

On pourrait dire, dans un apparent paradoxe, que ce qui sauve les romantiques allemands de l'obscurantisme, c'est précisément cette défiance pour le rationalisme. Le culte de la « déesse Raison », dont on connaît les ravages, leur fut largement étranger. Le fou n'est pas celui auquel la raison fait défaut, mais bien celui qui a tout perdu sauf la raison. Toutefois, se défier de la raison n'interdit point d'être logicien ni de faire de la logique un instrument de spéculation et de prospection. L'accusation d'obscurantisme habituellement portée contre eux tient d'autant moins que ceux qui la formulent furent bien souvent les héritiers ou les instigateurs du totalitarisme moderne. Que le réel soit dialogique, pour reprendre le mot de Gilbert Durand, voire, polyphonique et gradué – et avec une grande part d'imprévisible –, qu'il y ait une interdépendance entre la connaissance, celui qui connaît et la chose connue, que les ombres soient colorées et nos âmes chatoyantes et « tigrées » pour reprendre l'admirable formule de Victor Hugo, que les frontières entre la réalité et le songe soient indécises, que les métaphores soient à l'œuvre, qui changent les feuillages en serpents d'or, les amoureuses en sirènes, les arbres en patriarches, que les dieux puissent surgir et transparaître, que la parole soit donnée aux hiboux ou aux chats, que la différence entre les fées et les libellules puisse n'être, en certains cas, que de pure convenance, tout cela qui appartient au patrimoine imaginaire, ne reste point sans ouvrir des perspectives d'avenir, de nouvelles logiques et de neufs enchantements.

Peu encline à la linéarité, on ne saurait dire si la pensée romantique fut davantage tournée vers le passé ou vers l'avenir. Bien plus que rectiligne, elle est encline à l'arborescence, à la sporade, à la spirale. « Grains de pollen », les pensées se dispersent, mais chacune d'elle tient en elle, mystérieusement, le ressouvenir de son origine. Ainsi, les romantiques allemands ne furent ni progressistes, ni passéistes, ni excessivement confiants dans le « sens de l'Histoire », ni adeptes d'une pure théorie de la décadence. Issus d'une tradition de l'intériorité, d'une spiritualité « paraclétique » illustrée par Angélus Silésius, Franz von Baader ou Jacob Böhme, ils répugnaient à se croire enchaînés à quelque déterminisme historique : l'Histoire, avec des bonheurs divers, était en eux.

Certains critiques, non sans pertinence, ont distingué, chez les romantiques allemands, deux courants, l'un « révolutionnaire » et quelque peu napoléonien, et l'autre, « réactionnaire », tourné vers l'*anamnesis*, l'ésotérisme, la recherche des fondements de « l'Allemagne secrète », ainsi que la nommera Stefan George. Ces deux courants, toutefois, s'opposent moins qu'il n'y paraît. Ce qui paraît juste, c'est de discerner un glissement, qui est moins d'ordre politique que mythologique. Peu à peu s'éloignant du XVIIIe siècle, de l'euphorie d'une Révolution vue de loin, Prométhée cède la place à Hermès. À la logique du voleur de feu – qui, par Hegel, est aux soubassements du marxisme lequel voit en Prométhée la figure tutélaire des révolutions –, succède le « feu de roue » des alchimistes, les feux tournants de l'athanor, qui sont à la fois l'âme et le monde, l'intériorité et l'extériorité.

À la marche forcée du sens de l'Histoire, Novalis, Chamisso, Jean-Paul, préféreront la promenade où, quelquefois, et comme par inadvertance, le vagabondage se change en pèlerinage, où la simple inclination au voyage devient une quête du Graal. On pourrait dire que le courant « hermétique » de l'Encyclopédie de Novalis s'oppose au courant prométhéen de la phénoménologie de l'Esprit de Hegel, comme, en retour, la volonté planifiante, étatique, hostile à la bigarrure du monde, s'oppose à la contemplation, au recueillement. Les choses, bien sûr, ne sont pas aussi simples, et il y eut bien un « hégélianisme de droite » qui, de Villiers de l'Isle-Adam à Jean-Louis Vieillard-Baron, tenta de donner à la procession hégélienne de l'Esprit une dimension verticale, et, pour tout dire, gnostique. Force est cependant de reconnaître qu'en sa postérité, comme sut le montrer Michel Le Bris, l'œuvre de Hegel engendra les philosophies et les idéologies les plus closes, poussant la raison triomphante à la folie et les hommes à la servitude.

Paradoxalement, ce passage de Prométhée à Hermès, du rationalisme à une sorte de sapience holistique, ajoute à la pensée romantique une finesse questionnante, un scepticisme, un « je ne sais quoi » de pyrrhonien qui fera toujours défaut à la lignée rivale, demeurée fidèle à l'*hybris* du voleur de feu. Il y a davantage de questions que de réponses dans les « grains de pollen » de Novalis, et si peu d'acrimonie et de ressentiment, que son œuvre nous apparaît aujourd'hui venir d'un autre monde. Il y a beau temps que les hommes n'écrivent plus sans haïr, au point que bien souvent la haine, le dépit, la rancœur semblent les seuls moteurs de leur écriture. Le fiel est ce qui demeure lorsque les enchantements ont disparu.

Au-delà la de leurs diversités qui sont grandes et qui rendent bien difficiles d'en parler en quelques pages, les romantiques allemands, des plus sombres aux plus clairs, des plus rieurs aux plus tourmentés, des plus optimistes aux plus pessimistes, sont tous des hommes et des femmes de l'enchantement. Ces enchantements peuvent, eux aussi, être lumineux ou ténébreux, telles de douces brises sur la joue ou de noirs ensorcellements, des rencontres éblouies avec des paysages italiens, de suaves ensommeillements dans les bras des amantes ou des combats furieux contre des dragons ; ces enchantements peuvent être austères ou dionysiaques, nous pencher de longues nuits sur des grimoires ou nous lancer dans de folles fêtes de fleurs ou de flamme ; ces enchantements peuvent nous perdre ou nous sauver, peu importe, nous porter au-devant du monde sensible, dans les fracas, ou nous rassembler dans le silence d'une méditation mathématique, ils n'en demeurent pas moins la ressource commune à tous les romantiques allemands, leur irréfutable singularité, leur étrangeté dans un monde aussi désenchanté que le nôtre.

Nous sommes désormais si loin de tout enchantement que certains de nos intellectuels ont fait de l'enchantement l'ennemi par excellence : il est facile de se faire un ennemi de qui ne règne plus. Véritable arrière-garde, ces « intellectuels » – par antiphrase – persistent à batailler contre ce qui ne demeure plus qu'aux marges extrême de la vie. Dans ce monde planifié, rationalisé, médiatisé, dans ce technocosme surveillé, informatisé, où jamais la part du secret ne fut si rabougrie, ils voudraient encore nous persuader que l'enchantement est ce Mal à l'origine de tous les maux, ce germe du totalitarisme qu'il faut écraser avant qu'il ne s'éploie. Le désenchantement, la démystification, la déconstruction sont leurs grandes affaires, tout ce qui est numineux ou sacré est leur adversaire, comme si la grande « ruée vers le bas » et vers l'horreur n'était pas le produit du nihilisme et de l'*hybris* de la volonté, de la raison idolâtrée, planificatrice. Comme si de ne s'émerveiller de rien et de dénigrer toute chose, les hommes s'en trouvaient être meilleurs !

C'est méconnaître que l'enchantement est d'abord ce qui nous dénoue, ce qui nous surprend, ce qui sollicite notre hospitalité. C'est ne pas voir que l'enchantement est une « approche », ou, plus exactement, cette émotion qui survient au moment de l'approche – à cette seconde magique où nous nous délivrons de nous-mêmes, de notre narcissisme individuel ou collectif, pour recevoir du monde un signe de bienvenue.

Voir dans l'enchantement un Mal est un étrange désespoir et ce désespoir mélangé d'optimisme historique ne laisse pas d'être inquiétant. Les romantiques allemands pressentirent ce monde déserté des anges et des dieux, ce monde sans messagers, où plus rien n'advient de l'autre côté des apparences. Mais si plus rien ne doit advenir, alors les apparences ne sont plus des apparences, mais des murs de néant. D'où l'élan romantique vers les prodiges, qui sont en nous tout autant que dans le monde : « *Il est étrange*, écrit Novalis, *que l'homme intérieur n'ait été considéré que d'une manière si misérable et qu'on en ait traité que si stupidement. La soi-disant psychologie est aussi une de ces larves qui ont usurpé dans le sanctuaire la place réservée aux images véritables des dieux* [...]. *Qui sait quelles unions merveilleuses, quelles générations étonnantes sont encore renfermées en nous-mêmes ?* »

L'entendement humain apparaît aux romantiques allemands comme un instrument prodigieux et méconnu, un stradivarius dont on se servirait comme d'un tambourin avant de le laisser brisé et à l'abandon. Refuser l'enchantement, c'est ainsi refuser non seulement le poème, le chant des sirènes, mais la spéculation elle-même, l'intellect dans ses plus hautes œuvres. Il y a, certes, un danger dans le chant, comme dans la pensée, on peut s'y perdre, mais ce danger est le propre de l'humain et, sans doute, n'est-il point si grand que le danger que recèle, pour la beauté de la vie, le culte bourgeois de la sécurité à tout prix.

Par ailleurs, l'enchantement romantique est fort loin de sa caricature. Il n'est point cet abandon aux forces de la vie et de la nature, ce panthéisme primaire, cette passivité végétale ou infra-humaine, ce culte de la *Magna Mater* ou ce fondamentalisme écologique que ses adversaires dépeignent avec complaisance : « *Bien des gens,* écrit Novalis, *s'attachent à la nature, parce que, comme des enfants gâtés, ils craignent leur père et cherchent un refuge auprès de leur mère.* » S'il importe d'apprendre à manier la baguette magique de l'analogie, ce n'est pas au détriment de la déduction, mais en relation avec elle, sachant que « *les contrastes sont des analogies inversées* ». Ainsi, « *la vie des dieux est mathématique* », mais « *c'est en l'humain que se manifeste l'empire des cieux* ».

Pour le romantique, la science chante comme les nombres et rien n'est véritablement abstrait. « *Chaque descente du regard en soi-même est, en même temps, une ascension, une assomption, un regard vers l'extérieur véritable* ». L'enchantement est ce point, cette frontière incertaine où le monde intérieur et le monde extérieur se rencontrent. Nous pouvons choisir de lutter contre le monde, de le prendre à bras le corps, de le défier, mais, en dernière instance, cette joute est nuptiale. Entre l'élan prométhéen et la sagesse d'Hermès, il est un accord possible, que Novalis, avec génie, résume en une seule phrase : « *Nous ne nous comprendrons jamais entièrement ; mais nous ferons et nous pouvons bien plus que nous comprendre.* »

LA GNOSE ROMANE DE NOVALIS

L'apparition de la monnaie unique européenne, en substituant le néant de la représentation fiduciaire à la réalité symbolique, semble marquer ce moment fatidique, cette *éclipse* où l'Europe s'est rendue absente à elle-même et étrangère au monde. Ce que l'on nomme le « mondialisme » n'est sans doute que la disparition du *cosmopolitisme*, signe de reconnaissance de ceux que Nietzsche nommait « les grands Européens », Dante, Goethe ou Novalis, qui surent entretenir avec l'Orient des âmes comme avec l'Orient géographique, à travers la tradition des Fidèles d'Amour et une certaine idée impériale étrangère à l'uniformisation – de l'Empereur Julien à Frédéric II de Hohenstaufen – une mythologie créatrice des formes artistiques et morales du meilleur aloi. L'oubli de la « conscience européenne de l'être », cependant, ne date pas d'aujourd'hui ni d'hier. Elle débute avec l'occultation de l'*Encyclopédie* de Novalis et le triomphe de la « volonté rationnelle » hégélienne. L'œuvre de Novalis, comme celle de Hölderlin, demeure, comme l'écrivait Heidegger, « en réserve ». Elle nous est cette possibilité, encore inaccomplie, de retrouvailles avec les arborescences hermétiques, orphiques, pythagoriciennes ou néo-platoniciennes qui accomplirent le génie européen à travers le génie des nations.

La salutation angélique

Que nos entendements puissent être transfigurés par une *gnose aurorale*, par une herméneutique générale dont la transdisciplinarité serait le sel alchimique réconciliant le mythe et le *Logos*, nous l'avons oublié et cet oubli nous asservit aux fondamentalismes démocratiques ou religieux, à l'obscurantisme du « progrès », au totalitarisme de la « vertu et de la terreur » chères à Robespierre. La division funeste du *Logos* de la poésie et du *Logos* de la logique nous laisse subjugués par les ombres de la Caverne. En fermant une à une les hypothèses ouvertes par Novalis dans son *Encyclopédie*, nous nous sommes exclus des œuvres philosophales de la nature naturante, de l'accord resplendissant de notre âme avec l'Âme du monde, de même que nous nous sommes interdit les fulgurations verticales de l'Intellect. Les politiques du XXe siècle furent à l'image de ces sinistres restrictions où il n'est point difficile de discerner le travail, sans cesse remis sur le métier, de la haine du *Logos*. « *Tout était, jadis, apparition d'esprits. Maintenant nous ne voyons plus qu'une répétition morte, que nous ne comprenons pas. La signification des hiéroglyphes fait défaut* ». Rien cependant n'est perdu. Nul, moins que Novalis, ne nous incline à pécher contre l'espérance. Ce que nous sommes n'est « *presque rien* » selon la formule de Fénelon mentionnée précédemment, mais ce « *presque rien* » est le germe de possibilités prodigieuses. « *La poésie est le grand art de la construction de la santé transcendantale [...]. La poésie se joue et dispose à son gré du déprimant et du tonique, du plaisir et de la douleur, du vrai et du faux, de la santé et de la maladie. Elle mélange tout pour ce qui est son but suprême : l'élévation de l'homme au-dessus de lui-même.* » Avant tout il importe de reconquérir cet espace qu'Henry Corbin a nommé l'Imaginal, qui n'est autre que l'*imagination vraie* de la théologie, espace des météores, des signes du Ciel et *salutation angélique* !

Jadis nous vivions dans un monde orienté ; chaque aube et chaque crépuscule étaient des événements digne de célébration ; et l'ange auroral ou vespéral, dont une aile est blanche et l'autre noire, transparaissait dans le visible, silhouette belle comme une promesse exaucée. La surface de la mer, semblable à une étendue mercurielle, divisait et recomposait fastueusement les vocables et les nombres des temples de la lumière. De même que le temps, ainsi que l'écrit Platon, est l'image mobile de l'éternité, les nombres et les couleurs sont la diffraction lumineuse de l'Un. Toutes les saisons ont une infante qu'une réminiscence divulgue à nos regards. L'or du temps n'est point dans le temps. Le sens de l'exil n'est point dans l'exil. Le véritable désir, soif que seule comble une soif nouvelle, ne s'achève pas dans l'assouvissement. Un seul instant gracié de l'usure du devenir suffit à iriser le monde et réenchanter les apparences. La science des correspondances n'est point un artifice de l'intelligence ni une extrapolation de l'irréel, mais bien ce pressentiment angélique qui transfigure toute nostalgie et lève les chevaleries de l'Aurore pour la reconquête du Graal miroitant qui réunit le ciel et la terre.

La crypte cosmique

L'ange, la beauté, le miroir... Notre désir sera de montrer leur connivence dans le mystère. L'ange se manifeste dans la *splendeur* qui est le nom de lumière de la beauté. La beauté qui n'appartient pas seulement à ce monde, est, en vérité, comme une image apparue sur le miroir de l'âme, une miroitante théophanie dont le mystère chatoyant nous divulgue l'unité de l'amour humain et de l'amour divin par l'infinie confrontation en miroir du sujet et de l'objet, l'un et l'autre s'abolissant dans l'incommensurable. Ainsi s'accomplit l'identité de l'amour, de l'amant et de l'aimée. L'épreuve du voile est surmontée. La Voie qui commence avec Dieu s'achève dans le Sans-Limite ; et nous voyons par ses yeux comme Il voit par notre regard. À ce mystère furent dévoués Dante et les Fidèles d'Amour, Maître Eckhart et la mystique rhénane, et plus proches de nous Novalis et Gérard de Nerval, nous montrant ainsi qu'au sens le plus profond et le plus étymologique, la vision participe d'un mouvement de spéculation. Dans la poétique hermétique ce mouvement est orienté par l'*imagination active* qui n'est plus une représentation ou une déformation du monde visible, mais l'instance qui en éprouve le sens dans la présence même d'une souveraineté aurorale.

Gnose matutinale, la poétique hermétique nous arrache des complaisances du savoir empirique et nous porte vers une connaissance non plus repliée sur les apparences, mais ouverte comme les ailes de colombe de l'Esprit-Saint. Le monde visible redevient alors la *crypte cosmique* du Temple dont l'ange qui nous éveille de la torpeur sublunaire est le messager clair et bruissant. Toute poésie use de symboles. Loin d'être des signes arbitraires ou des images gratuites, les Symboles sont des silhouettes de l'Intelligible apparues sur le miroir des sens. Le symbolisme s'avère impossible dès lors dans un système de pensée qui se voudrait en rupture radicale avec l'idéalisme. Comme le rappelle Henry Corbin symbole vient du verbe *symballein*, en grec, qui veut dire joindre ensemble. Novalis nous disant que le visible est relié à l'invisible éclaire cette vertu cognitive du symbole, qui est envol. Toute pensée symbolique est ailée et universelle car, ainsi que l'écrit Platon, « *il est de la nature de l'aile d'être apte à mener vers le haut ce qui est pesant, en l'élevant du côté où habite la race des dieux* ». Âge de l'aile brisée et de l'impossible verticalité, la modernité ne peut qu'ignorer cette vertu mystique et unifiante du symbole qui est comme une passerelle entre les mondes.

Une sophiologie du désir

De tout temps les poètes hermétiques forment une communauté de Veilleurs. Contemporains de l'éternité, ils se rencontrent par-delà les contingences historiques et les géographies profanes. Ainsi *Le Bateau ivre* de Rimbaud répond aux *Visions hermétiques* de Clovis-Hesteau de Nuysement, l'Idée mallarméenne répond à la Délie de Scève et René Magritte trouve dans les récits visionnaires d'Avicenne une résonance à son image peinte intitulée « *La Fée ignorante* » qui « *renverse le rapport lumière-vie et obscurité mort* ». De même les romantiques allemands sont contemporains, du point de vue ésotérique, de Franciscus Kieser, auteur d'une *Kabbale chimique* ou de Gerhard Dorn, auteur de *L'Aurore des philosophes*. Semblables aux *Justes secrets* de la tradition hébraïque, les poètes hermétiques sont les yeux par lesquels Dieu regarde encore le monde. Si ces yeux venaient à se fermer le monde s'effondrerait sur lui-même, car il n'y aurait plus de lien entre le Ciel et la terre.

Ainsi pouvons-nous affirmer la nécessité d'une nouvelle chevalerie dont la fonction est de veiller sur l'unique souveraineté de l'Esprit, au-delà des formes et des préceptes des religions réduites à leurs aspects purement légalistes ou humanitaristes. À l'encontre des utopies totalitaires, le mot d'espérance retrouve son sens en fondant la demeure de ce Graal qui « *plane entre le ciel et la terre invisiblement soutenu par les Anges* », comme il est dit dans le *Nouveau Titurel* d'Albrecht von Scharfenberg. Ainsi les poètes qui, dans l'aire pénombreuse de la modernité, furent au mieux des « obsédés textuels » ou des « machines désirantes » redeviendront des herméneutes du secret, des Hommes de Désir, amants mystiques de Sophie dont Serge Boulgakov évoque admirablement le Temple à Constantinople : « *dôme céleste qui s'incline vers la terre pour l'embrasser figurant par ses formes finies, l'infini, l'unité multiple du tout, l'éternité immuable dans l'image de la création* ». Certains intellectuels, épigones tardifs du Monsieur Homais de Flaubert, fascinés comme lui, mais d'une manière moins excusable, par les prestiges douteux du « Progrès », nous reprocheront d'évoquer ici des « idées anciennes ». Notre propos n'étant point de montrer l'inanité de cette outrecuidance moderne qui consiste à ne voir dans le passé que des « précurseurs » ou des « approximations », nous nous contenterons de faire valoir que ce n'est pas l'âge présumé des idées qui nous importe, mais la vérité et l'intensité transfiguratrice dont elles sont l'écrin.

Les idées « modernes » sont d'ailleurs moins récentes qu'on ne le croit généralement. Déjà dans le *Phédon*, Simmias défendait, sans grand succès, l'idée que l'âme n'est qu'un épiphénomène du corps et qu'elle est destinée comme telle, à s'abolir avec la mort de celui-ci. S'il y eut, surtout sous l'influence de la théologie rationnelle, un puritanisme s'offusquant des mots de la chair et de l'amour sensible, il existe aujourd'hui un puritanisme philosophique – tout entier voué au concept problématique de « matière » – qui s'offusque de mots tels que « âme », « Idée », ou « transfiguration ». Ces puritanismes ne sont que l'avers et l'envers d'une forclusion du Même sur le Même, qui refuse l'ouverture au secret et la sophiologie du désir.

Dire que la beauté du monde n'est pas dans ce monde, qu'elle n'est qu'une irradiation de la transcendance, dire que toute beauté divulgue une présence divine, que toute beauté est médiatrice entre la nature et la surnature, cela n'est point du panthéisme, mais le fait d'une religion de la Présence. Toute beauté apparue est une théophanie qui nous ouvre les portes du « Château de l'Âme ». Le ravissement que suscite la beauté nous déracine de ce monde, mais ce monde n'est point renié ni dévalorisé. Ses apparences nous sont un diadème prestigieux et les saisons, les visages, toute la splendeur du monde nous sont d'autant plus précieux qu'ils ne se réduisent point à eux-mêmes, qu'ils ne peuvent se clore sur leur fugacité, mais s'ouvrent sur les immensités subtiles. Lorsque l'homme se ferme sur lui-même et refuse tout commerce avec les dieux et les démons, plus rien ne l'éprouve et l'humanisme devient un simulacre qui menace l'essence de l'homme ; alors la psychologie remplace la théosophie, mais cette connaissance nouvelle est un repli.

Antonin Artaud : « *Plus l'homme se préoccupe de lui, plus ses préoccupations échappent en réalité à l'homme* ». Contrairement à certains préjugés historicistes, l'humanisme de la Renaissance et l'humanisme du XVIIIᵉ siècle sont incommensurables l'un à l'autre. Pic de la Mirandole et Voltaire ne parlent pas du même homme. Pour l'humanisme néo-platonicien de Pic de la Mirandole, l'homme est par définition médiateur entre la nature et la surnature, entre le sensible et l'intelligible, entre le monde et Dieu. L'humanisme rationaliste niant la surnature considère l'homme comme achevé et forclos dans ce monde, d'où l'importance qui fut donnée par la suite à l'évolutionnisme et aux théories du déterminisme économique – dont la version libérale ne diffère que médiocrement de la version marxiste. La conséquence la plus sensible de ce déplacement, de cette subversion de l'image de l'homme fut la négation du monde pluriel et foisonnant de l'âme, négation déjà annoncée par la théologie rationnelle et par une certaine scolastique. C'est donc bien contre la théologie matérialiste qui en est la caricature que nous évoquerons la nécessité d'une rébellion gnostique et les éclats traversiers d'une nouvelle poétique *à hauteur d'ange*.

L'herméneutique du Livre et du monde

Or, cette poétique, loin de se replier dans un arrière-monde de définitions occultistes, se déploie dans la considération des visages de beauté. « *La Beauté*, écrit Henry Corbin, *est la lumière qui transfigure les êtres et les choses sans s'y incorporer ou s'y incarner ; elle est en eux à la façon de l'image irradiant le miroir qui est le lieu de son apparition* ». À Ruzbehân de Shîraz, qui discernait la présence divine dans l'éclat fulgurant d'une rose rouge et dont Henry Corbin souligne « *l'aptitude visionnaire à transfigurer les êtres et les choses en visage de beauté* », nul ne sut mieux répondre, par-delà huit siècles, que Saint-Pol-Roux dans le liminaire aux *Reposoirs de la Procession* : « *Les curieux regards de l'universelle beauté convergeant vers tout miroir vivant, il résulte que chaque être est, durant sa vie, le centre de l'Éternité* ». Il montrait ainsi qu'au-delà des fictions mortifères du « sens de l'Histoire », il importe aux amants gnostiques de la beauté de trouver la clef anagogique d'une herméneutique du Livre et du monde qui, du fugitif, leur permette d'ascendre à l'éternité de la Beauté en soi, fondatrice de toutes les beautés particulières.

Deux dangers menacent cette beauté et l'image de l'homme : celui de l'idolâtrie métaphysique, qui suppose la séparation radicale – et sans intermédiaires – de Dieu et du monde, et celui du naturalisme – ou du matérialisme – qui, en niant la réalité du monde divin, détruit toute hiérarchie ontologique et réduit l'homme à son appartenance à l'espèce humaine et son « destin » à un déterminisme biologique ou économique. Dans l'idolâtrie métaphysique comme dans le naturalisme, la Présence divine – la *shekhina* – est repoussée, le désir est renié, le

Même se disjoint de l'Autre. L'homme privé de sa ressemblance avec l'ange qui l'enseigne et le guide tombe dans la pénombre de l'exil occidental. Prisonnier de l'Histoire à laquelle il s'efforce absurdement de donner un « sens », tout entier voué aux simulacres du monde social : l'*Atelier de l'Araignée* – c'est ainsi que Sohravardî nomme le devenir – se referme sur lui et les lumières « *toutes-victoriales* » disparaissent de son horizon.

Que pouvons-nous opposer aux partisans du Retrait, aux défenseurs fanatiques des murailles du Même et aux milices d'Armaggedon, si ce n'est le flamboiement augural de l'*Imagination créatrice* ? Celle-ci est l'Âme du monde dont parle le *Timée*, et, dans la théosophie chrétienne, l'espace des météores où l'invisible et le visible se confondent en des signes surnaturels, tels ceux que voit apparaître le narrateur d'Aurélia ou la Sage-Dame et l'ermite du *Roman de Perceforest*. Elle est aussi dans nos rêves qui se détachent des contingences empiriques, dont on se réveille fourbu et émerveillés et qui nous laissent deviner que c'est au plus profond de nous-mêmes que s'ouvre le chemin du « grand large » et des Seigneuries de la mer. Mais la présence la plus intense et la plus riche en ravissement de cette Âme du monde est, pour moi, dans le demi-sommeil, au confluent des deux mers, lorsque la lumière qui transparaît sous les paupières n'est pas encore celle de l'aube visible, mais un pressentiment d'infini, une plénitude musicale. Les poèmes de Milosz sont riches de ces présences qui surviennent entre le sommeil et l'éveil, et Sohravardî écrit dans son *Évocation du Sîmorgh*, cet oiseau qui se nourrit de feu : « *Dans l'état intermédiaire entre la veille et le sommeil, le mystique entend des voix terrifiantes et des appels extraordinaires. Au moment où l'enveloppe la Sâkina, il contemple des lumières prodigieuses* […] ». Pour les hommes qui ne connaissent qu'un seul état de l'être, ce ne sont que des mots. *Quiconque n'éprouve pas, ne comprend pas.*

Sans vouloir offenser gratuitement nos contemporains, ne doutons point qu'à la fatalité de l'incompréhension vienne s'ajouter la volonté délibérée de ne pas comprendre : le désordre sinistre qui règne dans ce monde est à ce prix. *Tout Ange est terrible*, écrit Rainer Maria Rilke, tout ange implique pour celui qui le voit une menace ou une promesse d'arrachement. Les strophes liturgiques sohravardiennes précisent encore cette pensée : « *Lorsque l'Éternel se manifeste à un être, il le déracine* ». Or jamais le prestige de la sécurité, ce misérable substitut d'éternité, ne fut si grand ; jamais l'homme ne fut aussi craintivement attaché aux normes profanes, jamais l'on ne fut si acharné à « démythologiser » et à « désenchanter » le monde. Ouvrir le cercle du Même sur les hauteurs célestes et les profondeurs telluriques, c'est non seulement renoncer aux évidences rassurantes du monde profané et sans mystère, mais comprendre sa vie tout entière comme une aventureuse traversée orientée par des épreuves qui exigent des vertus singulièrement dissemblables de celles qui déterminent les « réussites » dérisoires du Moderne.

La couronne ceinte en la séphira Kether

La poésie ne saurait donc en aucune manière se réduire à une banale combinaison de significations. La poésie redevient quête du sens par l'analogie qui exhausse la parole à sa hauteur initiatique, là où se manifestent musicalement la correspondance du macrocosme et du microcosme et la sympathie du signe et du signifié, l'un étant l'image vivante de l'autre ainsi qu'un feuillage se reflétant sur la surface des eaux. Le dessein des théories mécanistes ou matérialistes fut toujours d'occulter cette vue du monde tri-unitaire et organique dans laquelle, entre le corps et l'esprit, l'âme apparaît comme le miroir des archétypes, l'Androgyne mercuriel qui marie le soufre et le sel, de même que le feu secret, sublime théophanie, se reflète et chatoie en sa parure d'eau. Pour nous, le Soleil qui se lève n'est pas une masse d'hydrogène, mais le diadème de la Lumière une, le rédempteur du ciel, l'ouroboros alchimique, ou encore, dans la Kabbale, la couronne ceinte en la *séphira Kether*. Loin de nier la transcendance, l'Âme du monde en accroît le caractère intransgressible. Saint François d'Assise, évoquant son frère le Soleil et sa sœur la Pluie, montre que la transcendance fonde le sacré. La transcendance du Tout-Autre, loin de renier la Terre fonde ainsi la célébration de la beauté sacrale du monde sensible. L'Âme du monde révèle le *deus absconditus*, car elle est à la fois sa manifestation et son voile, sa transparition et son retranchement. Entre le Même et l'Autre qui ne se disjoignent que pour susciter respectivement le totalitarisme et la perdition, l'Âme déploie un monde d'images et de reflets qui est celui de l'Imagination créatrice, médiatrice entre le sensible et l'intelligible et irréductible à toute catégorie psychologique.

Au lyrisme ordinaire d'une poésie à hauteur d'homme, la poésie hermétique opposera donc le chant transfigurateur d'une poésie à hauteur d'ange. Trop longtemps l'écriture poétique ne fut que la servante docile d'une « philosophie » dont le seul but semblait être de traquer et d'exterminer inquisitorialement toutes les survivances idéalistes ou platoniciennes. Le prométhéisme original ayant dégénéré en progressisme et en positivisme, le vocabulaire et l'imagerie religieuse furent prohibés. Les poètes surpris à parler aux dieux furent déclarés ineptes, car présumés n'être pas dans le « sens de l'Histoire ». La gnose poétique ne précède la poésie que pour lever des interdits, pour briser le cercle des définitions totalitaires par la poussée vers une totalisation inexhaustible dont l'Encyclopédie de Novalis nous offre la première tentative moderne. Disloquant le cercle du Même, cette poétique s'affirme comme le pressentiment d'un désir immense ; et les couleurs diverses qu'inventent la lumière et la pluie en sont l'emblème vivant. L'ange qui paraît dans l'arc-en-ciel – où l'invisible devient visible – rassemble dans un même désir la nostalgie romantique de Novalis, la théosophie sohravardienne et le « magnificisme » de Saint-Pol-Roux. Le dessein de la poésie s'accomplit dans l'Instant lumineux, l'avers devenant envers comme sur un ruban de Moebius, où l'Aleph ténébreux, pupille de l'invisible Perséphone, se transfigure en Aleph lumineux, icône de la lumière émanée. Cet instant est celui de l'ange. Le vent se lève et avec lui, l'insensible devient sensible et les nuages sont les tabernacles voilant l'éclat de l'Ange de la Face, celui de la plus haute *sephira* qui couronne l'être et le monde.

Encyclopédie et transdisciplinarité

L'Œuvre philosophale, en échappant aux catégories qui assujettissent les différents modes opératoires de la pensée à des fins utiles « trop humaines », retrouve ainsi la *transdisciplinarité* propre aux œuvres les plus anciennes de l'histoire de notre culture. Mais sans doute faut-il, en ce qui concerne l'œuvre de Novalis, porter à une plus grande exactitude, voire à une plus grande incandescence, le mot « philosophal ». En quoi le « philosophal » diffère-t-il de ce qui est communément nommé « philosophique » ? Les mots eux-mêmes portent par l'étymologie la même signification : il y est également question de sagesse. Mais ce que l'on nomme habituellement philosophie dans le cadre d'une culture universitaire moderne n'en diffère pas moins radicalement des œuvres alchimiques de Paracelse, de Böhme ou de Novalis. En ces domaines subtils, il importe avant tout de se garder des approximations et des confusions. La « philosophie » éprise de modernité se contente souvent de déprécier tout ce qui n'est pas elle en arguant de sa plus grande « rigueur » – mais ce n'est là qu'une profession de foi parmi d'autres. La véritable différence entre la quête philosophale et la recherche philosophique réside sans doute en ce que la première ignore le système qui est la raison d'être de la seconde.

Les méditations concernant l'être, le principe, la matière, l'espace, le temps sont communes aux spéculations philosophiques et philosophales, mais alors que les philosophes universitaires aiment à organiser leurs notions en des systèmes cohérents et clos, les quêteurs de sagesse et de beauté philosophale seront enclins, quant à eux, à dévouer leurs efforts à l'interprétation infinie des aspects d'une vérité qui n'est jamais définitivement atteinte. À cet égard, la logique philosophale apparaît plus proche d'une certaine logique scientifique, à condition de ne pas limiter le terme de « science » aux activités offensives de la modernité contre le monde la Tradition. La science telle que l'illustre l'œuvre de Novalis, est d'abord un moyen de connaissance. Elle consent à se servir du savoir encyclopédique de son temps, mais à des fins de connaissance et de transfiguration de l'entendement.

Une science qui n'est pas soumise à la technique, qui n'est pas serve de la volonté de puissance et de destruction de la modernité, tel fut exactement le rêve de l'Encyclopédie de Novalis. Encyclopédie inachevée, mais dont les fragments qui nous sont parvenus laissent une carrière presque infinie à nos conjectures, spéculations, méditations et rêveries. Il nous semble qu'en ce romantisme « roman » d'Iéna, dominé par la figure archangélique de Novalis, une chance, non saisie hélas, avait été offerte à l'Occident de ne pas céder au pouvoir exclusif des Titans. Non saisie, non accomplie, mais demeurée intacte dans ses possibilités prodigieuses d'intelligence du monde, cette chance demeure pour nous de l'ordre de l'espérance. Il suffit de relire aujourd'hui l'œuvre philosophale de Novalis pour se retrouver, hors du temps, à la croisée des chemins. Ainsi que l'écrit Ernst Jünger : « *Chacun se trouve un beau jour à la croisée des chemins, mais il y a peu d'Héraclès. D'un côté, la voie mène au monde de l'économie, avec ses fonctions et ses tâches, ses devoirs et son utilité ; de l'autre au monde des jeux avec leur rayonnement et leur beauté, leurs épouvantes et leurs périls.* »

Rien n'est jamais définitivement perdu. Chaque instant récapitule dans le feu central de la présence de l'être, toutes les possibilités de victoire et de défaite. La philosophie alchimique de Novalis n'appartient pas au passé, et il serait un peu vain de dire qu'elle appartient à l'avenir. La philosophie alchimique appartient à la présence qui est au cœur du présent. Nous sommes dans cette méditative présence ou nous n'y sommes pas. Le génie de Novalis qui sait unir, à l'exemple des présocratiques, la science déductive et la science analogique dans un même dessein créateur, il nous appartient de le faire nôtre ou d'y renoncer. Parler, en intelligence philosophale, de l'œuvre de Novalis, exige que nous ne nous en tenions pas seulement à la simple considération historique ou « culturelle » de son œuvre, mais que nous tentions l'aventure de cette connaissance dont elle nous donne l'exemple à travers son Encyclopédie, ses récits et ses poèmes. Il faut parler alchimiquement de l'alchimie ou se taire. La véritable objectivité poétique cesse de faire de la poésie un objet, car nous devenons alors nous-mêmes objets de la poésie.

L'idéalisme magique et le « mystérieux sanscrit de l'âme »

Tel est exactement *l'idéalisme magique*, si mal compris, propre au romantisme allemand en général, et à l'œuvre de Novalis en particulier. L'idéalisme magique est tout autre chose que le culte de la subjectivité où certains ont voulu reconnaître la caractéristique romantique. Le « romantique » Novalis n'est pas reclus dans sa subjectivité, il est en contact direct avec l'infini du monde réel. Les visions qu'il aperçoit dans ses rêves, loin de croire qu'elles lui appartiennent en propre, il s'aventure à y déchiffrer des significations universelles. L'idée que Novalis se fait de l'être humain, l'importance qu'il attache au « moi » et à la définition qu'il lui donne, se situent dans une perspective infiniment plus large que celle de l'humanisme ou de l'anthropologie modernes. Le « je » qui parle dans le récit romantique n'est pas une identité définie par quelque science humaine déterministe, mais le site d'une rencontre entre l'infini intérieur et l'infini extérieur.

Tout, pour Novalis, se joue sur l'orée. L'être humain n'est pas le composé des caractéristiques attribuées à l'espèce humaine, mais l'espace de la rencontre. Ce qui est dit n'est pas l'expression de la subjectivité, mais la transmission d'une connaissance dont l'être humain n'est que l'hôte provisoire. Toute la théorie romantique de l'inspiration provient originellement de cette conception de l'être humain comme intersection du visible et de l'invisible. Dès lors, la connaissance poétique, au-delà des malentendus auxquels donne carrière le mot de subjectivité, sera, par excellence, la connaissance objective, car elle n'ignore point les profondeurs sans fin de toute connaissance méditative. Ce qui est « vrai » n'est ni le monde intérieur, ni le monde extérieur, mais le *cœur*, centre de tous les espaces et de tous les temps, et peu importe alors qu'on les veuille dire « subjectifs » ou « objectifs ». L'idéalisme magique désigne cette approche alchimique du réel où l'idée devient le principe même de la création de la Forme.

Le monde est objectivement et subjectivement formé par la vision poétique de l'Idée. L'idéalisme de Novalis est dit « magique », car il s'agit, selon l'immémoriale logique alchimique, d'un idéalisme à l'œuvre dans l'immanence, non pour en modifier les lois, mais pour en révéler les splendeurs et les « gloires », dont l'être humain attend la transfiguration et le salut. L'idéalisme magique de Novalis, loin d'être cette pensée crépusculaire et passive, « obscurantiste », que certains dénoncent, est une pensée héroïque, conquérante, qui donne à l'être humain les pleins pouvoirs pour exercer la liberté la plus grande qui se puisse imaginer. Comment être libre si nous demeurons asservis aux prérogatives et aux vanités de l'identité humaine ? Nous avons la possibilité, nous dit Novalis, d'être beaucoup plus, ou beaucoup moins, que des êtres humains. La formation de l'Idée, l'accomplissement magique du « faire » de la poésie, nous hausse en des dimensions qui excèdent de toutes parts ce leurre que nous croyons être notre identité, ce leurre auquel, si nous désirons atteindre à la connaissance, les traditions védantiques et bouddhiques nous prescrivent de renoncer. Le « *mystérieux sanscrit de l'Âme* » qu'évoque Novalis est cette diction essentielle qui est la trame auguste du cosmos.

En tous les arts, sciences, observations de la nature ou de l'esprit humain, Novalis voit une confirmation de son intuition fondamentale : *le monde est constitué comme un langage, et le langage est un monde.* « *La langue, écrit Novalis, est vraiment un petit univers de signes et de sons. De même que l'homme en est le maître, il voudrait être le maître du grand univers et faire de celui-ci la libre expression de lui-même. Et c'est dans cette joie d'exprimer dans le monde ce qui est hors de lui, de réaliser l'aspiration essentielle et primitive de notre être que se trouve l'origine de la poésie.* » La puissance des mots dans l'idéalisme magique dépasse la simple force de représentation. Le mot est magique, il évoque, certes, mais aussi, il *invoque*. La similitude de la trame du langage et de la trame du monde justifie la puissance magique du mot lorsqu'en use le poète. Le génie de Novalis s'empare simultanément des perspectives scientifiques de son temps et des anciennes sagesses des bardes et des magiciens, pour accéder à la connaissance. Les termes ultimes de la connaissance sont l'ivresse et l'extase – et cette pétition de principe n'a pas manqué de susciter de nombreux malentendus. L'esprit positiviste du XIXe siècle s'est hâté de réduire les aperçus de l'œuvre de Novalis à des visions d'exalté. L'ivresse et l'extase, ces formes ultimes de la connaissance pressenties par Novalis, n'infirment en rien la démarche initiale et le parcours qu'elle entreprend, et qui nous mène assez loin, bien au-delà des fausses alternatives qui rendirent inopérantes, jusqu'à ces temps derniers, toutes les tentatives d'épistémologie et d'herméneutique. Les hypothèses sur lesquelles se fonde la démarche de Novalis, et que le XIXe siècle positiviste croyait caduques, connaissent aujourd'hui, en raison des avancées de la physique et de la chimie, un regain de faveur. Le refus de la logique aristotélicienne, la méditation sur la logique du tiers-inclus, la prise en considération de l'interdépendance de l'observateur et de la chose observée, l'idée, enfin, à la fois très ancienne et novatrice, du monde constitué comme un langage – et peut-être, par voie de conséquence, comme une *conscience* –, tout cela donne à l'œuvre de Novalis une actualité et une pertinence que le XIXe siècle, embarrassé dans la morale et la science utilitaire, ne pouvait que méconnaître.

Schemhamphorasch : le Nom des noms

Novalis, découvreur des coïncidences, des analogies, des dualités, Novalis, poète et observateur des analogies, Novalis ennemi des systèmes et chantre des métamorphoses et des changements d'états, nous parle désormais d'une voix claire et compréhensible, ce qui n'est pas toujours le cas des encyclopédistes français du siècle dit « des Lumières ». Certes, l'esprit scientiste du XIXe siècle persiste encore, son ultime argument pouvant se résumer ainsi : le monde nous apparaît comme un langage, car c'est par notre langage que nous connaissons le monde. Cette connaissance serait donc une illusion, ou encore, pour utiliser le langage des psychanalystes, une « projection ». L'argument paraît fallacieux, car il suppose, *a priori*, sans l'expliquer le moins du monde, l'hétérogénéité radicale de l'homme et du monde, la séparation arbitraire de celui qui connaît et de la chose connue – l'homme dès lors ne pouvant jamais connaître que ses propres moyens de connaissance. Certes, nous connaissons le monde par le langage, mais comment ne pas voir que le langage se révèle à nous au fur et à mesure que nous connaissons le monde ? Notre langage est en réalité le langage du monde qui se révèle à nous-mêmes et par lequel nous nous révélons au monde. Le lien entre notre langage et notre monde, sensible dans les langues hiéroglyphiques ou idéogrammatiques, n'est pas moins évident dans nos langues alphabétiques, car l'essence de la connivence et de la similitude se révèle dans l'*unité foncière de la trame*.

La trame du langage humain, sa texture, son tissage ne sont pas seulement semblables à la trame du monde, ils en font partie. Il n'y a pas à proprement parler de projection d'une trame sur une autre, mais osmose et consubstantialité. Le monde parle à travers nous. Les symboles dont nous usons ne nous appartiennent pas en propre. Le positiviste, obnubilé par l'illusion de son identité croit que les symboles sont des productions de notre cerveau dont nous ornons le monde, comme si nos productions mentales pouvaient être autre chose que des impressions du monde. Les signes, les symboles par lesquels nous cherchons à atteindre à la connaissance, comment croire qu'ils puissent être autre chose que l'impression reçue par notre esprit de réalités qui nous sont extérieures ?

Il est légitime de vouloir comprendre le monde par le langage et les symboles, car c'est le monde qui a déposé en nous ce langage et ces symboles. Par l'entremise de notre entendement, le monde se comprend lui-même. « *Chaque descente du regard en soi-même est en même temps une ascension, une assomption, un regard vers l'extérieur véritable* », nous dit Novalis. En nous-mêmes nous trouvons les symboles du monde, car sans le monde nous ne serions pas dans cette forme et dans ce langage qui sont nôtres. Le monde est symbole et c'est pourquoi nous le comprenons symboliquement. Toute connaissance est une montée sur l'échelle de la compréhension symbolique du langage, d'où l'intérêt de Novalis pour l'herméneutique et la Kabbale : « *Une définition, écrit-il, est un nom réel ou générateur. Un nom ordinaire n'est qu'une note. Schemhamphorasch, le Nom des noms. La définition réelle est un mot magique, chaque idée a une échelle de noms ; le nom supérieur est absolu et inconnaissable. Vers le milieu, les noms deviennent plus communs et descendent enfin dans l'antithétique dont le dernier degré est anonyme aussi.* »

La lumière réfléchie du symbole

La gnose de Novalis suppose donc une ascension qui, du degré le plus inférieur, l'uniformité de l'anonymat, va nous porter jusqu'au Nom des noms, qui est le symbole par excellence. Alors l'entendement humain se transfigure et devient lui-même la Pierre philosophale. Tout débute par la conscience du Nom et le pressentiment de sa vertu anagogique. Le nom ne représente pas seulement, il invoque par la vertu du sens qui lui-même n'est autre que la lumière réfléchie du symbole :

> « *La désignation par les sons et les traits*, écrit Novalis, *est une remarquable abstraction. Cinq lettres m'évoquent Dieu, quelques traits un million de choses. Combien devient facile le maniement de l'univers, combien devient visible la concentricité du monde spirituel !* »

Le point le plus haut dans la gnose alchimique est aussi le point le plus central. L'intériorité dont il est question dans la gnose chrétienne n'est pas le monde psychique, mais le lieu central qui est à la fois intérieur à l'homme et au monde. Le symbole du monde et le symbole de l'homme sont un seul et même symbole. Le pouvoir de nommer sauve la réalité de la chose nommée, car il en révèle l'essence immortelle. Le romantisme de Novalis, certes, est, ainsi qu'il a été relevé souvent, la révélation de l'*homme intérieur*, mais cette intériorité, il importe de le préciser, est sans commune mesure avec l'inconscient des psychologues. « *Il est étrange*, écrit Novalis, *que l'homme intérieur n'ait été considéré que d'une manière si misérable, et qu'on en ait traité que si stupidement. La soi-disant psychologie est aussi une de ces larves qui ont usurpé dans le sanctuaire la place réservée aux images véritables des dieux* […]. *L'idée n'est venue à personne de rechercher de nouvelles forces innommées et de suivre la filière de leurs rapports. Qui sait quelles générations étonnantes sont encore renfermées en nous-mêmes* ».

Ce qui est dit dans un tel fragment demeure extraordinairement pertinent. Comment ne pas songer aux théories freudiennes, lorsque Novalis parle de « *ces larves qui ont usurpé dans le sanctuaire la place réservée aux images véritables des dieux.* » À la psychologie larvaire, qui se fond dans l'anonymat, Novalis oppose la psychologie divine qui s'exerce par l'auguste méditation des symboles qui délivrera les « *étonnantes générations qui sont encore enfermées en nous-mêmes* », cet ensoleillement de l'être qui nous changera pour autrui et pour nous-mêmes en Pierre philosophale. Les belles songeries minières de Novalis préfigurent ses méditations métaphysiques concernant les noms et les symboles. Un livre d'Albert Béguin évoque l'« âme romantique et le rêve », et certes, c'est par le rêve des arbres, des fleurs, des pierres et des ciels que nous atteignons à leurs réalités ultimes, non dites, comme des promesses de salut et d'extase.

La définition de l'âme selon Novalis donne lieu non seulement à une approche mystique, mais aussi, et dans le même temps, à une exacte définition gnostique. La différence entre la mystique et la gnose est moins une différence de nature que de degré. La mystique serait pour ainsi dire la formulation intuitive de réalités gnostiques apparues en visions ou, pour ainsi dire, en éclairage indirect. Ainsi la connivence du monde intérieur et du monde extérieur qui apparaît dans les contes et les légendes sous les atours du merveilleux, évoque la présence de l'âme sans en préciser véritablement la nature. Pour Novalis, cependant, l'âme n'est rien de vague ou de sentimental ; l'âme ne relève pas davantage de la croyance ; l'âme aussi étrange que cela puisse paraître, se définit dans les choses mêmes qui la définissent, et ne sont pas pour autant de l'ordre de l'abstraction.

Revenons aux beaux éclats des *Fragments* : « *Le siège de l'Âme est là où le monde intérieur et le monde extérieur se touchent. Là où ils se pénètrent, il se trouve en chaque point de pénétration.* » Pour parler de l'âme, Novalis ne va donc pas partir d'un *a priori* religieux, mais de l'idée d'un siège, d'un site de l'âme circonscrit par des réalités qui la définissent et, nous l'avons vu, se laissent définir par elle. L'âme, pour Novalis, n'est pas quelque chose, ceci ou cela, l'*âme est là*. Démontrer l'existence de l'âme ou, au contraire, la récuser, n'a pour Novalis, aucun sens, car l'âme n'est pas un attribut repérable de l'être humain, une propriété, mais le site d'une rencontre. Croire ou ne pas croire en l'immortalité de l'âme n'a, dans la perspective de la gnose romane de Novalis, aucun sens. L'âme est immortelle, car elle est cette présence dans le présent qui « signe » la rencontre du visible et de l'invisible. Comment imaginer que cette rencontre puisse être mortelle, puisqu'elle est le signe de tout commencement et de tout recommencement. L'âme n'est pas notre propriété et cette simple évidence donne lieu cependant à un renversement herméneutique non négligeable. Avec Novalis, nous quittons l'anthropocentrisme narcissique que nous a légué le positivisme du stupide XXe siècle, pour retrouver une image de l'homme non pas inférieure à celle que proclame l'outrecuidance humaniste, mais tout autre. L'image de l'homme, dans la gnose romane de Novalis, est ouverte, en métamorphose, livrée à des variations musicales. Ce n'est plus cette entité biologiquement caractérisée, aboutissement d'une évolution que vient sanctionner une « identité », liée à une espèce ou une sousespèce. L'homme peut comprendre le Ciel, la terre, le monde divin, car il fait partie de cette *quaternité*. Son âme n'est pas une propriété, car son corps n'est pas une identité. Son humanité n'est pas un statut biologique, mais une aventure et une rencontre avec ce qui, précisément, n'a rien d'humain. Les symboles qui gisent en nous et que nous découvrons dans nos rêves et nos visions ne sont pas nos propriétés. Toute la philosophie de l'alchimie se laisse comprendre à partir de là : « *Le siège de l'Âme est tantôt ici, tantôt là, tantôt en plusieurs endroits à la fois ; il est variable, de même que le signe de ses parties principales, que l'on apprend à connaître par les passions principales.* » Ainsi apprenons-nous que nos humaines passions sont des moyens de connaissance de réalités qui ne leur appartiennent plus en propre. Toute la mythologie témoigne de cette intelligence particulière des « forces » qui se révèlent à nous par nos sentiments et nos perceptions. Ces forces existent et se reflètent en nous. Il faudra donc l'invraisemblable narcissisme moderne pour croire que les symboles sont originaires de nos passagères individualités ou collectivités humaines. Toute la science hermétique se fonde sur l'idée géniale que *la nature est elle-même le symbole d'une réalité invisible dont l'intelligence humaine peut entrevoir le sens et les arcanes en certaines circonstances favorables.*

La méditation mercurielle

Notre entendement humain est le reflet de la nature, certes, car la nature est elle-même le reflet du monde divin. Ces jeux de reflets voyagent sans fin à travers les mondes et les états multiples de l'être, relevant, à chaque éclat, la présence variable de l'âme. « *L'Âme*, écrit Novalis, *est en rapport avec l'esprit comme le corps avec l'univers. Les deux lignes partent de l'homme et finissent en Dieu. Les deux circumnavigateurs se rencontrent sur les points de leur route qui correspondent. Il faut que tous deux songent au moyen de demeurer ensemble malgré l'éloignement, et de faire les deux voyages en commun.* » Par ces prémisses, l'observation de la nature, propre à Novalis et à la tradition alchimique, acquiert une signification très différente de celle qu'elle revêt dans la science profane. Les objets observés sont les mêmes, mais le rapport de l'homme avec le monde ayant changé, les choses se mettent à parler. La gnose romane est d'abord dans l'écoute. L'oreille fine, l'œil aiguisé, l'intelligence précise marquent la naissance ou la renaissance en nous de cette gnose. « *Si Dieu a pu devenir un Homme, il peut aussi devenir pierre, plante, animal, élément et peut-être, de cette façon y a-t-il une continuelle libération dans la nature.* »

Pour celui qui sait écouter, la plante, la pierre, l'animal, l'élément parlent un langage divin. Toutes les procédures opératives du Grand-Œuvre sont dictées par la parole impondérable que les choses révèlent à travers l'air, l'eau, le feu, la terre et leurs créatures. Ce que les alchimistes nomment le « Mercure philosophique » apparaîtra comme une excellente métaphore de l'âme. « *Dans toute la nature corporelle*, écrit Barent Coender von Helpen, *il n'y a pas de sujet plus digne d'admiration que le Mercure. Étant vif, il se laisse tuer ; étant volatil, il se laisse fixer ; étant opaque, il se laisse rendre transparent comme le cristal ; et étant transparent, il redevient, si l'on veut, obscur comme une terre ; il se rend soluble comme un sel et puis indissoluble comme une cendre d'os ; il se laisse noircir et puis reblanchir ; et il reçoit même toutes les couleurs de la nature.* »

La méditation mercurielle de l'alchimiste est une herméneutique ; il n'est point d'art de l'interprétation sans une mobilité de l'attention. Toute herméneutique naît d'une méditation mercurielle, dans laquelle l'insaisissable préside aux métaphores et aux métamorphoses de l'art de l'interprétation tel qu'il se pratique depuis les premiers commentaires de l'*Odyssée*. Et l'œuvre d'Homère elle-même, avec son périple et ses batailles, n'est-elle point l'image magnifique d'une herméneutique générale du monde ? Le dieu Mercure, qui n'est autre qu'Hermès-Thoth, nous apprend, dans sa dénomination et sa fonction alchimique, à reconnaître la dualité des phénomènes, leur aptitude à changer de signe, à être à la fois ceci et cela, au-delà d'un principe d'identité qui n'a de valeur que dans l'abstraction. L'alchimie est une initiation au monde immanent. Aux œuvres lumineuses et chromatiques de l'alchimiste, le monde immanent cesse d'être opaque et impénétrable ; passant au-delà du leurre attribué aux choses, il en révèle l'essence, la resplendissante vérité intérieure.

La méditation mercurielle de Novalis le délivre de l'idée, absurdement matérialiste, d'une « âme » comme objet repérable, identifiable, dont on pourrait ou non « démontrer » l'existence. L'âme est ceci et cela, ni ceci ni cela, elle échappe à la logique du tiers-exclu comme aux réfutations péremptoires ; impondérable, elle est ce qui fait apparaître le sens comme un scintillement des profondeurs. La méditation mercurielle seule peut reconnaître ce qui « anime », la source irrésistible de l'âme. La grande difficulté que les intelligences modernes ont à entrer dans le monde alchimique et dans l'œuvre de Novalis n'est sans doute pas étrangère au moralisme excessif qui empreint tous les thèmes de la modernité. Pour un esprit lent et puritain, la méditation mercurielle est inacceptable, car elle entraîne l'esprit dans une liberté d'association où la quantité et la planification n'ont plus aucune part. Tout, dans la méditation mercurielle, est dans la qualité, l'exception, placées sous le règne de la divine Providence.

Pour l'alchimiste qui œuvre sur le Mercure philosophique, l'identité des choses est un mensonge, car tout est susceptible d'être vivifié, fixé, coagulé, précipité, sublimé. La grande inertie mentale du Moderne veut que les choses soient simplement ce qu'elles paraissent être au premier abord. Novalis, au contraire, lance aventureusement sa pensée à la rencontre de toutes les métamorphoses. Rien, en ce monde n'est simple et immobile. L'imperturbable immobilité des pierres cèle un esprit volatil. Rien n'est donné une fois pour toutes. L'intuition, valide dans le domaine même des sciences chimiques, l'est encore davantage dans le domaine métaphysique. La manie moderne de l'étiquetage cède alors devant la métaphysique des états multiples de l'être.

« L'âme étymologise »

« *Lorsque nous parlons des états multiples de l'être,* écrit René Guénon, *il s'agit non pas d'une simple multiplicité numérique ou même généralement quantitative, mais bien d'une multiplicité d'ordre transcendantal, ou véritablement universel, applicable à tous les domaines constituant les différents mondes ou degrés de l'Existence, considérés séparément ou dans leur ensemble, donc, en dehors et au-delà du domaine spécial du nombre et même de la Quantité sous tous ses modes* ». La précision est d'importance, car, non numérale et applicable à tous les domaines, cette multiplicité renvoie, non à des identités mathématiques, mais aux vertus transfiguratrices des symboles. Les états d'être sont multiples, mais ils ne sont pas pour autant dénombrables, ni démontrables. L'âme, dont parle Novalis, témoigne de ce

« transcendantal » qui n'est ni dénombrable ni démontrable. Ainsi en va-t-il également de notre connaissance du langage du monde.

La poésie déchiffre et voit là où la « communication » profane dénombre et démontre. Par-delà toutes les démonstrations, la gnose amoureuse et romane de Novalis est *vision*. L'âme est l'instrument de la connaissance. L'idée abstraite, le concept se laissent ainsi traiter selon des procédures alchimiques. « *À chaque concept*, écrit Novalis, *l'âme cherche un mot génétique-intuitif, c'est ainsi qu'elle étymologise. Elle comprend un concept quand elle peut le dominer, le manier de toutes façons, en faire à son gré de l'esprit ou de la matière. L'universalisation ou la philosophalisation d'un concept ou d'une image particulière n'est rien d'autre qu'une éthérisation, une décorporisation, une spiritualisation d'un spécifique ou d'un individu.* »

Toute alchimie spirituelle va donc livrer à l'âme cette mission de reconnaissance qui consistera à rechercher, en chaque concept, le mot *génétique-intuitif*. La formule, de prime abord, paraît énigmatique, et l'idée suivante, selon laquelle *l'âme étymologise* peut paraître encore plus déroutante. Qu'est-ce donc qu'étymologiser, pour une âme ? Novalis suggère que le mouvement naturel de l'âme est d'aller à la source, à l'origine. L'âme étymologise parce que, au-delà du concept, elle reconnaît le mot par lequel s'accomplit intuitivement la genèse du concept, et par-delà le mot lui-même, elle reconnaît l'image mercurielle dont les scintillations mobiles sont la vertu symbolique. L'âme étymologise lorsqu'elle va vers ce tréfonds du mot où se révèlent les hauteurs et les profondeurs du sens. L'âme étymologise parce qu'elle connaît les arcanes de la science philosophale. Or, celle-ci n'est pas soumission, quiétude, abdication, mais une forme supérieure de l'action. « *Chaque œuvre d'art*, écrit Novalis, *est un idéal* a priori *; une nécessité en soi* d'être là. »

L'étymologie des êtres et des choses révèle leur secrète nécessité *d'être là*. L'être-là – ce « *Dasein* » de la philosophie allemande que certaines traductions nomment plus ou moins improprement « l'existence » – se rapporte avant tout à la présence. Étymologiser, c'est approfondir la présence du présent, comprendre l'être-là des pierres, des couleurs, des eaux, des ciels et des feux par l'exercice d'une sympathie active. La lecture alchimique de l'œuvre de Novalis nous donne ainsi à comprendre en quoi l'idéalisme magique s'apparente à une gnose amoureuse. Pour Novalis, aimer et connaître sont une seule et même chose. La magie est d'abord une magie amoureuse. Nous connaissons amoureusement le monde. La beauté versicolore des apparences se diffracte dans notre esprit par la vertu du désir.

Alors que le moderne, imbu de son identité, de son « moi » caractérisé par l'inné ou par l'acquis, ne cesse de s'abstraire du monde, de poser entre lui-même et le monde une multiplicité d'écrans et de représentations, l'idéalisme magique de Novalis est d'abord une façon d'aller au-devant du monde, d'apporter un monde dans un monde, d'être-là avec toute sa sensibilité et son intelligence : « *Un rayon de lumière se brise encore en quelque chose de tout autre que des couleurs. Tout au moins le rayon de lumière est-il susceptible d'une animation, où l'âme se brise en couleurs de l'âme. Qui ne songe à ce moment au regard de l'Aimée ?* »

« Le clavier des clartés »

Les couleurs du monde entrent en concordance avec les couleurs de l'âme. L'âme et le monde se colorent amoureusement. L'alchimie est l'œuvre de ces chromatismes échangés, de cette circulation d'irradiations et de teintes frémissantes. La gnose propre à l'idéalisme magique est semblable au regard de l'Aimée. Le regard est, par excellence, l'herméneutique du monde : « *Le regard permet des expressions extraordinairement variées, les autres traits du visage ou les autres sens ne sont que des consonnes aux voyelles oculaires. La physionomie est ainsi le langage mimique du visage. Dire de quelqu'un : il a de la physionomie, c'est dire que son visage est un organe d'expression frappant, habile et idéalisateur* […]. *C'est par un long usage que l'on apprend à comprendre le langage du visage* […]. *On pourrait appeler les yeux un clavier de clartés. L'œil s'exprime comme la gorge produit des sons hauts et bas (les voyelles) par des illuminations plus fortes ou plus faibles. Les couleurs ne seraient-elles pas les consonnes de la lumière ?* »

L'idéalisme magique de Novalis acquiert ainsi sa souveraineté d'*art de l'interprétation*. Les yeux, « *clavier de clartés* », font naître de visuelles et visionnaires partitions et les couleurs s'inscrivent dans le langage du monde comme les consonnes d'un alphabet. Mais l'idéalisme magique ne se limite pas à une simple herméneutique, il est herméneutique *créatrice*. Le rapport que le lecteur établit avec l'œuvre du poète ou le rapport que le contemplatif établit avec le paysage qu'il contemple sont magiques dès lors que l'art de l'interprétation devient art poétique. Alors, les limites ordinairement imparties aux sens volent en éclats, adviennent les synesthésies, les correspondances, qui seront pour le poète-alchimiste, autant d'échelles vers l'éther glorieux de l'intelligence pure. « *Tout contact spirituel ressemble au contact d'une baguette de magicien. Tout peut devenir instrument magique.* » Si l'âme étymologise, chaque heure que nous vivons peut devenir une prière et même une prière exaucée. La grandeur, la beauté, l'intensité sont offertes. Il suffit de déjouer les forces néfastes qui cherchent à nous séparer de la beauté du monde. « *Que celui à qui les effets d'un tel contact, les effets d'une baguette magique, semblent fabuleux et prodigieux, se souvienne simplement du premier attouchement de la main de l'aimée, de son premier regard significatif, de ce regard où la baguette magique est un rayon de lumière brisée.* »

Le contact spirituel instaure entre ce que nous sommes et les êtres et les choses qui viennent à notre rencontre, une intelligence nuptiale, un couronnement de l'être, que symbolise le « *rebis* » des alchimistes. Il est possible d'être ici-bas, vains, séparés de tout, insignifiants, indéfiniment utiles et interchangeables, ainsi que le veut le règne des Titans et de la technique, mais il est possible également ici-bas, à la faveur d'un contact spirituel, d'avoir soudain accès aux merveilles du monde, de s'y mouvoir comme en une patrie bien-aimée. Pour Novalis, le monde d'enchantements et de mystères que l'enfance entrevoit est un monde *vrai*, duquel il n'était pas fatal que nous fussions éloignés par le temps. La reconquête est possible et elle est le propre du génie. « *Il est des êtres*, écrit Armel Guerne dans sa préface aux *Disciples à Saïs*, *qui ont le don d'exister, presque de la sainteté dans l'art de reconnaître et de suivre leur vie au voisinage le plus proche de l'essentiel : une religion en eux, qui leur permet d'entrer et d'habiter à tout jamais dans l'une fois pour toutes un génie du génie qui leur révèle et leur enseigne le véritable sens des choses.* »

Les Nobles Voyageurs

Le propos de Novalis dans son récit, *Les Disciples à Saïs*, s'avère résolument initiatique. L'intuition poétique que couronne l'interprétation métaphysique devient passage vers d'autres états de l'être. Ainsi qu'il advient souvent des œuvres de quelque profondeur, l'œuvre de Novalis n'a cessé de susciter des mésinterprétations philosophiques. « L'obscurantisme romantique » est une pure calomnie. Toute la ferveur de Novalis est orientée par une foi en l'intelligence active : « *L'inintelligibilité n'est que la conséquence de l'inintelligence* ». Cependant, il ajoute : « *On ne comprend pas le langage parce que le langage ne se comprend pas lui-même* […]. *Le vrai Sanscrit parlait pour parler, parce que la parole était son plaisir et son essence.* »

Avoir l'intelligence du langage ce n'est pas se résigner à l'incompréhensibilité du monde, mais faire sienne la beauté dispendieuse, infiniment renouvelée par elle-même, du langage qui trouve dans la parole la source du génie de la parole. La parole se parlant à elle-même révèle le « génie du génie », cette gratuité, cette dépense pure, que les mentalités utilitaires et gestionnaires ne peuvent comprendre. S'interroger sur le sens de la parole, consentir au libre déploiement de la parole du monde, exiger de soi-même la connaissance artistique des symboles et s'en faire le messager ou le musicien, n'est-ce point, d'emblée, entrer en résistance à l'égard des normes qui imposent en tout une logique de l'identité et de la catégorie ? Les normes profanes obéissent à cette logique excessivement classificatoire qui dénie aux êtres et aux choses les ressources de l'infinité. Selon les normes profanes de nos sociétés modernes, ou en voie de modernisation, les êtres et les choses sont explicables par les déterminismes prétendument « mis en lumière » par les sciences biologiques ou sociales. Or, ce que l'on croit pouvoir interpréter, on croit aussi devoir le « gérer », pour utiliser le maître-mot des idéologies modernes. Le poète-alchimiste, au contraire, croit aux vertus infinies des choses divines. L'alchimiste croit que les métaux peuvent, en certaines circonstances favorables, se changer les uns en les autres. L'alchimiste ne croit pas en la logique de l'identité et de la catégorie qui caractérise le positivisme du XIXe siècle. Il se trouve que la physique et la chimie du XXe siècle lui donnent raison, mais ces sciences s'avèrent, par le fait même, en contradiction avec le « sens commun ».

Le poète-alchimiste devra apprendre à résister aux tyrannies et aux pesanteurs du sens commun, c'est-à-dire aux opinions, aux croyances mécanisées par les explications et les gestions, afin de tenter l'aventure de l'interprétation. La sagesse dont il est question dans le texte initiatique *Les Disciples à Saïs* n'est pas une « *doxa* », mais une « *gnôsis* » ; non une croyance, mais une connaissance. Les philosophes occidentaux modernes cultivent à cet égard la plus grande confusion. Le « Maître de Sagesse » dans le récit de Novalis n'est pas un dispensateur de réponses toutes faites apportant, à bon compte, la paix de l'âme. La pensée de Novalis est tout entière une pensée de l'inquiétude, de la promptitude. L'alchimiste interroge sans cesse les secrets de la nature sans jamais en proposer une explication définitive : c'est pourquoi les opérations de l'alchimiste lui sont propres et ne sont pas reproductibles par n'importe qui. Ainsi en va-t-il précisément de la sagesse que désirent les Nobles Voyageurs des récits romantiques. À la différence des sciences humaines modernes, l'usage des instruments intellectuels qui peuvent conduire à la sagesse et à la « vérité » ne prend sens que pour l'homme qui en use et à l'instant précis où il en use. La logique identitaire qui confère le vrai, l'indubitable, de façon systématique ou quantitative, est ici hors de propos. Le Noble Voyageur des récits de Novalis n'anticipe point sa réponse dans la question qu'il pose ; il veille, il aiguise son attention, il s'efforce de rendre son esprit plus limpide afin d'assister à la révélation progressive de la réponse qui s'ébauche à sa vision et qui, bien qu'universellement vraie, car *métaphysique*, ne vaudra sans doute jamais que pour lui-même.

Cette logique qui privilégie l'exception au détriment de la règle, la qualité au détriment de la quantité, pour étrange qu'elle puisse paraître au Moderne, n'en fut pas moins le principe de toutes les créations métaphysiques, théologiques et artistiques de l'humanité jusqu'à la Renaissance et souvent bien au-delà. Œuvrer aux retrouvailles avec ce principe : tel sera le sens de notre méditation philosophale. Observons l'étroitesse des comportements, des pensées, du langage, des expériences de la vie quotidienne et des sensations d'un Occidental moyen en ce début de siècle et mesurons, à l'aune des *Disciples à Saïs* et des *Fragments* de Novalis, ce qui a été perdu !

L'oraison

La gnose de Novalis est l'effort héroïque – mais animé par une confiance immense dans le génie humain et dans la bienveillance de la nature – de reconquérir la vastitude sacrée entrevue dans l'enfance et dont les affaires adultes nous séparent par toutes sortes de ruses, de subterfuges et de brutalités. Cette gnose, il va sans dire qu'elle convoque les pouvoirs de l'intelligence là où la modernité spectaculaire ne cesse de les assoupir. Qu'est-ce en effet que l'intelligence, sinon, en premier lieu, la vertu d'analogie ? « *De bonne heure* », est-il dit dans *Les Disciples à Saïs* à propos du « Maître de Sagesse », « *il remarquait les combinaisons, les rencontres, les coïncidences. Il finit par ne plus rien voir isolément. Les perceptions de ses sens se pressaient en grandes images colorées et diverses : il entendait, voyait, touchait et pensait en même temps. Il se réjouissait à assembler des choses étrangères. Tantôt les étoiles étaient des hommes, tantôt les hommes, des étoiles, les pierres, des animaux, les nuages, des plantes ; il jouait avec les forces et les phénomènes ; il savait où et comment trouver ceci et cela, et il pouvait le laisser apparaître ; et c'est ainsi qu'il touchait lui-même aux cordes profondes, cherchant sur elles et s'approchant des sons purs et des rythmes.* »

Art poétique, vision du monde, ce passage des *Disciples à Saïs* va encore au-delà : c'est un véritable traité de la souveraineté. La quête de la souveraineté qui est au cœur du Grand-Œuvre ne se confond en aucune façon avec une recherche des pouvoirs, une inflation du « moi », mais, au contraire, par une extinction de l'*ego* dans les vastitudes lumineuses et colorées de l'Analogie. Les êtres et les choses mystérieusement correspondent. La pensée vole au-devant des images que lui révèle sa profondeur, miroir des hauteurs et des abîmes de l'Âme du monde. Avoir l'intelligence du monde, c'est associer le plus étroitement possible, jusqu'à les fondre en une seule gnose, la perception et la compréhension, lesquelles se rejoignent en une seule attente.

« *Il entendait, voyait, touchait et pensait en même temps* [...] », écrit Novalis. La pensée est, au sens étymologique la *pesée*. La *juste pondération* est le propre de l'« Art de la Balance », symbole de l'analogie qui révèle la vertu transfiguratrice des rencontres et des coïncidences. Ne rien voir isolément, c'est rendre hommage aux subtils tissages du cosmos, à ces orchestrations prodigieuses qui se révèlent à la perception lorsque la perception est elle-même compréhension. Comment comprendre sans percevoir et comment percevoir sans comprendre ? En comprenant ce que nous percevons, nous entrons dans le langage secret des astres, des pierres, des plantes ; et le Grand-Œuvre, dans sa patience et sa solennité, n'est autre que l'interprétation de ce langage et son oraison : « *et c'est ainsi qu'il touchait lui-même aux cordes profondes, cherchant sur elles et s'approchant des sons purs et des rythmes* ».

Notes sur la science d'Hermès

I. L'herméneutique, vitrail du sens

On s'accorde en général à dire que l'art de l'herméneutique, tel que nous le connaissons en Occident, apparaît à Alexandrie, sous le règne de Ptolémée Soter et sous le signe d'Hermès-Thoth, messager des dieux. Loin de se réduire à une simple analyse ou exégèse des textes, l'herméneutique est d'abord un art de l'interprétation infinie qui, au moyen de signes, porte témoignage de ce que Philon d'Alexandrie, nomme le « *Logos intérieur* » dont l'abîme de transparence s'ouvre sur la connaissance divine. « *La réalité que l'artiste doit enregistrer est à la fois matérielle et intellectuelle. La matière n'est réelle que parce qu'elle est une expression de l'esprit.* » Ce propos de Marcel Proust pourrait servir d'exergue à toute méditation et toute pratique herméneutique. Pour l'herméneute, les signes et les mots n'ont de réalité qu'en tant que traces de l'esprit, chiffres d'un sens qui est la réalité même, centrale et *polaire*, d'où toutes les réalités contingentes tiennent leur existence et leur importance particulière.

À cet égard, l'herméneutique relève moins d'une *explication* de texte que d'une *implication* de l'homme dans une ascèse du sens dont il pressent la clarté et dont il désire s'illuminer. Rien, dès lors, ne saurait être moins austère et plus aventureux que l'herméneutique, car, à chaque instant, ce que nous pressentons peut nous échapper, nous éblouir ou nous mentir. Le sens d'une œuvre n'est jamais le résultat de cette agilité intellectuelle qui suffit à résoudre les rébus ou les mots croisés. Le sens n'est pas un objet, mais, dirions-nous, en nous souvenant de Rainer Maria Rilke, un ange – et « *tout Ange est terrible...* ». Si tout d'abord le sens ne s'offre à nous qu'à travers des voiles et des nuées, ce n'est pas sans raison. Le sens est le Graal dont la vision transfigure et glorifie, mais peut aussi nous réduire en cendres. Ainsi les herméneutes devront-ils être non point d'arrogants spécialistes, mais, selon la belle formule de Nietzsche, « *des hommes profonds et joyeux, avec des âmes mélancoliques et folles.* » Parmi les diverses ruses du vieux nihilisme professoral, l'une des moins honorables est sans doute d'avoir voulu faire de Nietzsche un précurseur du matérialisme moderne. Celui qui ne croit en rien comment serait-il le tragique jouet des dieux ? Comment chanterait-il l'*éternité et l'anneau du retour* ? Pourquoi, si le « Rien » domine, s'évertuer à sauver un idéal de qualité humaine, de courtoisie et de bon goût, et placer tout cela, de surcroît, sous l'égide du Mage Zoroastre ? Ainsi que le fait remarquer Georges Gusdorf, auteur d'un excellent ouvrage sur les origines de l'herméneutique : « *Le nihilisme à la mode de notre temps, menue monnaie du scientisme du siècle dernier et résurgence abâtardie de l'esprit des Lumières, n'a rien à voir avec l'esprit romantique. Au surplus, le thème de la mort de Dieu chez Nietzsche ne revêt pas la signification qu'il a chez nos contemporains. Le Dieu mort des religions établies, dénoncé par Nietzsche, évoque bien plutôt les formules de Schleiermacher dans le* Discours *sur l'Écriture sainte devenue le mausolée de la religion, un monument attestant qu'un grand esprit était là qui n'y est plus. Nietzsche aussi s'est grandement intéressé à l'herméneutique, à la genèse et à la valeur du sens dans le devenir de la pensée.* »

La part essentielle de l'art herméneutique tremble sur le miroir du désir et du pressentiment. L'herméneutique sait d'avance que tout ne peut pas être dit ou exposé dans l'évidence d'une formulation qui satisferait aux exigences didactiques. La glorification qui advient au terme de son ascèse purificatrice emporte l'herméneute dans la transparence du secret qu'il sut favoriser par sa fidélité et sa confiance. Tout lui est alors *sacramentum*, signe d'une chose cachée, à commencer par sa propre vie. Procession liturgique de l'âme à travers les signes de plus en plus subtils d'une réalité intérieure, l'herméneutique nous montre que toute chose en ce monde dérive d'une source unique, et que toute chose, tout instant peut en recevoir la scintillante fraîcheur et la profonde mémoire. *L'éclaircie de l'être* n'est pas une explication de l'être, mais, avons-nous dit, une *implication* de « *l'essence de l'homme dans la vérité de l'être* », pour user d'une expression familière, mais non pour autant mieux comprise, des lecteurs de Martin Heidegger. L'éclaircie de l'être en nous-mêmes fait de notre œuvre *l'autobiographie du monde*. Le sens ésotérique de la Genèse est celui de notre éveil à l'Esprit, l'instant polaire, éternisé, de notre pure reconnaissance, par laquelle nous célébrons la splendeur de la création, sa vertu miroitante. Or, c'est en cette vertu, qui suscite sans fin des reflets qui nous élèvent, que l'herméneutique trouve sa justification ascétique et sa divine légitimité.

Reconnaissance et *résurrection* du sens, l'herméneutique est ainsi l'art qui saintement guerroie contre l'oubli de l'être. Elle est ce qui vivifie l'esprit sous les cendres de la lettre morte des religions réduites à leurs aspects purement extérieurs. Vouée à la réprobation des progressistes, comme des littéralistes, qui refusent l'idée d'un sens qui transcende l'histoire, l'herméneutique poursuit envers et contre tout son œuvre, de façon, il est vrai, quelque peu clandestine, mais porteuse des prestiges immémoriaux que surent y reconnaître ces proches aînés : les romantiques allemands. Car tel est bien le miracle qu'à travers les fanatismes dévots ou agnostiques, l'herméneutique se soit frayée un *chemin* jusqu'à nous, chemin qui traverse les *teintes*, au sens alchimique, des époques hellénistiques, romanes, et romantiques, et par lequel nous témoignons de notre fidélité à la Tradition, et à sa *primordialité*, dont le sens est au-delà de toute temporalité, « *lumière vers la lumière* » en laquelle se précise l'idée même de *civilisation*.

Le discours universitaire et savant ayant renoncé, en sa vocation même, à l'expérience de la transcendance et de la pensée de l'être, à quelques rares exceptions près que nous ne manquerons pas de saluer, le discours théologique, quant-à-lui, se réduisant trop souvent à de superficielles apologies, celui qui désire aller à la rencontre de ce qui survit encore du grand art de l'herméneutique devra sans doute se tourner de plus en plus vers la création littéraire et poétique, là où le plus ancien demeure présent, et présence, sous les atours de l'éternelle juvénilité du chant. Ainsi O.V. de Lubicz Milosz se considère-t-il, dans l'essence invariable de sa pensée poétique, comme le contemporain de l'Apocalypse de saint Jean dont il va écrire un commentaire éblouissant d'audace. De même Saint-Pol-Roux « le Magnifique » s'affirme « *Symboliste comme Dante* » et laisse refluer en la substance vive de sa poésie les images homériques et les nuances patristiques. On peut dire, en ce sens, qu'il n'existe pas de grand poète « moderne ». Tout œuvre poétique digne de ce nom est d'abord l'espace sacré où reviennent à nous, de la nuit des temps, les symboles et les idées les plus anciens dont nous puissions garder souvenir. Antonin Artaud va s'initier aux rites primordiaux des Tarahumaras, de même que Leconte de Lisle va confondre sa voix avec celle de l'hymne védique et chanter Suryâ en des temps, non moins que les nôtres, dominés par les normes utilitaires et profanes. D'où cet échange entre le *sens de l'être*, dont témoignent les poètes, et *l'être du sens* qu'établissent les doctrines en leur unité intérieure. Plus que jamais, l'esprit souffle où il veut.

Alors que la critique matérialiste et la création artistique ou poétique se situent en des espaces radicalement différents, la poésie et l'herméneutique sont l'approfondissement l'une de l'autre, de même que, dans la philosophie néo-platonicienne, la spéculation et l'expérience visionnaire. La poésie est l'herméneutique du monde et l'art de l'interprétation infinie des saisons, des astres, des visages, des paysages et des désirs, de même que l'herméneutique ressuscite dans les signes et les mots le sens de la vision qui les suscita : fulguration du regard échangé. Car tel est le premier enseignement de la poésie, en accord avec l'enseignement de toutes les aurores mystiques et religieuses du monde : nous ne pouvons réellement voir la fleur, la pierre ou la nuit que pour autant *qu'elles nous regardent*. Ce que l'herméneutique nous donne à comprendre est l'image même qui nous rend transparent. Le symbole que nous comprenons nous transfigure et nous sommes alors compris par lui, comme par toute chose offerte à notre attention fervente.

II. Abeilles d'or

La « flamme qui fleurit »

Le langage des alchimistes déroute et fascine. Au traité d'alchimie semble convenir, au premier regard, le vers de Mallarmé : « *Calme bloc ici-bas chu d'un désastre obscur* ». Cependant dans ces ténèbres, les mots brillent d'éclats singuliers. Il y est question de Céruse, d'Orpiment, de Réalgar, d'Azurite, de Chélidoine. Les phrases qui décrivent les opérations, et dont on ne sait tout d'abord si elles sont matérielles ou mystiques, ou l'un et l'autre, convoquent un bestiaire en proie à des métamorphoses, une géographie sacrée où les mers, les ciels, les forêts changent de couleur selon les changements survenus dans l'âme de l'adepte. Tout semble se jouer dans une science de l'interdépendance où l'âme humaine et l'Âme du monde se découvrent de mystérieuses affinités. L'alchimiste vit dans un monde qui n'est pas tout à fait notre monde, mais auquel notre monde cependant donne accès. L'alchimie n'est pas une évasion, elle révèle, par son langage si particulier, les arcanes de ce monde où nous nous trouvons et dont tant d'aspects essentiels nous demeurent méconnus. La terre sur laquelle nous allons, où nous nous livrons à nos affaires humaines, est déjà pour l'alchimiste un grand mystère digne d'une attentive révérence.

Nous ne comprendrons rien aux traités, aux poèmes et à l'iconographie alchimique si nous ne consentons pas tout d'abord à changer notre regard et à retrouver quelque innocence dans notre façon de voir. Le sens du merveilleux ne s'apprend pas ; il n'est pas quelque chose qui nous advient par surcroît. Le sens du merveilleux se retrouve. C'est à ces retrouvailles que nous invitons le lecteur en quête de connaissance alchimique. La conversion du regard par laquelle nous quittons le monde utilitaire et profane change en lumière les ténèbres d'un langage dont la signification nous échappe. Avant même de comprendre par le détail la signification particulière de telle ou telle phrase, c'est le sens même de l'œuvre qui doit nous magnétiser.

Le sens de l'œuvre, c'est le Pôle, l'orientation la plus décisive et la plus immédiate de l'esprit dont la proximité suscite le merveilleux. Est-il nécessaire de préciser que l'alchimie n'est en aucune façon une science matérialiste. La « *matière première* » dont il est question dans les traités est la terre, mais cette terre ne correspond en aucune façon au concept de matière tel que le défendent les matérialistes modernes. La terre alchimique, ce que les alchimistes nomment « notre terre » est une terre en métamorphose, une terre traversée de forces florales et d'accomplissements lumineux qui ne peuvent en aucune façon s'expliquer par des lois mécaniques. La terre, disait Novalis, culmine dans « *la flamme qui fleurit* ».

L'explication mécanique, qui soumet les effets à des causes connues et répertoriées, infiniment et quantitativement reproductibles, est ici hors de propos. L'opération alchimique diffère de l'opération technologique aussi bien par ses moyens que par sa fin. Ce qui est en jeu est d'une tout autre nature. À la différence du technicien, l'alchimiste ne cherche point le pouvoir ni « les pouvoirs », mais la souveraineté. La pierre philosophale est le symbole de cette souveraineté conquise sur toutes les faiblesses humaines et sur toutes les tentations de la démesure. L'opposition entre la science moderne, qui se définit elle-même comme « rationnelle » et les sciences traditionnelles supposées « irrationnelles » tombe d'elle-même car, de toute évidence, la science moderne, lorsqu'elle est au service de la technique, ne sert pas particulièrement la raison, et le monde technique où nous vivons se trouve en proie aux plus désastreuses déraisons. Dans son refus nihiliste du sens, le monde moderne s'effondre dans l'insignifiance et dans l'insensé et son mépris du Verbe créateur et du *Logos* implique, comme une fatalité subalterne, le mépris de la raison. L'opposition entre science moderne et science traditionnelle se joue, non point dans l'usage ou le non-usage de la raison, mais, d'une façon beaucoup plus subtile, dans la distinction du divin et du titanesque. Là où la science moderne s'acharne à l'accroissement indéfini du pouvoir des titans, le pur chevalier de l'Art Royal va se dévouer à la célébration de la souveraineté du monde divin par la contemplation de l'être et de l'Un.

S'il fallait offrir d'emblée une définition, la plus succincte possible, de l'alchimie, on pourrait dire ainsi qu'elle est, avant tout, une science de la contemplation. L'homme, haussé au-dessus de lui-même par la contemplation découvre le monde comme un temple. L'homme qui contemple est dépris du leurre de l'enchaînement des effets et des causes, de ce simulacre de raison qui l'enchaîne au déterminisme et à la servitude. Retrouvant la dimension verticale, la transcendance, si souvent figurée dans l'iconographie alchimique par un rai de lumière venant frapper l'athanor, son entendement s'édifie. Hauteur et profondeur se précisent dans la découverte des rapports et des proportions. Tout cheminement alchimique témoigne de cette verticalité de l'entendement, de cette conquête d'une vastitude que la vie quotidienne ignore et que les normes profanes réprouvent. N'oublions jamais que tout conspire, en cet âge sombre, à nous rendre aussi ignorants et misérables que possible. Au monde abstrait, schématique, absurde et déterministe où survit l'homme moderne, exclu à la fois des patries du ciel et de la terre, l'alchimie oppose un monde foisonnant d'arborescence, de couleurs, de figures mythologiques, de songes prophétiques, de veilles ardentes et de réalisations imprévues. L'athanor où vit et change la terre alchimique ne cesse de célébrer les noces du monde extérieur et du monde intérieur ; le cours des saisons et des astres est, pour les alchimistes, en étroite concordance avec l'assomption de la pensée à travers les diverses « stations » de la connaissance.

De la terre damnée, *caput mortuum*, à la terre adamique, le chemin est long et difficile, et l'on peut, à juste titre, le comparer à une traversée odysséenne. La terre solaire, la terre des philosophes, la terre « *blanche feuillée* » – autant de formules pour décrire les étapes de la transmutation, les moments d'une renaissance immortalisante de l'âme humaine en la terre céleste. Ce monde matériel, qui prétend nous enchaîner dans les rets de ses déterminismes, l'alchimiste ardemment croit pouvoir s'en délivrer, en retournant les forces, c'est-à-dire en prenant l'engagement de servir le subtil et le léger contre le grossier et le lourd. Les « réalistes » répliqueront qu'il ne s'agit là que d'un songe, mais la réalité où nous vivons, et ce qui subsiste par exemple de notre civilisation française, est-elle autre chose que le composé alchimique des songes magnifiques des poètes, des mystiques et des rois ? Et la détresse dérisoire où nous sommes en cette fin de siècle, est-elle autre chose que le fait de l'absence de songe des « réalistes » qui ont tout fait pour réduire la réalité à leurs moindres mesures ? S'il fut de la vocation des alchimistes de changer le plomb en or, sans doute la vocation du monde moderne est-elle de changer symboliquement l'or en plomb. « *On est finalement tenté*, écrit Nietzsche, *de diviser l'humanité en une minorité d'êtres qui s'entendent à faire de peu beaucoup, et une majorité de ceux qui s'entendent à faire de beaucoup fort peu ; on rencontre même de ces sorciers à rebours qui au lieu de tirer le monde du néant tirent du monde un néant.* »

Face au monde moderne qui change l'or en plomb, dans toutes les occurrences de la vie, les « chevaliers de la Pierre », ces poètes par excellence, feront d'abord œuvre de résistance, et ensuite, si cela est encore possible, œuvre de création. Le symbolisme du plomb et de l'or est sans doute le plus universel qui soit et chacun peut non seulement le comprendre, mais l'éprouver. Qui, en certaines circonstances, n'a pas senti l'heure qu'il vivait s'alléger, être gagnée de lumière et n'a pas vu alors son âme s'épanouir sous l'action d'un ensoleillement intérieur ? Lumineux, incorruptible, l'or alchimique ne relève pas de l'économie, mais du sentiment de l'irradiation secrète, de la connaissance intérieure. L'or alchimique est un or irradiant et non un or irradié par quelque valeur marchande ou idéologique. L'or alchimique renvoie aux modalités transfigurantes de la lumière, aux arcanes et aux variations de la lumière en tant que principe de création et de réception de la connaissance.

Là encore, l'expérience ingénue et primordiale vient à notre rencontre. « *L'âme se réjouit d'un juste regard* », écrit Trakl. L'idée est à la pensée ce que l'œil est à la lumière. Or, la lumière, tout en étant, dans son principe, toujours identique à elle-même, est dans l'expérience que nous avons d'elle infiniment variée.

Ainsi nos états d'âme, les nuances les plus infimes de nos sensibilités, dépendent de la lumière qui nous environne. La lumière distingue et unit le ciel et la mer ; la lumière instaure la dualité et rétablit l'unité en passant, et en nous faisant passer, par la dialectique transitive de la teinte, de l'éclat, du ruissellement, de la transparence. Enfin, qui n'a été soudain saisi au vif de l'instant par un ressouvenir à la faveur d'un brusque changement de l'éclairage ? Ainsi la lumière est essentiellement messagère. C'est elle qui nous transmet les signes des hauteurs, les discours célestes par l'entremise des impondérables météorologies du jour et de la nuit. Un orage d'été à midi ne porte pas le même message qu'une tempête nocturne aux alentours du solstice d'hiver. Le *Traité de la Foudre et du Vent*, d'Henry Montaigu, tout comme les livres d'Henri Bosco, nous enseignent à déchiffrer les messages qui, dans la nature, témoignent à l'évidence d'une surnature.

Une réalité blasonnée

« *Les hommes vont de multiples chemins*, écrit Novalis, *celui qui les suit et qui les compare verra naître des figures qui semblent appartenir à cette grande écriture chiffrée qu'on entrevoit partout : sur les ailes, la coquille des œufs, dans les nuages, dans la neige, dans les cristaux et dans la conformation des roches, sur les eaux qui se prennent en glace, au-dedans et au-dehors des montagnes, des plantes, des animaux, des hommes, dans les lumières du ciel, sur les disques de verre et les plateaux de résine qu'on a touchés et frottés, dans les limailles autour de l'aimant et dans les conjonctures singulières du hasard. On pressent que là est la clef de cette écriture merveilleuse, sa grammaire même.* » L'alchimie est l'art de rendre à de tels aperçus la dignité d'une connaissance absolue, d'une *gnose*. Ces éclaircies de l'âme et de l'être qui, dans la vie quotidienne, sont passagères, furtives, au point d'en être presque indiscernables, l'alchimie va, au contraire, leur conférer la plus haute importance, au point d'en faire le point de référence de toute aventure humaine digne d'être vécue. Délivré du déterminisme qui voue à produire et à se reproduire selon une logique purement économique, l'alchimiste renouvelle l'expérience humaine en supposant un accord grandiose entre l'homme et le monde divin. Cet accord sera le principe de toutes les harmoniques de l'Art royal.

Or, toute partition musicale suppose une clef, et toute clef, dès lors que l'on s'aventure dans l'ésotérique, suppose un arcane. La discipline de l'arcane que respectent les œuvres alchimiques a suscité d'innombrables malentendus. Il s'agit moins de garder par devers soi des informations qui, malencontreusement divulguées, déclencheraient des catastrophes, que de respecter la nature du secret en lui-même. René Guénon distingue, à juste escient, dans l'ordre de l'initiation, ce qui relève du secret de convention de ce qui relève du secret de nature. Une chose dissimulée par convention n'a pas en elle-même la valeur d'un secret, mais il existe des connaissances cachées par nature, dont le secret est la nature même. De tels secrets ne peuvent en aucune façon être divulgués à n'importe qui, ni diffusés, car la divulgation implique non la réception du secret, mais l'entrée dans le secret. Celui à qui le secret est divulgué entre dans le secret et devient lui-même un secret. Tel est exactement le sens du titre d'un des plus célèbres traités d'alchimie : *L'Entrée ouverte au Palais fermé du Roi*. Le secret de nature, le secret essentiel est une porte ouverte à ce qui demeure caché : ce n'est pas le secret qui entre en nous, mais nous qui entrons dans le secret. Tel est le sens de la consécration chevaleresque propre à l'adeptat spirituel. Nous continuons, certes, à vivre extérieurement dans le même monde, mais la vision s'est brusquement élargie. Les mots et les choses ne sont plus réduits à leur simple utilité, mais ardent d'un feu secret qui est le principe du sens des mots et des choses. Si les mots, dans les traités d'alchimie, scintillent comme des joyaux dans la pénombre drapée des chambres, c'est pour nous dire que semblablement, dans la nature, les choses brillent d'un éclat royal au juste regard.

Les pierres, les arbres, les rivières, les animaux, délivrés de leurs identités génériques retrouvent l'individualité farouche qu'elles eurent, par exemple, dans les légendes et les épopées celtes ou hindoues. Ce n'est plus le genre de l'arbre ou de la bête qui importe, la catégorie où le naturaliste entend le ranger pour sa commodité, mais sa singularité irréductible dans le récit du poète. « *La tendresse ontologique des grands spirituels envers toute créature*, écrit Paul Evdokimov, *jusqu'aux reptiles et même jusqu'aux démons, s'accompagne d'une manière iconographique de contempler le monde, d'y déceler en transparence la pensée divine, de pénétrer la coquille cosmique jusqu'à l'amande porteuse de sens.* » Le secret de cette singularité sera donc d'entrer dans *la logique de l'incomparable*, propre au symbole.

Le sens du secret, qui fait si cruellement défaut aux modernes, se confond avec le sens du symbole. Entrer dans le secret alchimique, c'est entrer, par la contemplation, dans la réalité métaphysique du symbole. Celui qui entre dans la métaphysique du symbole s'éveille. Le symbole est ce qui relie la nature à la surnature, le temps linéaire au temps sphérique ou encore à ce mystère qu'André Breton nommait « *l'or du temps* » et qu'il faut bien opposer au plomb du temps qui caractérise la vie quotidienne. De même qu'il existe un langage alchimique qui diffère du langage utilitaire par l'attention méditative qu'il porte aux mots et aux choses, de même, il existe une temporalité alchimique qui change le temps en éternité. Le langage alchimique est un langage héraldique qui nous invite à la contemplation des essences à travers les Figures. Blasonnée, la réalité apparaît, à travers les mots, dans l'intensité propre au juste regard poétique et philosophal. Les mots, au lieu de disparaître dans l'information qu'ils transmettent comme il advient dans le langage profane, vont poursuivre leur existence de façon, dirai-je, *extatique*. Délivrés de leur fonction utilitaire, de leur servitude, retrouvant leur noblesse primordiale toute rayonnante des fastes armoriaux de l'étymologie, les mots recomposent ce monde que les alchimistes nomment le monde philosophal et qui est tout autre chose que le monde philosophique des Modernes. Ce langage alchimique, si différent du langage profane, s'inscrira, de toute évidence, dans une conception du temps aussi différente que possible de celle qui prévaut actuellement. Dans le temps profane, le moment présent est détruit aussitôt que perçu et le passé n'est fait que des sombres décombres du temps détruit. Toute l'énergie humaine est alors mobilisée par le futur, qui est pure inexistence.

Une telle conception du temps est sans doute l'expression la plus parfaite du nihilisme : le passé n'existe plus, l'avenir n'existe pas encore et le présent est détruit aussitôt que perçu, autant dire que nous sommes néant dans le néant. Le temps alchimique au contraire se fonde sur l'être. L'être, pour l'alchimiste, précède le temps, quelque déroutante que puisse paraître la formule. Par son œuvre, l'alchimiste transfigure le plomb du temps en or du temps, et chaque seconde qui passe, loin de s'abîmer dans le néant, devient éternelle. Pour l'alchimiste, le passé est du temps éternisé, l'or du temps gagné par l'incorruptibilité essentielle que l'expérience du moment présent confère au moment passé. En un mot, pour l'alchimiste, rien ne passe, tout demeure. Les « œuvres » se succèdent, non en se niant les uns les autres, mais dans l'approfondissement d'un même dessein. L'idée revient sans cesse dans les traités de Jacob Böhme, de Paracelse ou de Maître Eckhart : les profondeurs de la matière première recèlent l'étincelle du feu secret et c'est dans le tréfonds de notre âme que scintille l'éclat divin dans sa plus grande puissance d'embrasement. Les diverses opérations de l'alchimie sont là pour révéler la profondeur lumineuse de la substance, sa richesse cachée. La somptuosité des pierres est au cœur des pierres. La lumière n'est pas à la surface, mais à l'intérieur. La voie ésotérique, la voie qui mène à l'intériorité est, par excellence, chromatique et musicale. La traversée odysséenne vers le cœur, vers le feu central de l'être dont nous attendons la transmutation, se traduit par la naissance des couleurs. Le vaisseau alchimique est d'abord un microcosme versicolore. Ce monde de plomb où nous vivons, où tout est si terriblement opaque et lourd, il ne tient qu'à nous d'en transmuter la substance par la connaissance des profondeurs. Ainsi le vocable alchimique VITRIOL, qui désigne la nature mercurielle du dissolvant universel, se laisse comprendre en acrostiche: « *Visita Interiora Terrae Rectificando Invenies Occultum Lapidem* » (« Visite l'intérieur de la terre, en rectifiant tu trouveras la Pierre cachée »).

La discrète diaprure des profondeurs

S'aventurer dans les profondeurs ! Rien n'est plus étranger à la mentalité moderne qui, en toutes choses, se contente des plans et des surfaces. Univers de grandes surfaces et de vastes planifications, le monde moderne s'impose comme un universel nivellement par le bas. L'homme devient plat comme une image et ne retrouve le volume que dans le monde virtuel où son imagination même est contrôlée par les « concepteurs ». Face à ce monde, l'alchimie est, pour le rebelle, le véritable « *recours aux forêts* », pour reprendre le mot de Jünger. La « *forêt de symboles* » en laquelle nous sommes invités dans les traités d'alchimie est riche de « *ces chemins qui ne mènent nulle part* », qu'évoquait Heidegger, car elles conduisent vers l'essentiel, qui est de reconnaître que nous sommes toujours, à chaque instant, et déjà, au cœur de l'être. Les chemins qui ne mènent nulle part, les sentes forestières dont abondent la poésie et l'iconographie alchimique ne suscitent tant de réprobation et de désarroi que parce qu'ils nous délivrent du contrôle de l'évaluation morale utilitaire. Certes, l'amateur d'œuvres philosophales prend le risque de se perdre en une Brocéliande peuplée des figures arborescentes des songes et des civilisations disparues. Mais ce péril, par l'exigence chevaleresque qui l'affronte, est lui-même salvateur. En nous aventurant, nous échappons au pire danger qui est de vivre sans connaître jamais la moindre aventure. Ainsi que l'écrit Pompée : « *Il est nécessaire de naviguer, mais il n'est pas nécessaire de vivre* ». La voie alchimique, pour labyrinthique qu'elle puisse paraître, n'en reconduit pas moins la pensée vers son propre sens, et l'âme vers son propre centre. Ne faut-il pas se perdre de vue pour retrouver la splendeur du Soi, dissimulée sous les écorces mortes des identités d'emprunt dont nous sommes affublés par l'esprit grégaire et les nécessités subalternes de l'Histoire ?

L'art alchimique, comme tout grand art, modifie radicalement celui qui le pratique, et c'est en ce sens-là qu'il s'agit d'un art sacré et non point d'une technique profane. L'alchimiste lancé à la poursuite du Cerf dans la forêt des hautes figures toutes bruissantes de feuillages orphiques, risque certes de manquer sa proie, d'être privé, au dernier moment, de l'expérience de la merveille, mais sa victoire sur la banalité et la médiocrité est déjà acquise, et sa nature propre, rendue plus subtile et plus ardente par son cheminement, est déjà ennoblie, rendue autre par l'approche de la surnature dissimulée dans toutes les œuvres de la nature. Ce qui est donné à l'alchimiste aux confins de sa quête n'est donné qu'à lui seul, et lui seul peut en faire un noble usage : « *C'est bien à tort*, fait observer Simone Weil, *que l'on a pris les alchimistes pour les précurseurs des chimistes puisqu'ils regardaient la vertu la plus pure et la sagesse comme une condition indispensable au succès de leurs manipulations, au lieu que Lavoisier cherchait, pour unir l'oxygène et l'hydrogène en eau, une recette susceptible de réussir aussi bien entre les mains d'un idiot ou d'un criminel.* »

À chacun donc de se retrouver au centre de son propre labyrinthe. Les traités guident le chercheur, mais ils ne planifient aucune découverte. La « *chasse subtile* » dont parle Ernst Jünger connaît des indices, les signes et les intersignes, mais la rencontre avec la proie, aussi ardemment désirée qu'elle puisse être, est toujours imprévue. Seul le labyrinthe peut conduire au centre parce que le centre est à la fois caché et révélé, « *entrée ouverte au Palais fermé du Roi* », et que l'instant des retrouvailles avec le centre appartient, selon Hallâj, à chacun dans le mystère qui fait « *un unique pour un Unique* ». Ainsi que l'écrit Maître Eckhart, « *le fond de Dieu et le fond de l'âme ne sont qu'un seul et même fond* ».

L'herméneutique alchimique, à la différence des explications rationnelles, reconnaît la vertu de la dualité, qui est tout autre chose que le dualisme. L'arborescence ne la déroute point, ni la multiplicité des interprétations, ni la diversité des appellations, car selon l'angle de la lumière, le sens change d'aspect et il est juste de lui trouver d'autres noms, de même que les noms, à leur tour, peuvent changer selon l'éclairage du sens qui tombe sur eux. Ces métamorphoses, si déroutantes pour l'esprit schématique, sont, en alchimie, le principe du « *feu de roue* » qui, à l'intérieur comme à l'extérieur de la matière alchimique, va révéler la multiplicité des états de l'être. L'être ne se réduit pas à un seul état, comme l'imaginent les théories mécanistes ou matérialistes, de même qu'un texte ne se réduit pas à une seule interprétation définitive. Le feu de roue embrase successivement les aspects du réel, de même que la sagesse de l'heure méridienne – comme l'écrit Michael Maier dans *L'Atalante fugitive* – « *domine toutes choses, pénètre à droite jusqu'à l'Orient, à gauche jusqu'à l'Occident, et embrase la terre entière.* »

Le labyrinthe est le cheminement du chevalier de l'Art royal ; la réalité même est tissée et notre intelligence humaine, telle une rosée matinale, repose sur l'entrecroisement des fils. Tout à tour eau aérienne, eau divine, eau de l'abîme, eau ardente, l'intelligence alchimique entre dans le tissu du monde, art subtil par excellence et par étymologie, où l'exigence poétique retrouve la langue des oiseaux. L'homme qui se consacre à cette connaissance sera, selon l'admirable formule de Milosz, ami, à l'instar de Novalis, des modalités les plus subtiles de l'être : « *un instrument dans la main des Anges* ». Une autre logique se fait jour en révélant le jour secret enclos dans la nuit de la *Parole délaissée*, une logique non plus titanesque, mais divine. Ouverte sur l'Histoire sacrée, elle est confiance et non plus arrogance, consentement à la discrète diaprure des choses reposant dans le mystère de l'être, comme à l'abri des forêts, et non plus éclairage artificiel tel que voulut l'imposer le rationalisme moderne. « *Avant d'entreprendre la grande conquête du Ciel*, écrit encore Milosz, *il nous faut donc apprendre à considérer notre chère Raison non comme une qualité indépendante, mais seulement comme le complément d'une puissance intérieure obscure jusqu'à ce jour et inévoluée.* » Le Verbe est cette puissance intérieure que Milosz définit comme « *quelque chose de doux, de profond, de tendre, quelque chose d'énorme et d'infinitésimal, rompant la monotonie patiente.* » Ni ceci donc, ni cela, expérience de la contradiction vécue et nuptialement transfigurée, acceptée, dans le secret de la gnose amoureuse : « *Accepte ce présent,* écrit Goethe, *tissé de parfums d'aube et de clairs soleils. C'est le voile de la poésie reçue des mains de la vérité.* »

Le « beau murmure des sages abeilles du Pays »

L'Alchimie, riche d'afflux des plus anciens savoirs de l'humanité, est par définition une science traditionnelle. La Table d'Émeraude, les paroles attribuées à Hermès Trismégiste, les innombrables traités de la période alexandrine, du Moyen-Âge, de la Renaissance, portent jusqu'à nous en vestiges parfois indéchiffrables, les signes de civilisations et de visions anciennes. Or, avant le triomphe, somme toute récent, du positivisme, la connaissance était avant tout visionnaire. L'idée n'était pas encore réduite à l'abstraction. Forme créatrice, vision, elle appelait à elle l'ardente imagination. Les notions et les terminologies que notre culture moderne ignore ou méprise, les vestiges mythologiques ou religieux qui peuvent heurter notre sensibilité forgée par l'austérité des cléricatures modernes, trouvent leurs justes résonances et leur site idéal aussitôt que notre pensée s'abandonne à l'aventure intérieure. Il est vain de vouloir comprendre l'alchimie de l'extérieur. Si l'on ne fait sienne l'intention de ces poètes et de ces aventuriers de l'âme, autant s'occuper d'autre chose : il n'est rien de plus vain, ni de plus lourd, qu'une érudition qui n'est pas enchantée par la vision, par l'irisation que la gnose visionnaire suscite sur les objets intellectuels qu'elle approche.

Les réponses sont dans les songes. Quiconque a prêté attention aux messages qui lui parviennent par la diplomatie des songes, quiconque s'est trouvé, par quelque raison mystérieuse, mis en demeure de ne pas se satisfaire de la profanation universelle du monde moderne, quiconque a su faire de la fidélité la gardienne de principes révélés en certaines heures heureuses de son existence, se trouve déjà engagé, et souvent plus loin qu'il ne le croit lui-même, dans la voie royale des alchimistes. Selon Gerhard Dorn, « *l'étude engendre la connaissance. La connaissance suscite l'amour. L'amour dévoile la ressemblance. La ressemblance produit l'abondance encore nommée communauté ou familiarité. La communion génère la confiance. La confiance la vertu. La vertu, la dignité. La dignité la puissance, et la puissance réalise le Miracle.* »

Science à la fois royale et sacerdotale, issue de la Tradition primordiale, l'alchimie unit en elle toutes les sources des traditions occidentales et orientales. Le traité d'alchimie ignore les clivages historiques et culturels. S'inscrivant dans une *Histoire sacrée*, dont les histoires profanes, y compris les « histoires des religions » ne sont, selon la formule de Platon, que les « ombres mouvantes », les alchimistes vont se référer aussi bien aux traditions bibliques qu'aux traditions païennes. Melkitsedeq qui est, selon saint Paul, « *Roi de justice, ensuite Roi de la Paix, qui est sans père, ni mère, sans généalogie, qui n'a ni commencement ni fin* [...] » va côtoyer Jason et les Argonautes partis à la recherche du Jardin des Hespérides. Le miel d'Or des Abeilles d'Aristée dans les *Géorgiques* de Virgile, rejoindra l'inspiration de Milosz : « *Maintenant le profond, terrible et beau murmure des sages abeilles du Pays t'enseigne la langue oubliée (aux lourdes et tremblantes syllabes de miel sombre) des livres noyés de Yasher.* »

    L'Histoire sacrée échappe aux déterminismes et aux particularismes qui sont les moteurs mêmes de l'Histoire profane, avec les horreurs et les désastres que l'on connaît. L'Histoire sacrée se fonde sur des filiations spirituelles qui ne tiennent à peu près aucun compte de la chronologie et de la géographie, car ce dont il est question se manifeste dans un tout autre ordre de réalité. « *Il y a*, écrit Milosz dans *L'Épître à Storge, une nécessité de substituer au concept enfantin d'une éternité de succession divisée en passé, présent et avenir, celui de simultanéité ou plutôt d'instantanéité.* » L'homme qui reçoit le message philosophal par l'expérience visionnaire, devient, de fait, et le plus objectivement possible, contemporain de ses augustes prédécesseurs. Plus nous remontons en amont vers le principe lumineux de l'être, et moins nous sommes enchaînés à la pesante, mais non moins illusoire, chaîne des effets et des causes ; certaines illusions sont plus pesantes que les plus irréfutables réalités. Délivrés de l'illusion, de la pénombre caractéristique du monde profane, de cette léthargie, de cette amnésie où nous maintiennent les règnes de la quantité et de l'insignifiance, une immense légèreté nous saisit et nous sommes entraînés dans les nues, vers les hauteurs où la lumière devient palpable et où nous sommes alors presque confondus avec elle.

    Le paradoxe alchimique est que ces hauteurs sont symboliquement identiques aux profondeurs. Plus nous allons à la conquête des profondeurs de la matière et plus le torrent du ressouvenir des hauteurs éveille l'image du Soleil de la mémoire. Ainsi que l'écrit encore Milosz : « *Je me plais si fort dans la solitude de mon promontoire et le Soleil de la mémoire m'a fait connaître tant de richesses que je rougirais d'apercevoir autre chose dans ma découverte qu'un secret hermétique très-ancien hérité.* » On ne saurait mieux dire l'identité de l'aventure intérieure, de la réminiscence et du « *secret hermétique très-ancien* ». L'héritage, s'il s'agit du secret hermétique, nous établit dans une réalité « *sans généalogie, sans commencement ni fin* », une réalité d'autant plus assurée qu'elle se fonde non plus sur l'évanouissement du temps, mais sur l'éternité de l'instant – île dorique, immobile, gardienne de l'or du temps dans le chaos des apparences. Quand bien même nous sommes submergés par la tourmente des aléas, l'Île hyperboréenne de l'instant où règne le dieu dorique de la lumière, doit demeurer dans nos âmes comme le Soleil de la mémoire : telle est la sapience du Noble Voyageur fidèle aux principes de la chevalerie spirituelle. « *Revêtez-vous*, dit saint Paul, *de toutes les armes de Dieu. Ayez à vos reins la vérité pour ceinture ; mettez pour chaussures à vos pieds, le zèle que donne l'évangile de paix, prenez par-dessus tout cela le bouclier de la foi ; prenez le casque du salut et l'épée de l'Esprit qui est la Parole de Dieu.* »

La plus forte résolution est nécessaire au commencement de l'œuvre qui est nommée par les alchimistes « *l'œuvre-au-noir* », car c'est alors la ténèbre en soi et autour de soi qu'il faut défier, avant de pouvoir espérer la Visitation du Verbe. Mais ce défi sera de sérénité. La sagesse philosophale dément, par la sérénité lumineuse, la folie du monde. Sans doute la sérénité sera-t-elle la porte solaire donnant sur la délivrance ultime, pour reprendre le mot de Grégoire de Nysse, « *de commencements en commencements qui n'ont pas de fin* [...]. » De Grégoire de Nysse, également, cette phrase qui éclaire jusqu'aux tréfonds le dessein alchimique : « *Le* Logos *joue avec les cieux, donnant à l'univers toutes sortes de formes.* »

Si le monde des formes où nous nous trouvons n'a rien de hasardeux, et si nous pouvons y retrouver dans la nature même des hiéroglyphes sacrés, nous comprenons alors en quoi la prodigieuse espérance alchimique est fondée. L'herméneutique philosophale, loin d'être une « projection » de l'inconscient humain sur une « nature » qui lui serait radicalement étrangère, toucherait ainsi à une forme de vérité universelle, dépassant l'opposition ordinaire du sujet et de l'objet, de l'intérieur et de l'extérieur. « *L'Au-delà de tout*, écrit Grégoire de Nysse, *est aussi au tréfonds de tout.* » Encore faut-il dans le dessein propre de l'Alchimie et afin de ne point confondre l'Art royal avec une quelconque recherche de « pouvoirs » – que les tréfonds fussent en correspondance avec l'au-delà de tout. Dans cette mesure, qui est la destination même de la pensée en tant qu'art des divines pondérations, l'alchimie rejoindra la plus pure tradition. Dans le tréfonds de la nature interrogée avec passion, nous retrouvons, par le génie de l'Art, les réfractions de « l'au-delà de tout » qui portent l'alchimie à une dignité métaphysique supérieure à toute cosmogonie.

Ce qui est en jeu dans l'alchimie appartient au cosmos, mais appartient aussi à la transcendance. Le cosmos, pour l'alchimiste, est transfiguré par la visitation du Verbe: « *Celui qui interroge la nature, écrit Origène, et celui qui interroge les écritures aboutiront nécessairement aux mêmes conclusions...* » Encore faut-il que l'interrogation soit d'ordre herméneutique et non un interrogatoire policier. Entretien infini du quêteur de sens avec l'écriture et le monde et non sommation inquisitoriale. Là où la science profane dénombre et utilise, la science traditionnelle déchiffre et contemple. Déchiffrement et contemplation culmineront toujours dans la célébration et le chant. « *Ta Gloire, ô Christ, écrit Grégoire de Nazianze, c'est l'homme que tu as posé tel un chantre de Ton Rayonnement.* »

Œuvre de glorification de l'être, l'alchimie, dans l'exactitude même des opérations qu'elle requiert, dans l'exigence de ses spéculations, participe ainsi, par essence, d'un acte religieux. Gnose, au sens le plus radical, c'est-à-dire le plus proche de la racine de la connaissance, l'alchimie, par l'identité qu'elle présume entre le Livre et le monde, accomplit, sur le « *feu tournant* » qui révèle successivement les états cachés de la substance, une véritable procession liturgique qui consacre, et sauve de l'insignifiance et de l'oubli, les espaces et les temps qui participent de son passage. Le cosmos qui, ainsi que l'écrit Jean Biès, « *est à la fois ordre et parure* », est rédimé par l'œuvre alchimique. Ainsi la parure est-elle l'essence de toute œuvre d'art ordonnée par la rencontre de l'homme et de Dieu.

III. Le dialogue d'Albe et d'Aurore

Le Grand-Œuvre alchimique se compose de quatre Œuvres : l'Œuvre-au-noir, l'Œuvre-au-blanc, l'Œuvre-au-jaune – souvent associé, sinon confondu, à l'Œuvre-au-blanc – et l'Œuvre-au-rouge. L'Œuvre-au-jaune, *Xanthosis*, indique le passage à l'Œuvre-au-rouge, lorsque l'Œuvre-au-blanc, ayant accompli sa vocation de synthèse – symbolisée par le Paon – de toutes les autres couleurs, l'ardeur solaire recommence à se manifester dans le visible. La symbologie de la succession des Œuvres, en trois ou quatre étapes, peu importe, demeure parlante car on y retrouve les images mêmes de la *naissance du jour*. À la nuit de l'Œuvre-au-noir succède le passage au blanc, la « *terre blanche feuillée* » de l'Aube qui éclaire l'âme avant le *rubis* du soleil levant. L'Œuvre se joue donc symboliquement dans ce moment suspendu où la nuit va basculer dans le jour. La durée humaine de l'œuvre, qui est souvent celle de toute une vie, concentre ainsi mystérieusement cette vie au moment majestueux et intemporel de l'orée du jour et de la nuit – ce moment du *commencement absolu*. L'alchimiste conquiert l'immortalité non par quelque recette biologique ou chimique particulièrement efficiente, mais par le site existentiel de sa quête qui se tient toujours au seuil de l'émerveillement, en ces temporalités magiques de l'orée et du seuil où *Albe* et *Aurore* dialoguent dans les *abysses lumineuses* d'un pressentiment magnanime. Le site alchimique qui peut contenir la durée de toute une vie humaine est la terrasse songeuse où la vivacité matutinale de l'intelligence donne libre cours au pouvoir poétique d'inventer des images et des symboles dont les accords inouïs unissent le Ciel et la terre. L'Œuvre est l'ange aux ailes de nuit et de jour qui s'élève dans la majesté de *l'heure diplomatique*.

Entre Albe et Aurore sont toutes les promesses et tous les accomplissements de l'œuvre, car à ces moments seuls l'être et la parole s'accordent encore au ressouvenir d'une unité originelle. Ce que le jour va uniformiser par ses normes, ses obligations et ses faux-semblants, les premiers instants de la conquête le gardent encore protégé par la parure fastueuse des symboles. *Aurora consurgens* – titre du grand traité d'alchimie spirituelle de Jacob Böhme – résume l'épanouissement de l'œuvre dans la conscience humaine. Entre le noir et le blanc paraît la réalité versicolore où toutes les couleurs vont se fondre dans la blancheur, laquelle, par teinture philosophale, sera amoureusement irradiée par la *Xanthosis*, l'Œuvre-au-jaune, qui est la seconde saisie au vif juste avant la rubescente élévation du Soleil au-dessus de l'horizon.

Quiconque veut comprendre quelque chose à l'alchimie doit laisser retentir en lui la beauté de ces symboles et de ces images afin de relier ce qui est écrit avec le cosmos lui-même. Le Grand-Œuvre est Œuvre d'éveil. C'est alors que la conscience prend conscience d'elle-même et s'éveille à sa propre lumière prophétique. Yves-Albert Dauge : « *La nature de Dieu doit être perçue dans tout ce qui existe, en tant qu'élan d'éveil et pluie d'icônes* ». Le réel, pour l'alchimiste, est entretissé de souffle et de parole. Comprendre poétiquement la parole alchimique, c'est entrer dans la participation essentielle de l'Œuvre. Le monde pour le chrétien, écrit Olivier Clément, « est un texte unitaire ou plutôt un tissu : *les fils de chaîne, immobiles, symbolisant le* Logos, *les fils de trame, en mouvement, le dynamisme du* pneuma. » Sur ces fils de chaîne et sur ces fils de trame les alchimistes du *Mutus Liber* vont recueillir analogiquement la rosée de l'Âme du monde. Ce qui se joue dans l'athanor est similaire à ce qui est à l'œuvre dans le cosmos. L'art alchimique est d'abord un art de l'imitation, car le monde sensible lui-même est imitation du monde intelligible, ainsi que nous l'enseigne la Table d'Émeraude. De même, est-il écrit dans le Zohar : « *Toutes les choses dépendent les unes des autres, et toutes sont reliées les unes aux autres.* » Encore faut-il comprendre que ces choses dépendent les unes des autres d'une certaine *façon* – et c'est *l'arcane* – et qu'elles ne sont pas reliées n'importe comment – et c'est la *science* de l'interdépendance universelle. L'idée générale que « tout est dans tout » n'a de sens que si l'on conçoit avec exactitude que, dans le cosmos et dans l'œuvre, tout se tient à la façon dont chaque note, dans une fugue de Jean Sébastien Bach, tient aux autres, c'est-à-dire, de façon rien moins que hasardeuse.

L'athanor sera donc à l'exacte ressemblance du cosmos, non seulement par son contenu, mais par sa forme. Le « vase merveilleux » est sphérique : « *Domus vitrea sphaeratilis sive circularis* » : maison de verre en forme de sphère ou de cercle. « *On construira*, écrit Gerhard Dorn, *le vase spagyrique à la ressemblance du vase de la nature. Nous voyons en effet que le ciel dans son ensemble et avec lui les éléments représentent un corps sphérique au centre duquel vit la chaleur du feu qui se trouve au-dessous [...]. Il était donc nécessaire que notre feu fût placé en dehors de notre vase et sous le centre de son fond rond, tel un soleil naturel.* » Cependant, ainsi que le précise Nicolas Flamel, la totalité demeure *tri-unitaire*, car : « *le vaisseau de terre en cette forme est appelé par le philosophe le triple vaisseau ; car en son milieu, il y a un étage sur lequel il y a une écuelle de cendres tièdes dans lesquelles est posé l'œuf philosophique qui est un Matras de verre* [...]. »

Ainsi comprenons-nous que le cosmos ne se réduit pas à lui-même et qu'il participe de la sanctification de cette « tri-unité » que *Le Livre des Figures hiéroglyphiques* de Nicolas Flamel et tant d'autres traités d'alchimie tentent de raviver. Ce monde hiérarchique, haut et profond, richement coloré, suppose une façon d'être à sa mesure: « *C'est ainsi que cette ancienne physique était en même temps une théologie et une psychologie transcendantale : à cause des éclairs qui, par dessous la matière des sens corporels, provoquaient des essences métaphysiques. La science naturelle était en même temps une science spirituelle et les nombreux sens des symboles recueillaient les différents aspects d'une connaissance unique.* » Ce que Julius Evola nomme ici une « psychologie transcendantale » doit se rapporter explicitement au domaine *métaphysique*. Le mot de psychologie prête déjà à confusion, car il semble supposer une action propre, « projective » de la « psyché » humaine, alors que, dans la perspective propre aux alchimistes, c'est au contraire l'Œuvre qui informe l'homme. Pour l'alchimiste, l'homme devient la Forme de son Œuvre au point de disparaître en elle. Rien n'est plus absurde que de chercher dans l'Œuvre des « contenus » psychiques. En bonne logique philosophale, c'est l'Œuvre qui fait l'homme et non l'inverse. Telle est aussi l'approche générale de l'herméneutique qui s'intéresse d'abord à *ce dont il est question* dans l'Œuvre, à cette ardeur du sens dont l'Œuvre est le buisson.

Vouloir expliquer l'Œuvre par l'homme qui la composa suppose de connaître mieux l'homme que l'Œuvre : hypothèse absurde, car l'homme n'existe que par son Œuvre. Il existe, il est vrai, des « psychanalystes » qui s'imaginent mieux connaître Chateaubriand ou Rousseau par des potins rapportés, des détails biographiques insignifiants ou scabreux que par les *Mémoires d'Outre-Tombe* ou les *Confessions*. Mais ce n'est là encore qu'un exemple parmi d'autres de cette pathologie moderne qui consiste à expliquer le supérieur par l'inférieur, et il n'y a pas lieu de s'y attarder davantage. S'il faut parler, à l'instar de Julius Evola, d'une « *psychologie transcendantale* », ce ne peut être qu'en sachant que c'est l'Œuvre qui définit, en soi, la transcendance de la psychologie humaine. Nous sommes très-exactement ce que nous décidons de faire, mais en dernière analyse cette décision est *providentiellement entraînée par l'Œuvre*.

Nous sommes, dans notre âme et dans notre conscience, les *élus* de notre Œuvre. Nos espérances et nos craintes sont à la ressemblance de l'Œuvre qui nous anime et nous transforme. « *Deviens ce que tu es* » : l'adage delphique prend toute sa signification dans la logique traditionnelle de l'alchimie, car ce que nous sommes est l'accomplissement de notre Œuvre en devenir. Nous devenons ce que notre Œuvre nous prescrit d'être. L'alchimiste est lié à son Œuvre, car son entendement est le miroir embrasé des métamorphoses à l'ouvrage dans le *triple vaisseau*. L'ultime sagesse consistera peut-être à comprendre que l'Œuvre s'accomplit d'elle-même. « *Instruments dans la main des Anges* », nos destinées devancent, dans les nues inconnues, nos espérances les plus folles et nos plus farouches volontés.

Ces idées ne sont obscures que dans l'absence d'une véritable compréhension des symboles. La symbologie demeure lettre morte pour autant que l'on demeure incapable de la situer dans une perspective métaphysique où elle prend sens, comme un miroir ignifié par le *soleil tournant* de l'Œuvre. La procession liturgique des « Œuvres » de l'alchimie trouve sa correspondance et donc sa signification dans cet ordre intellectuel universel évoqué par René Guénon, dont l'expression historique et géographique la plus proche de nous est le Moyen-Âge. L'architecture religieuse est la trace immanente de la perspective métaphysique. La beauté, la justesse, la sérénité, l'amicale familiarité de l'architecture romane invitent celui qui la découvre à une méditation sans fin. Mais ce qui déjà nous ravit, par la simple intuition, il faut encore, si nous voulons entrer dans la connaissance de la tradition, tâcher d'en comprendre l'architecture métaphysique. Il y a indubitablement un « air » propre aux sites médiévaux. À moins d'être insensible à toute impression esthétique ou poétique, il est impossible de ne pas être gagné par un sentiment d'intemporalité, de *profonde légèreté*. Ce sentiment dépend lui-même d'une pensée, au sens où la *pensée* est étymologiquement la juste *pesée*. La légèreté que nous font éprouver certaines architectures religieuses naît de l'équilibre de leurs formes. Or, qu'est-ce que l'équilibre des formes sinon la conquête savante de l'apesanteur ? Lorsque les lignes et les volumes s'accordent en d'exactes résolutions pythagoriciennes, l'âme s'allège, la matérialité est vaincue et littéralement *terrassée*.

Ainsi, l'architecture sacrée a pour finalité de s'harmoniser avec le cosmos et de vaincre le monde sublunaire, de même que l'alchimiste, en œuvrant au vaisseau philosophal, aura pour dessein de dépasser la condition humaine, d'atteindre à la plénitude qui fait de la terre une terre céleste, de l'humilité, une humilité céleste et du corps, un corps glorieux. Ni pour l'architecture sacrée ni pour l'alchimie, il ne s'agit de s'intégrer dans le monde selon les normes d'une sorte de naturalisme écologique, mais de poser l'absolu d'une quête comme principe et mot d'ordre dans une exigence chevaleresque qui arrache l'homme à son immanence pour en faire un Noble Voyageur, un exilé en chemin vers le Graal ou la Jérusalem céleste.

L'architecture sacrée témoigne d'une sagesse dont les réalisations ne sont plus de l'ordre du concept ou de l'abstraction, mais d'un ordre ontologique. La cathédrale ne délivre pas seulement un enseignement didactique, ce qu'elle fait au demeurant avec une pertinence que nos modernes moyens de « communication » sont loin d'atteindre, elle sollicite de l'esprit humain une collaboration à la transmutation. Ce que les livres de pierre nous font comprendre ne se réduit pas à une série d'objets de connaissance, fussent-ils théologiques. Si nous entrons vraiment dans une cathédrale, non en touriste ou en amateur d'art, mais l'esprit libre de toute représentation et de tout préjugé, nous entrons dans une dimension où, le temps étant aboli, ou à tout le moins suspendu, la distinction même du sujet et de l'objet cesse d'être pertinente. Nous ne sommes plus alors dans la situation d'un sujet face à un objet de connaissance. De même, l'alchimiste va attendre des opérations auxquelles il se livre une transformation intérieure qui le concerne au premier chef et dont il n'est pas seulement le spectateur. La réalité de la *transmutation* se joue dans cette corrélation.

Le monde philosophique moderne se limite à des concepts-objets que l'étudiant acquiert et dont il use pour passer ses examens et enseigner à son tour sans que sa conscience eût été modifiée. La philosophie de l'alchimie, au contraire, tient pour une condition primordiale le *changement d'état* du philosophe. Une idée qui ne change pas l'état de la conscience de celui qui s'en empare est sans le moindre intérêt. Ce changement d'état de conscience lui-même n'est rien s'il n'induit pas un changement d'*état d'être*. En alchimie se rejoignent ainsi deux philosophies jugées parfois inconciliables: la *philosophie de l'être* et *la philosophie de la conscience* : Albe et Aurore. Le fond lumineux de la conscience et le tréfonds de l'être, d'où jaillit l'étincelle philosophale de la transmutation, sont un seul et même fond. « *L'Au-delà de tout*, écrit Grégoire de Nazianze, *est aussi le tréfonds de tout* ». L'être humain et l'être divin ne se laissent comprendre dans leur distinction que par une logique non-dualiste. L'alchimie est, dans la tradition occidentale, l'exemple le plus connu et le plus opératif de logique non-dualiste. Mais pourquoi dire « non-dualiste » au lieu de « moniste » ? Pour cette simple raison que le monisme semble exclure le multiple et donc instaurer une nouvelle dualité entre l'Un et le multiple. Non-dualiste est la pensée qui récuse la division de l'Un, mais aussi l'opposition de l'Un et du multiple qui, selon les si pertinentes analyses d'Henry Corbin, aboutissent à l'idolâtrie métaphysique. Pour combattre cette idolâtrie métaphysique, qui n'est rien d'autre, dans le monde moderne, que l'envers de l'idolâtrie matérialiste, l'alchimie, dans la grande tradition angélologique et visionnaire des gnoses néo-platoniciennes et de l'hermétisme, va célébrer les médiations, les rites de passage, les apparitions qui unissent ce qui est en ce monde et ce qui est au-delà de ce monde. « *L'identité métaphysique de Dieu et de l'homme*, écrit Léo Schaya dans *La Création en Dieu*, *est le point d'intersection des rayons séphirotiques au sein du cosmos.* »

L'Œuvre alchimique va consister à trouver, par expérimentations successives, le secret de ce *point d'intersection* qui n'est autre, « *par-delà les portes de corne et d'ivoire* », que la sagesse du cœur. Les rêves, les songes et les visions qui tiennent une si grande part dans les traités d'alchimie sont des barques franchissant le fleuve des morts pour atteindre aux rives d'une conscience revivifiée par les forces nocturnes de ce jour absolu, qui songe, aux royaumes de la nuit, en l'attente de notre reconnaissance. « *Les Grecs*, écrit Jean Biès, *distinguaient le rêve* (onar) *d'origine humaine, passant par la porte d'ivoire, et le Songe* (chrématismos) *d'origine céleste passant par la porte de corne.* » Chacun se souvient de l'admirable début d'*Aurélia* de Gérard de Nerval : « *Le rêve est une seconde vie. Je n'ai pu percer sans frémir ces portes d'ivoire et de corne qui nous séparent du monde invisible. Les premiers instants du sommeil sont l'image de la mort ; un engourdissement nébuleux saisit notre pensée, et nous ne pouvons déterminer l'instant précis où le moi, sous une autre forme, continue l'œuvre de l'existence. C'est un souterrain vague qui s'éclaire peu à peu, et où se dégagent de l'ombre et de la nuit les pâles figures gravement immobiles qui habitent le séjour des limbes. Puis le tableau se forme, une clarté nouvelle illumine et fait jouer ces apparitions bizarres – le monde des Esprits s'ouvre pour nous.* »

Ainsi nous retrouvons-nous, par l'ambassade de cette spiritualité romane et romantique dont l'œuvre de Nerval fut le testament éperdu, au *cœur fusible* de l'alambic de la culture occidentale où revit aussi l'expérience visionnaire d'Hildegarde de Bingen. Abbesse musicienne, incarnant l'autorité sacerdotale par la création, Hildegarde de Bingen témoigne de cette spiritualité, à la fois si proche et si lointaine, par l'expression de réalités plus hautes que toute expression. L'homme moderne ne comprend si mal l'alchimie que parce qu'il se fait une idée fausse de la nature. Ce qui est la « nature » pour la spiritualité romane est devenu pour le Moderne une réalité presque hors d'atteinte. Les livres de sainte Hildegarde de Bingen, composés selon sa propre expression dans « *l'ombre de la lumière vivante* », s'imposent à l'intelligence de celui qui accepte de les considérer sans condescendance comme des visions revivifiantes.

Dans l'ombre de la lumière vivante, soudain, les choses renaissent à elles-mêmes chargées de forces merveilleuses, riches de prodiges cachés à la mentalité profane, mais que des circonstances particulières peuvent révéler de façon fulgurante. La modalité de la connaissance, pour Hildegarde de Bingen, est celle de l'*apparaître*. Elle ne croit pas à proprement parler que l'apparence cache la réalité. Elle voit dans l'apparaître la vision de Dieu. La beauté du monde est celle de Dieu. L'apparence n'est pas mensonge, dissimulant un être hors d'atteinte qui serait « vérité » selon le dualisme philosophique classique. La vision du monde naît de l'expérience de la transcendance telle « *qu'un trait de feu sorti du ciel entrouvert* ». Ainsi, écrit M.-M. Davy : « *Une vision de Beauté l'entoure. Dieu a créé un univers magnifique et a fait l'homme à l'image de sa propre beauté. À la beauté extérieure correspond la beauté intérieure.* »

La musique du monde, qui est une et infiniment variée, naît de cette correspondance où les *répons* se répondent, comme Albe et Aurore dans un jeu de miroir sans fin. La distinction entre le feu brillant, « *lucidus ignis* », et le feu noir, « *niger ignis* », nous reporte déjà au cœur brasillant de la science hermétique, ainsi que la mise en miroir du microcosme et du macrocosme. Le monde est le miroir des symboles. La sagesse alchimique nous invite à un voyage à travers les couleurs, l'esprit des astres et des fleurs où la Nature, entretissée de signatures divines, nous divulgue à nous-mêmes notre pouvoir de vaincre tous les déterminismes et toutes les pesanteurs. À cet égard, nous aurons garde de ne pas soumettre les expériences visionnaires aux seules normes d'une « histoire de la culture ». L'alchimie procède par visions et suscite des visions. L'Idée est apparition du signe sacré, le hiéroglyphe de la rencontre du monde et de l'esprit humain. Les visions d'Hildegarde de Bingen nous entraînent jusqu'au pur éther dans une ferveur ascendante qui ordonne autour d'elle les paysages qu'elle parcourt selon des mesures analogiques.

Pour les alchimistes, ces mesures se retrouvent au cœur même de la matière car l'éther n'est autre que l'essence la plus subtile de chaque élément. Au plus subtil et au plus ardent, la terre est éther, l'eau est éther, le feu est éther, l'air est éther. L'énumération traditionnelle des éléments dans les plus anciens traités d'alchimie ne mentionne que quatre éléments, à l'exclusion de l'éther – mais l'éther mentionné dans les traités plus récents n'est pas un ajout, mais une précision apportée à des conceptions invariables. Le subtil et le grossier, l'âme et le corps, ne sont pas scindés, mais distincts, et cette distinction suscite une tension, une dynamique où se révèle la vocation humaine. Aller du plus grossier, du plus lourd, du plus corporel au plus subtil, au plus léger et au plus spirituel, c'est un appel auquel il est possible de ne pas répondre, et tel est précisément le libre arbitre de l'homme et le sens de sa grandeur lorsqu'il décide de répondre à la vocation du plus haut. Demeurer esclave ou se rendre libre, chaque être humain est un jour confronté de façon explicite à ce dilemme. « *En fait, toutes ces distinctions,* écrit M.-M. Davy, *se ramènent à deux : ce qui est avant la maturité, c'est-à-dire les différentes étapes de la maturité elle-même ; la maturité correspondant à l'or et les étapes qui précèdent désignant les divers processus de fusion. La maturation est une purification, un progrès en voie d'achèvement ; la démarche se fait en allant de l'inauthentique à l'authentique. L'amour peut concorder avec la nature, de la même manière que la couleur de l'or concorde avec la véritable nature de l'Or. L'antithèse chair-esprit comporte un dynamisme déterminant la vocation de l'homme.* »

Les Modernes, lorsqu'ils récusent la sainteté de l'Esprit, et l'immortalité de l'âme, si familières aux civilisations traditionnelles, se réclament volontiers d'un monisme qui, réduit à lui-même, nie la multiplicité des états de l'être et aboutit, fatalement, à la plus navrante uniformité. L'appel de l'Esprit-Saint, son irradiation lumineuse à travers les apparences, loin de diviser l'être et l'apparence, l'esprit et la chair, l'intérieur et l'extérieur, unit au contraire musicalement ces modalités dans un entrelacs dont témoignent les songes et les intersignes, si précieux dans leur apport décisif à l'élaboration du Grand-Œuvre. La « terrestréité » de l'Œuvre est le miroir d'une sagesse céleste. L'homme, quoi qu'il veuille, est en marche dans le temps, et cette marche, il ne tient qu'à lui qu'elle soit une marche ascensionnelle. Pèlerin de la Jérusalem céleste, l'alchimiste chemine sur les traces de la présence divine. La présence est déjà par-delà, mais la trace demeure et lorsque nous l'approchons, nous demeurons en elle, telle une promesse prophétique réalisée. Nous avons nommé *symboles* ces traces de la présence divine car le mot symbole suggère la double existence d'une part demeurée ici-bas et d'une part conférée au-delà. Symbolique est la réalité à la fois immanente et transcendante de la trace qui, d'étape en étape, guide la pérégrination du chevalier de l'Art royal. « *Le Symbole*, écrit M.-M. Davy, *ne se situe point dans l'éphémère. Le ciel et la terre passeront. Le Symbole ne relève point d'un tel ciel et d'une terre condamnée à disparaître, fils de l'éternité, il appartient au solstice éternel.* »

Signe donnant accès à la connaissance, le symbole perdure dans *l'éblouissement solsticial* de la mathématique pythagoricienne comme dans la procession ascendante des néo-platoniciens. Signe sensible des réalités immatérielles, le symbole nous permet de comprendre en quoi la gnose échappe au panthéisme. Dieu, certes, est partout, non comme immanence, mais comme trace d'une présence, qui est à la fois ici et ailleurs, en ce monde et dans un autre, éclats d'une transcendance qui demeure inscrite dans nos regards, comme le reflet d'une image hors d'atteinte, car échappant à toute constatation. La vérité ne se constate pas, elle s'éprouve. Cette épreuve suppose les concordances philosophiques entre l'alchimiste et son Œuvre dont nous parlions plus haut. La vérité ne se constate pas car la constatation soumet la vérité à la condition de la constatation. Or, il n'est de vérité qu'inconditionnée. Ce qui est au-delà de toutes les conditions n'est pas séparé de toutes les conditions, mais le *moyeu immobile de la roue*. C'est en faisant tourner la matière, par le « *feu de roue* », à travers toutes les transformations et conditions possibles, que nous est révélé, par analogie, le moyeu immobile, l'inconditionné.

L'alchimiste de la tradition romane ne diffère en aucune façon, à cet égard, de l'alchimiste de la tradition taoïste. Le centre de la roue demeure à sa place, quel que soit le point du cercle à partir duquel on l'envisage. La chose ne paraît pas si difficile à comprendre. Il faut croire cependant qu'elle l'est si l'on en juge par l'acharnement des uns et des autres à soumettre la gnose à des particularités « culturelles ». Rappelons seulement le proverbe chinois : « *L'imbécile, si on lui montre la lune, regarde le doigt* ». On peut se perdre en considérations infinies sur les formes de la quête spirituelle sans jamais aborder le sens des œuvres qui témoignent de cette quête ; mais les universitaires modernes eux-mêmes, longtemps sous le joug de ces tristes labeurs, commencent à douter de la pertinence de ces « méthodologies » qui ne peuvent s'appliquer qu'en niant l'intention des auteurs et le dessein des œuvres.

La possibilité même d'une métaphysique ou d'une ontologie qui libéreraient la pensée de la servitude du déterminisme théologique ou matérialiste, porte, plus haut et plus loin dans la frondaison des œuvres, l'exigence herméneutique dont les « *tracés de lumière* », pour reprendre la formule de Jean Tourniac, prédisposent l'entendement humain à la sagesse prophétique et nous autorise, à l'exemple du *Cavalier Bleu* d'Henry Montaigu, à recourir à la Tradition chinoise pour mieux comprendre notre essentielle appartenance romane. Le *Cavalier Bleu* – où l'adepte de l'Art royal trouvera l'exposé le plus charitable qui soit, sous le voile des symboles, des étapes du Grand-Œuvre – s'ouvre en effet sur un *carré magique* qui rend opérationnel les figures mises en structure du Yi-King. Nombreuses sont les passerelles qui unissent la tradition romane à la tradition chinoise, mais ces passerelles se trouvent à une certaine hauteur et, pour la plupart, elles sont perdues, indiscernables dans la brume des nues. Ce serait déjà fort beau, et l'auteur en serait grandement satisfait, si ces quelques pages favorisaient l'acuité du regard qui plonge dans le ciel jusqu'à la rencontre avec les *passerelles célestes*.

Nous retrouvons ainsi sous des formes différentes dans le taoïsme une expérience de l'« envol dans les astres » à travers une alchimie du réel proche de l'aventure visionnaire d'Hildegarde de Bingen, non seulement dans le récit qui nous en est donné, mais aussi dans la connaissance qui en résulte. Les visionnaires, les voyageurs des hauteurs, les nomades des nues, les chevaliers de notre « *céleste compagnie* » rapportent de leurs pérégrinations un savoir qui possède ses précisions, sa terminologie, empruntées à l'esprit de finesse et à l'esprit de géométrie. Les taoïstes, tout comme les mystiques et les alchimistes de notre Moyen-Âge chrétien, ne voyaient pas le monde comme une mécanique distribuée en fonctions et obéissant à un enchaînement de causes et d'effets, mais comme un jeu d'influence, un réseau de forces insaisissables d'où rien ne peut être à proprement parler isolé ou expliqué.

Cette logique philosophique n'est, en soi, ni occidentale ni orientale, elle est *traditionnelle*, c'est-à-dire qu'elle fut à l'origine de toutes les civilisations connues. On pourrait même dire qu'elle demeure fondatrice. Il suffit pour s'en convaincre de considérer les œuvres littéraires importantes de ces dernières décennies. Presque toutes témoignent en faveur de cette logique traditionnelle, soit qu'elles œuvrent, comme celles de Jünger ou d'Eliade, dans l'ordre d'une herméneutique créatrice, soit qu'elles actualisent avec feu les principes mêmes de la Tradition, comme celles d'Antonin Artaud ou d'Henry Montaigu. Nos poètes sont nos chamanes, nos saints, nos apôtres et nos prophètes. Nerval, Baudelaire, Villiers de L'Isle-Adam, Rimbaud, Mallarmé sont nos audacieux médiateurs avec l'invisible. Leurs traces, leurs profération sont plus illustres dans la mémoire de n'importe quel bon Français que les obscures tractations de notables fugaces et de « puissants » dont le pouvoir ne fut jamais que le renoncement à toute véritable puissance créatrice. La littérature est notre légende dorée, où Albe et Aurore s'entretiennent à l'infini, car lorsque la société elle-même désavoue la civilité – qui est d'essence surnaturelle –, la civilisation se réfugie dans l'âme des poètes en l'attente de temps meilleurs. Telle fut aussi la leçon du *Roi Dormant* d'Henry Montaigu – le plus taoïste, car le plus français, des écrivains de France. La Tradition, fondatrice de civilisation, demeure le principe, mais la « société » s'étant substituée à la civilisation, celle-ci demeure comme une vertu cachée, une aube secrète, aux feuilles encore repliées dans la conscience ésotérique du pressentiment. Rien n'empêche, pour autant, que nous devenions invisibles comme les sages taoïstes, afin que nous puissions ramener, de l'invisible dans le visible, d'Albe en Aurore, la gloire des plus hautes possibilités humaines et surhumaines.

IV. L'ŒIL DE LA COLOMBE

Le corpus alchimique n'est pas moins remarquable par son iconographie que par ses écrits. Bien souvent, l'image, moins contrainte à la linéarité didactique délivre un message d'une plus grande plénitude que les traités qu'elle illustre et qui ne sont pas toujours le fait de grands écrivains. Lorsqu'un Clovis Hesteau de Nuysement ou un O.V. de L. Milosz s'emparent de la songerie alchimique, les œuvres qui en sont la conséquence font vivre et vibrer la teneur philosophale jusqu'au point où elle s'impose à l'esprit du lecteur comme une connaissance, une *gnose*. Mais souvent les traités d'alchimie paraissent alambiqués et confus, l'attention s'égare dans un labyrinthe d'allusions et la perspective d'ensemble paraît, à première vue, faire défaut. L'iconographie alchimique a précisément pour objet de dire ce qui ne peut être dit par les mots, ou, mieux encore, de placer dans la juste perspective ce qui est dit, de telle sorte que l'image et le mot unissent à nouveau leurs pouvoirs dans l'ordre du symbole. L'iconographie alchimique montre la nature comme une réalité symbolique. Ce ne sont pas seulement les éléments de la nature qui se font symboles, mais, plus profondément et plus essentiellement, la nature qui révèle sa propriété de symbole. La nature, tel est le message de l'iconographie alchimique, existe *à l'intérieur du symbole*.

Aller au cœur du symbole, porter le génie herméneutique jusqu'à ce tréfonds où le symbole divulgue sa réalité ultime, c'est retrouver le monde avec ses couleurs, ses effluves, son *immanence miroitante*. La quête alchimique ne nous dépossède point du monde en nous détachant de lui. Le propre de la quête alchimique est de nous porter de la périphérie de l'être où nous vaguons jusqu'au cœur où nous rayonnons, souverains non plus désireux de l'être, éveillés de la « confusion morose » du sommeil, qui passe généralement pour être la seule réalité. Nous invitons notre lecteur à s'attarder sur ces images en sorte de laisser retentir en lui-même le beau silence solennel qui en émane. Peu à peu, si nous nous attardons dans la contemplation, la réalité revient ; la douce présence des arbres, de la terre, des ciels, des animaux, témoigne de la vérité de notre quête.

Certes, les symboles doivent faire l'objet d'une interprétation, mais cette étape de l'interprétation doit être précédée d'une appropriation contemplative de l'image. L'image n'est pas seulement un langage codé. Il importe de laisser s'accomplir en soi la songerie artistique, avec tout ce qu'elle porte d'intuitions et de sensations. Le sens métaphysique ne nous est donné que lorsque l'on renonce à son « quant-à-soi ». Il faut cesser un moment de se voir comme un « moi » face à un objet dont il faudrait à tout prix tirer de précises informations. La gravure alchimique nous invite à nous perdre nous-mêmes de vue afin de nous retrouver. Le tout, en l'occurrence, est affaire d'imagination, à condition de concevoir l'imagination selon la notion *d'imagination créatrice* telle que l'éclairent les ouvrages magistraux d'Henry Corbin.

Le *monde imaginal*, pour Henry Corbin, n'est pas cette dérive d'éléments irreliés, insolites, qui envahit l'esprit humain de ses terribles ressassements, mais le *monde intermédiaire* entre le sensible et l'intelligible, monde d'une réalité aussi certaine, objective et universelle que peut l'être, dans le monde sensible, l'existence d'une ville ou d'une forêt et, dans le monde intellectuel, l'existence d'un théorème mathématique. Les gravures alchimiques naissent du monde imaginal et sont ainsi des invitations faites à venir s'y retrouver. De même que la nature est à l'intérieur du symbole comme une plénière réalité ésotérique, de même, il nous faut apprendre à nous mouvoir à l'intérieur des images. Cessons d'être à l'extérieur, entrons dans la beauté du symbole, soyons les musiciens des figures qui s'y meuvent, dont les actions nous sont décrites ! Que la fraîcheur de la rosée, le vert des arbres, que les gravures ne montrent pas, mais disent impérieusement, nous deviennent familiers ! Parcourons, en randonneurs solitaires, les *arrière-plans* de ces paysages ! Éloignons-nous, si possible, de tout ce qui peut être vu de l'extérieur ! Égarons-nous par-delà la rivière, perdons-nous dans les frondaisons à la rencontre d'autres bestiaires fantastiques que les admirables graveurs anonymes de ces images ont sagement laissés hors de portée de nos regards !

Là est toute la différence entre un tableau moderne et une gravure alchimique : il est dans l'intelligence propre de la gravure alchimique de ne montrer qu'une partie du paysage imaginal. Pour le peintre moderne, la toile est le tout et le « tout » se joue dans le travail des lignes et des couleurs. Dans l'art sacré, tout se joue dans l'accès à ce qui n'est pas directement montré. Les gravures alchimiques ne sont pas des objets, mais des portes entrouvertes. C'est davantage le paysage qui s'y profile que la porte elle-même qui doit susciter l'intérêt du Noble Voyageur. La question essentielle que l'image alchimique nous pose est celle de la *conversion du regard*.

La vision iconographique du réel que révèle l'art alchimique s'apparente à maints égards à la philocalie orthodoxe. « *l'Esprit-Saint est la saisie directe de la beauté* », écrivait Dostoïevski. L'Esprit-Saint est l'inépuisable source lumineuse du monde imaginal. La beauté iconographique doit se comprendre d'une tout autre façon qu'ornementale ou didactique. « *Par rapport au Verbe*, écrit Paul Evdokimov, *l'Évangile de l'Esprit-Saint est virtuel, contemplatif, il est le doigt de Dieu qui trace l'Icône de l'Être avec de la lumière incréée.* »

Il importe donc d'apprendre à déchiffrer les œuvres de l'iconographe divin, apprendre, comme le dit saint Grégoire de Nysse à « *regarder par l'œil de la Colombe* ». Cette conversion du regard suppose, ainsi que le souligne Françoise Bonardel « *une double oblation herméneutique* », en citant Wang-Bi : « *Les mots sont les traces sonores des images et les images sont les filets visibles des significations. Les images surgissent de la signification, mais lorsqu'un homme se laisse prendre par les images, alors ce ne sont pas de justes images. Les mots naissent des images, mais lorsqu'un homme se laisse prendre par les mots, ce ne sont pas de justes mots. Ainsi ne peut-on saisir le sens que lorsque l'on oublie les images et ce n'est que lorsqu'on oublie les mots que l'on peut apprécier les images. La compréhension du sens a pour condition le sacrifice de l'image, la compréhension des images a pour condition le sacrifice des mots.* » Il faut oublier les images pour entendre le secret des mots et oublier les mots pour entrer dans les royaumes impondérables de l'image. L'absolu tant désiré advient précisément dans l'oblation qui révèle la pure présence du sens qui est par-delà toutes les images et tous les mots. Le « *secret de nature* » dont parlent les traités est d'abord une luminologie. Par-delà l'image et le mot est la lumière qui fait apparaître. L'image n'est rien sans le soleil visible et le mot n'est rien sans l'invisible soleil du sens dans le ciel de l'esprit humain.

La quête alchimique vers l'essence consiste à retrouver en toutes choses l'essence humaine dans sa réalité immanente, l'éclat éblouissant dans les ténèbres de la substance. Telle est la vision iconologique de l'alchimie, telle est aussi sa prière et son œuvre. « *Les saints priaient*, écrit Saint-Basile, *pour que la contemplation de la beauté divine s'étende sur l'éternité* ». De même, l'œuvre alchimique voudra étendre à l'ensemble de la création l'embrasement transfigurateur de la lumière divine. « *Selon une vieille croyance populaire,* rapporte Paul Evdokimov, *l'éclair pénétrant la nuit d'une huître engendre la perle. L'espace n'a d'existence que par la lumière qui en fait la matrice de toute vie. C'est en ce sens que la vie et la lumière s'identifient. La lumière rend tout être vivant en en faisant celui qui est présent, celui qui voit l'autre et qui est vu par l'autre* […]. » De même, la philosophie hermétique est moins une philosophie « fermée » qu'une possibilité offerte d'aller à la rencontre du monde. « *Bien respirer un beau poème,* disait Bachelard, *c'est boire l'or astral des alchimistes, c'est retrouver la respiration cosmique de la vie et de l'âme, inspiration et expiration.* » Aller à la rencontre du monde, c'est devenir ce que nous découvrons, non plus spectateurs, mais acteurs de cette dramaturgie alchimique qu'évoque Antonin Artaud. « *Toute figure,* écrit Françoise Bonardel, *cachant ce qu'elle feint de montrer, renvoie en fait le lecteur à l'obligation de devenir le lieu d'où, pour émerger, en tant que sens transitoire d'éveil, toute forme aurait d'abord à s'immerger, s'inverser dans le bain (eau mercurielle) où elle subirait la décantation de ses connotations familières* ». Délivré par la méditation mercurielle, l'esprit humain s'élance avec impétuosité vers les ruisselantes lumières de l'Esprit-Saint. « *De l'image visible,* écrit Joseph de Volokolamsk, *l'esprit s'élance vers le divin. Ce n'est pas l'objet (icône matérielle) qui est vénéré, mais la Beauté par ressemblance que l'Icône transmet mystérieusement.* »

Retrouver la beauté *par ressemblance* que l'icône transmet mystérieusement, tel est l'Œuvre qui nous confère la souveraineté. La pierre est l'aboutissement de l'Œuvre. Rien ne sera jamais compris des procédures alchimiques si nous ne discernons pas, au-delà des images et des mots l'opération déifiante dont ils décrivent le cheminement. Les mots conduisent à d'autres images et ces images à d'autres mots, mais tout cela demeure dans l'insignifiance si nous ne comprenons pas ces signes comme des étapes sur le chemin d'une souveraineté conquise. On se souvient de la formule frappante de Kant : « *Le Beau est une finalité sans fin* ». Cette souveraineté conquise par la ressemblance que l'image mystérieusement transmet est, pour l'alchimiste, la finalité sans fin. Et comment mieux définir la Pierre que par cette formule, « *une finalité sans fin* ».

À cette hauteur ou à cette profondeur, le paradoxe logique est seul capable de saisir le sens. Ainsi que l'écrit Evdokimov : « *L'Homme-Dieu est le paradoxe à la puissance suprême, au sens définitif* ». Le paradoxe incarné, la vertu christique, l'Œuvre de l'alchimiste a pour destination d'en réaliser la plénitude par l'approche fervente de la nature, mais dans cette approche prédomine le pressentiment du voile, de la présence auguste d'une autre réalité. « *Dès lors,* ajoute Paul Evdokimov, *il est évident que ce n'est pas dans la nature elle-même que se situe la vraie beauté, mais dans l'épiphanie du transcendant qui fait de la nature le lieu cosmique de son rayonnement, un buisson ardent* ».

La méditation philosophale à laquelle nous invitent les images et les poèmes est d'abord une invitation à reconquérir les prérogatives métaphysiques de l'art sacré en ouvrant la conscience au buissonnement ardent des interprétations. De l'affirmation dostoïevskienne « *la Beauté sauvera le monde* », la gnose philocalique voudra faire une attestation métaphysique, en tant que *double oblation*. Car si la Beauté sauve le monde, il ne nous appartient pas moins de sauver la Beauté. D'où l'importance de l'Œuvre. L'Alchimie est ainsi une contemplation ou une prière opérative ; ce que devraient être toute contemplation et toute prière. La Beauté ne nous sauve que si nous sauvons la Beauté. Cette réciprocité à l'œuvre dans l'immanence et la transcendance est également mise en évidence par Clément d'Alexandrie : « *L'Homme est semblable à Dieu parce que Dieu est semblable à l'Homme.* » La procession liturgique du Grand-Œuvre est orientée par la naissance de Dieu en l'homme, mais celle-ci n'a de sens que par la naissance de l'homme en Dieu. La Nativité et l'Ascension sont la double appartenance dont la Pierre est le symbole de réalisation. L'alchimie, cette forme métaphorique de la gnose chrétienne et universelle, si elle dépasse les actes ordinaires du croyant ne s'écarte pas pour autant du génie propre au christianisme. « *L'homme est un être qui a reçu l'ordre de devenir Dieu, dit saint Grégoire de Nysse. L'homme doit unir en lui la nature créée et l'énergie divine incréée, car il est homme par la nature et Dieu par la Grâce.* » C'est à la reconnaissance de ces très anciennes paroles de feu que nous devons de ne pas éteindre l'Esprit-Saint qui vit et circule en toute chose. Ainsi que l'écrit justement Alexandra Charbonnier dans son ouvrage sur Milosz : « *Le poète divulgue ainsi une sublime vérité : c'est la matière qui assume le destin de l'esprit. La régénération du minéral correspond à une transmutation de la nature déchue d'Adam* ». Sans doute en sommes-nous au moment où il faudra choisir entre une vision du monde gnostique et une banale conception cléricale, voire légaliste, du monde. L'art, véritable liturgie cosmique, nous porte, par ses puissances salvatrices, au seuil de la connaissance.

V. LA SCIENCE ALCHIMIQUE

L'alchimie n'est pas seulement, comme nous l'avons vu, une philosophie et une liturgie, elle est aussi, au premier chef, une science, mais comment comprendre cette science sans la situer d'abord dans sa procession philosophale qui la rend possible et opérative ? Pour différente qu'elle soit de la science utilitaire ou profane, la science alchimique n'en obéit pas moins à des méthodes qui ne diffèrent pas essentiellement de la science prospective la plus contemporaine. On sait que le principal argument du XIXe siècle pour dénier tout intérêt aux traités d'alchimie fut le « dogme » de la non-transmutabilité des métaux. Or, la science du

XXᵉ siècle a frappé d'inconsistance ce dogme en donnant raison à l'*a priori* alchimique de l'unité de la matière.

En bonne logique, il eût fallu alors reconsidérer ces traités, le principal argument contre leur validité étant tombé, mais il faut bien se rendre à l'évidence : la « scientificité » d'une époque tient bien davantage à l'idéologie et aux habitudes qu'à l'exactitude. Ce que nous avons pris pour habitude de ne point prendre en considération, quand bien même de nouveaux éléments nous inciteraient à le faire, se tient à trop grande distance pour que notre paresse intellectuelle ne nous interdise pas de les atteindre. Entre l'alchimie traditionnelle et le goût de l'objectivité scientifique se sont creusés des abîmes qui sont beaucoup plus idéologiques que réels. Rien n'entraîne l'être humain aussi loin de la Tradition que les coutumes et les habitudes. Les héritiers de Newton ne parviennent pas davantage que ceux de Galilée ou de Ptolémée en leur temps à se départir de leurs habitudes mentales, car ils n'ont hérité que des convictions de leurs prédécesseurs et non de l'élan créateur. Alors même que l'*a priori* de la science alchimique n'est plus invalidé, et quand bien même on considère, désormais, les théories de Newton comme un apport décisif, on n'en persiste pas moins à ne pas vouloir prendre en considération les recherches alchimiques de Newton, comme si elles n'étaient que des lubies de vieillard. Presque personne ne semble envisager que les théories hermétiques puisse donner à celui qui s'en approche loyalement une *plasticité* intellectuelle susceptible d'apporter à la logique scientifique ces modifications décisives qui aboutirent aux théories de Newton et d'Einstein.

L'alchimiste, en proie aux variations chromatiques de l'athanor, qui est un résumé du cosmos, est mieux placé que tout autre pour voir à l'œuvre l'*interdépendance* du temps, de l'espace et de la matière et pour constater que la temporalité humaine, la temporalité de l'œuvre dans l'athanor et la temporalité du cosmos entretiennent des relations complexes qui n'ont plus rien à voir avec le temps linéaire ni les logiques binaires du positivisme. Ainsi, l'*a priori* alchimique, l'unité de la matière et l'interaction des « composants » de l'univers, le mode d'observation qui implique *l'interdépendance de l'observateur et de la chose observée* présagent, dans la méthodologie alchimique traditionnelle, les avancées les plus récentes de la physique. Notre thèse est que l'alchimie n'était pas une « pré-chimie », une forme de logique archaïque, rendue obsolète par la chimie moderne, pour cette simple raison que la logique de l'interdépendance, fondée sur l'analogie, s'est toujours développée en marge du rationalisme qui, durant ces mêmes périodes, a exercé son empire sur les esprits.

La science « rationnelle » n'est point née de la disparition de l'alchimie ou d'autres sciences traditionnelles, elle s'est développée, ailleurs, en d'autres lieux, selon d'autres ambitions. Il se trouve que la science du XIXᵉ siècle, obsolète à son tour, laisse place à des théories qui entrent singulièrement en résonance avec la tradition hermétique, mais tel n'est pas le propos précis de ces notes. L'étude comparative entre l'alchimie et la science *en devenir* sera peut-être faite un jour. Elle sera le couronnement d'une transdisciplinarité qui commence à peine à voir le jour. Ces quelques remarques d'épistémologie permettront peut-être d'en esquisser le plan. Toutes les évidences sur lesquelles se fonde la science du XIXe siècle sont tombées une à une. La matière, l'espace, le temps ne sont plus ces réalités indubitables et invariables que l'assurance d'une bourgeoisie, à l'aube de ses plus lucratives conquêtes techniques, projetait sur le monde. Nous avons compris, depuis, que la matière recèle les secrets d'une « vérité » et d'une « unicité » dont le Vedantâ et Leibniz avaient pressenti les opérations subtiles dans tous les ordres de la réalité intérieure ou extérieure. Les visions d'Hildegarde de Bingen ou de Rumî nous avaient déjà donné à pressentir que *la lumière entrait dans la constitution la plus essentielle de la matière*. Or, nous disent aujourd'hui les physiciens, la lumière ne serait que de la matière morte. C'est donc à bon escient que les alchimistes sont à l'affût de *« l'étincelle d'or »* enclose dans les tréfonds de la matière. L'étude et la contemplation de la lumière, la tentative sans cesse réitérée d'en pénétrer les arcanes demeure d'actualité. À ne point oublier la nécessaire dépendance de la théorie de la lumière, de l'œil qui perçoit la lumière et de la lumière elle-même, dans son inconnaissable profondeur étrangère à l'humain, nous revenons, avec l'alchimie à la science – née du regard « stéréoscopique » ou « panoramique », pour reprendre les mots de Jünger – qui n'a d'autre dessein que d'orienter notre pensée dans le sens du plus profond bonheur et de la plus grande richesse.

Le « scientifique », encore imbu des catégories du siècle précédent, ne manquera pas d'objecter que l'on ne sait jamais, dans les traités d'alchimie, si la lumière est la lumière physique ou la lumière métaphysique et que cette incertitude interdit l'approche scientifique des phénomènes décrits. Mais en bonne logique, cette objection ne tient pas, car, dans ses approches à angle variable, symbolisées par le « *feu tournant* », l'objet et le sujet, comme dans un ballet, se disposent en figures tournoyantes dont chacune, *selon des lois chorégraphiques précises*, est tour à tour objet et sujet de l'autre, selon qu'elle définit à tel ou tel moment le centre de gravitation du mouvement en cours. La musique baroque figure assez bien les trajectoires propres à la logique alchimique et sans doute à la logique de l'univers lui-même, dont on s'aperçoit de plus en plus qu'il ne ressemble nullement à l'image que voulaient s'en faire les scientistes du siècle dernier. Le reflet métaphysique de la lumière physique divulgue le secret de la lumière divine. Le monde physique ne peut s'interpréter qu'à partir d'un monde métaphysique, car *l'interprétation est elle-même ce monde métaphysique*. « *L'Alchimiste*, écrit Dorn, *verra peu à peu, et de plus en plus avec les yeux de l'esprit, luire un nombre infini d'étincelles qui deviendront une grande lumière.* » En dehors du sens métaphysique dont elles sont le miroir, les choses n'existent pas. C'est ainsi que la confusion entre le « physique » et le « métaphysique » qui chagrine tant nos prétendus scientifiques apparaît au contraire, à qui sait en faire bon usage, comme une chance magnifiquement offerte de saisir au vif le phénomène dans sa métamorphose, sans être dérouté par son caractère transitoire, ni par sa nature protéenne ou contradictoire. Qu'une chose puisse être à la fois ceci et cela, visible et invisible, physique et métaphysique, c'est là toute la pertinence du symbole, qui, par nature, appartient à deux mondes. « *Faire apparaître les choses cachées dans l'ombre, écrit Sendivogius, et en enlever l'ombre, voici ce qui est permis par Dieu au philosophe intelligent par l'intermédiaire de la nature. Toutes ces choses se produisent et les yeux des hommes ordinaires ne les voient pas, mais les yeux de l'esprit et de l'imagination les perçoivent par la vision vraie, par la vision la plus vraie* ».

L'alchimie nous propose donc une explication scientifique de la réalité, mais à des fins tout autres que celles que se propose la science profane. Le monde existe, nous dit l'alchimie, ses éléments sont en proie à d'irrésistibles variations et d'impérieuses métamorphoses, et il n'y a pas lieu de s'en désintéresser. Il n'est plus question de rester enfermé dans ses opinions ou dans ses convictions. Le merveilleux peut naître à chaque seconde de l'attention extrême que nous portons aux plus simples choses qui nous entourent : la terre, l'eau, l'air, le feu. Le tout est de saisir leur dynamique intime, de s'approprier le secret de la force qui les anime, d'en approcher les fulgurations. Il y a dans l'alchimie une musique et un silence du merveilleux. Les âmes des choses brasillent dans l'athanor et, dans leurs déploiements chromatiques, soudain semblent gagnées par la solennité du silence. Il n'en demeure pas moins que cette intense poésie naît d'une science. Le monde auquel nous invitent les alchimistes est aussi peu subjectif et sentimental que possible, précisément parce que toutes les subjectivités et tous les sentiments s'y retrouvent. Cette totalité formule, mieux que n'importe quelle déclaration d'intention, l'*objectivité* de l'alchimie.

À cet égard, l'alchimie appartient en effet à un monde radicalement différent de celui où nous vivons, car l'alchimiste *expérimente* dans sa recherche métaphysique même. L'alchimiste ne se contente pas de formules mathématiques inventées par d'autres. Chaque alchimiste doit refaire le parcours depuis la découverte de la matière première jusqu'à ses ultimes métamorphoses culminant dans le *Rubis des Sages*. Tel est le paradoxe que cette science traditionnelle n'est point facilitée par la transmission du savoir. Tout est dit, mais sous un voile, et la révélation est l'aventure propre, et singulière, de l'alchimiste. L'alchimiste, face à son Œuvre, est unique. Nul ne peut le remplacer, et c'est en effet ce qui tendrait à éloigner l'alchimie de la science pour la rapprocher de l'art. Mais, à l'inverse, pourquoi ne pas se fonder sur les exigences propres de l'art, pour rapprocher l'alchimie de la science ? L'alchimie, science issue de la nuit des temps, témoigne d'un état de la connaissance humaine où l'art, la science et la magie – au sens de moyen d'action sur le monde et sur soi-même – n'étaient pas encore séparés. On ne peut s'empêcher de considérer que cette séparation n'est efficace, comme la division du travail, que dans l'ordre de l'économie et de la gestion, et qu'elle est au contraire préjudiciable à la recherche et à la connaissance. Si se connaître et connaître le monde forme bien un seul *acte de connaissance*, la connaissance est une, et toute subdivision qui se prolonge abusivement finit par atteindre la connaissance elle-même dans son principe. L'art qui n'est pas un objet de connaissance est pure vanité, sinon pure inexistence. La forme artistique elle-même est l'empreinte d'une volonté de connaissance qu'il importe de déchiffrer si l'on ne veut pas se limiter à une critique qui n'est que la vanité des vanités.

  L'alchimie peut ainsi nous enseigner à mieux comprendre l'art *et* la science en mesurant ce qu'il y d'*art* dans la science et ce qu'il y de *science* dans l'art. De même que les romans de Balzac apportent davantage à la connaissance de l'histoire des hommes que tous les traités de sociologie et de psychologie, il est fort probable que l'alchimie nous apporte davantage sur la connaissance de la nature et du cosmos que les sciences positives vulgarisées telles qu'elles nous parviennent actuellement par l'enseignement secondaire ou universitaire. L'alchimie est une science qui fait sienne les exigences de l'art, c'est-à-dire l'exigence d'une expérimentation directe, non-reproductible et cependant infiniment chargée de sens. L'alchimie est aussi, et simultanément, un art qui fait sien les exigences observatrices et méthodologiques de la science, respectant ce que Bachelard a nommé la « *dialectique de l*'a priori *et de l*'a posteriori », l'expérimentation venant infirmer ou confirmer une théorie interprétative préalablement formulée. Rien, en alchimie, n'est hasardeux. Le paramètre d'influence infime ou insignifiant n'existe pas. Toutes les influences jouent pleinement dans l'accomplissement de l'œuvre, et aucune n'est négligeable. Les lois selon lesquelles se réalisent les principes sont exactement formulées, mais leur mode d'implication dans l'expérience est imprévisible et unique, non certes parce qu'il relève de l'aléatoire, mais bien parce qu'il s'inscrit dans un faisceau d'influences si diverses et si nombreuses qu'il ne se reproduit jamais deux fois à l'identique. Les conditions requises sont toujours les mêmes, mais le mode opératif varie, car la situation, prise dans son ensemble, et à commencer par l'opérateur, n'est jamais la même.

  Si quelques ambitions président à cet ouvrage, la première d'entre elle serait de délivrer autant que possible les belles procédures opératives des alchimistes du pathos et de la médiocrité « occultiste », pour ne rien dire de l'abominable « *New Age* ». L'occultisme ne serait-il pas en dernière analyse la *mauvaise humeur* propre au narcissisme malheureux ? L'alchimiste est un mystique pragmatique. Son « moi » ne le préoccupe pas outre mesure, car il sait que seule importe la rencontre du temps et de l'éternité, la seconde magique *où l'éternité coupe verticalement le temps*. Comment se préoccuper de son « moi » – comme le font les psychanalystes et les occultistes modernes – lorsque l'on sait que le « moi » n'existe pas, que nous sommes voyageurs odysséens en des réseaux d'analogies et de symboles ?

L'alchimie est une science dans la mesure où elle n'est pas une croyance, et elle est une *science sacrée* dans la mesure où elle dépasse l'utilitarisme. L'alchimie, au lieu de se perdre en représentations abstraites va droit aux choses elles-mêmes. La connaissance absolue qu'elle poursuit passe par le jeu des éléments, les expérimentations variées et la songerie amoureuse. L'alchimiste face à son Œuvre instaure un rapport au monde où le centre n'est plus son « moi », son humanité, ou quelque autre appartenance que l'on voudra, mais l'étincelle née de la rencontre du monde et de l'esprit humain. Le vrai n'est pas dans le « moi », le vrai n'est pas dans le monde, mais dans « *l'étincelle d'or* », l'escarbille soudaine qui, par la justesse de l'idéogramme qu'elle trace dans l'air, va illuminer la réalité.

À cet égard l'alchimie figure dans un registre philosophique fort éloigné de l'humanisme moderne qui préside actuellement aux destinées du « progrès » scientifique, voué, selon la formule de Simone Weil que nous citions précédemment, « *à réussir aussi bien entre les mains des fous que des criminels* ». Et c'est en effet ce que nous voyons. La faiblesse de l'humanisme moderne, qui se revendique fort abusivement de l'*humanitas* antique, est de ne jamais cesser de concevoir l'homme dans la perspective évolutionniste comme un animal auquel se serait ajouté quelque chose, à savoir l'âme, la raison, la parole, l'art de la guerre ou que sais-je ? Cette conception zoologique de l'humain comme « animal amélioré » par un ajout, contresigne l'absurdité de la thèse évolutionniste à laquelle nous devons d'autres théories encore, racistes, économiques, propres à satisfaire l'idéal à rebours des « *hommes sans visage* ». En alchimie, comme dans toutes les autres sciences traditionnelles, l'identité humaine ne connaît pas de telles réductions génériques ou zoologiques. L'homme de la tradition ne classait point ses semblables en catégories naturalistes. L'être humain se définissait par son parcours spirituel, c'est-à-dire par le *secret*, car le chemin spirituel est un secret entre Dieu et l'homme.

L'alchimie, comme toutes les sciences de l'interdépendance, suppose une conversion du regard qui bouleverse notre identité. Il est banal aujourd'hui de parler d'une « crise de l'identité », comme il existe au demeurant une crise de la propriété – l'une étant l'avers de l'autre ; mais si l'on suit la logique hermétique, ces « identités » et ces « propriétés » ne sont que des écorces mortes, et il est bon qu'elles soient menacées. Seule importe l'Œuvre. L'existence humaine, dans sa prédestination surnaturelle n'est rien d'autre que l'accomplissement de l'Œuvre.

Or, l'identité humaine propre à « l'humanisme » moderne pose l'homme comme « ayant droit » de par cette seule identité, mais il suffit, et cela, hélas, depuis le début de ce siècle ne cesse de se voir, de dénier à autrui cette identité pour instaurer l'horreur. L'alchimie, et tout le courant herméneutique qui l'accompagne, pose au contraire l'être humain comme une possibilité renouvelée, dans chaque être humain, de tout reprendre à l'origine et d'atteindre par son Œuvre à une sorte de responsabilité universelle.

La beauté de l'iconographie alchimique en témoigne : rien ne peut être laissé au hasard de la laideur. L'alchimiste n'est pas « l'ayant droit » satisfait de son identité ou de son appartenance, il est, sur la crête scintillante de l'instant qui naît et qui meurt, la possibilité de l'Œuvre. Cette vue du monde esthétique, plastique, pragmatique, s'oppose aux idées générales, aux morales et aux dévotions du monde moderne. Le monde de la Tradition, que les modernes accusent volontiers d'être chimérique, n'a jamais cessé de prendre la mesure réelle de la vie humaine par l'ivresse et par le rêve de la beauté ; en fin de compte, dans le hiéroglyphe de nos fins dernières, rien n'est réel que la beauté. Les hommes de la Tradition étaient assez sages pour comprendre que nos identités ne sont rien, que notre humanité même, au sens générique, n'est qu'un leurre et que seule importe l'heure qui s'élève dans le ciel comme une prière adressée au rêve et à l'ivresse de la beauté.

L'homme moderne se veut extraordinairement réaliste et nous voyons son imprévoyance nous précipiter dans le désastre ; il se croit informé des ressources de la raison et son monde obéit à la plus noire déraison ; il s'imagine enfin le gardien excellent de la morale et de l'humain et ne cesse de se trouver engagé dans les plus affreux massacres de tous les temps ; et même, lorsque le calme règne en apparence, la vie quotidienne est morne comme un lendemain de défaite. Moins épris de généralités, l'homme de la Tradition portait son attention là où d'emblée sa vie s'embrasait, là où l'intensité du rêve et de l'ivresse signalaient l'approche du sens, dépassant la sinistre usure des jours.

Le *rêve* et l'*ivresse*, c'est à dessein que j'insiste sur ces mots qui semblent si loin de toute science. Et pourtant, lorsque le rêve humain s'ouvre sur le songe divin, lorsque la spéculation danse de reflets en reflets jusqu'au tabernacle de la lumière incréée, la science devient un « science véritable », une gnose. La différence entre la science moderne et la science alchimique est moins dans quelque « rigueur » qui ferait défaut à l'une et serait l'apanage de l'autre, que dans leur perception diverse de l'être humain. Ce n'est pas dans les opérations et dans les théories qu'il faut, en dernière analyse, chercher les différences majeures, mais dans les opérateurs. Selon ce que l'on conçoit être à soi-même sa propre humanité, l'opération alchimique relèvera d'une planification ou d'une transmutation. Si l'on examine dans ses projets et dans ses réalisations majeures la science moderne, on s'aperçoit qu'elle exprime avant tout le besoin fondamental de planifier la réalité. Le singulier est que ce besoin de planification s'accompagne d'un manque total de prévoyance. Mais, sans doute, le besoin de planification naît-il précisément de l'impuissance qui est devenue la nôtre à prévoir. La prévision et la prévoyance, ces vertus traditionnelles de l'autorité, relèvent de la prophétie alors que la planification relève de la technique. La technique, par l'effroi d'une réalité imprévisible, va céder à la croyance illusoire que l'on peut aplanir la réalité pour éviter de s'y affronter. Tout, dans le monde moderne, vise à l'éviction de la *présence réelle*. La folie planificatrice du moderne est horreur de la présence. Planifier l'espace et le temps pour éviter le face-à-face à l'irréductible singularité de l'aléa, telle est la froide folie de cette fin de cycle. C'est ainsi que le Moderne ne va plus vivre au cœur de la présence réelle des choses qui sont d'abord l'air, l'eau, la terre et le feu, mais derrière des écrans, où il cultive, internaute, l'illusion de l'omnipotence.

Au désir de souveraineté de l'alchimiste, qui s'accomplit dans la liberté, non pas octroyée, mais conquise, s'oppose le fantasme d'omnipotence du Moderne qui se réalise dans la servitude absolue qui fait passer les hommes du rang de sujets à celui d'objets interchangeables. Ces distinctions sont essentielles si l'on veut aborder, en connaissance de cause, la description des étapes du Grand-Œuvre. Ces étapes ne sont pas des moments dans une évolution, mais les *stations oratoires* d'une transmutation. L'alchimiste ni son Œuvre n'évoluent, ils se disposent à recevoir les influx sidéraux des changements d'états dont la soudaineté contraste dramatiquement avec la longueur des préparatifs. Il existe une *dramaturgie alchimique*, qui exclut le plan naturaliste de « la lente évolution des caractères ». Seule est décisive la conversion du regard qui transmute la conscience à la si fine pointe du temps que le temps lui-même en devient imperceptible.

VI. La dramaturgie des ténèbres rutilantes

La dramaturgie alchimique semble inspirée du théâtre classique, du Nô ou encore, comme l'a souligné Antonin Artaud, du théâtre balinais. En effet, le théâtre, lorsqu'il s'efforce d'établir des ponts entre la représentation extérieure et une vérité intérieure rejoint la pratique de l'alchimie. Considérons l'effet cathartique recherché de façon explicite ou implicite par les dramaturges, la mise en scène, si comparable à la « *mise en vaisseau* » où divers composants vont interagir selon leurs caractéristiques propres, voyons les figures hiéroglyphiques des personnages et des scènes, l'éclairage, les décors dont la charge symbolique va favoriser l'herméneutique des âmes – le tout se déroulant dans le cadre mathématique des actes, qui, semblables aux « Œuvres » des alchimistes, donnent aux personnages et aux situations où ils se trouvent la cohésion nécessaire à l'espérance du *changement d'état* – et nous aurons déjà quelque idée de cette « délivrance » qui, dans presque toutes les dramaturgies classiques ou traditionnelles aimante à la fois le destin des personnages et l'attention des spectateurs.

La scène est, pour reprendre la formule de Françoise Bonardel dans *Philosophie de l'Alchimie*, « *le lieu d'où, pour émerger en tant que sens transitoire d'éveil, toute forme aurait d'abord à s'immerger, s'inverser dans le bain (Eau mercurielle) où elle subirait la décantation de ses connotations familières* ». La suite des Actes montre les étapes de la décantation qui n'est possible que par la mise en situation des forces qui, dans l'espace profane, perdent leur vertu d'éveil. L'espace sacré de la scène, où les Figures composent des faisceaux de puissance en voie de révélation, n'est pas seulement comparable à l'athanor de l'alchimiste, il *est* l'athanor. La scène de théâtre est ce qui dresse la parole dans sa nécessité. Là où la vie quotidienne, surtout de nos jours, ne cesse de réduire toute parole à l'insignifiance par le bruitage permanent des musiques d'ambiance, des machines et des bavardages, le théâtre se réapproprie les vertus fondamentales du *Logos*, sous toutes ses formes. La syllabe devient « *mantra* », intonation sacralisant le souffle, et le mot, soudain, porte à nouveau en lui toutes les possibilités de l'être. Mais ce *Logos*, comme la vertu aurifère de la lumière philosophale, ne se limite pas au langage articulé, au jeu des phrases en lesquelles pourtant basculent les mondes et se révèlent l'envers des âmes. Le *Logos* s'éploie, se dilate, comme une substance chimique sous l'effet de la flamme, se diffuse à l'ensemble de la manifestation théâtrale.

Les corps sont hiéroglyphes, les attitudes qui se suivent inventent un autre langage où les mots se déplacent comme dans un labyrinthe. Toutefois, pour l'alchimiste, comme pour le spectateur, le labyrinthe se crée au fur et à mesure que l'on s'y aventure. Le Mystère théâtral et le Mystère alchimique sont, comme en témoignent les œuvres de Goethe, de Milosz, ou d'Artaud, un seul et même Mystère. La pièce de théâtre de Raymond Roussel, *Poussière de Soleil,* est un autre exemple de cette tentative d'entraîner le spectateur dans le labyrinthe. Lorsque le théâtre accomplit le dessein alchimique, il cesse d'être représentation pour devenir *pure présence*. Tous les auteurs et tous les spectateurs qui ont quelque peu le sens du sentiment religieux savent que la célébration du magistère théâtral suscite l'existence d'une temporalité pure, miroitante, sans autre détermination. Ce qui est dit résonne dans la profondeur d'un espace qui n'est autre que le temps ramené à son originelle forme sphérique. Chaque point du temps est alors à égale distance du centre de la sphère ; et ce centre est là, à la fine pointe de la chose dite saisie à l'instant même où elle s'évanouit dans la pensée de celui à qui elle s'adresse.

Nous sommes plus près de l'essence du Grand-Œuvre dans le grand songe limpide d'une pièce de Racine que dans des manipulations, fussent-elles « homéopathiques », des laboratoires pharmaceutiques. Délivrer l'imagination alchimique des pesantes banalités de l'occultisme ou du scientisme, c'est aussi délivrer l'Œuvre de la tentation des usages médiocres. Le Grand-Œuvre ne sert à rien et ne sert personne. Il est simplement ce qui donne à notre vie son orientation, son sens, son intensité et sa beauté où se rejoignent le rêve et l'ivresse, c'est-à-dire Apollon et Dionysos, que nous savons être, depuis Nietzsche, les divinités tutélaires du théâtre. De même nous verrons, dans la magnifique conjugaison des contraires propre à l'alchimie, les formes sculpturales du songe être animées par les mouvements de l'ivresse, par l'impétuosité printanière des eaux et des feux.

Au songe apollinien correspond l'interprétation pythagoricienne, le déchiffrement des opérations, l'idée hermétique d'une mathématique céleste et supra-céleste dont la connaissance est nécessaire à la juste intervention de l'opérateur. À l'ivresse dionysiaque correspondent l'interaction dynamique des éléments, leurs guerres et leur alliances, évoquées par les présocratiques, Héraclite ou Empédocle. À la fulguration d'Apollon qui, du plus haut des nues, va ordonner mathématiquement les éléments en quatre et les substances en trois – soufre, sel, mercure – vont répondre, dans le déroulement de l'Œuvre, les dionysies enflammées des rencontres de l'eau et du feu, du soufre et du mercure, autant de combats épiques que l'on retrouve dans l'iconographie alchimique.

La sérénité n'est conquise que de haute lutte. Chaque jour, et pendant des années, l'alchimiste doit terrasser le Dragon et faire briller le glaive de la pensée droite. Nous sommes là à mille lieues de ces théories simplistes, qu'elles se veuillent matérialistes ou théologiques, qui soumettent les phénomènes à un simple enchaînement de causes et d'effets. Le déterminisme, tout comme certaines formes de providentialisme schématique, n'est qu'une interprétation *a posteriori*. La « pensée droite » n'est pas une pensée linéaire. La « droiture » dont il est question, par exemple dans les traités de Maître Eckhart, est verticale et non pas horizontale. L'aboutissement de la quête labyrinthique est la vision verticale. Le centre du labyrinthe est le site où la verticale est donnée à l'expérience du regard. Le cheminement labyrinthique, à la ressemblance des lignes de force que tracent sur la scène les personnages du Mystère, récuse l'explication linéaire.

Comprendre, en gnostique, la transcendance de Dieu, c'est sortir à jamais des logiques sommaires de la causalité auxquelles nous devons presque tous les totalitarismes modernes. Rien n'est plus facile, ni plus trompeur, que l'explication d'une suite d'effets par l'énoncé d'une « cause ». Pour l'alchimiste, à rebours de cette « théologie » mécaniste, l'effet de sens a un nombre infini de « causes » – de même que le centre s'explique par le nombre infini des points composant la sphère qui l'entoure. C'est pourquoi l'on peut dire que l'alchimie n'est ni « causaliste », ni « finaliste », et c'est pourquoi les « Œuvres » qui s'y succèdent possèdent leur logique propre, « décantée », haussée à une signification plus intense, littéralement embrasée, où la durée elle-même est rituellement sacrifiée. *L'écuelle de cendre du Vaisseau alchimique est un autel d'éternité.*

L'alchimie est une science du recommencement et il n'est d'autre éternité que celle du recommencement. Or, l'aube recommence dans la nuit, et le symbole de la nuit n'est autre que l'Œuvre-au-noir. L'œuvre nommé par l'alchimiste « *aile de corbeau* » donne lieu à de nombreux développements dont le caractère énigmatique est lui-même chargé de sens. Les traités d'alchimie ne sont pas des modes d'emploi plus ou moins chiffrés. L'Œuvre-au-noir exige l'affrontement avec les ténèbres fondamentales du langage, mais ces ténèbres, l'attentif lecteur ne manquera pas de s'en apercevoir, sont des *ténèbres rutilantes*. L'attrait que l'alchimie a de tout temps exercé ne s'explique pas autrement. À l'inverse, le rejet péremptoire de l'alchimie et des arts hermétiques s'explique par la « haine du secret », fort caractéristique de la mentalité moderne analysée avec tant de justesse et de pertinence par René Guénon. Haïr le secret, vouloir l'établissement d'une transparence universelle, promouvoir en tout et partout les tactiques de la « communication », il n'est pas difficile de voir que ces prémisses de la modernité sont aussi les prolégomènes de la soumission. À l'établissement de la communication et de la transparence mondiale, réclamé à cors et à cris par ceux qui n'ont rien à dire, correspondra, de toute évidence, le contrôle absolu. À la « liberté d'expression », qui n'a aucun sens en tant que « droit », car c'est là une liberté qui ne vaut que *prise* – octroyée, elle n'est qu'un leurre –, la logique hermétique oppose le *droit au secret.*

Dans son labeur et ses oraisons, l'Art hermétique n'est rien d'autre que l'éternelle revendication de l'âme humaine à ce droit au secret qui est considéré, par toutes les tyrannies, comme une menace. Dans les sociétés traditionnelles, le droit au secret fonde la liberté d'expression, car s'il n'y a rien à dire qui ne soit déjà sous contrôle de par sa formulation même, l'expression est inane. Le droit au secret est inaliénable, car il se confond étymologiquement et philosophiquement avec l'indubitable présence du sacré. Pour nier le secret, il faudra donc, sous couvert de liberté d'expression, favoriser l'universelle profanation de tout par le magistère de cette étrange théologie moderniste dont la trinité « Économie-Technique-Marchandise » s'est substituée au Père, au Fils et au Saint Esprit, si mystérieux, et, en dernière analyse, si providentiellement déroutants. À ces secrets et ces mystères du passé, où se logeaient à merveille les libertés humaines, les « autoroutes de l'information » vont mettre bon ordre, à tel point que, si nous n'y prenons garde, l'être lui-même, dans ses teneurs énigmatiques, son immanence chatoyante, disparaîtra dans tant de « transparence » et tant de « communication ».

Il n'est donc pas impossible que la langue alchimique soit devenue l'ultime gardienne de l'être devant le néant dévorant du monde moderne, qui s'est choisi pour Père, l'Économie, pour Fils, la Technique, et pour Saint Esprit, la Marchandise. Face au nouveau fondamentalisme qu'annonce ce nouveau siècle, il conviendra d'invoquer d'immémoriales clandestinités, de retrouver une parole qui soit demeure du monde et de l'être. L'alchimie témoigne du cheminement secret de cette conscience occidentale de l'être à travers les ténèbres de l'Œuvre-au-noir dont témoignera aussi l'œuvre de Dominique de Roux, *Maison jaune*, qui rejoint, par l'expérimentation épiphanique du langage, ce que Julius Evola a nommé, lui, le *Chemin du Cinabre*. Ces maillons de la « *Catena Aurea* », de la chaîne d'or, montrent assez que tout ce qui importe est destiné, par d'imprévisibles voies, à parvenir jusqu'à nous.

Méditations impériales pour Fernando Pessoa

L'Empire, dans sa réalité prophétique, n'est pas l'ennemi des pays. Une confusion subsiste dans les esprits entre l'impérialisme des grandes puissances modernes et l'*impérialité*, songe réalisé des poètes et des fondateurs. L'Europe économique, certes, n'est pas un Empire, pas davantage que la Banque centrale n'est une *autorité*, au sens métaphysique ou théurgique du terme. L'impérialité réside dans le secret des pays. Dans l'Empire, le pays réel est un *sacramentum*, c'est-à-dire le signe d'une réalité cachée, l'empreinte d'un sceau métaphysique. Ainsi le mystère impérial que Pessoa évoque dans son poème héraldique et ésotérique, *Message*, témoigne par analogie et réverbération du mystère de la France ; et sans doute le moment est-il venu de s'interroger sur la concordance du mystère de la France, son *secret d'or*, tel qu'il court, depuis le sacre de Reims, dans la prédestination surnaturelle de la langue française, de Scève et de Nerval, et le mystère du Portugal.

Est-il nécessaire de préciser que l'Empire poétique est d'un tout autre *ordre* que l'impérialisme marchand ou technocratique ? Ce que l'œuvre de Pessoa nous en dit est à la fois limpide et *hors d'atteinte*. L'Empire est *ésotérique*, c'est-à-dire *intérieur*. Le poète est, dans sa vocation la plus essentielle, *messager d'Empire*. Son œuvre est la subtile diplomatie qui unit le monde sensible et le monde intelligible, les hauteurs et les profondeurs. Alors que l'impérialisme économique uniformise, l'Empire poétique est la sauvegarde des singularités. Loin d'imposer une forme abstraite à des peuples de traditions diverses, l'Empire révèle la diversité, la sauvegarde dans l'ampleur de son propre accomplissement. Les frontières sacrées, les royaumes, lui sont nécessaires. Sans ces frontières, l'Empire s'effondre sur lui-même – et cela s'est vu. La philosophie impériale est la plus contraire qui se puisse imaginer à l'idéologie xénophobe.

L'impérialité ne redoute point le génie des peuples, ne cherche point à le faire disparaître ; elle en déploie les vertus dans un plus vaste dessein. L'Empire poétique et métaphysique dont rêva Pessoa oppose au projet d'uniformisation du monde moderne l'idée d'unité créatrice. Nulle approche philosophique ne conviendra mieux à la vision impériale de Fernando Pessoa que celle de Tradition primordiale, au sens guénonien. L'Empire ne « tolère » point la diversité à la manière de nos administrations modernes – le terme de « tolérance » suggérant une réprobation implicite de cela même que l'on nous demande de tolérer. *L'Empire exige la diversité*. L'impérialité est interprétation infinie de la diversité. L'herméneutique alexandrine est la gnose impériale par excellence. Loin d'administrer ou de planifier le réel, comme l'État-nation moderne qui est bien, selon le mot de Nietzsche, « le plus froid des monstres froids », l'Empire se veut l'interprétation du génie des peuples. À cet égard, les États-Unis sont l'anti-Empire par fondation pour avoir établi leur civilisation sur l'extermination des peuples indiens. Le génie impérial n'est pas un génie « intégrateur » ou « tolérant » qui prétend imposer le monde nouveau comme une délivrance de l'ancien, mais une herméneutique respectueuse du génie des ascendances et des dynasties, de la tradition et de l'immémorial. L'impérialité reçoit autant qu'elle donne. Poreuse, elle magnifie dans la forme la plus achevée la substance immanente qu'elle reçoit en héritage.

Quoiqu'elle se fonde sur une vision pessimiste de la succession des âges et de la rotation des castes, la gnose impériale contient cependant l'immense promesse d'un dépassement des identités. Dépasser l'identité, ce n'est point sombrer dans l'informe, mais discerner la forme dans sa limite de beauté par le consentement à d'autres formes. Les philosophies de Plotin, de Porphyre, de Proclus sont des méditations impériales, car elles supposent l'interdépendance universelle, qui fonde la loi des analogies et des correspondances. Il faut d'abord comprendre la gnose impériale de Pessoa comme une délivrance de la logique linéaire ; elle opère en mode rayonnant. La centralité, comme dans toute monarchie sacrée, préfigure les lignes de force. L'Empire est le garant du respect mutuel que les peuples se doivent. Le centre est l'*instant méridien*, la conscience extatique de l'ensoleillement intérieur du *Logos*-Roi. Rien ne saurait être plus étranger à l'idée d'Empire que la notion de progrès. Sinistre caricature de la divine Providence, le progrès ne cesse de nous exiler de nous-mêmes par une succession de répudiations, de spoliations, d'offenses et de profanations. Dans l'idéologie et la science progressistes, seul importe l'avenir. Or, l'avenir n'est nulle part, et c'est pourquoi les idéologies du progrès nous conduisent dans la plus atroce soumission à la toute-puissance du *nulle part*, qui est le néant et la mort. La gnose impériale, au contraire, prend le parti radical de l'extrême fragilité de l'être, du sens, de l'instant comme centralité transcendante, pôle immuable et ordonnateur, « moyeu immobile de la roue » pour reprendre la définition que Tchouang-Tseu donne du Tao. Point de fuite en avant, mais retour à l'*axe de tous les temps et de tous les espaces* possibles et imaginables.

Si l'empereur Julien fut enclin aux philosophies néo-platoniciennes qui supposent le rayonnement de l'Idée dans les hauteurs et les profondeurs de l'âme humaine, il n'est guère étonnant de voir les modernes exclusivement dévoués aux théories déterministes qui expliquent le passé par le présent, et le présent par l'avenir selon une inversion devenue si habituelle que son aberration ne choque plus le sens commun. Tel est le principe bien connu de l'intoxication publicitaire selon lequel un mensonge indéfiniment répété paraît devoir se substituer à une vérité subtilement défendue. La raison d'être de l'Empire est précisément de nous délivrer de cette entropie de l'insignifiance, de cette destruction du temps, du nihilisme qui déconsidère le passé au nom d'un présent dont on va nier l'existence au nom d'un pur néant que l'on adore et que l'on nomme « l'avenir ».

Quelle est la prémisse fondamentale de la gnose impériale ? L'idée simple – mais d'une profondeur vertigineuse, si l'on s'y attarde – d'une *présence* de laquelle naissent en tournoyant de nouvelles possibilités d'existence, dont chacune témoignera dans son propre centre de gravité de la même impérieuse présence à elle-même. L'Empire, pour Fernando Pessoa, est l'art d'*être là*, dans la quaternité des hommes, de la terre, du ciel et des dieux, alors que le monde moderne dans son dédain de la tradition, de la mémoire et du passé, et dans sa haine puritaine de la présence, s'applique avec une méthode d'une efficacité redoutable à faire disparaître l'être et la présence, et à profaner la terre, le ciel, les hommes et les dieux, avec ce génie malin que Villiers de l'Isle-Adam excella à décrire dans ses *Contes Cruels*. Planifiant la réalité, selon les doctrines déterministes, les modernes n'ont pas tardé, dans la foulée du positivisme du XIXe siècle, à tout réduire à des mécanismes. L'imminent clonage des êtres humains et les manipulations génétiques sont l'aboutissement fatal de cette logique.

Rien n'a de sens, l'homme est une machine. Ce beau programme nihiliste est en passe de devenir la norme, modulé par la sacro-sainte loi du marché. C'est ainsi que le « progrès » voudrait qu'on ne l'arrête point. Pour sombre que soient les occurrences et pour consciente qu'elle soit du désastre auquel nous livre le nihilisme, la gnose impériale n'en incline pas pour autant à la désespérance. La machinerie nihiliste mise en place, pour imposante qu'elle paraisse dans ses conséquences, n'intimide que ceux qui lui sont préalablement dévoués.

À celui qui retrouve en soi les sagesses lumineuses, la norme profane paraît aussi abstraite qu'illusoire. Ces retrouvailles avec la grande lumière intérieure sont une grâce, mais elles sont aussi, quelquefois, l'aboutissement d'une alchimie intérieure, telle que peut l'opérer, par exemple, un usage sapientiel de la lecture. Les grands écrits impériaux et néo-platoniciens de la tradition occidentale agissent sur le lecteur à la manière du *feu de roue* des adeptes de la tradition hermétique. Lire Proclus ou Jamblique, c'est réaliser en soi, lorsque la lecture en est assez méditative, une mise en abyme de la destinée humaine qui nous délivre du sens même du destin pour atteindre, par l'intervention impérieuse de la verticalité, à une crucifixion de la conscience dans la plénitude. Le *feu de roue* des alchimistes est la croix tournante, celle même que Raymond Abellio nommera, dans ses audacieuses spéculations, la « Structure Absolue ». Sans doute commençons-nous à entrevoir en quoi l'Empire des poètes qu'évoque Pessoa est loin du colonialisme des modernes. Le colonialisme, il faudrait être de bien mauvaise foi pour ne pas comprendre qu'il fut d'abord la tentative de mondialisation du monde moderne, une destruction minutieusement planifiée du sacré, une volonté concertée d'abolir les hiérarchies traditionnelles partout où elles subsistaient encore quelque peu, dans les chamanismes, les éthiques chevaleresques ou guerrières, les arts de l'ivresse et de la vision. Tout cela, le colonialisme parvint, dans une large mesure, à en venir à bout pour imposer un utilitarisme forcené, dissimulé derrière une morale « biblique » édulcorée et une liturgie religieuse réduite à la plus extrême indigence. Là où Pessoa voit dans l'Empire une célébration de toutes les formes de sacré et un enracinement dans les traditions les plus anciennes, jusqu'à préfigurer le réveil des dieux antérieurs, le colonialisme instaura l'arrogance uniformisatrice du médiocre, la soumission du riche patrimoine imaginaire de l'humanité à l'idolâtrie de la technique – qui revient en premier et en dernier lieu à la passivité de l'homme devant la machine qu'il croit gouverner, mais dont il dépend de plus en plus et à laquelle il sacrifie à la fois le monde extérieur et le monde intérieur.

L'Empire tel qu'y songea Pessoa, tel que le père Vieira le prophétisa, sera avant tout l'Empire de la rencontre entre le monde intérieur et le monde extérieur. Empire d'après la modernité séparatrice, Empire d'après la disparition des Empires, le sébastianisme de Pessoa, loin d'apparaître comme une nostalgie ou une utopie est la recouvrance, en nous, de l'approfondissement du mystère de la présence. L'utopie et la nostalgie entraînent la pensée vers de fausses alternatives et de nouvelles divisions. L'utopie et la nostalgie nous incitent à l'exclusive, à la négation de l'immédiate efflorescence de la beauté du monde, alors que l'idée impériale est d'abord l'illustration de la présence, c'est-à-dire l'*épiphanie par excellence du reflet du soleil sur la table des eaux*. Si le colonialisme multiplie les effets néfastes de l'exil, exilant les soi-disant « conquérants » et faisant de la terre des colonisés une terre étrangère pour les natifs eux-mêmes, le dessein impérial sera, à l'opposé, de multiplier les raisons d'*être là*, d'être reliés par de profuses arborescences de signes et de symboles.

L'homme d'Empire est partout chez lui, alors que le colonial ne l'est nulle part, lui qui déracine de force ceux-là qui appartenaient à la terre qu'il s'approprie indûment. Là où l'Empire instaure, dans le monde intérieur comme dans le monde extérieur, la quaternité de la terre, du ciel, des hommes et des dieux, le colonialisme moderne chasse les hommes de leur terre, et les dieux de leurs ciels. Et les dieux émigrent, comme des peuples dont la dignité est menacée... L'Empire, tel que l'invente Pessoa dans l'athanor de son secret d'or, invoquera la phalange des dieux reniés, bafoués, persécutés jusque dans leurs célestes émigrations, pour qu'ils reviennent. Pessoa – avec ses hétéronymes qui sont autant de figures nécessaires de la multiplicité des états d'être et de conscience dont l'Empire est le symbole – écrit l'oraison du retour de la grande ode inaugurale du recommencement de l'être, à partir de l'impression la plus fragile, de l'idée révélée à la pointe la plus subtile du style, dans son irréfutable éclat. Tout, pour Fernando Pessoa, recommence dans ce Portugal dont les songeries crépusculaires, la *saudade*, et les grandes empreintes de Vasco de Gama, surent garder, sous les feuillages d'ombre violette et noire du sentiment de dérélication, l'imminente pointe du pressentiment extrême du retour.

Tout doit recommencer là où tout se défait. Tout revient au jour dans le basculement de la nuit prophétique que connaissent ceux qui veillent à Lisbonne jusqu'au point du jour dans l'ivresse des fêtes et des rencontres. La gnose impériale dont l'œuvre de Pessoa est le corpus majeur fleurit au point du jour, dans la brume d'une ivresse et d'une mélancolie qui s'attarde encore sur le fleuve, lorsque tout a déjà changé. L'Apocalypse s'accomplit dans la douceur, dans le silence, à la pointe du jour impérial, apocalypse légère, « venue sur des pattes de colombe » eût dit le Solitaire d'Engadine... Que l'on n'attende point l'Empire dans le fracas ostentatoire des batailles, dans l'outrance machiniste, dans le titanisme banal des peuples soulevés. L'Empire, nous prophétise la grande âme du Portugal, par l'entremise de ses poètes, vient sur la barque légère d'un seul Roi, dans l'imperceptible glissement entre la nuit qui s'achève et le jour qui s'annonce. Comment comprendre cela si l'on ne comprend pas que le retour des dieux est le signe de la défaite des Titans ? Les dieux viennent avec l'imperceptible glissement, à la pointe du jour, les dieux viennent avec l'Empire qui est en nous, et en dehors de nous, le *sens de la grandeur*.

Revenir à la grandeur, c'est quitter l'oppression de la petitesse et de la tyrannie, plus terrible encore, de la mesquinerie. Être fidèle à l'impérialité, c'est voir le monde en grand. Est-ce ingénuité ou savante lucidité ? L'un et l'autre, car dans la juste vision s'accordent les intuitions enfantines et les pertinentes considérations du savant. L'enfant qui discerne la grandeur dans l'infime, qui voit une journée d'été comme une éternité octroyée par les dieux se trompe-t-il ? Le sens de la grandeur n'échappe qu'à ceux qui ne sont ni ingénus, ni savants, qui n'appartiennent plus ni à l'enfance ni à la sagesse. Le génie poétique de Fernando Pessoa nous donne le sens de la grandeur, car la grande poésie est toujours enfantine et savante, extrême immédiateté et comble de l'art, c'est-à-dire *paradoxe incarné*, comme le sont, ici-bas, toutes les choses belles et sacrées. L'Empire pose les êtres et les choses dans l'ampleur. L'espace délivre. L'Empire, et surtout lorsqu'il fait face au Grand-Large, nous délivre par l'advenue permanente des dieux sous les atours de l'écume scintillante. L'âme odysséenne est une âme impériale, elle porte en elle, avec le périple d'Ulysse, le secret de la passation des pouvoirs qui viennent, de vague en vague, depuis la nuit des temps jusqu'à la pointe impériale du jour.

Comment ne pas être enfermé dans une identité ? Comment ne pas succomber à la démoralisation de la vie quotidienne, comment défier la mesquinerie des intérêts, la dictature des majorités ou des minorités, dont l'existence est tout entière réglée par la production et la reproduction ? Comment relever le défi que nous propose le ressouvenir du sens de la grandeur, cette *anamnésis* platonicienne qui nous bouleverse sur « le Quai antérieur et divin » de *L'Ode Maritime* ? Comment ne pas oublier, dans l'usure du temps, que toute vie digne d'être vécue est une ode maritime, un chant face au Grand-Large ?

La réponse nous en viendra sur les rives du Tage, au détour du *Livre de l'intranquillité*, dans le feu clair et les couleurs héraldiques de l'ultime et première promesse européenne.

Hommage à Henry Corbin

La philosophie est cheminement, ou plus exactement, comme le disait Heidegger, « *acheminement vers la parole* ». Ce qui est dit porte en soi un long parcours, une pérégrination, à la fois historique et spirituelle. Avant de parvenir à l'oreille de celui à qui elle s'adresse, la parole humaine accomplit un voyage qui la conduit des sources du *Logos* jusqu'à l'esprit humain. Ce voyage, à maints égards, ressemble à une Odyssée. Dans l'éclaircie de la chose dite frémissent des clartés immémoriales, des songes et des visions. Toute spéculation philosophique témoigne, en son miroitement étymologique, d'une vision qui n'appartient ni entièrement au monde sensible, ni entièrement au monde intelligible, mais participe de l'un et de l'autre en les unissant, selon la formule de Platon, « *par des gradations infinies* ». L'idée est à la fois la « chose vue », l'*Idea* au sens grec, la *forme*, et la « cause » qui nous donne à voir. De même que la parole ne se situe ni exactement dans la bouche de celui qui parle ni exactement dans l'oreille de celui qui entend, mais entre eux, le monde imaginal, qui sera au principe de l'herméneutique, se situe entre l'Intelligible et le sensible, donnant ainsi accès à la fois à l'un et à l'autre et favorisant ainsi l'étude historique la mieux étayée, non moins que l'interprétation spirituelle la plus précise.

On pourrait, par analogie, transposer ce qu'à propos de Mallarmé Charles Mauron nomma le « symbolisme du drame solaire ». De l'Occident extrême, crépusculaire, de *Sein und Zeit*, de la méditation allemande du déclin de l'Occident, une pérégrination débute, qui conduit, à travers l'œuvre-au-noir et la mise-en-demeure de « l'être pour la mort » à l'*aurora consurgens* de la « renaissance immortalisante ». Point de rupture, ni de renversement, ici, mais un patient approfondissement de la question. Le crépuscule inquiétant des poèmes de Trakl, la « lumière noire » de la foudre d'Apollon du poème de Hölderlin, ne contredisent point, mais annoncent l'âme d'azur, « *dis-cédée* », et la terre céleste dans le resplendissement du *Logos*. Le crépuscule détient le secret de l'aurore, l'extrême Occident tient, dans son déclin, le secret de la sagesse orientale. Au philosophe, pour qui « *les variations linguistiques ne sont que des incidents de parcours, ne signalent que des variantes topographiques d'importance secondaires* », l'art de l'interprétation sera une attention matutinale. À l'orée des signes, entre le jour et la nuit, sur la lisière impondérable, il n'est pas impossible que le secret de l'aube et le secret du crépuscule, le secret de l'Occident et le secret de l'Orient soient un seul et même secret. L'attention herméneutique guette cet instant où le sens s'empourpre comme l'Archange dont parle le traité de Sohravardî.

Cet Archange empourpré, dont une aile est blanche et l'autre noire, dont l'envol repose à la fois sur le jour et sur la nuit, est le sens lui-même qui se refuse à l'exclusive ou à la division. Opposer l'Orient et l'Occident, ce serait ainsi refuser le drame solaire du *Logos* lui-même, découronner le *Logos*, le réduire à n'être qu'une monnaie d'échange, un *or irradié*, dont la valeur est attribuée, utilitaire au lieu d'être un *or irradiant*, forgé dans l'œuvre-au-rouge de l'herméneutique. Tout homme habitué au patient compagnonnage avec des textes lointains ou difficiles connaît ce moment de l'éclaircie, où le sens s'exhausse de sa gangue, où les signes s'irisent, où l'exil devient la fine pointe des retrouvailles. Après avoir affronté les tempêtes et le silence des vents, l'excès du mouvement comme l'excès de l'immobilité, la houle et la désespérance du navire encalminé, après avoir déjoué les ruses de Calypso, les asiles fallacieux, et la nuit et le jour également aveuglants, l'odyssée herméneutique entrevoit le retour à la question d'origine, enfin déployée comme une voile heureuse. L'acheminement se distingue du simple cheminement. L'herméneute s'*achemine vers* : il ne vagabonde point, il pèlerine vers le secret de la question qu'il se pose au commencement. Il ne fuit point, ne s'éloigne point, mais s'approche au plus près de l'essence même du *Logos* qui parle à travers lui.

Toute herméneutique est donc odysséenne, par provenance et destination. Elle l'est par provenance, comme en témoigne le catalogue des œuvres détruites par le feu de la bibliothèque d'Alexandrie, dont une grande part fut consacrée à la méditation du « *logos* intérieur » – selon la formule de Philon d'Alexandrie – de l'Odyssée, et dont quelques fragments nous demeurent, tels que *L'Antre des Nymphes* de Porphyre. L'Orient, comme l'Occident, demeure spolié de cet héritage de l'herméneutique alexandrine où s'opéra la fécondation mutuelle du *Logos* grec et de la sagesse hébraïque. L'herméneutique est odysséenne par destination en ce qu'elle ne cesse de vouloir retrouver dans l'*oméga*, le sens de l'*alpha initial*. Pour l'herméneute, l'horizon du voyage est le retour. La ligne ultime, celle de l'horizon, comme « l'heure treizième » du sonnet de Gérard de Nerval, est aussi et toujours la première ligne de ce livre originel que figurent les *rouleaux* de la mer. L'herméneute, pour s'avancer au-dessus des abysses, dont les couleurs assombries sont elles-mêmes l'interprétation de la lumière du ciel, pour s'orienter dans les étendues qui lui paraissent infinies, ne dispose que du sextant de son entendement qu'il sait faillible, dont il sait qu'il n'est qu'un instrument – ce qui lui épargnera l'*hybris* de la raison qui omet de s'interroger sur elle-même, et les errances du discours subjectif qui perd de vue l'*alpha* et l'*oméga* et restreint le sens dans l'aléatoire, l'éphémère et l'accidentel.

Ainsi devons-nous à Henry Corbin non seulement la lumière faite sur des pans méconnus des cultures orientales et occidentales, mais aussi la recouvrance de l'art herméneutique, qui au-delà de l'exposition et de l'explication, serait une nouvelle *implication* du lecteur dans l'écrit qui se déroule sous ses yeux. Loin de considérer les œuvres de Mollâ Sadrâ ou de Ruzbéhan de Shîraz comme des objets culturels, délimités par l'histoire et la géographie, et dont nous séparerait à jamais la *doxa* de notre temps, Henry Corbin nous restitue notre possibilité de les comprendre – dont dépend la possibilité de nous comprendre nous-mêmes –, cette *implication*, cette *gnôsis* qui « *convertit en jour cette nuit qui pourtant est toujours là, mais qui est une nuit de lumière* ». « *Ainsi donc,* écrit Henry Corbin, *lorsqu'il nous arrive de mettre en épigraphe les mots* Ex oriente lux, *nous nous tromperions du tout au tout en croyant dire la même chose que les Spirituels dont il sera question ici, si, pour guetter cette lumière de l'Orient, nous nous contentions de nous tourner vers l'orient géographique. Car, lorsque nous parlons du Soleil se levant à l'orient, cela réfère à la lumière du jour qui succède à la nuit. Le jour alterne avec la nuit, comme alternent deux contrastes qui, par essence, ne peuvent coexister. Lumière se levant à l'Orient, et lumière déclinant à l'Occident : deux prémonitions d'une option existentielle entre le monde du jour et ses normes et le monde de la nuit, avec sa passion profonde et inassouvissable. Tout au plus, à leur limite, un double crépuscule:* crepusculum vesperinum *qui n'est plus le jour et qui n'est pas encore la nuit ;* crepusculum matutinum *qui n'est plus la nuit et n'est pas encore le jour. C'est par cette image saisissante, on le sait, que Luther définissait l'être de l'homme.* »

Dans ce crépuscule matutinal, auquel Baudelaire consacra un poème, dans cette lumière transversale, rasante, où le ciel semble plus proche de la terre, tout signe devient *sacramentum*, c'est-à-dire signe d'une chose cachée. L'*oméga* du crépuscule vespéral ouvre la mémoire à l'*anamnésis* du crépuscule matutinal. Par l'interprétation du « signe caché », du *sacramentum*, l'herméneute récitera, mais en sens inverse, le voyage de l'incarnation de l'esprit dans la matière, semblable « *à la* Columna gloriae *constituée de toutes les parcelles de Lumière remontant de l'infernum à la terre de lumière, la* Terra lucida ».

Matutinale est la pensée de l'implication, dont l'interprétation est semblable à une procession liturgique, à une trans-ascendance vers la nuit lumineuse des symboles. Voir les signes du monde et le monde des signes à la lumière de l'Ange suppose cette conquête du « *suprasensible concret* » qui n'appartient ni au monde matériel ni au monde de l'abstraction, mais à la *présence* même, qui selon la formule d'Héraclite, traduite par Battistini, « *ne voile point, ne dévoile point, mais fait signe* ». Or, si tout signe est signe d'éternité, la chance prodigieuse nous est offerte de lire les œuvres non plus *au passé*, comme s'y emploient les historiographies profanes et les fondamentalismes, mais bien *au présent*, à la lumière matutinale de l'Ange de la présence, témoin céleste de l'avènement herméneutique qui, souligne

Henry Corbin, « *implique justement la rupture avec le collectif, la rejonction avec la dimension transcendante qui prémunit individuellement la personne contre les sollicitations du collectif, c'est-à-dire contre toute socialisation du spirituel* ».

L'implication de l'herméneute dans le déchiffrement des signes, le monde lui-même apparaissant, selon l'expression de Hugues de Saint-Victor, comme « *la grammaire de Dieu* », dévoile ainsi la vérité matutinale de l'Orient, en tant que « *pôle de l'être* », centre métaphysique, d'où l'Archange *Logos* nous invite à la transfiguration, à la conquête d'une surconscience délivrée des logiques grégaires, des infantilismes et des bestialités de ce que Simone Weil, après Platon, nomma « le Gros Animal », autrement dit, le monde social réduit à lui-même. « *Le jour de la conscience,* écrit Henry Corbin, *forme un entre-deux entre la nuit lumineuse de la surconscience et la nuit ténébreuse de l'inconscience* ». La psychologie transcendantale, dont Novalis, dans son Encyclopédie, déplorait l'inexistence ou la disparition, Henry Corbin en retrouvera non seulement les traces, mais la connaissance admirablement déployée dans la « *Science de la Balance* » et les théories chromatiques des soufis qui décrivent exactement l'espace versicolore entre la nuit ténébreuse et la nuit lumineuse, entre l'inconscience et la surconscience. L'intérêt de l'étude de cette psychologie transcendantale dépasse, et de fort loin, l'histoire des idées ; elle se laisse si peu lire *au passé*, elle devance si largement nos actuels savoirs psychologiques que l'on doit imputer à une déplorable imperméabilité des disciplines qu'elle n'ait point encore renouvelé de fond en comble ces « sciences humaines » qui se revendiquent aujourd'hui de la psychologie ou de la psychanalyse, et semblent encore tributaires, à maint égards, du positivisme du XIXe siècle.

Sans doute le moment est-il venu de ressaisir aussi l'œuvre d'Henry Corbin dans cette vertu transdisciplinaire, qui fut d'ailleurs de tout temps le propre de toutes les grandes œuvres philosophiques, à commencer par celle de Sohravardî qui, dans son *Traité de la Sagesse orientale*, résume toutes les sciences de son temps, à l'intersection des sagesses grecque, abrahamique, zoroastrienne et védantique.

De l'herméneutique heideggérienne, dont il fut un des premiers traducteurs, jusqu'à cette « *phénoménologie de l'Esprit gnostique* », que sont les magistrales études sur l'imagination créatrice dans le soufisme d'Ibn 'Arabî, Henry Corbin renoue avec la lignée des philosophes qui ne limitent point leur dessein à méditer sur l'essence ou la légitimité de la philosophie, mais œuvrent, à l'exemple de Leibniz ou de Pascal, à partir d'un savoir, d'un corpus de connaissances, qu'ils portent au jour et qui, sans eux, fût demeuré voilé, méconnu ou hors d'atteinte. L'acheminement, à travers les disciplines diverses qu'il éclaire, rétablit l'usage d'une gnose polyglotte et transdisciplinaire qui s'affranchit des assignations ordinaires du spécialiste. Au voyage extérieur, historique et géographique, correspond un voyage intérieur vers la Jérusalem céleste, pour autant que ces deux personnages :

le Chevalier de la célèbre gravure de Dürer, chère à Gilbert Durand et à Françoise Bonardel, qui s'achemine vers le Jérusalem céleste, entre la Mort et le Diable, et Ulysse sont les deux versants, l'un grec et l'autre abrahamique, de l'aventure herméneutique.

Mais revenons, faisons retour sur le principe même de l'acheminement, à partir d'une phrase lumineuse d'Eugenio d'Ors qui écrivait : « *Tout ce qui n'est pas tradition est plagiat* ». L'herméneute participe de la tradition en ce qu'il suppose possible la traduction, en ce qu'il ne croit point en la nature arbitraire, immanente et close des langues humaines. Traduire, suppose à l'évidence, que l'on ne récuse point l'existence du sens. Hamann, dans sa *Rhapsodie en prose Kabbalistique*, éclaire le processus herméneutique même de la traduction : « *Parler, c'est traduire d'une langue angélique en une langue humaine, c'est-à-dire des pensées en des mots, des choses en des noms, des images en des signes* ». Ce qui, dans les œuvres se donne à traduire est déjà, à l'origine, la traduction d'une langue angélique. L'office du traducteur-herméneute consistera alors à faire, selon la formule phénoménologique, « *acte de présence* » à ce dont le texte qu'il se propose de traduire est lui-même la traduction. Les théologiens médiévaux nommaient cette « présence » en amont, la *vox cordis*, la voix du cœur.

Loin de délaisser l'herméneutique heideggérienne et la phénoménologie occidentale, Henry Corbin en accomplit ainsi les possibles en de nouvelles palingénésies. À lire « au présent » les œuvres du passé, l'herméneute révèle le futur voilé inaccompli dans « l'Ayant-été ». « *L'être-là, le dasein, écrit Henry Corbin, c'est essentiellement faire acte de présence, acte de cette présence par laquelle et pour laquelle se dévoile le sens au présent, cette présence sans laquelle quelque chose comme un sens au présent ne serait jamais dévoilé. La modalité de cette présence est bien alors d'être révélante, mais de telle sorte qu'en révélant le sens, c'est elle-même qui se révèle, elle-même qui est révélée* ». L'implication essentielle de cette lecture au présent, qui révèle ce que le passé recèle d'avenir, fonde, nous dit Corbin, « *le lien indissoluble, entre* modi intellegendi *et* modi essendi, *entre modes de comprendre et modes d'être* ». Le dévoilement de ce qui est caché, c'est-à-dire de la vérité du sens n'est possible que par cet acte de présence herméneutique qui, selon la formule soufie « *reconduit la chose à sa source, à son archétype* ». « *Cet acte de présence*, nous dit Henry Corbin, *consiste à ouvrir, à faire éclore l'avenir que recèle le soi-disant passé dépassé. C'est le voir en avant de soi.* » À cet égard l'œuvre d'Henry Corbin, bien plus que celle de Sartre ou de Derrida, qui usèrent à leur façon des approches de *Sein und Zeit*, semble véritablement répondre à la mise en demeure de la question heideggérienne, voire à la dépasser dans l'élan de son mouvement même.

Ainsi en est-il de la notion fondamentale d'*historialité* – qu'Heidegger distingue de l'historicité en laquelle nous nous laissons insérer, nous interdisant par là même l'acte de présence phénoménologique – qu'Henry Corbin couronnera de la notion de *hiéro-histoire* : « *histoire sacrale, laquelle ne vise nullement les faits extérieurs d'une "histoire sainte", d'une histoire du salut mais quelque chose de plus originel, à savoir l'ésotérique caché sous le phénomène de l'apparence littérale, celle des récits des Livres saints.* » Si l'historialité permet de se déprendre des sommaires logiques déterministes, « *en nous arrachant à l'historicité de l'Histoire* », aux logiques purement discursives et chronologiques qui enferment les pensées dans leurs « contextes » sociologiques, la *hiéro-histoire*, elle, « *nous apprend qu'il y a des filiations plus essentielles et plus vraies que les filiations historiques.* » Non seulement les disparités linguistiques ou sociologiques ne nous interdisent pas de comprendre les œuvres du passé, mais, nous détachant des contingences de la chose dite, des écorces mortes, elles révèlent la *vox cordis*, la présence en acte, la vérité des filiations essentielles. L'empreinte visible détient le secret du sceau invisible et « *la vieille image héraldique qui parlait en figures* », qu'évoque Ernst Jünger dans *Visite à Godenholm*, se révèle sous l'acception conventionnelle des mots à celui qui interroge leur étymologie. Hamann, dans sa lumineuse *Rhapsodie*, ne dit rien d'autre : « *La poésie est la langue maternelle de l'humanité* » ; de même, les alchimistes et les théosophes de l'Occident, les philosophes de la nature, les paracelsiens s'acheminent vers le déchiffrement des « signatures » de l'Invisible dans le visible et perçoivent la lumière révélante dans les éclats de la lumière révélée.

Le propre de cette langue, « qui parle en image », de cette langue prophétique et poétique sera – en dévoilant ce qui est caché, en laissant éclore et fleurir la lumière révélante, en élevant l'œcuménisme des branches et des racines jusqu'à la temporalité subtile de l'œcuménisme des essences et des parfums – de nous délivrer de la causalité historique, de l'ouvrir en corolle aux « Lumières seigneuriales » dont les lumières visibles et sensibles ne sont que les épiphénomènes ou les ombres. *Lux umbra dei*, disent les théologiens médiévaux : « *La lumière est l'ombre de Dieu* ». L'histoire n'est que l'ombre projetée dans les apparences de la hiéro-histoire. D'où, chez le gnostique, comme chez l'herméneute-phénoménologue, le nécessaire *renversement de la métaphore*.

Ce ne sont point l'idée ou le symbole qui sont métaphores de la nature ou de l'histoire, mais la nature et l'histoire qui sont une métaphore de l'idée ou du symbole. Ainsi, les interprétations allégoriques ou evhéméristes tombent d'elles-mêmes. Ce ne sont point les symboles qui empruntent à la nature, ni les mythes qui empruntent à l'histoire, mais la nature et l'histoire qui en sont les reflets ou les réverbérations. Être présent aux êtres et aux choses, c'est percevoir en eux l'éclat de la souveraineté divine dont ils procèdent. Le renversement de la métaphore dépasse la connaissance formelle, qui présume une représentation, pour atteindre à ce que les *Ishrâqîyûns*, les platoniciens de Perse, nomment une « *connaissance présentielle* ». Dès lors, les êtres et les choses ne sont plus des objets, mais des présences. À « *l'être pour la mort* », qui fut pour un certain existentialisme, l'horizon indépassable de la pensée heideggérienne, et à la « laïcisation du Verbe » qui lui correspond – avec toutes les abusives et monstrueuses sacralisations de l'immanence qui s'ensuivirent –, Henry Corbin répond par « *l'être par-delà la mort* » que dévoile « l'*ek-stasis* herméneutique » vers « *ces autres mondes invisibles qui donnent son sens vrai au nôtre, à notre phénomène du monde.* » Loin de débuter avec *Sein und Zeit*, comme sembleraient presque le croire quelques fondamentalistes heideggériens, la distinction classique entre l'Être et l'étant – fût-il « Étant Suprême » – est précisément à l'origine de la méditation sur le *tawhîd*, sur « l'Attestation de l'Unique », qui est au cœur de la pensée d'Ibn 'Arabî et de Sohravardî. Tout l'effort de ces gnostiques consiste à nous donner à penser la distinction entre l'Unité théologique, exotérique, en tant qu'*Ens supremum* et l'unificence ésotérique qui témoigne d'une ontologie de l'unité transcendantale de l'Être. Nulle trace, ici, d'un « quiproquo onto-théologique », nul syncrétisme ou mélange malvenu. Pour reprendre la distinction platonicienne, la « *doxa* » ne se confond pas avec la « *gnôsis* ». Si la croyance s'adresse à un Dieu personnel ou à un Étant suprême, la gnose s'ordonne à la phrase ultime et oblative de Hallâj : « *Le bon compte de l'Unique est que l'Unique le fasse unique* », autrement dit, en langage eckhartien : « *Le regard par lequel je vois Dieu et le regard par lequel Dieu me voit sont un seul et même regard.* »

La Tradition, au sens d'art herméneutique de la traduction, sapience de la « réelle présence », comme eût dit Georges Steiner, implication du « comprendre » dans l'être, est donc bien comme le suggère Eugenio d'Ors, *recommencement*, c'est-à-dire le contraire du plagiat ou du psittacisme. Ce qui est traduit recouvre son sens dans la traduction. Lorsque la traduction se prolonge en herméneutique, cette recouvrance est révélation. De même que certains textes grecs nous sont parvenus par l'ambassade de la langue arabe, la traduction en français des textes persans et arabes de Sohravardî s'offre à nous comme un recommencement, une recouvrance de la pensée grecque, aristotélicienne et platonicienne. L'œuvre d'Henry Corbin s'inscrit ainsi dans une tradition et son art diplomatique, sinon par des circonstances contingentes, ne diffère pas essentiellement, des commentaires de ses prédécesseurs iraniens. Dans son mouvement odysséen, l'herméneutique, fût-elle le « commentaire d'un commentaire », ne s'éloigne point de la source du sens, mais s'en rapproche. Ainsi que Heidegger le disait à propos de Hölderlin, certaines œuvres demeurent « en réserve » ; et c'est bien à partir de cette « réserve », qui est le fret du navigateur, que s'accomplissent les renaissances, y compris artistiques. Point de Renaissance florentine, par exemple, sans le retour au texte, sans la volte néo-platonicienne de Pic de la Mirandole, de Marsile Ficin ou celle, kabbalistique et hébraïsante, du cardinal Égide de Viterbe. La cause est entendue, ou devrait l'être depuis saint Bernard : « *Nous sommes des nains assis sur les épaules des géants* ». Non seulement les textes anciens ne nous sont pas devenus étrangers, incompréhensibles, inutiles, comme nous le veulent faire croire ces plagiaires qui s'intitulent parfois « progressistes », mais nos ombres qui nous devancent ne bougent que par la clarté antérieure qu'elles jettent sur nous. Traducteur, homme de Tradition, au sens étymologique, l'herméneute, ravive un *lignage spirituel* dont l'ultime manifestation, aussi obscurcie et profanée qu'elle soit, récapitule, pour qui sait se rendre attentif, l'entière lignée dont elle est l'aboutissement, mais non la fin.

Les ultimes sections d'*En islam iranien* portent ainsi sur la notion de chevalerie spirituelle et de lignage spirituel. Ce lignage toutefois n'implique nulle archéolâtrie, nulle vénération fallacieuse des « origines ». Il n'est point tourné vers le passé et sa redite ; il n'est pas récapitulation morne ou cortège funèbre, mais renouvellement du sens suivant l'impératif grec : *sôzeïn ta phaïmomenon*, « sauver les phénomènes ». « *Ce qu'une philosophie comparée doit atteindre*, écrit Henry Corbin, *dans les différents secteurs d'un champ de comparaison défini, c'est avant tout ce que l'on appelle en allemand* Wesensschau, *la perception intuitive d'une essence* ». Or cette perception intuitive dépend, non plus d'une nostalgie, mais d'une attente eschatologique qui, nous dit Corbin « *est enracinée au plus profond de nos consciences* ». L'*archéon* de l'archéologie, ne suffit pas à la reconquête de l'*eschaton* de l'eschatologie. La transmutation du temps du ressouvenir en temps du pressentiment suppose que nous surmontions « *la grande infirmité de la pensée moderne* » qui est l'emprisonnement dans l'Histoire et que nous retrouvions l'accès à notre temps propre. « *Un philosophe*, écrit Henry Corbin, *est d'abord lui-même son temps propre car s'il est vraiment un philosophe, il domine ce qu'il est abusivement convenu d'appeler son temps, alors que ce temps n'est pas du tout le sien, puisqu'il est le temps anonyme de tout le monde.* »

À se délivrer du temps anonyme, autrement dit de la temporalité grégaire propre au « Gros Animal », l'herméneute « *s'insurge contre la prétention de réduire la notion d'événement aux événements de ce monde, perceptibles par la voie empirique, constatables par tout un chacun, enregistrés dans les archives.* » À cette conception de l'homme à l'intérieur de l'histoire, s'opposera, écrit Henry Corbin, « *une conception fondamentale, sans laquelle celle de l'histoire extérieure est privée de tout fondement. Elle considère que c'est l'histoire qui est dans l'homme* ». Ces événements intérieurs, supra-historiques, sans lesquels il n'y aurait point d'événements extérieurs, ces visions, intuitions ou extases qui nous font passer du monde des phénomènes à celui des noumènes sont à la fois le fruit de la grâce et d'une décision résolue. Dans sa temporalité propre reconquise, Ruzbehân de Shîraz écrit: « *Il m'arriva quelque chose de semblable aux lueurs du ressouvenir et aux brusques aperçus qui s'ouvrent à la méditation.* »

Ce quelque chose qui arrive, ou, plus exactement qui advient, qui n'appartient ni à la subjectivité ni à la perception empirique, n'arrive toutefois pas à n'importe qui et ne peut être jugé, ou contredit par n'importe qui. Ce que voient les « *yeux de feu* » ne saurait être contesté par les yeux de chair. « *Que valent en effet*, écrit Henry Corbin, *les critiques adressées à ceux qui ont vu eux-mêmes, donc aux témoins oculaires, par ceux qui n'ont jamais vu et ne verront jamais rien ? La position est intrépide, je le sais, mais je crois que la situation de nos jours est telle que le philosophe, conscient de sa responsabilité, doit faire sienne cette intrépidité sohravardienne.* » L'événement intérieur porte en lui le principe de la recouvrance d'une temporalité délivrée des normes profanes et de ces formes de socialisation extrême où se fourvoient les fondamentalismes religieux ou profanes. Ces événements hiérologiques dévoilent à l'intrépide, c'est-à-dire au chevalier spirituel, ce qui est caché dans ce qui se révèle en frappant d'inconsistance le hiatus chronologique qui nous en sépare. Ce caché-révélé, qui réconcilie Héraclite et Platon, nous indique que l'Idée est à la fois immanente et transcendante. Elle est immanente, par les formes perceptibles qu'elle donne aux choses, mais transcendante car, selon la belle formule platonisante d'André Fraigneau, « *sans jeunesse antérieure et sans vieillesse possible* ».

Ce paradoxe, que la philosophie platonicienne résout sous le terme de *methexis*, c'est-à-dire de « participation », précède un autre paradoxe. Les platoniciens de Perse parlent en effet des Idées comme de natures ou de substances « missionnées » ou « envoyées ». Cet impérissable que sont les Idées n'est point figé dans un ciel immuable, mais nous est *envoyé* dans une perspective eschatologique, dans la profondeur du temps qui doit advenir. Dans le creuset de la pensée des platoniciens de Perse, la fusion des Idées platoniciennes, des archanges zoroastriens, des Puissances divines (*Dynameis*) de Philon d'Alexandrie s'accomplit bien dans et par un feu prophétique. Les Lumières des Idées archétypes, comparables aux *séphiroth* de la kabbale hébraïque, ne demeurent point dans leur lointain : elles ont pour mission de nous faire advenir au saisissement de leur splendeur, elles nous sont « envoyées » pour que nous puissions établir un pont entre l'*archéon* et l'*eschaton*, entre ce que nous dévoile l'*anamnésis* et ce qui demeure caché dans les fins dernières. La Tradition à laquelle se réfère la chevalerie spirituelle n'a d'autre sens : elle est cette tension, dans la présence même de l'expérience intérieure, d'une *relation* entre ce qui n'est plus et ce qui n'est pas encore. Cette Tradition n'est point commémorative ou muséologique, mais éveil du plus lointain dans la présence, élévation verdoyante du sens, semblable à l'arbre qui, dans l'Île Verte domine le temple de l'Imâm Caché.

L'intrépidité sohravardienne qu'évoque Henry Corbin et qu'il fit sienne, cette vertu d'*areté*, qui est à la fois homérique et évangélique, donne seule accès à ce qu'il nomme, à partir de l'œuvre de Mollâ Sadrâ, « *la métaphysique existentielle* » des palingénésies et des métamorphoses que supposent le processus initiatique et la tension eschatologique : « *L'acte d'exister*, écrit Henry Corbin *est en effet capable d'une multitude de degrés d'intensification ou de dégradation. Pour la métaphysique des essences, le statut de l'homme, par exemple, ou le statut du corps sont constant. Pour la métaphysique existentielle de Mollâ Sadrâ, être homme comporte une multitude de degrés, depuis celui des démons à face humaine jusqu'à l'état sublime de l'Homme Parfait. Ce qu'on appelle le corps passe par une multitude d'états, depuis celui du corps périssable de ce monde jusqu'à l'état du corps subtil, voire du corps divin. Chaque fois ces exaltations dépendent de l'intensification ou de l'atténuation, de la dégradation de l'existence, de l'acte d'exister* ». Ce champ de variation, cette « latitude des formes » est au principe même de l'expérience intérieure, des événements du monde imaginal. Leur histoire est l'histoire sacrée de la temporalité propre du chevalier spirituel, le signe de son intrépidité à reconnaître dans les apparences la figure héraldique dont elles procèdent par la précision des lignes et l'intensité des couleurs. L'herméneutique tient ainsi à une métaphysique de l'attention et de l'intensité. La tension de l'attente eschatologique favorise l'intensité de l'attention. À l'opposé de cette tension, l'inattention à autrui, au monde et à soi-même est atténuation et dégradation de l'acte d'exister, par le mépris, l'indifférence, l'insensibilité, la complaisance dans l'illusion ou l'erreur, la vénération du confus ou de l'informe, qui engendrent les pires conformismes.

L'*areté* de l'herméneute, l'intrépidité chevaleresque précisent ainsi une éthique, c'est-à-dire une notion du Bien, indissociable du Vrai et du Beau, qui s'exerce par l'attente et l'attention, en nous faisant hôtes, au double sens du mot : recevoir et être reçu. Si le voyage chevaleresque entre l'Orient et l'Occident définit une géographie sacrée avec ses épicentres, ses sites de haute intensité spirituelle, ses « cités emblématiques » où la vision advient, où s'opère la jonction entre le sensible et l'Intelligible, c'est bien parce qu'il se situe dans l'attente et dans l'attention, dans l'accroissement de la latitude des formes, et non dans la soumission aux opinions, aux jugements collectifs, fussent-ils de prétention religieuse. Que des temples eussent été édifiés à l'endroit où des errants, des déracinés, ont vu la terre et le Ciel s'accorder ; que, de la sorte, l'espace et la géographie sacrée fussent déterminés par les révélations, les extases des « Nobles Voyageurs », cela suffirait à montrer que le mouvement, le *tradere*, la pérégrination précède les certitudes établies. D'où l'importance de la distinction, maintes fois réaffirmée par Henry Corbin et les auteurs dont il traite, entre la vérité *ésotérique*, intérieure, et l'exotérisme dominateur, qui veut emprisonner la spéculation et la vision dans l'immobilité d'une légalité ratiocinante.

Ainsi, la notion de chevalerie spirituelle, qu'Henry Corbin définit comme un compagnonnage avec l'Ange, se donne à comprendre comme *l'acheminement de la philosophie vers la métaphysique*, c'est-à-dire vers son origine, sa source désempierrée. Loin d'être une philosophie plus abstraite que la philosophie, la métaphysique de la « latitude des formes » se distingue, comme le souligne Jean Brun, par une relation concrète à des hommes concrets : « *L'homme qui prétend atteindre une connaissance directe de Dieu par la nature ou par l'histoire se divinise et ne rend, en effet, témoignage que de lui-même.* » Si la philosophie forge la *clavis hermeneutica*, la métaphysique ouvre la porte qui nous porte au-delà du seuil. « *Un mot simple comme l'être*, écrit Ernst Jünger, *a des profondeurs plus grandes qu'on ne saurait l'exprimer, ni même le penser. Par un mot comme* sésame, *l'un entend une poignée de graines oléagineuses, alors que l'autre, en le prononçant, ouvre d'un coup la porte d'une caverne aux trésors. Celui-ci possède la clef. Il a dérobé au pivert le secret de faire s'ouvrir la balsamine.* » La clef n'est point la porte et la porte n'est point l'espace inconnu qu'elle ouvre à celui qui la franchit. Toutefois, ainsi que le souligne toujours Jünger, « *ce sont les grandes transitions que l'on remarque le moins.* »

On ne saurait ainsi nier, que, par la vertu de l'art odysséen de l'herméneutique, une sorte de translation essentielle soit possible entre la philosophie et la métaphysique. Si la vérité ne se réduit pas à la cohérence des propositions logiques, si elle est bien *aléthéia*, dévoilement et ressouvenir, c'est-à-dire expérience intérieure où l'homme en tant qu'être du lointain s'éveille à la « coprésence », la conversion du regard qui change la philosophie en métaphysique, les yeux de chair en yeux de feu, échappe à tout contrôle, à toute vérification, voire à toute législation. De ce voyage intérieur, le grand soufi Djalal-ûd-din Rûmî put dire : « *Ceci n'est pas l'ascension de l'homme jusqu'à la lune mais l'ascension de la canne à sucre jusqu'au sucre.* » Le savoir ne devient sapience, la philosophie ne devient métaphysique que par l'épreuve de la saveur, de l'essentielle intimité du voyage intérieur. S'adressant à nous, c'est-à-dire à ces êtres du lointain que nous étions pour lui, dans la coprésence du ressouvenir et de l'attente, Sohravardî nous dit « *Toi-même tu es l'un des bruissements des ailes de Gabriel* ». L'embarcation herméneutique est la clef de la mer et du ciel, le vaisseau alchimique de l'interprétation infinie nous invite au dialogue où la lumière matérielle, sensible, devient la « *lux perpétua* » de la philosophie illuminative, autrement dit de la métaphysique. Ce que le ciel et la mer ont à se dire, en assombrissements et en splendeurs, nous invite à nous retrouver nous-mêmes. « *Nous sommes un dialogue*, écrit Heidegger dans ses *Approches de Hölderlin*, *l'unité du dialogue consiste en ce que chaque fois, dans la parole essentielle, soit révélé l'Un et même, sur lequel nous nous unissons, en raison duquel nous sommes Un et ainsi authentiquement nous-mêmes.* » Loin de ramener le religieux au social, ou la philosophie à une religiosité grégaire, la conversion de la philosophie en métaphysique, telle qu'elle s'illustre dans l'œuvre d'Henry Corbin, en ce voyage vers l'Île Verte en la mer blanche, nous conduit à une science de la vérité cachée, non détenue, et, par voie de conséquence, rétive à toute instrumentalisation.

Ces dernières décennies nous ont montré, si nécessaire, que l'instrumentalisation du religieux en farces sanglantes appartenait bien à notre temps, qu'elle était, selon la formule de René Guénon, avec la haine du secret, un des « Signes des Temps » qui sont les nôtres. Si elle n'est pas cortège funèbre, fixation sur la lettre morte, idolâtrie des écorces de cendre, la Tradition est renaissance, recueillement dans la présence du voyage intérieur où l'Un, dans son unificence, devient principe d'universalité. « *Il ne s'agit plus*, écrit Jean Brun, *de permettre à l'historicisme d'accomplir son travail dissolvant en laissant croire que la recherche des sources se situe dans le cadre d'une histoire comparée de la philosophie des religions ou de la mythologie. Toutes ces spécialités analysent des combustibles ou des cendres au lieu de se laisser illuminer par le feu de la Tradition.* » Il ne s'agit pas davantage de se soumettre, par fidélité aveugle, à des coutumes ou des dénomination confessionnelles, d'emprisonner la parole dans la catastrophe de la répétition, mais bien de comprendre la vertu paraclétique de la Tradition, qui n'est point un « mythe » au sens de mensonge, moins encore une réalité historique, mais, selon la formule d'Henry Corbin, « *un synchronisme réglant un champs de conscience dont les lignes de force nous montrent à l'œuvre les mêmes réalités métaphysiques.* » Le Paraclet est la présence même dont l'advenue confirme en nous la pertinence de l'idée augustinienne selon laquelle le passé et le présent, par le souvenir et l'attente, sont présents dans la présence. « *Tout se passe*, écrit Henry Corbin, *comme si une voix se faisait entendre à la façon dont se ferait entendre au grand orgue le thème d'une fugue, et qu'une autre voix lui donnât la réponse par l'inversion du thème. À celui qui peut percevoir les résonances, la première voix fera peut-être entendre le contrepoint qu'appelle la seconde, et d'épisode en épisode l'exposé de la fugue sera complet. Mais cet achèvement c'est le Mystère de la Pentecôte, et seul le Paraclet a mission de le dévoiler.* »

Loin de se réduire à un comparatisme profane, l'art de percevoir des résonances relève lui-même, sinon du Mystère, du moins d'une approche du Mystère. Husserl, qui définissait la phénoménologie comme une « *communauté gnostique* », disait que, pour mille étudiants capables de restituer ses cours de façon satisfaisante et même brillante, il ne devait s'en trouver que deux ou trois pour avoir vraiment réalisé en eux-mêmes l'expérience phénoménologique du « *Nous transcendantal* ». Sans doute en est-il de même des symboles religieux, qui peuvent être de banales représentations d'une appartenance collective ou pure présence d'un retour paraclétique à soi-même, c'est à dire au principe d'un au-delà de l'individualisme, d'une universalité métaphysique dont l'uniformisation moderne n'est que l'abominable parodie. « *J'ai réfléchi*, dit Hallâj, *sur les dénominations confessionnelles, faisant effort pour les comprendre, et je les considère comme un Principe unique à ramification nombreuses. Ne demande donc pas à un homme d'adopter telle dénomination confessionnelle, car cela l'écarterait du Principe fondamental, et certes, c'est ce Principe Lui-même qui doit venir le chercher, Lui en qui s'élucident toutes les grandeurs et toutes les significations : et l'homme alors comprendra.* »

Que le Principe dût nous venir chercher, car il est de l'ordre du ressouvenir et de l'attente, de la nostalgie et du pressentiment, que nous ne puissions nous saisir de Lui, nous l'approprier, le soumettre à l'*hybris* de nos ambitions trop humaines, il suffit pour s'en persuader de comprendre ce que Heidegger disait du langage : « *Le langage n'est pas un instrument disponible, il est tout au contraire, cet historial qui lui-même dispose de la suprême possibilité de l'être de l'homme.* » L'apparition vespérale-matutinale de l'Archange *Logos*, dont nous ne sommes qu'un bruissement, ce dévoilement de la vérité hors d'atteinte, à la fois *anamnésis* et désir, n'est autre, selon la formule de Rûmî, que « *la recherche de la chose déjà trouvée* » qui, entre la nuit et le jour, réinvente le dialogue de l'Unique avec l'unique : « *Si tu te rapproches de moi, c'est parce que je me suis rapproché de toi. Je suis plus près de toi que toi-même, que ton âme, que ton souffle* ».

Loin d'être cet étant suprême d'une certaine théologie, qui nous tient en exil de la vérité de l'être, séparé de l'éclaircie essentielle, Dieu est alors celui qui se voit lui-même à travers nous-mêmes, de même que nous ne parlons pas le langage, mais que le langage se parle à travers nous, nous disant, par exemple, par la bouche d'Ibn 'Arabî, à ce titre prédécesseur de la mystique rhénane : « *C'est par mon œil que tu me vois , ce n'est pas par ton œil que tu peux me concevoir* ». Croire que Dieu n'est qu'un étant suprême, c'est confondre la forme avec ce qu'elle manifeste, c'est être idolâtre, c'est demeurer sourd à l'Appel, c'est renoncer à la vision du cœur et à l'attestation de l'Unique. À la tristesse, la morosité, l'ennui, la jalousie, le ressentiment qui envahissent l'âme emprisonnée dans l'exil occidental, dans le ressassement du déclin, dans l'oubli de l'oubli comme dans « la volonté de la volonté », la vertu paraclétique oppose la ferveur, la légèreté dansante, le tournoiement des possibles, l'intensification des actes d'exister. « *Comment*, écrit Rûmî, *le soufi pourrait-il ne pas se mettre à danser, tournoyant sur lui-même comme l'atome au soleil de l'éternité afin qu'il le délivre de ce monde périssable ?* » S'unissant en un même mouvement, dans un même tournoiement des possibles, la nostalgie et le pressentiment, le passé et le futur se délivrent d'eux-mêmes pour éclore dans la présence pure en corolle, qui est la réponse même, le répons, à « *la question qui ne vient ni du monde, ni de l'homme.* »

La clef herméneutique heideggérienne, trouvant son usage pertinent dans la métaphysique, qui n'est plus la métaphysique dualiste, et pour tout dire caricaturale, du platonisme scolaire, ni la théologie de l'étant suprême, ni la soumission aveugle à la forme en tant que telle – en nous ouvrant à la perspective de la « *gradation infinie* » des états de l'être et de la conscience, du plus atténué au plus intense, en graduant la connaissance selon les principes initiatiques –, nous délivre ainsi, du même geste, de toute forme de socialisation extrême, de tout fondamentalisme, fût-il « démocratique ». L'Imâm caché sous le grand Arbre cosmogonique d'où jaillit la source vive de la mémoire retrouvée, interdit toute socialisation du religieux, toute réduction du symbole à la part visible et immanente, à une beauté qui ne serait que purement terrestre, donc relative et variable selon les us et coutumes. La laideur qui s'empare des symboles profanés, des coutumes instrumentalisées est un signe de la fausseté qui en abuse. La beauté prouve le vrai, comme l'humilité et la courtoisie prouvent le bien. Si le monde sensible est la métaphore de l'intelligible, si la forme perçue est le miroir de la forme idéale, ce monde-ci, avec ses normes profanes, ses communautés vindicatives, ne peut en aucune façon prétendre au beau et au vrai. « *Dès que les hommes se rassemblent,* écrit Henry de Montherlant, *ils travaillent pour quelque erreur. Seule l'âme solitaire dialogue avec l'esprit de vérité.* » Cette solitude cependant, par un paradoxe admirable, n'est point esseulement, mais communion, car elle suppose l'oubli de soi-même, l'extinction du moi devant l'Ange de la Face, le consentement à la pérégrination infinie loin de soi-même, dans les écumes de la mer blanche et le pressentiment de l'Île Verte. Au relativisme absolu des Modernes, qui emprisonnent chaque chose dans une abstraction profane, pour lesquels « le corps n'est que le corps », la danse des soufis oppose l'absolu des relations tournoyantes dans l'approche d'une Beauté dont toutes les beautés relatives ne sont que l'émanation ou le reflet. À la philosophie, comme instrument de pouvoir – ce qu'elle fut, dans la continuité hégélienne, avec fureur – la métaphysique reconquise, par l'humilité et l'abandon à la grandeur divine, opposera ce décisif retournement de la métaphore qui laisse à la beauté de la vérité son resplendissement, comme le reflet du soleil sur la mer, comme la solitude de l'Unique pour un unique.

Digression toulousaine

> « *Le voyage, l'amour et le songe d'Aquitaine*
> *Ont dévorés l'espace où nous étions enfouis*
> *Châteaux d'azur et d'or, petite île, fontaine*
> *Fleuve que l'on remonte aux sources inouïes*
> *Immobiles domaines*
>
> *Flamine au Roi dormant qui traverse le Temple*
> *Chercheur de grand soleil dans les brouillards glacés*
> *Miroir magique écho, songe que je contemple*
> *Jour après jour du fardeau compassé*
> *D'un conte sans exemple*
>
> *Le noble Voyageur vise la voie profonde...* »
>
> Henry Montaigu

On comprendra fort peu de choses à l'œuvre d'Henry Montaigu sans y reconnaître d'emblée une œuvre de combat. L'érudit, certes, y trouvera sa provende de repères historiques et d'aperçus précis, mais, bien davantage qu'au spécialiste, cette œuvre s'adresse à l'amoureux, à celui dont les pas s'accordent à une songerie intérieure, semblable au Grand Songe qui donna naissance à la Ville, si bien que le parcours extérieur correspond à quelque parcours intérieur, au véritable sens du terme *ésotérique*. La Ville rose est une Dame. De même que, pour les Fidèles d'Amour, dont Toulouse est une sorte de capitale, il ne saurait être question, en aucune façon, de réduire les noces philosophales de l'Amour, de l'Amant et de l'Aimée à quelque déterminisme physiologique, de même l'approche symbolique de Toulouse, que propose Henry Montaigu, ne cède en rien à cette superstition de l'Histoire ou du « sens de l'Histoire » qui tend à confondre l'enquête sur les choses avec les choses elles-mêmes. Quelques historiens, dont l'esprit a été un peu obscurci par la fréquentation assidue des idéologies, en oublient que les œuvres des hommes précèdent les études historiques dont elles font l'objet. Or, dans leur beauté et dans leur vérité, les œuvres témoignent bien davantage de l'instant et de l'éternité – qui sont en réalité une seule et même chose, c'est-à-dire, au sens étymologique, une seule et même *cause* – que de cette linéarité chronologique, qui détermine la méthode des historiens et à laquelle certains d'entre eux voudraient contraindre les événements et les œuvres humaines et divines à se conformer.

« *Lorsque le cadre de l'histoire éclate,* écrit Ernst Jünger, *l'historiographie elle aussi doit se modifier et même faire choix d'un autre nom – et surtout s'allier au poète qui seul est capable de venir à bout du titanisme.* » Cette autre historiographie, alliée au poète, nulle mieux que l'œuvre d'Henry Montaigu n'en laisse pressentir les promesses de vastitude conquise et de réconciliation spirituelle, car bien avant d'être un historien, même inspiré ou prophétique, Henry Montaigu est poète, et dans son œuvre de poète, écrivain français. Le roman légendaire et métaphysique, intitulé *Le Cavalier Bleu,* illustre à lui seul ce titre, que toute noblesse désormais se devrait de servir.

Écrivain français, et non point, comme tant d'autres, compilateur mercenaire ivre de démagogie et de reniements, Henry Montaigu possède les droits de parler de ce dont il parle. Sa Ville miroite dans son imagination et sa plume dispose de l'art et de la résolution à faire partager son bonheur. Telle est la véritable générosité, qui ne se dispense pas en déclarations d'intentions, mais en *œuvres*, écrites avec le sang, *qui est esprit.* À cette qualité d'écrivain français, l'œuvre d'Henry Montaigu ne doit pas seulement l'aisance et la grâce, mais aussi le sens de la juste hiérarchie. Les principes et le sacré ne se conçoivent que selon une logique de la hauteur. Il est impossible d'en faire étalage. Ciels et abysses disposent notre entendement à recevoir le don de l'ode aimée, qui est la forme immatérielle, et comme chantée, de la Ville. L'ambiguïté du mot « connaissance » suffit à nous faire comprendre en quoi cette « autre historiographie » diffère de celle à laquelle nous ont habitués certaines études universitaires soumises au « déterminisme historique ». Si la connaissance est l'accumulation des informations en vue de quelque mise en système, alors, il s'agit de tout autre chose que de connaissance au sens métaphysique et poétique du terme. En revanche, si nous entendons par connaissance un cheminement qui débute bien avant le labeur didactique et s'achève bien au-delà de lui, alors le terme de connaissance s'applique par excellence aux ouvrages d'Henry Montaigu sur Toulouse, Reims, Rocamadour ou Paray-Le-Monial.

Il n'est point de connaissance sans confiance. Connaître, ce n'est point demeurer dans l'expectative, mais *devancer la preuve*, en favoriser l'avènement par cette purification dont nous parlent les ascèses de toutes les traditions occidentales ou orientales. Nous ne connaissons jamais que ce que nous aimons. La confiance est inventive de cette foi, que la sapience déploie et dont la chevalerie témoigne. Toute symbologie digne de ce nom s'accomplit en une gnose amoureuse. Rien n'est plus absurde, appliquée aux symboles, que cette manie classificatoire qui, fidèle continuatrice de la grande platitude du positivisme du siècle dernier, méconnaît l'interdépendance des symboles : arborescence où le bruissement des feuilles tournées par le vent tantôt vers l'ombre et tantôt vers le soleil n'est pas moins important que l'obscur trajet des racines dans l'humus.

À cette démonie de la platitude, le génie d'Henry Montaigu oppose l'aperçu vertical se saisissant au vif de l'éclat de l'éternité dans la fugacité des apparences mêmes. Le grand malheur de la condition humaine est que cette grâce, même offerte, peut encore nous échapper, par pure inadvertance. D'où l'importance de ces œuvres de connaissance qui ne se substituent point à la Révélation, comme s'y emploient les dogmatiques modernistes, mais en prépare l'advenue imprévisible par cette prière suprême qui est le sens du recueillement intellectuel. L'enseignement qu'il est possible, par exemple, de recevoir des mythes et des symboles de Toulouse dépasse la réalité même de la Ville. Enseignement initiatique par cela même qu'il est poétique et chevaleresque, il détermine aussi un moment décisif de cette guerre sainte de la verticalité contre la platitude, de l'exception contre la médiocrité, seul véritable enjeu politique de quelque importance. L'État moderne, fondé sur le perfectionnement permanent du contrôle des citoyens obéit à une politique de planification étrangère au génie politique traditionnel de la prévoyance. Posant l'abstraction avant le fait, le planificateur méconnaît à tel point la réalité qu'il y suscite sans fin de nouveaux désastres. À cette idéologie de la planification, la Tradition oppose donc l'éloge de la prévoyance. Prévoit celui *qui déchiffre ce qui est*, car ce qui adviendra obéit aux mêmes lois que ce qui est. Le planificateur, au contraire, inverse l'ordre de la hiérarchie, conférant à son point de vue particulier une vertu d'universalité, alors que celle-ci ne peut être atteinte que par la multiplication infinie des points de vues, jusqu'à pressentir une vision de toutes parts, privilège traditionnel de la sapience.

L'homme qui prévoit célèbre la hiérarchie des états multiples de l'être, l'homme qui planifie la bafoue. Déchiffrer les arcanes de la Ville, c'est ainsi faire œuvre chevaleresque sous la double égide de la sapience et de la foi. Une certaine idée du mystère du pays de France, et de la liberté créatrice qui lui est particulière, est exposée, mise à l'épreuve. Le « privilège immémorial de la franchise » qui définit l'homme de France comme un homme libre, tient lieu, pour Henry Montaigu, de norme. L'équilibre de justice qu'elle invente est des plus gracieux et sa défense est une tâche noble. En exergue à son *Histoire secrète de l'Aquitaine*, Henry Montaigu cite l'admirable fragment de Joseph Joubert : « *Le léger domine le lourd. Quand la lumière domine l'ombre, quand le fin domine l'épais, quand le clair domine l'obscur, quand l'esprit domine le corps, l'intelligence la matière, alors le beau domine le difforme et le bien domine le mal.* » Lorsque le léger domine le lourd, la platitude est vaincue. La verticalité reprend ses droits, les hauteurs dans l'âme humaine s'éveillent.

« *L'amour courtois*, écrit Simone Weil dans un bel essai sur l'inspiration occitanienne, *avait pour objet un être humain ; mais il n'est pas une convoitise. Il n'est qu'une attente dirigée vers l'être aimé et qui en appelle le consentement. Le mot de* merci *par lequel les troubadours désignaient ce consentement est tout proche de la notion de* grâce. *Un tel amour dans sa plénitude est amour de Dieu à travers l'être aimé. Dans ce pays comme en Grèce, l'amour humain fut un des ponts entre l'homme et Dieu. La même inspiration resplendit dans l'art roman. L'architecture, quoique ayant emprunté une forme à Rome n'a nul souci de la puissance ni de la force, mais uniquement de l'équilibre* [...]. *L'église romane est suspendue comme une balance autour de son point d'équilibre, un point d'équilibre qui ne repose que sur le vide et qui est sensible sans que rien en marque l'emplacement. C'est ce qu'il faut pour enclore cette croix qui fut une balance où le corps du Christ fut le contrepoids de l'univers.*

Ce que les mystiques persans nommaient « la science de la Balance », et qui procède de l'intuition du juste Milieu – et dont la commune mesure est la parodie diabolique –, la Tradition, dont la ville de Toulouse est l'inspiratrice sensible, et qu'Henry Montaigu ressuscite sous nos yeux par la vertu poétique de phrases précises, en vérifie la *juste pesée* qui n'est autre que la pensée même, au sens métaphysique d'un équilibre, d'une harmonie des correspondances. Car la pensée – l'étymologie même du mot nous l'enseigne – est avant tout cette *pesée* analogique, cette recherche de la justice par la méditation des symboles, cette quête de l'orée divinatoire entre la part visible du monde et la part invisible, dont la vérité du cœur reconnaît qu'elles sont aussi légères l'une que l'autre. Toute juste pesée allège le monde, l'élève dans le resplendissement des analogies. La spéculation métaphysique danse de reflet en reflet dans l'inaltérable apesanteur de la lumière :

« *Les Pythagoriciens*, nous dit encore Simone Weil, *disaient que l'harmonie ou la proportion est l'unité des contraires en tant que contraires. Il n'y a pas harmonie là où l'on fait violence aux contraires pour les rapprocher ; non plus là où on les mélange ; il faut trouver le point de leur unité. Ne jamais faire violence à sa propre âme ; ne jamais chercher ni consolation ni tourment ; contempler la chose, quelle qu'elle soit, qui suscite une émotion, jusqu'à ce que l'on parvienne au point secret où douleur et joie, à force d'être pures, sont une seule et même chose ; c'est la vertu même de la poésie.* »

Nous retrouvons là cette méditation *politique* qui, si mal comprise qu'elle soit, demeure l'essentielle requête chevaleresque de l'œuvre historique d'Henry Montaigu. Méditation de justice, qui refuse de se soumettre à la division du monde, de dresser l'obéissance contre la liberté, ou l'inverse, l'œuvre d'Henry Montaigu retrace la généalogie des songes et des lois, avec la pertinence héraldique de ceux qui savent reconnaître, à quelques détails imperceptibles, l'effigie effacée par le temps. Il importerait enfin de se rendre à cette évidence : plus on s'éloigne de l'origine et plus on vieillit. L'accélération propre au monde moderne est le signe de sa décrépitude. La véritable juvénilité se reconnaît à l'immensité de ses temporalités contemplatives. C'est le monde ancien qui est jeune, et vieux le monde nouveau, et jamais nous n'atteindrons les secrets alchimiques du recommencement si nous oublions l'art d'être fidèle à l'antérieur.

L'œuvre d'Henry Montaigu, disions-nous, est œuvre de combat, et l'on commence sans doute à entrevoir quelles sont, dans l'ordre politique et historique, les modalités de ce combat, mais cette œuvre n'en est pas moins œuvre de prière. Chacun des livres que l'auteur dispose à l'attention du lecteur est une Heure hantée d'aurores et de crépuscules sans fin où l'Ange d'entre les mondes nous adresse quelque signe de bienvenue. Prière issue de la foi, et annonciatrice de sapience. Toujours dans son article sur l'inspiration occitanienne, Simone Weil écrit : « *Nous ne pouvons pas savoir s'il y aurait eu une science romane. En ce cas, sans doute, elle aurait été à la nôtre ce qu'est le chant grégorien à Wagner. Les Grecs, chez qui ce que nous appelons notre science est né, la regardaient comme issue d'une révélation divine et destinée à conduire l'âme vers la contemplation de Dieu. Elle s'est écartée de cette destination, non par excès, mais par insuffisance d'esprit scientifique, d'exactitude et de rigueur* [...]. *La science n'a pas d'autre objet que l'action du Verbe, ou, comme disaient les Grecs, l'amour ordonnateur. Elle seule, et seulement dans sa plus pure rigueur, peut donner un contenu précis à la notion de Providence, et dans le domaine de la connaissance, elle ne peut rien d'autre. Comme l'art, elle a pour objet la beauté. La beauté romane aurait pu resplendir aussi dans la science.* »

Cette *science romane* dont Simone Weil déplore l'absence, nous en discernons les prémisses dans l'œuvre d'Henry Montaigu. Rien désormais ne saurait nous interdire d'en propager l'embrasement salutaire à d'autres aspects de la connaissance dont nous trouvons ici la source lumineuse de renouvellement. Au cœur de l'espace géo-symbolique réside la miséricordieuse puissance dorique du rayonnement primordial. Ce sont là des choses que l'on éprouve. « *Il y a*, écrit Henry Montaigu, *un air de Toulouse, incomparable et puissant, que la mémoire nourrit pourtant d'histoires atroces et de fables étranges, mais qui demeure joyeux et léger comme si la certitude d'être l'emportait sur les trahisons du destin et la lourde banalisation de la cité moderne.* » Cette allégresse, cette vivacité heureuse, cet élan lancé à sa propre conquête dans la spirale de son essor est sans doute de tous les mystères celui qui nous importe le plus, car il nous engage dans le secret même de l'immatérialité, que la Tradition nomme le monde subtil :

« *Comme toute ville essentielle*, écrit Henry Montaigu, *le secret de Toulouse se situe au-delà d'un espace mesurable et d'une quelconque chronologie. Non sans doute qu'il ne s'y incarne – mais c'est l'être intérieur qui plus qu'ailleurs ici façonne tout.* »

Reconnaître en toute chose l'être subtil qui le façonne, tel pourrait être le privilège de la science romane. Les choses telles qu'elles apparaissent sont littéralement façonnées par le Ciel. Elles obéissent à l'ordonnance hautaine des nues. Celui qui marche dans la Ville marche dans le ciel. Le tracé de son cheminement, s'il s'accomplit avec ferveur, rétablit là-haut le sens des figures célestes, en réveille les pouvoirs endormis ou oubliés. La confusion et le chaos qui, dans l'ordre humain, se confondent avec la médiocrité, ne désarment jamais. C'est pourquoi toute œuvre d'art, véritablement civilisatrice, est aussi le signe commémoratif d'une victoire contre les puissances des ténèbres.

Contre la conformité de l'informe, l'Idée, c'est-à-dire au sens grec, la Forme, est la citadelle. Telle est exactement l'intelligence romane, où, ce qu'il y eut de plus mystérieux et de plus léger dans l'esprit grec s'épanouit dans l'esprit français, où le privilège immémorial de la franchise reconnaît le juste équilibre de l'obéissance et de la liberté. Ce juste équilibre, la doctrine le dit, mais l'art le prouve. Dans la perspective traditionnelle, la vie est par définition un art, car la liberté créatrice ne s'accomplit qu'à travers la plus rigoureuse des disciplines. La veulerie est ennemie du beau, mais aussi du vrai et du bien : « *Tout ce qui procède d'un véritable caractère traditionnel*, écrit Henry Montaigu, *est enceint, délimité, déterminé. La double action du Centre vers l'extérieur (dynamisme psychique et rayonnement spirituel) exerce une influence proportionnelle à la régularité de ses dispositions. Une muraille n'est pas d'abord un ouvrage défensif, mais un symbole, ce que prouve le fait qu'il a pu être réduit à un simple muret de pierre. Il est avant tout conçu comme une garde contre les invisibles légions de l'ombre. Une fois abritée par un rituel en quelque sorte projeté dans l'espace sous la forme d'un appareil défensif adéquat aux normes reçues par la tradition, la cité humaine, reflet de la cité céleste ou "centre des centres" après avoir aspiré les forces et les énergies, les dirige, une fois maîtrisées, à travers le chaos du monde, vers des points très précis qui situent la géographie terrestre comme image de la géographie stellaire.* » Or, la ville de Toulouse active, pour ainsi dire, ces principes traditionnels avec une intensité particulière : « *La grande croix solaire des comtes de Toulouse*, ajoute Henry Montaigu, *tracée sur le sol de la place moderne du Capitole, marque le milieu idéal de la Ville et exprime que cette Ville elle-même est le milieu d'un monde. Le signe héraldique duodénaire possède évidemment un caractère zodiacal et manifeste tous les rapports d'harmonie entre le lieu, ses constructions, et sa place dans l'univers.* »

Le symbole, dans la perspective de cette science romane, dont l'œuvre d'Henry Montaigu annonce la renaissance, est véritablement le « miroir de la connaissance ». Le symbole étant l'instrument de la métaphysique, il s'avère impossible de comprendre sa fonction dans un système de pensée qui exclut, de façon explicite ou implicite, la métaphysique. La prétention du matérialiste à traiter du symbole n'a d'égale que celle du fat qui, tout en niant l'existence de la musique, voudrait cependant nous informer de la fonction véritable du clavecin ou encore de celle du fou qui, tout en niant la réalité du reflet, s'acharnerait à imposer sa conviction quant à la nature réelle du miroir. On pourrait ainsi définir la science romane, qu'illustre cette approche du mystère de Toulouse, comme une science de l'interprétation infinie des aspects du visible – interprétation à la fois mathématique, pythagoricienne et musicale, dont nous reconnaissons les lois, par exemple dans le cloître des Jacobins. Mais le livre d'Henry Montaigu va encore au-delà, dans les régions plus subtiles du pressentiment où le symbole nous délivre le message de notre prédestination ultime. « *Toulouse, à cet égard,* écrit Henry Montaigu, *est une cité sanctuaire, où il n'est rien qui ne témoigne de la profonde mesure, divine et humaine, du Nombre d'Or.* »

Au moment où tout nous abandonne, où les ténèbres se font, où « démocratiquement » s'installe le pire despotisme qui soit, celui de la médiocrité, nous pouvons nous retrouver dans la ville sanctuaire, ou dans le souvenir que nous avons d'elle, pour nous recueillir, nous rendre attentifs à ce cœur des mondes qui brille dans les hauteurs vertigineuses. Les pires profanations de l'Âge sombre ne peuvent rien contre la forme invisible d'une ville qui est elle-même la réverbération sacrée d'une autre et plus lumineuse invisibilité : « *L'axe de la grande Rue,* écrit Henry Montaigu, *qui part de la place et du quartier Saint-Michel, au Sud, passe par la porte Narbonnaise pour aboutir à la Place du Capitole, se transforme alors en trident régulier. La voie médiane, que commande le pivot de la vieille église du Taur, trouve en Saint-Sernin son lieu sacré, et, en quelque sorte son Nord idéal. Il y a là une référence certaine à la quête du Dieu transcendant, à la Tradition Primordiale, à ce royaume de la connaissance antérieure que les grecs identifiaient avec l'Hyperborée, il ne serait pas alors impossible de voir en Toulouse une Thulée méridionale.* » Refuge des héros et des clartés de l'extrême limite, nuit lumineuse : il faut s'être aventuré jusqu'à certaines orées pour comprendre la justesse de l'analogie entre Toulouse et Thulée.

Sans doute la science romane est-elle véritablement la voie royale, car ce qu'elle annonce légitime l'intuition poétique la plus intense. L'intensité de la beauté échappe à toute considération esthétique : elle nous comble de pure bonté et de vérité pure. Le langage du symbole est une oraison. Le malaise que suscitent les villes modernes, arbitraires, dont l'existence n'est déterminée que par la seule utilité immanente, montre assez le discord qui persiste entre la nature humaine et l'idéologie moderniste. Nous ne sommes pas ce que les théories de la modernité voudraient que nous fussions. Nous nous obstinons à souffrir de la laideur, alors même que le sens de la beauté nous échappe. « *La ville moderne est sans mandat et sans histoire : Elle n'est en fait qu'une anti-construction. Conçue pour le citoyen matriculé et non pour l'homme, il lui est tout aussi impossible de vieillir dignement que de se renouveler.* » Décentrée, elle ne peut affirmer son existence que par une surenchère titanique. Le colossal se substitue à l'harmonieux. Écrasants sont les gratte-ciel et le mauvais goût architectural des dictatures populaires. Tout, au contraire, dans l'architecture romane – qui est, à qui sait voir, une pure méditation sur le Centre – nous convie à la légèreté, à l'envol : « *Et qu'est-ce qu'une Capitale, sinon tout d'abord un Centre, c'est-à-dire un nœud vital et sensible où les forces telluriques et les forces célestes opèrent une fonction qui, en principe, est sans repentance pour toute la durée d'un cycle ?* »

Le Centre est à la fois ce qui est en nous et au cœur du ciel. Ce foyer ardent est le passage entre les mondes. Alors que la science titanesque ne connaît d'accomplissement que dans le règne de la quantité, du déterminisme et de l'asservissement à la chronologie, la science romane suit la voie royale de l'ascendance des symboles vers leur source première. Il n'est rien de moins vague ni de moins hasardeux. Science, la science romane l'est de plein droit. Si la ferveur mystique est comme son émanation dans le sentiment humain, la science romane n'en demeure pas moins une mathématique de la connaissance, un art de l'exactitude qui ne s'improvise en aucune façon et dont les résultats, sans jamais prétendre à quelque interprétation définitive, n'en sont pas moins décisifs dans l'ordre intérieur comme dans l'ordre extérieur, dans l'ordre du spirituel comme dans l'ordre du politique.

La « grande politique » dont rêvait Nietzsche – et que les nietzschéens sont bien les derniers à concevoir – sans doute est-ce dans cette science romane que nous en trouverons les prémisses. Les choses, en politique, ne sont pas aussi désespérantes que certains voudraient nous le faire croire : il suffit pour s'en convaincre d'observer cette loi des cycles dont la logique du centre désigne l'essor, en forme de spirale ascendante. C'est ainsi que le cœur des ténèbres indique le site providentiel de l'embrasement royal des aurores. En toute nuit gît le germe du secret de l'*aurora consurgens*. L'ultime divulgue le secret du principe. L'ultime Thulée nous divulgue le sens de la prime clarté. C'est au moment où les œuvres les plus belles sont menacées de disparaître dans leur réalité sensible que les arcanes de leur forme s'offrent dans leur plénitude à l'intelligence de quelques-uns. C'est à ces rares heureux que s'adresse l'œuvre d'Henry Montaigu. Miroir de l'Art, la science romane sera une mise en demeure à nous reconnaître nous-mêmes, non dans une quelconque analyse narcissique du moi, mais dans la contemplation de ce qui nous entoure, nous dépasse de toutes parts et nous demeure inconnaissable, comme une incitation permanente, une herméneutique sans fin. L'inconnaissable, selon la science des Titans qui proclame qu'il n'y a rien à connaître, est d'une tout autre nature. Il nous installe dans l'insolite, alors que l'inconnaissable dans la science romane nous environne d'ombres et de clartés mouvantes qui ne sont autres que les manifestations du merveilleux.

La déambulation dans Toulouse à laquelle nous invite Henry Montaigu peut ainsi se déchiffrer comme un enseignement du merveilleux que tout, en ce monde moderne et profanateur, conspire à nous laisser méconnaître. Retrouvailles ensoleillées et fleuries – avec l'approche du sens de toute chose à travers l'ordonnance des rues et leurs parcours dans l'invisible cité pythagoricienne dont Toulouse est la réverbération sensible –, le merveilleux sacre l'instant où il advient, en révèle l'héraldique éternelle, car l'instant est ce qui se tient, immobile, comme une île dans la mouvance des eaux. Ainsi, mieux qu'un magistral ouvrage sur l'histoire et les symboles de nos cités, l'œuvre d'Henry Montaigu apparaît comme une méditation sur le centre, sur le pôle lumineux de l'être, sa primordialité métaphysique sans laquelle la Tradition se réduit à son propre simulacre, sous les espèces des coutumes, des convenances et des « valeurs ». Primordiale, la Tradition se situe en amont des temps et du monde immanent lui-même. Le mot de métaphysique, trop souvent galvaudé, reprend ici sa pleine signification. Le lecteur est invité directement à l'expérience du supra-sensible, dont seuls les symboles et les mythes détiennent la clef, et par lesquels nous pouvons comprendre, par exemple, que l'art et la nature sont une seule et même chose. La nature n'est pas supérieure, ni même antérieure à l'art : « *Les symboles et les mythes, écrit René Guénon, n'ont jamais eu pour rôle de représenter le mouvement des astres, mais la vérité est qu'on y trouve souvent des figures inspirées de celui-ci et destinées à expliquer analogiquement tout autre chose, parce que les lois de ce mouvement traduisent physiquement les principes métaphysiques dont elles dépendent.* » L'accord magnifique de Toulouse et de sa Garonne témoigne de cette unité supérieure, de cette concordance avec l'ordre divin. « *Dans la nature, écrit encore René Guénon, le sensible peut symboliser le supra-sensible ; l'ordre naturel tout entier peut, à son tour, être un symbole de l'ordre divin ; et d'autre part, si l'on considère plus particulièrement l'homme, n'est-il pas légitime de dire que lui aussi est un symbole par là-même qu'il est créé à l'image de Dieu ?* »

À cette question fondamentale de la science romane répondent les œuvres, car les œuvres sont des prières – au même titre que les prières qui retentissent dans les tréfonds du cœur sont des œuvres au-delà de toutes nos espérances. Telles sont les promesses propres à la découverte de l'espace « géo-symbolique ». Lorsque la vision du poète rejoint l'exactitude de l'historien, toutes les espérances revivent, de celles qui nous portent en avant vers cette gloire première qui n'est autre que la victoire sur l'oubli que les grecs nommaient du beau nom d'*anamnésis*, la divine « ressouvenance ». Et tel est bien le sens du combat, car la menace n'est autre que cette amnésie dont les temps modernes plombent les esprits de telle sorte que nul rayon ne traverse plus les consciences et les âmes. « *Toulouse*, écrit Henry Montaigu, *qui a l'amabilité chaude et noble des grandes créations de type solaire semble devoir mériter au plus haut degré ce vocable de "ville rose" qui serait à la lettre bien fade s'il s'agissait seulement de couleur et de fleur. À aucune autre ville de brique, il n'a été accordé ce surnom. C'est qu'aucune autre n'est aussi parfaitement conçue en mode rayonnant, c'est qu'aucune autre n'a manifesté, sous tant d'apparences diverses, le culte mystique de la Dame.* » L'exactitude du style et de la pensée n'a pas, dans l'œuvre d'Henry Montaigu, pour objet de s'admirer elle-même : elle annonce, comme nous le disions aux premières lignes, un combat, mieux encore elle donne au Noble Voyageur, assez vif pour s'en saisir, un arme de noble facture. Si chaque phrase dispose de la promptitude d'une répartie, de l'éclat d'une passe d'arme, ce n'est pas en vain. Les enjeux sont la mémoire et l'éveil.

Dans ces temps uniformisateurs et charlatanesques, les villes demeurent, en dépit de certaines atteintes, beaucoup plus malignement délibérées que l'on veut bien le croire, des espaces où la tradition a disposé en notre faveur des passages entre les mondes et les différents états de l'être. L'ordonnance des rues, des édifices, en correspondance avec la géographie elle-même, obéissent à une mathématique sacrée, incitent le promeneur attentif à certains parcours, déterminent des variations selon le mouvement du jour : toutes circonstances heureuses qui nous donnent accès à la transcendance. L'*initiation* – c'est-à-dire la renaissance de l'entendement par la vertu infuse dans le Ciel – est toujours plus proche qu'il ne semble. Ceux-là qui passent avec mépris, sans rien voir, dans leur propre ville, qui considèrent avec dégoût leur patrimoine poétique et mystique, vont s'agglutiner ensuite autour de fumeux gourous exotiques pour ânonner quelques formules incompréhensibles, pratiquer quelques mouvements gymniques et confondre leur grand vide existentiel avec l'impérieuse vacuité bouddhique. Tout semble bon pour nous arracher à nous-mêmes, c'est-à-dire à arracher la France de nos âmes. Les « techniques » de « spiritualité » marchande et les « spiritualités » de la Technique se partagent la tâche qui laissera nos âmes dans l'oubli de notre tradition, à la merci des plus arrogantes puissances. Puissances titaniques, car loin de s'exercer en œuvres de beauté, la seule preuve qu'elles donnent de leur empire sont des moyens de destruction et d'asservissement. Toutes les œuvres d'Henry Montaigu, romans, essais historiques et symboliques, sont traversées par cette inquiétude salvatrice, cette amitié intellectuelle, ce goût aristocratique – qui donnent à la tradition française une légitimité métaphysique certaine. Mise en demeure adressée à quelques-uns, l'œuvre d'Henry Montaigu donne bien davantage qu'elle ne réclame ; ce qu'elle exige de nous est d'être simplement le récipiendaire de l'ordre immémorial que nous recevons d'elle : c'est aller à l'aventure là où les lignes de force de l'Autre Monde et de ce monde-ci œuvrent au même tracé de lumière.

« *La fonction de toute légende,* écrit Henry Montaigu, *est de véhiculer une connaissance dont l'origine historique importe peu.* » Il est donc juste de rendre sa précellence à la poésie. Et qu'est-elle, cette poésie, à travers les rêves et les ivresses dont elle environne ses advenues, sinon l'alliance même par laquelle toute civilisation se fonde ? L'ivresse de la reconnaissance amoureuse de l'Heure, choisie entre toutes par les plus hautes vertus du Ciel, et le rêve magnifique des pierres accordées. Telle fut sans doute la forme immatérielle aperçue par les architectes en leurs méditations théologiques et platoniciennes. Dans la déroute généralisée de l'Âge sombre, il est vain de s'attarder à des coutumes, des institutions ou des convenances. Nous avons de la Tradition une idée trop haute pour l'associer à ces écorces mortes. Le contraire de la révolution n'est pas la contre-révolution, mais peut-être ces libertés conquises à l'égard de l'aspect sinistrement moralisateur de toutes les idéologies dont il importe peu, au regard de leurs conséquences également funestes, qu'elles fussent d'origine progressiste ou réactionnaire. Aux cités emblématiques, quand bien même leur message est voilé, revient ce privilège d'être les ambassadrices d'une pensée affranchie des emprises de la modernité. Peu importe que les lieux soient enlaidis ou profanés : un substrat invisible demeure, comme immobilisé dans l'air. Il existe des *chemins d'air* qui conduisent hors du temps. Certaines de ces voies d'accès sont clairement indiquées au lecteur de l'œuvre d'Henry Montaigu. Elles nous portent jusqu'à d'autres seuils qui nous invitent à la grande découverte gnostique de l'« *au-delà de l'air* » qu'évoque l'Épître d'Aristée. « *Dès que l'on connaît,* écrit Jean Giono, *les pertuis intérieurs de l'air, on peut s'éloigner à son gré de son temps et de ses soucis. Il ne reste plus qu'à choisir les sons, les couleurs, les odeurs qui donnent à l'air le perméable, la transparence nécessaire qui font dilater les pores du temps et on entre dans le temps comme une huile.* »

À celui qui s'est approché des « *pertuis intérieurs de l'air* », l'œuvre d'Henry Montaigu apparaîtra comme la cartographie de ces espaces où l'âme, en se reconnaissant elle-même dans son propre élément, rayonne avec une intensité d'or. Les pertuis secrets nous révèlent que nous sommes sortis des faux-semblants pour entrer dans la présence réelle : « *Tout ce qui touchait les au-delà de l'air,* écrit encore Giono, *je m'en sentais intimement amoureux comme d'un pays jadis habité et bien-aimé dont j'étais exilé mais vivant encore tout entier en moi, avec ses lacis de chemins, ses grands fleuves étendus à plat sur la terre comme des arbres aux longs rameaux et le moutonnement houleux d'écumantes collines où je connaissais tous les sillages...* »

Le pays « *jadis habité et bien aimé* » et qui vit tout entier en nous, dans son harmonie vivante, appartient à ce monde intérieur qui n'a rien de subjectif. L'homme moderne seul, qui divise tout, est parvenu à faire de l'œuvre de l'homme l'ennemie de l'œuvre de Dieu, saccageant ainsi l'une et l'autre par démesure et soumission exclusive au règne des Titans. « *Le monde,* observe Henry Montaigu, *est une architecture. Toute disposition humaine doit être le reflet précis, exact, rigoureux de l'architecture cosmique. Tout a été établi en poids, en nombre et en mesure, dit la Bible. Pendant des millénaires, et aussi loin que porte la mémoire humaine, ces poids, ces nombres et ces mesures ont été transmis par le sacerdoce et manifestés dans le visible par des temples, des palais, et des villes sous le regard médiateur de la royauté constructrice, afin de créer des ponts, des perspectives tangibles, des identités immédiates entre la terre et le ciel, entre l'architecture divine et les maisons construites par les hommes.* » Telle est la profonde misère des temps modernes : « *l'Idéologue s'est substitué à l'Architecte, seulement voilà : les monuments de l'Architecte sont toujours debout (seraient-ils en ruine) et gardent toute leur lisibilité sapientielle. Les productions de l'Idéologue, qui n'ont pour elles que le gigantisme des civilisations sur le déclin, se perdent dans la confusion d'un univers sans structures que seule détermine la loi du nombre, au besoin contre la dignité humaine – et dont la seule lisibilité est leur accord avec la grande massification.* » Entre l'architecte, qui déchiffre, et l'idéologue, qui dénombre, nul compromis n'est imaginable, l'idéologue n'existant que par la destruction de l'œuvre architecturale.

Dans le déchiffrement – qui obéit aux lois d'une mathématique pythagoricienne et romane, l'intelligence s'épanouit en une pensée méditante où les rues deviennent fleuves et ruisseaux, de même que les arbres et les avenues deviennent avenues et chapelles. Dans le dénombrement, qui connaît son paroxysme dans la statistique et le recensement, l'intelligence au contraire se démet au profit d'une logique de pure comptabilisation. L'architecte médite les rapports et les proportions de toute chose selon les principes de l'interdépendance universelle, alors que l'idéologue comptabilise les hommes comme autant d'unités interchangeables, également au service d'une puissance qui, dans son gigantisme, ne peut se traduire qu'en de toujours plus vastes destructions. Or, ce ne sont pas des tempéraments faustiens, d'exception, qui réalisent la démesure titanesque, mais les forces quantitatives des médiocres coalisés. Celui qui compte les secondes à des fins utilitaires en accélère le cours par l'uniformité même que brutalement il leur impose – alors qu'en vérité et en beauté, chaque seconde est d'éternité rayonnante « *dans les pertuis de l'air* » ! « *Au milieu de l'agonie du langage*, écrit Henry Montaigu, *où toute perspective intellectuelle est vouée à l'improbable parce qu'elle se trouve bafouée, dérivée et finalement détruite par son propre développement, comment retrouver le langage de l'architecture, comment retrouver l'Évidence enfouie par le moyen de son propre regard, de notre conscience éveillée, brusquement tirée d'un torrentiel charroi d'images et de mots, comment retrouver une science infiniment perdue : la lecture ?* »

MARGINALIA

L'Ultime Occident de Dominique de Roux

> « *Si légère est l'urgence, si calmes les sombres pétales de fer,*
> *nous qui avons franchi le Léthé.* »
>
> Ezra Pound

Messager ultime d'une certaine conscience occidentale de l'être, Dominique de Roux s'adresse à nous dans un style testimonial. N'écrivait-il pas que seules importent les œuvres qui témoignent d'une vérité agonisante ? Cependant tout, dans l'œuvre de Dominique de Roux, n'est pas désespérance. Même si le monde dont elle capte les clartés dernières est perdu, irrémédiablement, semble-t-il, pour les vivants, la littérature, elle, est sauvée, et peut- être salvatrice, pour les héros, les morts, et ceux qui viendront et garderont mémoire des ombres qui cheminent à leurs côtés. Le silence qui nous entoure est un faux silence, comme l'on parlerait d'un faux-jour, la nuit n'est pas la nuit, mais une pénombre où se précisent les lames ardentes de nos prophéties.

Pour Dominique de Roux, la littérature n'est pas une distraction, ni une science, mais, au sens christique, une *passion*. Il ne tient pas son lecteur pour un imbécile qu'il faut épater par un jargon scientiste, ni pour un crétin qu'il faut distraire en enfilant des anecdotes, mais pour un égal, faisant preuve ainsi d'une générosité imprudente et admirable : on ne cessa plus jamais de lui reprocher son « élitisme » – telle est la logique des censeurs modernes, de ces docteurs d'une théologie inversée qui n'accordent leur *imprimatur* qu'aux niaiseries, par définition inoffensives, et aux propagandes étayées du matérialisme universitaire.

Alors, nous comprenons en quoi, et pourquoi, la littérature fut, pour Dominique de Roux, l'aire d'une guerre sainte, l'ultime patrie où demeurât présente l'attention aux splendeurs et aux violences du *monde subtil*, le dernier site de la pensée qui fût encore irisé de transcendance, cependant que les intellectuels, payés pour trahir, proclamaient dans leurs sciences dites humaines l'inexistence du sens et le néant de l'âme.

La véhémence de Dominique de Roux, sa manière de théâtraliser l'expression, de multiplier des aspects lumineux de la phrase, de précipiter, au sens chimique du terme, ses métaphores, tout cela, qui déplaît aux sinistres pédagogues de la modernité, apparaît comme la baroque rébellion d'une Europe que l'on pourrait dire « sudiste » contre l'Occident puritain et moralisateur du modèle américain et des normes profanes. Mais sans doute ne comprendrions-nous que peu de choses à cette « *force qui va* » à ne la croire que pamphlétaire. Les libelles ne se réduisent pas à eux-mêmes. Ils sont la pointe avancée, visible, d'une morale chevaleresque. Dominique de Roux attaque pour défendre. Il vitupère par esprit de fidélité. Contrairement aux cuistres qui ne veulent voir que le « texte », Dominique de Roux croit que la valeur des hommes est indissociable de la qualité de leurs écrits. Le destin, au sens présocratique, se joue dans les phrases comme dans la vie. Le poème ardent fait la preuve d'un cœur ardent. Certes, il ne s'agit pas d'écrire « simple et sincère » comme le voudraient les puritains retors, puisque nous savons avec Borgès et Nabokov, que l'art est toujours « *prodigieusement complexe et trompeur* » – mais l'incandescence, l'exactitude, la passion et la science n'en demeurent pas moins l'épreuve d'une espérance.

Le grand dessein métaphysique de faire une œuvre, d'être poète, lorsqu'une vie tout entière s'en trouve orientée, n'appartient qu'aux âmes assez chimériques et claires pour n'être pas entièrement de ce monde. Lui-même écrivain de grande race, Dominique de Roux eut la générosité de défendre ses pairs qui furent de ces auteurs qui, tant qu'ils sont vivants, n'ont droit qu'au mépris amusé des gens sérieux, mais dont, une fois morts, il arrive qu'on s'enorgueillisse d'avoir été les compatriotes ou les contemporains. Léon Bloy, dans *Le Désespéré*, résume la situation : « *Au fait, que diable voulez-vous que puisse rêver, aujourd'hui, un adolescent que les disciplines modernes exaspèrent et que l'abjection commerciale fait vomir ? Les croisades ne sont plus, ni les nobles aventures lointaines d'aucune sorte. Le globe entier est devenu raisonnable* [...]. *Il ne reste plus que l'Art. Un art proscrit, il est vrai, méprisé, subalternisé, famélique, fugitif, guenilleux et catacombal. Mais quand même, c'est l'unique refuge pour quelques âmes altissimes condamnées à traîner leurs souffrantes carcasses dans les charogneux carrefours du monde* ».

La distinction mise en avant par Roland Barthe entre l'écrivant – qui écrit pour dire quelque chose – et l'écrivain, qui joue avec le langage, ne demeure efficiente que dans ces régions inférieures de la culture que Dominique de Roux s'empressa de déserter, où, sinon pour « communiquer », nul n'a jamais rien à dire. Les grandes œuvres, les œuvres véritablement fondatrices sont issues de l'ordalie du sens, et le *style* – cet art non point ludique, mais liturgique, de mesurer la puissance magique des mots et leurs secrètes correspondances – est la quête d'une coïncidence parfaite, noces mystiques. Réduit à lui-même, le « travail du texte » ne serait que triste labeur, parodie dérisoire de cette quête, de même que l'information est la parodie du savoir et la « communication » la parodie de la communion. Sans doute est-ce bien pour nous laisser sous l'empire de la parodie que les critiques modernes s'appliquèrent, avec une telle constance, à démontrer l'inexistence du *sens* des œuvres et de la vie. L'audace de Dominique de Roux fut de guerroyer contre ces idéologies de la dépossession et de nous montrer que l'œuvre littéraire pouvait être encore la figure d'un destin, une manière de vivre, comme l'écrivait Abellio, « *la triple et unique passion de l'éthique, de l'esthétique et du religieux.* »

Il n'est plus temps d'opposer l'Or et le Sang, mais d'ouvrir *la tierce voie de l'Esprit*, enfin délivré de son assujettissement à la nature et à la raison – ces deux idoles du monde bourgeois. Tierce voie à partir de laquelle il sera possible d'imaginer une philosophie qui ne serait pas seulement une vanité bavarde, mais une aventure visionnaire, une science exacte de la multiplicité des états de l'être et de la conscience : « *En réalité*, écrit Dominique de Roux, *définir une vie, un destin, un monde, c'est toujours surprendre l'espace, les lieux précis où l'on sort du Temps, la crevasse dans le glacier, la déchirure fulgurante du voile d'Isis, la muraille qui se fend, le regard bleu du faucon à l'instant où sa divine proie devient son soleil.* »

La littérature aurait-elle la moindre raison d'être si elle n'avait à définir ces « lieux précis », cette topographie visionnaire de l'âme et du monde qui est le miroir de l'âme, d'où provient l'appel « *d'un départ vers un Occident au-delà des mers, vers la terre secrète de l'Île Tournoyante, de l'île éminemment polaire qui porte aussi le nom de l'Île de Cristal.* »

La littérature n'est plus alors une distraction ou un travail, mais un moyen de reconquérir la dimension verticale de l'être, d'ascendre et de descendre vers des hauteurs ou des profondeurs inconnues. « *Le cycle héroïque de la fin*, écrit Dominique de Roux, *exalte la vertu du sommeil, la puissance sereine des profondeurs. Le retour à l'espérance exige un itinéraire souterrain, qui mène au feu central.* » Il ne s'agit pas, pour Dominique de Roux, de raconter une histoire, ni d'écrire une sorte de « roman de formation », mais d'avancer, dans l'exigence prophétique du Verbe, comme à travers une épreuve de neige et de feu : « *Moi-même j'écris médiumniquement, non pas dans, comme il le faudrait, le grand air du matin ou du soir. J'écris, en ce livre, par étagement d'écriture [...]. Quelqu'un réussira-t-il à ébaucher un autre Chant Eddique, le nôtre, et qui transcende le Temps ?* »

Ce qu'il y a de meilleur en nous tient dans ce désir de transcender le temps, de retrouver à chaque instant inoubliable, la certitude glorieuse, platonicienne, d'un miroitement de l'éternité. Dès lors, la fonction de la littérature sera d'édifier, à partir des gestes infimes de la vie et de la pensée, une temporalité mystique, irréductible au sens de l'histoire : « *De l'autre côté de l'immense giration des eaux, hors d'atteinte, se lèvent ainsi des bastions de tendresse, de certitudes, où se formulent les paroles et où s'organisent les forces du recommencement, du retour armé vers les lieux anciens où tout est correspondance.* » Or, nous savons tous, par l'étymologie ou par intuition que la seule chose qui demeure, car se tenant immobile, c'est l'instant. L'instant qui débute le temps, car il est lui-même le cœur du temps. Et c'est à l'instant même que nous croyons avoir tout perdu que le cœur du temps s'ouvre pour nous.

« *Recommencer,* écrit Dominique de Roux, *avoir tout perdu. Recommencer, c'est traverser la rivière noire du Léthé, franchir dans les années, les millénaires, les flots drus et verts de l'Atlantique éternel, se réveiller un jour identique et sans mémoire sur une autre plage, de l'autre côté de tout, loin de tout, parce que tout est à jamais Cabourg. Ce sont alors les rivages inconcevables d'un monde-enfant, une plage aussi nouvelle que me semblait l'être le monde au temps de ma jeunesse.* »

L'œuvre de Dominique de Roux apparaît ainsi comme une promesse de tenir en échec les occultes stratégies de l'oubli. Ce monde fictif où nous vivons, un peu comme un homme qui aurait tout oublié de sa vie à l'exception d'un mauvais roman de gare, il importe seulement de ne pas s'y résigner. À quoi ressemble-t-il ce monde où l'on ne prône l'égalité que pour mieux asservir ceux qui n'excellent pas à s'enrichir matériellement, où la haine de la hiérarchie – c'est-à-dire la haine des principes et du sacré – renforce infiniment le pouvoir de l'or et du fer en leur utilitarisme forcené ? Ce monde ressemble à l'enfer, destructeur comme la raison réduite à elle-même, et cruel comme la nature dont les Érynnies sont les vengeresses.

Entre les tentations et les menaces, le destin de tout écrivain digne de ce nom est celui d'Orphée. L'ensoleillement intérieur après le passage de la ligne, la fin du monde moderne et de l'amnésie, est l'aube d'un *nouveau règne.*

« *Toute chasse est mystique,* écrit Dominique de Roux. *Elle glisse, selon l'Art de Chasser avec les Oiseaux, dans l'air du rêve. Vers quoi hélas ? Vers le désespoir ! Toute chasse est-elle vaine ? Non, même si rien n'est plus rien, et que pas un seul mot ne soit soumis aux attractions de l'être, fidèle à l'ancienne chaleur du feu central de la terre, nous resterons quelques-uns, en cet obscur Occident du monde, à penser que, dans l'avènement même de la perdition, persiste une ombre de vestige où se livrera au moins le risque du nouveau, précisément le Dernier Mot ? Pour que le commencement vienne, arriver jusqu'au Dernier Mot. Nous y sommes, tout recommence* ».

ÉLOGE DE LA TÉMÉRITÉ SPIRITUELLE

> « *Le combat spirituel est aussi brutal que la bataille d'hommes ; mais la vision de la justice est le plaisir de Dieu seul.* »
> ARTHUR RIMBAUD

De toutes les témérités, la témérité spirituelle est la plus rare. Sa rareté la hausse désormais au rang de nécessité. Nous avons faim et soif de ce qui est rare. Dans l'équilibre du noble et de l'ignoble, dans l'harmonie des ombres et des lumières, des mélodies et des timbres de l'entendement humain, l'absence absolue de témérité spirituelle équivaut à une extinction massive des pouvoirs de l'intelligence. Le téméraire n'exige point qu'on le suive. Son amour-propre se satisfait d'avoir été « en avant », comme la poésie rimbaldienne. « *La poésie ne rythmera plus l'action, elle sera en avant* ». En avant, c'est-à-dire aussi au-devant des insultes, des médisances, des crachats. Ainsi que l'écrivait Ernst Jünger : « *On ne peut empêcher un homme de vous cracher au visage, mais on peut l'empêcher de vous mettre la main sur l'épaule.* » Ainsi commence la témérité spirituelle : elle éloigne les sympathies condescendantes, les tutoiements de porcherie, les petits signes de connivence que les médiocres s'adressent entre eux et auxquels il faut répondre sous peine d'être le bouc émissaire de toutes les lâchetés collectives. La témérité spirituelle est une tournure d'esprit. Elle tient autant du caractère que de l'intelligence. Pour le spirituel téméraire, l'intelligence et le caractère sont indissociables. Les grands caractères deviennent intelligents par la force des choses ; que serait une intelligence sans caractère, sinon un leurre ? Comment exercer son intelligence des êtres et des choses sans caractère ?

L'intelligence périclite à défaut d'exercices. Si nous nous aventurons en quelques pages à esquisser un éloge de la témérité spirituelle, le moins que nous puissions faire sera de nous livrer à des exercices de témérité, en formulant quelques-uns de nos désaccords avec l'immense majorité de nos contemporains. Est-ce là une déplaisante prétention à l'intelligence ? Soit ! Donnons déjà à l'adversaire cet argument, dont sans doute il surestimera le poids. La véritable témérité spirituelle est si humble et si peu vaniteuse qu'elle peut sans crainte s'avancer au milieu des huées qui la disent orgueilleuse selon la parabole de la paille et de la poutre. Le téméraire en esprit n'a pas même besoin de se demander ce qu'il ne faut pas dire pour le dire. L'hérésie contre la bien-pensance fleurit naturellement dans son jardin. Certes, il ne faut point être « élitiste », feignons donc de l'être, mais comme par inadvertance. D'ailleurs, comment pourrions-nous être élitistes si nous sommes l'élite ? Un roi, s'il règne, n'a guère besoin de se dire royaliste. La témérité spirituelle serait ainsi un mouvement de la pensée qui fait l'économie de la redondance, un mouvement qui va droit au but qu'il se fixe, même dans la nuit noire, comme la flèche des archets que manient les moines guerriers du bouddhisme zen.

C'est assez dire que le téméraire en esprit n'est point entièrement ignorant de l'art de la guerre. Comme aux échecs, il est bon de temps à autre, ainsi que le suggérait Marcel Duchamp, de lancer une attaque audacieuse, et presque incompréhensible à soi-même, pour désarçonner l'adversaire, surtout lorsque celui-ci se trouve en bien meilleure position que nous. Rien ne sert de jouer en défensive lorsque les pièces de l'adversaire ont déjà conquis notre terrain. Il existe ainsi de presque imparables coups de force de l'intelligence. Un « *non !* » franc et massif aux ignominies du temps, un refus sans ambages peuvent être le cheval de Troie d'une approbation ultérieure impressentie.

Notre époque est celle des *cléricaricatures*. En toute chose elle pose la marque infâme d'un sacerdotal parodique, d'une religiosité du néant, d'un ritualisme confiné aux aspects les plus dérisoires et les plus mesquins de l'existence. Tout, dans le monde moderne, est devenu « grand-messe » : le caritatif spectaculaire, les expositions automobiles, n'importe quoi. Les psychanalystes pratiquent des confessions stipendiées, les chanteurs de variété s'entourent de flammèches tremblantes dans l'obscurité des salles de spectacle comme les saints dans les églises, lorsque les églises s'ornent de banderoles publicitaires vert salade ou rose bonbon, sans doute pour donner à leurs architectures vénérables, mais anciennes, le ton moderne des supermarchés. Les hommes de ces temps relatifs ne cessent de communier, mais dans le lâche et le ridicule, et sont parvenus à cette fin que les théocrates ne se proposaient point : *la disparition de tout esprit critique.*

La cléricature des Modernes n'a nul besoin de sommes théologiques, d'arguments ou de contre-arguments, de démonstrations de l'existence de Dieu, puisque l'esprit critique auquel s'adressaient ces œuvres de foi et de sapience a disparu. Dévote d'elle-même, contre toute bonne foi et toute raison, la modernité s'adore sans arguments ni retenue avec cette indécence vertueuse et puritaine qui lui est propre. Grenouilles de bénitiers, mais pratiquant exclusivement dans l'*ersatz*, nos intellectuels modernes « consensuels » eurent ainsi le mérite insigne de nous redonner le goût de *nier*, d'exalter en nous de magnifiques négations. À charge de revanche, nous ne témoignerons jamais assez de gratitude à ces béni-oui-oui de nous avoir redonné ce sens juvénile du *non* qui scelle en lui, comme un secret admirablement gardé, un Grand Midi d'affirmations souveraines !

Cette belle époque libérale, tolérante, individualiste et « démocratique » tolère tout, *sauf la vérité*, laissant, par voie de conséquence, la vérité qu'ils insultent et bafouent sauve de leurs atteintes, secrète comme la lettre volée d'Edgar Poe, d'autant mieux cachée qu'elle est exposée à la vue de tous. Les niaiseries les plus abominables, les considérations les plus mesquines et les plus perverses sont tolérées sous la condition qu'elles n'engagent que l'individu qui les formule. Les auteurs seraient ainsi conviés aux grandes fêtes d'une subjectivité enfin libérée des « formes », des Idées platoniciennes et des principes théologiques. Dégagées des hiérarchies, des styles et des autorités anciennes, l'individu serait appelé à manifester son « originalité » et son « droit à la différence »… Mais de l'originalité, on n'en voit guère. Avec la disparition des formes anciennes, c'est l'informe qui règne, ce comble de l'uniformité. *Rien n'est plus uniforme que l'informe.* Et les *cléricaricatures* modernes sont là pour en être les garde-chiourmes obtus et féroces.

La technique n'est jamais que l'expression d'un vœu secret, d'un *agir*, dirait Heidegger, dont l'*essence* n'a pas été interrogée. Ainsi le clonage physique succède à un clonage mental déjà réalisé. Il est vain comme le font les « comités d'éthique » – fétus de pailles édictant des règles à l'ouragan – de vouloir contester à la technique son évident pouvoir de planification et de contrôle, comme sont vains, et d'une vanité sans borne, ces adeptes du *démos* qui prétendent s'opposer aux dictatures qui, sans le règne du *démos* dont elles sont issues, seraient restés de sombres et absurdes fantasmagories emprisonnées en des subjectivités heureusement jugulées. L'histoire intellectuelle de ces dernières décennies a été faite et *refaite*, c'est-à-dire grugée entièrement par ces imbéciles, parfois d'une odieuse componction, souvent dégoulinants de bons sentiments et d'« indignations » tarifées. Jamais la charité ne fut aussi profanée qu'en ces temps qui ont vu l'interdiction théorique et surtout pratique de la vérité.

Que disent nos lieux communs de la vérité ? « Chacun a la sienne » car, bien sûr, « tout est relatif ». L'uniformisation ayant fait en sorte que cette non-vérité de chacun soit, par surcroît, dans le grégarisme triomphant, la même que celle du voisin, le seul scandale, le seul interdit, la seule hérésie porte sur la vérité, et, par voie de conséquence, sur la beauté où elle resplendit. L'étalage du laid, du vulgaire et de l'ignoble est devenu si général qu'il ne suscite même plus le dégoût ou l'horreur. Que cette laideur fût le véhicule du mensonge, nul ne s'en avise, l'interdiction de la vérité ayant été concomitante de la disparition de l'esprit critique. Comment, alors, prendre la mesure de notre abandon ?

Les *mesures* de notre déchéance pourtant ne manquent pas : ce sont tous nos écrivains, arpenteurs de châteaux kafkaïens, *auteurs* par vertu d'*auctoritas*, maîtres des rapports et des proportions, stylistes pour tout dire, que, il est vrai, presque plus personne ne lit et dont on s'efforce de faire disparaître jusqu'au souvenir dans le brouet culturel des « créatifs » et autres « concepteurs », après diverses manœuvres d'embaumements ou de feintes commémorations. Je recommande cet exercice aux quelques hérésiarques des *cléricaricatures*, mes amis : *saisissez* le monde moderne par l'œil de Montaigne ou de Molière, nourrissez-vous de la colère de Léon Bloy ou de Bernanos, ouvrez vos cœurs aux vastitudes de Shelley ou de Saint-John Perse, aiguisez votre désespoir aux flammes froides et courtoises d'Albert Caraco, armez votre désinvolture « *dans les trains de luxe à travers l'Europe illuminée* » avec Valery Larbaud, soyez sébastianistes avec Pessoa et Dominique de Roux, et retrouvons-nous enfin à la fontaine claire de la *Sagesse du Roi Dormant* d'Henry Montaigu. La fausseté s'en dissipera comme nuées, après la foudre et le vent !

Les Églises, les dogmes, les rites et les symboles vidés de leur substance, devenus écorces mortes, mensonges, dérisoire « moraline », comme l'écrit Nietzsche, c'est toute la société, ce « Gros Animal », qui est devenue cléricale, despotique, inquisitoriale, s'adorant elle-même, insatiable de louanges, d'or, de vénérations et de crimes d'une ampleur dont aucun empereur fou n'eût osé rêver. Dans sa fange de hideurs médiatiques et de communication de masse, le « Gros Animal » se repaît de ses « vérités » digérées depuis longtemps. Tout est relatif, bien sûr, sauf lui, sauf son aptitude infinie à faire ses cellules à sa ressemblance. Qui, après Albert Cohen, saura reprendre la description de la « babouinerie » foncière de l'homme moderne, aussi policé qu'il se veuille, dans ses conseils d'administration, dans ses dîners, non moins que dans les stades ou les boîtes de nuits, ces cavernes pour pithécanthropes agités ?

Que l'on s'avise de vouloir désabuser une seconde ses contemporains de leur illusion « moderne » : ils vous fusillent. « *Les ratés ne vous rateront pas* », comme disait Manet, « *ils vous fusillent et vous font les poches* ». Hors de l'adoration unanime du « Gros Animal », point de salut. L'absolutisation du relatif, voilà bien la grande trouvaille imparable. Que nous dit cette illusion ? La réponse est chez Rimbaud, dans son poème intitulé *Démocratie* :

« *Aux centres nous alimenterons les plus cyniques prostitutions. Nous massacrerons les révoltes logiques... Aux pays poivrés et détrempés ! – au service des plus monstrueuses exploitations industrielles ou militaires. Au revoir, ici, n'importe où. Conscrits du bon vouloir, nous aurons la philosophie féroce ; ignorants pour la science, roués pour le confort ; la crevaison pour le monde qui va. C'est la vraie marche. En avant, route !* »

« *Conscrit du bon vouloir* », le Moderne n'en finit plus de célébrer la liberté qu'il abandonna à la société de contrôle et « *au service des plus monstrueuses exploitations industrielles ou militaires* ». Tout lui va, et sa philosophie féroce, sa haine de toute sapience, ira, sans états d'âme, faire les poches d'Arthur Rimbaud en personne pour en repeindre son ciel publicitaire, avec de bonnes intentions. « *Roué pour le confort* », on ne saurait mieux dire, tant il est vrai que le Moderne, tel une vierge effarouchée, se défausse ou passe allègrement sur toutes les abominations, génocides, massacres, bombes atomiques du XXème siècle qui lui paraît, tout de même, bien aimable de lui avoir prodigué le four à micro-ondes et la voiture individuelle. C'est bien : « *la crevaison pour le monde qui va* ». Je ne sais plus quel polémiste avait accusé les jeunes gens d'*Action française* d'être de ceux qui sont prêts à abattre une forêt pour se faire une badine. Le Moderne bien-pensant, lui, est prêt à consentir à l'extermination de peuples entiers, de préférence « archaïques », pour l'incalculable satisfaction que lui procurent ses nourritures congelées, ses gadgets technologiques, son chauffage tempéré, son cercueil de tôle puant, sa télévision et son ordinateur qui le relient en permanence à toutes les immondices du temps. Comment dire ? « *C'est la vraie marche. En avant, route !* »

Je ne vois d'autre destination à cette marche que la disparition de la France. L'exercice permanent de contrition, d'autocritique, de dénigrement de soi-même auquel se livrent les intellectuels français, au point de ne plus tolérer dans le monde des lettres que le *traduidu*, fût-il directement écrit en français, relève, quand bien même il se targue d'être « de gauche », de cette vieille logique pétainiste selon laquelle les Français devaient expier leurs péchés en supportant la présence chez eux des Allemands. Le relativisme faisait aussi en ces temps-là ses ravages. Pourquoi être Français plutôt qu'Allemand ? L'exercice de contrition se poursuit de nos jours. Pourquoi être Français plutôt qu'Européen ou Américain ? Pour *être*, tout simplement, si le non-être nous ouvre ses bras pour disparaître délicieusement dans la consommation pure et simple des êtres et des choses. Ce nihilisme est d'essence collaborationniste. Il invoque l'état de fait, la modernité, le réalisme comme autant d'instance auxquelles il est impossible de ne pas céder, il accable la France de tous les maux, lui dénie toute légitimité, l'écrase sous des fautes supposées ou réelles, se dresse en procureur ou en inquisiteur contre toutes les figures ayant incarné une part de notre tradition, de notre style et de notre liberté pour les ravaler plus bas que terre, les ridiculiser ou les bannir. Il n'est point d'auteur, de prince, de chef d'État qui échappe à ces révisions dépréciatrices. Tout l'effort de nos intellectuels de ces dernières décennies semble avoir été porté par ce révisionnisme prétendument « démystificateur ». Ni Hugo, ni Baudelaire, ni Flaubert, ni Stendhal, ni Péguy, ni Malraux n'ont échappé à ces éreintages systématiques formulés en *traduidu* par des semi-illettrés bouffis de vanité. Les temps où l'on trouvait encore les œuvres complètes de La Fontaine, de Victor Hugo et d'Aragon dans les bibliothèques municipales est révolu. Place aux journalistes et aux présentateurs de télévision. Même les auteurs chéris de la Gauche, cultivatrice avisée de la mauvaise conscience française, pour autant qu'ils fussent redevables à quelques grands ancêtres, sentent désormais le soufre pour les narines pincées des nouvelles *cléricaricatures*. Ni Breton, avec son style Grand Siècle, ni Gide, cet hédoniste protestant, ni même Sartre, épigone de Heidegger ou de Husserl, ne trouvent plus grâce dans ce nouvel ordre moral subjugué par l'idée enivrante de la disparition pure et simple de la France.

L'écrivain français, quel qu'il soit, on l'aura compris, est un empêcheur de penser en rond. Aussi bien, les *cléricaricatures* voudraient-elles en finir une fois pour toutes avec ces survivances déplorables. L'abaissement du roman français de consommation courante ayant rompu toutes les amarres avec l'*espace littéraire*, on en finit presque par regretter Robbe-Grillet, artisan consciencieux de dédales à la syntaxe parfaite. La langue française ne serait-elle plus qu'une branche sèche, une substance lyophilisée à l'usage des pharmacopées universitaires ? Notre avenir littéraire n'est-il plus que dans la considération à peine nostalgique d'un alignement de bocaux étiquetés ? Soyons la preuve du contraire ! Les feuillages des *Contemplations* bruissent dans nos âmes, et la baudelairienne plongée dans l'inconnu ne laisse point d'exalter nos sens en tissages synesthésiques dans l'espace incandescent de notre mémoire. Ce que nos auteurs éveillent en nous, ce n'est point *l'hybris* du glossateur, ou l'outrecuidance de l'historiographe, c'est un vaste *sentiment de reconnaissance*.

La reconnaissance certes est gratitude, mais cette gratitude se hausse jusqu'à la paramnésie. Ces paysages nous sont mystérieusement familiers et pourtant ils restent à découvrir. Les œuvres nous invitent ainsi à des missions de reconnaissance. Lorsque toutes les vérités sont détruites, nos patries deviennent intérieures. Elles ne sont plus que de Ciel et de Mer, comme sont de Ciel, les pierres des chapelles romanes, et de Mer, les champs à perte de vue dans l'or du temps que récite Charles Péguy, chantre de Notre Dame. Connaître, c'est reconnaître et renaître à nouveau dans la mort immortalisante du *Logos*. Ces phrases que nous lisons, ne leur donnons-nous point une nouvelle vie ? Dans ce passage fulgurant du signe écrit à l'image de la pensée, n'est-ce point tout le mystère de la résurrection qui, à chaque fois, se joue ?

Comment ne pas comprendre, alors, que la volonté politique qui consiste à nous exiler de notre langue et de nos œuvres n'est autre qu'une volonté contre le *Logos*, contre le Verbe, un dédit fanatique opposé au dit des merveilles et des inquiétudes ? Comment ne pas comprendre que l'arasement de nos singularités porteuses de formes signifie non seulement la destruction de la culture « élitiste », mais l'extinction des possibilités les plus inattendues de la vie magnifique ? Comment définir la « culture de masse », en dehors de ses caractéristiques de facilité et d'ignominie, sinon par son caractère prévisible ? L'homme devant son poste de télévision ne s'annihile si considérablement que parce que toute sa satisfaction réside dans la prévisibilité absolue de ce qu'il va voir. Ce qu'il voit, il l'a déjà vu, et cette certitude lui permet de voir sans porter aucune attention à ce qu'il voit. Ainsi œuvrent le dédit et le déni, en défaisant peu à peu en nous cette faculté éminente de l'intelligence humaine : *l'attention*.

L'aversion de plus en plus ostensible que suscitent les œuvres littéraire trouve son origine dans l'attention qu'elles exigent. En perdant l'intelligence des œuvres, ce ne sont pas seulement les auteurs, ces hommes de bonne compagnie, qui s'éloignent de nous, c'est l'intelligence même du monde qui nous est ôtée à dessein. Ce qui se substitue au grand art littéraire, poétique et métaphysique, n'est point une autre culture, que l'on voudrait orale ou imagée, mais l'omniprésence de l'écran publicitaire. Celui qui n'entend plus le chant du poète, comment entendrait-il le chant du monde ?

À nous entendre parler ainsi du chant du monde, les modernes auront beau jeu de nous réduire à quelque lyrisme obsolète. Il ne s'agit pas seulement du chant, mais aussi de la vision, de la nuance, de la conversation, de l'attention pure et simple à la complexité rayonnante des choses. Il ne s'agit pas seulement de divaguer dans l'essor des voix, mais aussi de faire silence, d'entendre les qualités du silence, de l'attente. Il s'agit d'être à la pointe de l'attention, à l'entrecroisement fabuleux des synchronicités, à la fine pointe de l'esprit. Or, toutes ces merveilles, qui nous furent données, et qui justifient les prières de louange et de gratitude de toutes les religions, peuvent aussi nous être ôtées, non par la mort, mais par l'inattention. Dans ce combat, notre seule arme est le *Logos*, et la manifestation la plus immédiate et la plus humaine du *Logos* est notre langue, et notre langue est française.

Quels temps étranges, vraiment, où la simple évidence, la vérité pure et simple fait de nous, pour d'autres qui prétendent ne croire en rien, des hommes de parti-pris, des réactionnaires et – pourquoi pas ? – des « ennemis du Peuple ». Alors que nous n'avons d'autre parti que de nous déprendre, de laisser agir en nous à sa guise le génie d'une langue qui ordonne et dissémine nos pensées, nous voici soupçonnés d'être pris, et même d'être pris sur le fait. Le propre des ennemis du *Logos* n'est-il pas de ne rien entendre, d'être sourds aux arguments comme aux effusions de la beauté ? Aussi bien nous ne leur parlons pas : nous mettons simplement en garde ceux qui entendent contre ceux qui ne veulent rien entendre. Nous mettons en garde les esprits libres contre ceux qui aiment la servitude par-dessus tout ; nous leur montrons où sont les armes de résistance et les instruments de connaissance.

Aussi avancée – comme on le dit d'une viande avariée – que soit notre société, aussi perfectible que soit la planification, il suffit de quelques esprits pour se rendre victorieux des plus colossales négations de l'Esprit. L'Esprit, c'est là toute notre force, ne se mesure point en terme quantitatif. L'erreur indéfiniment propagée demeure impuissante contre la vérité la plus secrète, pourvu que quelques intelligences la redisent dans le secret du cœur. Selon Joseph de Maistre, « *les adeptes de l'erreur se contredisent même lorsqu'ils mentent* ». Le plus titanesque amoncellement d'erreurs variées et de mensonges n'a pas plus de poids, dans les balances augurales de l'Esprit, que la « montagne vide » des taoïstes. Le vide du mensonge revient à « rien », alors que le vide lumineux du Tao revient au Tout comme à sa source désempierrée. Le *Logos* est cette source qui désempierre les sources de l'âme, et, dans son frémissement immédiatement sensible, cette source, pour nous, est française. Pour le monde comme il va, pour cette marche, pour cette crevaison moderne, nous serons comme les Tarahumaras d'Antonin Artaud : nous refuserons d'avancer, nous nous rassemblerons autour de notre plus illustre bretteur, notre poète-guerrier, Cyrano de Bergerac, pour un voyage dans les empires de la Lune et du Soleil.

Soyons, comme Cyrano, *téméraire*. Cet au-delà du courage – que l'on répute parfois inconscient alors qu'il n'est peut-être qu'une conscience extrême consumée dans son propre feu de lumière – fait la force de nos désinvoltures charmantes. Les temps de la *témérité spirituelle* sont revenus, comme les cerisiers en fleurs. Soyons téméraires d'aimer notre langue et notre patrie, soyons téméraires d'aimer ce qui nous enchante et nous allège. Soyons téméraires d'envols et d'intelligences retrouvées avec nos maîtres d'armes et de mots. Soyons téméraires à devancer nos grandes idées, qui nous suivent, comme le disait Nietzsche « *sur des pattes de colombe* ». Soyons téméraires, car nous savons, de science certaine et aiguë, que nous avons tout à perdre et rien à gagner. Voici bien deux siècles que nous avons laissé gagner nos ennemis et ceux-ci pourrissent dans leur gain ou vont dans le sens de l'Histoire, comme des animaux morts au fil de l'eau. Voici bien deux siècles, ou deux millénaires, que notre témérité de perdants éperdus nous tient en la faveur des anges et des dieux.

Pour le téméraire, le temps ne compte pas, ni le décompte des secondes qui nous rapprochent de la mort, mais le vif de l'instant, dénombrement perpétuel de l'infini. Par « *la preuve par neuf des neuf Muses* », dont parlait Jean Cocteau, nous sommes assurés de retrouver le nombre exact de nos syllabes et de nos amis : ceux qui nous aiment dans les prosodies du temps qui passe. L'innocence du devenir nous convainc de la pérennité de l'être. Ne déméritons point de notre seule témérité d'être ! Rédimons les dieux bafoués par les temps moroses, les dieux qui dorment en nous, éveillons l'ange de la fleur du cerisier, dans l'œcuménisme des racines, des branches, des fleurs, des parfums et des essences ! Éveillons l'ange de la pierre et l'ange du regard. Éveillons témérairement l'archange de la France !

Il nous importe peu d'avoir contre nous l'Opinion majoritaire. Les majorités sont trompées, ou trompeuses. Une foule est toujours inférieure aux personnes qui la composent. Peut-on parler de l'intelligence d'une foule ou de son instinct ? Une foule ne pense pas davantage qu'une amibe. Régler sa pensée sur l'Opinion, c'est renoncer purement et simplement à la pensée. La première témérité spirituelle consiste à penser contre la foule, c'est-à-dire *à penser*. Ce que l'on nomme la transcendance n'est autre que cet instant où la pensée se dégage de l'Opinion. Cette pensée n'est point naturelle. Ce dont elle témoigne, aux risques et périls de celui qui s'en fait l'ambassadeur, est bien d'ordre surnaturel. Les philosophes de l'Antiquité ou du Moyen-Âge, qui croyaient en la divinité du *Logos*, portaient en leur croyance cette certitude pieuse et audacieuse d'une appartenance surnaturelle. N'être point soumis au « Gros Animal », c'est être un unique pour un Unique. Aussi bien la France dont nous parlons, dont nous chantons les sacres et les prestiges, dont nous méditons la disposition providentielle, n'est point la nation, ni le peuple, concepts encore trop naturalistes à notre goût, mais une Idée, une Forme.

Cette Idée ou cette Forme sont l'espace de notre liberté sans cesse reconquise sur l'Opinion, le « Gros Animal », la foule, la quantité. *Sans cesse*, disons-nous, parce que sans fin est la bataille qui se déroule entre la perpétuité de la nature et l'éternité de la surnature, entre l'immanence ouroborique et la transcendance sise dans l'Instant, entre le déroulement sans fin des temps et la présence immédiate de l'éternité. Nous ne célébrons point l'individu réduit à lui-même dans un monde « globalisé », car cet individu ne serait qu'un atome interchangeable dans l'uniformité générale. Seule une Forme peut se rendre victorieuse de l'uniforme confusion des formes.

Les progrès de l'individualisme uniformisateur furent tels, ces derniers temps, que la nature même des hommes semble en avoir été changée. Détachée de la surnature, la nature elle-même se soumet à l'uniformité industrielle. Les hommes de notre temps, comme les objets naguère artisanaux et devenu industriels, se ressemblent de plus en plus. Les voix, les intonations, les gestes, les situations des corps dans l'espace, les habillements, les complexions psycho-physiologiques, les dramaturgies intérieures deviennent de plus en plus identiques et méconnaissables. De cet étiolement des singularités témoignent aussi bien le spectacle de la rue, la lecture des premiers romans, les papiers des folliculaires que l'art cinématographique et le jeu des acteurs. Les singularités extrêmes de Louis Jouvet, de Michel Simon, de Sacha Guitry laissent la place à des voix, des élocutions, des discours, des présences, et mêmes des visages aux expressions de moins en moins dissemblables. Loin d'avoir libéré ou accru les caractères propres des individus, l'individualisme moderne paraît avoir cédé à une codification de plus en plus stricte des comportements. Par un paradoxe que nos philosophes feraient bien de méditer, la disparition des *types* s'avère concomitante de celle des *singularités*.

On ne saurait trop surestimer les enjeux de la volonté générale. Notre prétendue « émancipation » des formes, des sagesses et des civilités antérieures nous laisse avec une volonté de conformité sans exemple dans toute l'histoire humaine : les formes traditionnelles étaient bien davantage les gardiennes de nos singularités par l'établissement dans un réseau d'appartenances, différent pour chacun. Dans les limites qu'elles prescrivaient, elles nous donnaient une chance d'être dissemblables et uniques. Les pédagogies anciennes, si normatives, avec leur insistance sur la grammaire, la rhétorique, l'histoire enseignée comme la chronique d'une communauté de destin formaient des individus infiniment divers dans leurs goûts, leurs préférences, leurs styles et leurs allures, alors que les pédagogies modernes, où le professeur n'est plus qu'enseignant, où les cours magistraux sont bannis, où la « spontanéité » est considérée comme une valeur, nous donnent des générations de clones qui remâchent les mêmes idiomes, s'asservissent aux mêmes songes publicitaires et craignent par-dessus tout de paraître originaux. Il y eut, paraît-il, d'étranges temps heureux où l'inclination pour l'originalité, la distinction, le refus du conformisme, furent des signes de juvénilité. Le moins que l'on puisse dire, c'est que nous n'en sommes plus là. Ce monde nouveau est bien vieux. Si nous n'avions l'exemple d'Ernst Jünger ou de Gustave Thibon, qui dans leur grand âge ne furent jamais des vieillards, nous serions tenté de croire, au vu et su de ce qui nous entoure, que le propre de la nature humaine est d'être cacochyme du berceau à la tombe.

La témérité spirituelle nous enseignera qu'il n'est jamais trop tard pour devenir jeune, et qu'il n'est point d'uniformité qui ne puisse être vaincue par les ressources d'une singularité puisée aux profondeurs. Encore faut-il des sourciers qui nous indiquent le cours des sources cachées. Les poètes sont nos sourciers. Il serait vain de chercher quelque preuve que ce soit de la témérité spirituelle chez les idéologues, même lorsqu'ils apparaissent comme des têtes brûlées, des instigateurs de chaos ou des terroristes, lorsque les temps que nous vivons sont déjà intégralement chaotiques et terroristes, lorsque de toute forme d'esprit il ne reste que des écorces de cendre. La tragédie dérisoire des nihilistes tient de cette évidence : l'époque où ils se manifestent est déjà plus nihiliste qu'eux. Leurs bombes, leurs vociférations, leurs « actes gratuits », la dégradation des valeurs, à laquelle ils s'appliquent méthodiquement, sont déjà en retard sur leur temps. En ces confins de l'Âge sombre, le nihilisme actif ne passe plus qu'à travers des portes largement ouvertes. Les « démons » de Dostoïevski n'ont plus même affaire à des simulacres de valeurs, c'est le simulacre même de la négation des valeurs qui s'est érigé en valeur. La non-valeur règne théocratiquement, si bien que le nihilisme, pour âpre qu'il se veuille, fait désormais figure de passéiste. La « récupération » publicitaire des contestations n'est que la part la plus visible de ce phénomène. Lorsque l'espèce humaine en tant que telle, arborant la pourpre des suprêmes autorités, travaille sans relâche à l'anéantissement de l'esprit humain, les révoltes contre l'esprit sont remises à leur place. Lorsque le nihilisme et l'anarchie sont généralisés, le nihiliste et l'anarchiste sont suprêmement conformistes, lorsque la négation de l'autorité est devenue le pouvoir incontesté, l'autorité seule devient l'expression de la véritable témérité spirituelle.

Les poètes sont nos sourciers, c'est assez dire qu'ils recueillent en eux des prérogatives immémoriales. Il n'y a point de grande différence de nature entre un vrai poète de notre siècle et Virgile ou Homère. Au meilleur de sa forme, le poète contemporain entre dans les pas de ces prédécesseurs. C'est toujours la célébration du beau cosmos miroitant, les exaltations de l'âme, les courants obscurs ou lumineux de la conscience qui font l'honneur de la poésie. La musique et l'architecture s'accordent toujours avec « l'âme de la danse » dont parlait Valéry. L'invisible et le visible s'entretissent toujours à la faveur de l'éclairement du langage humain lorsqu'il s'interroge sur la source silencieuse dont il provient. Le poète ne change ni de nature, ni de dessein. La bouche d'Ombre et les voix des ancêtres parlèrent à Victor Hugo comme aux temps les plus anciens de l'humanité, Antonin Artaud n'a rien à envier aux brutales ruptures de conscience provoquées autrefois par les chamanes, ni Mallarmé aux Mages égyptiens tels que les imaginèrent les philosophes néo-platoniciens. Saint-John Perse, Paul Claudel ou Ezra Pound établissent le *Logos* dans l'immémoriale vastitude épique ; l'effulgence des émanations plotiniennes frémit dans les prosodies de Shelley et les proses de Saint-Pol-Roux. Francis Ponge lui-même, qui tente de nous donner une poésie « matérialiste », se relie directement à Lucrèce. Quant aux surréalistes, ils s'efforcèrent bravement de divaguer à l'exemple des Pythies.

Il n'est pas étonnant que le plus durable effort de la didactique moderne eût été d'en finir avec ce que Pierre Boutang nomme, à propos de Catherine Pozzi, « l'intention chrétienne » dans la poésie. En finir avec l'intention chrétienne, c'était aussi en finir avec l'intention païenne, platonicienne et, plus généralement, avec le recours ultime et premier au langage comme processus de renaissance immortalisante. « *Que le langage sauve l'existence*, écrit Pierre Boutang, *la retienne dans l'être, que de la pouvoir retenir soit comme une première preuve qui en appelle d'autres, et réfute le conseil désespéré des harpies et des oiseaux de nuit, Maurras n'en douta jamais* ». Nous reviendrons une autre fois à Maurras ; laissons pour le moment chanter en nous l'idée téméraire du refus d'écouter le conseil des harpies. Qu'importe alors que l'intention soit chrétienne ou antérieure au christianisme si, en effet, toutes les merveilles ultérieures portent en elles les sapiences antérieures. L'interdiction, édictée par les sinistres satrapes de la « modernité poétique » de nommer le Christ ou Apollon, de confiner le grand art de la prosodie à de ridicules manipulations syntaxiques et lexicales, témoigne assez que ni les dieux, ni le Fils de Dieu n'ont plus leur place dans le règne de la quantité. Les poètes naguère encore ordonnés aux Muses, requis par l'impersonnalité active des visions et des symboles, ou par la seule beauté fugitive en apparence des instants, furent enrôlés dans ces assez fastidieux travaux de démantèlement du langage, de déstructuration, de déconstruction, où la cuistrerie voisine avec l'ignorance pour mieux confirmer l'établissement déjà généralement acquis du néant du langage et de l'existence, et l'étrange décret du salut impossible.

Alors que la poésie fut, et demeure, dans son essence rendue hors d'atteinte, sauf aux élus, le chant des possibles, on voulut l'asservir à la seule tâche de se rendre impossible à elle-même, de s'exclure du possible salut, et du monde lui-même. « *Il y a*, écrit encore Pierre Boutang, *une piété naturelle, ni chrétienne ni païenne exclusivement, liée à l'homme et à sa croyance que tout finalement est divin, reflète une transcendance et quelque influence plus qu'humaine. Ce qui n'est pas humain, c'est de ne croire qu'en l'homme, et prétendre que la nature, ce n'est que la nature.* » Cette inhumanité foncière de l'homme ne croyant qu'en lui-même, il n'est que de considérer l'Histoire récente pour se convaincre qu'elle ne fut rien moins qu'abstraite. L'homme qui ne croit qu'en l'homme tient en piètre estime la vie de ses semblables et, sitôt ne distingue-t-il plus dans la nature l'émanation de la surnature, qu'il s'autorise un pillage sans limite. Si le Moderne est enclin à l'éloge de l'indéfini, c'est avant tout l'infini du pillage qui lui plaît, avec la certitude, la seule qui lui reste, de ne plus jamais être redevable de rien. Si l'homme n'est que l'homme, si la nature n'est que la nature, toute exaction est permise, et l'on a beau dire que cette permission doit être mesurée, elle n'en demeure pas moins sans limites.

La poésie seule connaît le secret de la mesure. Le paradoxe du temps est que cette mesure est devenue hors d'atteinte et que la limite, la limite sacrée, semble perdue de vue. La nécessaire recouvrance de l'humilité tient désormais à la témérité spirituelle. L'infini moderne est l'infini du prisonnier, du maniaque, du disque rayé. Chacun tourne indéfiniment dans la cour de sa prison. Les ombres sur les murs de la caverne demeurent indéfiniment des ombres. La servitude se nourrit du nihilisme qu'elle croit opposer à sa propre conscience malheureuse. À la différence de la philosophie et de la médecine paracelsienne, qui préconisait de faire du mal un remède, et de changer ainsi le plomb en or, le Moderne excelle à faire du remède un mal et à changer l'or en plomb. À ce monde plombé, lourd et opaque, la témérité spirituelle seule oppose une fin de non-recevoir. Cette fin, cette limite, est contenue dans le secret de la mesure et dans le secret, musical et pythagoricien, plus profond encore, qui *donne* la mesure.

Transcendante, verticale, brisant le cercle de l'infini ouroborique, la mesure s'établit dans un chant qui éveille toutes les vertus bienheureuses du silence. Par la mesure, l'intellect devient musique, les nombres se font incantation, et la prosodie art suprême. De même que les nihilistes étaient les retardataires du nihilisme de l'époque précédente, l'arrière-garde se prenant, par une illusion touchante, pour l'avant-garde, les irrationalistes modernes s'acharnèrent sur une raison déjà détruite, s'instaurèrent « déconstructeurs » de décombres sans comprendre que la raison qui ne veut être que raisonnable, oublieuse de sa profonde connivence avec le mystère, n'est que pure déraison. Tel fut sans doute le sens du fruit biblique *détaché* de l'arbre de la connaissance. Ce n'est point la connaissance qui nous perd, ni même le fruit de la connaissance, mais bien d'être un fruit *détaché*, réduit à la consommation ou à la mort.

Le poème, dont la nécessaire témérité spirituelle révèle en nous la sainte humilité est l'Arbre tout entier dont nous parlions, avec ses racines, ses branches, ses fruits, ses bruissements, et même les oiseaux qui viennent s'y poser et nous parlent la langue des oiseaux. Sachons entendre ce qui nous est dit dans le silence du recueillement, sachons dire ce qui ne se dédit point, dans la fidélité lumineuse de la plus haute branche qui vague dans le vent. Les dieux sont d'air et de soleil, le Christ est Roi et l'Esprit-Saint veille, par sa présence versicolore, sur notre nuit humaine.

Entretien sur la gnose
et la création littéraire[1]

Vous avez publié une vingtaine d'ouvrages et collaboré à de nombreuses revues. Vous n'êtes pas romancier, ni historien, ni essayiste, du moins au sens intellectuel et universitaire que ce mot a pris dans la production éditoriale ; plutôt poète et métaphysicien, ce qui est peut-être la même chose... Comment qualifier la nature de votre démarche d'écrivain, entre « littérature » et « gnose » – tous les mots sont piégés.

C'est le paradoxe éminent du langage d'être à la fois un piège et une possibilité de délivrance, un objet de fascination et un principe de communion. Nous sommes condamnés à nous débattre dans les rets du discours, non sans, de temps à autre, l'espoir d'un Grand-Large de poésie et de métaphysique. Entre la lettre morte et l'esprit qui vivifie, entre la citerne croupissante et l'eau vive, la différence est inaperçue, et généralement presque imperceptible. C'est elle pourtant qui distingue et qui sauve. Pour les esprits peu informés, sinon malintentionnés, ou malappris, la « gnose » se réduit aux divagations de quelques extravagantes sectes alexandrines et quiconque use du mot doit donc être relégué parmi les hérésiarques. C'est oublier que la gnose est d'abord connaissance, et que le refus de toute connaissance est une autre hérésie : celle des « gnosimaques » qu'évoquent les traités de théologie.

Remarquons, en passant, que les Modernes s'en laissent imposer par les mots, comme par les apparences. Le mot, qui ne prend sens que dans la phrase – qui elle-même ne prend sens que dans l'œuvre – agit sur eux à la façon d'un sigle, d'un « logo » publicitaire. Or le « logo » est l'exact inverse du *Logos*, c'est-à-dire aussi de la logique ; et ce fut l'immense mérite de René Guénon, de nous avoir rappelé, par l'exemple, qu'être métaphysicien, c'est aussi être logicien : c'est-à-dire donner aux mots un sens, non point immanent et immédiat, mais, si j'ose dire, transcendant et « réfracté ». Ce que résume parfaitement cette phrase de saint Augustin, que j'aime à citer : « *Nous qui savons ce que vous pensez, nous ne pouvons ignorer comment et en quel sens vous dites ces choses.* » Le bon usage de la gnose

---

[1] Entretien avec Jean-Marie Baume pour la revue en ligne *Symbole*.

serait ainsi de consentir à se laisser instruire, fût-ce par des réponses à des questions qui ne furent pas encore posées. Là se joue exactement la différence entre la certitude et la vérité, et plus encore entre l'administration de la « vérité », qui n'est plus alors qu'une certitude, humaine, trop humaine, et la quête de la vérité, le voyage vers les Îles vertes, vers le Graal…

J'userai donc du terme de gnose – même si je préfère ceux de « sapience » et d'« herméneutique » en dépit des équivoques et des hostilités qu'il suscite –, en ce sens strictement platonicien qui distingue la *gnôsis* de la *doxa*, moins d'ailleurs pour les opposer que pour les hiérarchiser… De même que Platon n'oppose pas le sensible et l'intelligible, mais les distingue, en les unissant par *une gradation infinie*, la *doxa*, la croyance, dans une perspective traditionnelle, ne s'oppose pas davantage à la *gnôsis* que la périphérie d'un cercle ne s'oppose à son centre. La gnose est un art de l'interprétation, autrement dit un voyage odysséen dont l'horizon est le retour. L'herméneutique, loin de s'opposer à la lettre la sauve et la couronne. En ce sens, le gnostique, l'herméneute, est plus fidèle à la lettre que le littéraliste, qui en use à des fins politiques, dans une « *praxis* » publicitaire parfaitement accordée à l'absence d'esprit du monde moderne.

L'équivoque du mot « littérature » est du même ordre ; il y aurait ainsi une littérature « littéraliste », réduite au « travail du texte » et une littérature, si l'on ose dire « contre-littéraliste », mais dont le « contre » est, pour ainsi dire, transmuté en un « avec », – ce que suggère l'étymologie grecque du mot qui désigne l'écrivain, *syngrapheus* : « *écrire avec* ». L'écrivain, au sens non plus littéraliste ou nihiliste, serait alors celui qui écrit *avec* le visible et l'invisible, celui qui ne désespère pas des mots galvaudés et profanés ; qui entrevoit, dans l'air mouvementé de ses phrases, une chance de témoigner en faveur du beau, du bien et du vrai. Mais les plus grandes incertitudes sont ici requises en même temps que les belles espérances. La gnose ne saurait être péremptoire ; elle s'achemine vers la vérité plus qu'elle ne la détient. Certes, comme la Sîmorgh de l'admirable récit d'Attâr, elle est déjà ce vers quoi elle vole, mais les œuvres sont encore les moments, les étapes, les « stations », de sa divine ignorance.

À cette gnose accordée à l'humilité, s'oppose peut-être une gnose arrogante, une gnose fallacieuse, la « *gnose qui enfle* » dénoncée par saint Paul, mais celle-ci désormais n'est autre que la technique moderne, qui juge de tout par l'utilité, et dont nul ne sut mieux décrire les ingéniosités controuvées que Villiers de L'Isle-Adam dans ses *Contes Cruels*. Le propre de cette gnose arrogante est comme le remarquait Hannah Arendt, de nous « exproprier » du réel, c'est-à-dire de la contemplation et de l'œuvre, pour nous réduire à l'animalité sophistiquée du travail et de la consommation. Telle est la gnose qu'il faut combattre, par les armes de la gnose lumineuse, de la science du cœur. Ne point juger les choses de l'extérieur, en inférant de la forme, de l'apparence, ce qui est, comme le souligne Philippe Barthelet, le propre du diable, mais à partir du cœur, à partir d'une sapience déjà acquise de toute éternité et qu'il suffit de retrouver, en toute innocence. Mais ce n'est pas en nous-mêmes que nous retrouverons cette sapience, mais en ceux à qui nous l'aurons fait partager et qui pour nous, et mieux que nous, en témoigneront. La vérité est toujours « en communion ». La parole n'est pas dans la bouche de celui qui parle, ni dans l'oreille de celui qui entend, mais entre eux, dans cette espace auroral, incandescent, où quelques preuves de la Toute-Possibilité nous sont offertes.

Il est clair que vos référents, votre écriture, et si l'on peut dire, votre « humeur », sont profondément occidentaux et chrétiens. Or les éléments propres à la Tradition occidentale semblent aujourd'hui en plein reflux face à la déferlante mondiale d'une « spiritualité » marquée par un orientalisme assez douteux au plan doctrinal, ou par un syncrétisme *New Age* encore plus frelaté ! Comment déblayer aujourd'hui les voies d'accès à notre propre patrimoine spirituel ?

Croire au libre-arbitre, selon une inclination précisément occidentale et catholique, à laquelle s'oppose aussi bien le déterminisme que le fatalisme, c'est comprendre que nous sommes, sans cesse et en toute chose, confrontés à un en-deçà et un au-delà. Loin d'être binaires ou latérales, les idées sont verticales et hiérarchiques, avec des nuances d'infini – ou d'infinies nuances. La sociologie et la philosophie moderne excellent à nous réduire à des choix fallacieux : individualisme ou communautarisme, universalité ou enracinement. C'est oublier tout simplement qu'il existe une universalité de l'en deçà, et une universalité de l'au-delà – celle-là même dont nous entretient magistralement René Guénon. L'universalité de l'en deçà est fondée sur le syncrétisme, la confusion des genres, l'amalgame empoisonné, la fantasmagorie totalitaire du « village planétaire », et se déploie en « orientalomanies » qui, non sans une certaine arrogance colonialiste, s'en vont piller de vénérables traditions étrangères, pour y trouver des « thérapies alternatives », un vague jargon et des « méthodes » pour « redynamiser » des cadres surmenés. Le « *New Age* » se reconnaît à son idiome, ses anglicismes, sa mollesse intellectuelle, son côté « parc d'attraction » et son goût de la promiscuité. Tout y a été filtré par l'ignorance et les traditions évoquées y sont *représentées* comme le sont les châteaux médiévaux à Disney World. Le Moderne est fasciné par l'archaïque, par l'originel, mais cette fascination est, pour lui, une véritable régression, une déchéance en-deçà de la raison, une barbarie toute clinquante de « technologies nouvelles », une superstition odieuse et ridicule à laquelle le terme d'*obscurantiste* convient assez bien et même beaucoup mieux que dans l'usage que l'on en fit naguère. L'obscurantisme restait à inventer : c'est chose faite.

On ne peut qu'être agacé par ce mépris de toute étude patiente, de toute discipline réelle, cette outrecuidance d'ignorantins qui « zappent » entre le bouddhisme, le taoïsme, les Védas, le chamanisme, alors que les nerfs leur manquent pour lire Platon ou saint Augustin et qu'ils demeurent aveugles et sourds dans une cathédrale ! Certes, la Tradition, au sens du *tradere*, suppose que l'on puisse passer d'une langue à une autre, mais encore faut-il partir de quelque part. Or, si quelques aperçus de l'Universel me sont donnés, c'est précisément par la fidélité aux ressources de ma langue, par les symboles qui tout d'abord s'offrirent à moi, de cette façon ingénue que résume la phrase de Descartes : « *Ma religion est celle de mon Roi et de ma nourrisse* ».

Ce qui est *donné* n'est point si méprisable. Nietzsche disait que le propre du nihiliste est de haïr son passé. Pour ma part j'aime naturellement et naïvement ce qui me fut donné, et je ne puis me défendre du sentiment d'avoir reçu bien plus que je ne puis donner. Le Moderne, quant à lui, semble animé par une aversion extrême à l'égard de *ce qui est* et de *ce qu'il est*. D'où ces ritournelles de repentances, de contritions malvenues ; d'où la haine de soi, la fuite dans l'exotisme, qui prédilectionne ce qu'il ne peut comprendre au détriment d'un héritage prodigieux qui se propose à lui dans son propre pays et dans sa propre langue. L'idéal du moderne est touristique ; c'est de n'être nulle part chez lui et de n'être jamais *là* tout en étant ailleurs. Toutes les technologies modernes servent à ce dessein ; nous arracher à notre être-là, nous diffuser dans le néant afin d'échapper à la difficulté d'être.

Il n'en demeure pas moins qu'en étant Occidentaux et chrétiens, et même, plus exactement, Français et catholiques, maintes voies nous sont offertes de recevoir de l'Orient des lumières qui ne sont ni artificieuses ni vaines. Gérard de Nerval et René Guénon, Henry Montaigu et Henry Bosco, laissent advenir l'Orient, en reçoivent des nuances pour mieux comprendre leurs propres symboles – ce qui, dans leurs propres symboles, témoigne de l'universalité métaphysique. Mais qu'aurais-je compris de Sohravardî, ou de Ruzbehân de Shîraz sans la lecture de Plotin ? Comment mieux saisir le sens de la *Futûwah*, de la chevalerie soufie, qu'à partir de la pensée romane et occitannienne des Fidèles d'Amour ? Et c'est encore la « déité » eckhartienne qui nous donne une chance de saisir la « non-dualité » védantique. René Guénon, enfin, s'il faut le rappeler, est un *écrivain français* et c'est à travers le prisme de la langue française qu'il nous donne à penser le sens de l'Universalité. Comme le montre magistralement l'œuvre de Jean Biès, un entretien infini est possible entre l'Orient et l'Occident, mais encore faut-il qu'il y ait un « part et d'autre », encore faut-il être *quelque part*, avoir quelque chose à dire, et à traduire, dans une langue profondément reliée à ses arcanes, ses étymologies, ses profondeurs et ses raisons d'être, une langue qui soit un monde, un « cosmos », où la totalité du monde peut venir miroiter, se faire lumière et splendeur, une langue de sourcier, éprise de ses courants souterrains, qui resurgissent à l'improviste dans la simplicité d'un paysage à la ressemblance de notre âme. Que faire, me demandez-vous, pour retrouver les voies d'accès à notre propre patrimoine spirituel ? Retrouver, peut-être, une innocence, une gratitude, par le ressouvenir du bruissement des peupliers.

On note souvent, en vous lisant, à quel point la modernité – la laideur et la lourdeur de ses productions – semble vous peser ; « le monde moderne change l'or en plomb » écrivez-vous dans « L'Étincelle d'Or ». En quoi la modernité est-elle – plus que jamais ? – une « contre-civilisation » ? Quelle analyse faites-vous de l'évolution de ses « méfaits » mis en exergue notamment par Guénon – y a-t-il par exemple, selon vous, des compensations à l'aggravation de certaines de ses tendances ? Enfin, comment vivre et œuvrer là, au milieu, en état de résistance constante ?

« *La laideur et la lourdeur* » : tout est dit. On peut, certes, tenter de dessiller le Moderne sur cette époque « formidable », tenter de lui montrer que tout y fonctionne par antiphrase ; que la liberté qu'on lui vante pour sa conquête est celle dont on le prive, lui expliquer que les adeptes de la « Déesse Raison » firent la preuve de leur bonne foi en réinventant, en bons citoyens, le cannibalisme et les sacrifices humains. On peut s'épuiser en démonstrations, en explications sur les idoles sanglantes de la modernité, l'entendement demeure sourd et aveugle. Le propre du Moderne est de ne rien voir, en dehors de son univers domestique et privé. Que lui importent les têtes au bout des piques s'il se persuade qu'elles sont à l'origine de son confort présent. Le Moderne pratique le chauvinisme temporel : cette époque est meilleure que les autres, car il s'y trouve, elle est son écrin ; l'esclave sans maître en est le joyau. La croyance est alors plus forte que toute vérité. Rares sont ceux qui regimbent à la propagande. Ayant renoncé à la vanité de se croire plus intelligents que leurs ancêtres, ils sont sauvé par le goût, par une préférence pour la légèreté, pour l'honneur, et peut-être, pour une certaine forme de solitude, mais d'une solitude oublieuse de soi-même. « *Cet homme*, écrivait La Rouchefoucauld, *n'a pas assez d'étoffe pour être bon* ». Le Moderne fait grand étalage de la sa bonté, de sa sentimentalité, mais l'*étoffe* lui manque, sa méchanceté se confond avec sa bêtise. Hannah Arendt parlait à juste titre de la « banalité du Mal ». La civilité, sans quoi il n'est pas de civilisation, est elle aussi une question de goût et d'étoffe.

Le Moderne, plus « réaliste » remplace tout cela par l'idéologie, par la certitude d'incarner le « Bien ». Ce qui lui fait une âme étroite et un cœur endurci. L'homme de la Tradition – lorsque cette Tradition n'est pas devenue pour lui une autre idéologie – est plus ondoyant, plus incertain : il chemine vers la vérité et son combat contre le Mal est d'abord un combat contre lui-même, cette grande guerre sainte qui doit nous arracher à la lourdeur, nous inviter aux « randonnées célestes » dont parle les taoïstes. Le Mal n'est que l'absence du Bien ; il s'agit donc d'être présent, de consentir à la présence, à la solennité légère du passé, non pour y revenir ou le « restaurer » – comme le disait Gustave Thibon : « *On ne greffe pas une tête sur une voiture* » –, mais par déférence, ce qui est encore une question de bon goût.

Comment vivre et œuvrer ? Je vous avoue que, chaque jour, je me pose la question, chaque jour je tente d'y trouver une réponse. « *Fais en sorte que ce sur quoi tu ne peux rien ne puisse rien sur toi* », nous rappelle Julius Evola à la suite des stoïciens. Mais avons-nous encore le caractère assez bien trempé pour cette morale exigeante ? Chaque jour ce sont des coups de massue et des coups d'épingles. Tout, dans ce monde nous insulte, nous outrage, nous humilie. Il nous reste cependant une sorte d'insouciance, de désinvolture, qui est peut-être la part la plus précieuse, dans l'ordre du combat, de notre héritage, ou un secret d'espérance, que disent les poètes : « *De nouveau la plénitude des temps* [...]. *Midis étourdis où couraient les ombres...* ».

L'Étincelle d'Or est une série de méditations sur la Science d'Hermès. Cette idée que l'herméneutique en tant que « *reconnaissance et résurrection du sens* » est, écrivez-vous, « *ce qui vivifie l'esprit sous les cendres de la lettre morte des religions réduites à leurs aspects purement extérieurs* », est-elle une façon de rappeler que l'homme est, par nature, *capax dei* – et que l'Esprit souffle où Il veut sur les braises de cette conscience spirituelle enténébrée dans la « nuit apocalyptique » qu'évoque Jean Biès ?

« *L'Esprit souffle où Il veut* ». C'est une vérité que nous oublions et retrouvons sans cesse. Elle est, cette vérité, dans nos âmes engourdies, comme « un commencement sans fin ». Tout nous subjugue à l'oublier et tout nous rappelle à elle, qui surgit à l'improviste : et soudain le souffle de l'Esprit anime le monde. Si le Moderne n'est pas plus méchant homme que ses prédécesseurs, si toutefois il lui manque bien souvent l'étoffe pour être bon, c'est encore son inattention qui l'écarte de sa propre vérité, et de la nature divine de cette vérité. Il me semble qu'entre leurs oreillettes et leurs écrans, leurs idéologies et leurs certitudes, les Modernes s'évertuent à ne rien voir, à ne rien entendre, à passer à côté de tout ce qui importe, tant dans l'ordre du sensible que de l'intelligible. Les ténèbres du temps, dont les inconséquences, hélas, tirent à conséquence, me semblent moins le fait d'une absence de foi, de croyance, que d'un déclin de l'attention. Le Moderne regorge de croyances, c'est une foire de certitudes infondées. Il croit en l'Homme, en l'Avenir, au Progrès, en la Démocratie, et en tout ce qu'on voudra écrire en majuscule, mais qu'en est-il de l'*attention*, qui hausse la température du temps, qui porte l'heure à l'incandescence, qui révèle les « signatures », les empreintes du sceau invisible ? « *L'Esprit souffle où il veut...* » N'est-ce point à dire que nous avons désormais davantage besoin de l'*attention* que de la croyance, n'est-ce point à dire qu'il faut tout ôter à la certitude pour tout restituer à la vérité ?

La théologie, lorsqu'elle se tient se tient malheureusement en-deçà de la « métaphysique » – au sens précis que René Guénon donne au mot –, lorsqu'elle est encline à « l'exotérisme dominateur », pour reprendre la formule de Jean Tourniac, cette théologie partielle et partiale, oublieuse bien souvent des textes dont elle se réclame, semble condamnée à *étayer* la croyance, à vouloir démontrer « l'existence de Dieu » et s'emprisonne ainsi dans le syllogisme. Que vaut l'existence de ce qu'il faudrait démontrer ? L'existence n'appartient-elle pas à l'évidence ? N'est-ce point l'existence qui prouve Dieu ? Est-ce à notre pauvre raison de prouver l'existence de Dieu ? N'est-ce point, par ailleurs, pure idolâtrie que de réduire Dieu à un « existant » ou à un « étant », fût-il un « Étant suprême » ? Si Dieu est la « cause causatrice », s'il est en amont de tout ce qui existe et de tout ce qui est, c'est à partir d'une *métaphysique de l'Être à l'impératif* que nous pourrons dissiper les ténèbres de l'entendement : *Être* non pas au substantif (l'*étant*) ni même à l'infinitif (l'*être* de l'ontologie parménidienne), mais l'être à l'impératif, *Esto !* : « *Que la lumière soit !* ». L'Esprit souffle au-delà de l'Être et du non-être, Il est cette possibilité universelle qui, en toute chose visible et invisible s'offre à notre attention, qui retourne les apparences des mondes, en leur vérité écumante, en leur beauté « *de Foudre et de Vent* ».

Vous rappelez que l'Alchimie est une science à la fois royale et sacerdotale, issue de la Tradition Primordiale. Au-delà de toutes les erreurs de perspective et d'interprétation dont elle peut faire l'objet, n'est-ce pas aujourd'hui la confrontation à la beauté – celle du poème, de l'œuvre d'art ou de la nature – qui peut jouer le rôle de puissance d'effraction et d'éveil ?

La beauté est le « château tournoyant », elle est ce qui résiste. « *Splendeur du vrai* », écrivait Platon ; ne nous étonnons pas que les Modernes s'acharnent contre elle. Dans tout l'espace du visible, ce qui est moderne se reconnaît infailliblement par la laideur. Qu'on ne vienne pas nous opposer les productions des « artistes contemporains », colonnes de Buren ou gratte-ciel miroitants ! Regardons simplement nos villes, comparons les cœurs de ville médiévaux et leurs alentours récents. Regardons ces espaces désorientés, littéralement *désastrés*... Dans son évidence première la modernité est un raz-de-marée de laideur dont les marées noires sur les plages bretonnes sont la métaphore parfaite. La beauté de l'art et la beauté de la nature sont une seule et même beauté. La beauté est cette instance où l'art et la nature cessent de s'opposer. Ainsi de l'architecture traditionnelle dont le propre est de s'intégrer dans le paysage, d'en prolonger le mystère. La phrase du poète prolonge le geste de la nature. Chaque temple est la réverbération du ciel. Le paradoxe d'Oscar Wilde selon lequel « *ce n'est pas l'art qui imite la nature mais la nature qui imite l'art* » nous fait entrevoir, dans une perspective platonicienne, cette gradation entre le sensible et l'intelligible. La nature et le poème sont également créations du Verbe.

« *Les symboles et les mythes*, écrit René Guénon, *n'ont jamais eu pour rôle de représenter le mouvement des astres, mais la vérité est qu'on y trouve souvent des figures inspirées de celui-ci et destinées à exprimer analogiquement tout autre chose, parce que les lois de ce mouvement traduisent physiquement les principes métaphysiques dont elles dépendent.* » Aperçu capital, à partir duquel nous comprenons que la beauté, qu'elle soit de l'art ou de la nature, témoigne d'une vérité plus haute ; que la beauté est ce qui nous rejoint, qu'elle est cette réalité pontificale, cette « *passerelle du vent* », comme disent les Japonais, qui nous fait signe de l'autre côté des apparences, de l'autre côté des temps. D'où l'importance de l'attention, de l'herméneutique, qui ne doit pas être seulement une herméneutique des textes sacrés, mais aussi une herméneutique du monde, du cosmos. Revenons encore à René Guénon : « *Le Verbe, le Logos, est à la fois Pensée et Parole : en soi, Il est l'Intellect divin, qui est le lieu des possibles ; par rapport à nous, Il se manifeste et s'exprime par la Création, où se réalisent dans l'existence actuelle certains de ces mêmes possibles qui, en tant qu'essences, sont contenus en lui de toute éternité. La Création est l'œuvre du Verbe ; elle est aussi, et par là même, sa manifestation, son affirmation extérieure ; et c'est pourquoi le monde est comme un langage divin à ceux qui savent le comprendre.* »

« *Entrer dans le secret alchimique*, écrivez-vous, *c'est entrer par la contemplation, dans la réalité métaphysique du symbole* », pour peu que s'opère cette conversion du regard à la lumière, que vous évoquez par ailleurs et contre quoi tout conspire. Dans quelle mesure l'accès à cette « connaissance visionnaire » est-elle une quête, et donc un combat – dont la compréhension du langage symbolique serait à la fois le moyen et la fin ?

La quête est un combat. Cette dimension héroïque est accentuée encore par le caractère des temps qui sont les nôtres, temps de distractions, de confusion, de vacarme, de dissipation. Les heures calmes et studieuses nous sont comptées. Tout conjure à l'activisme le plus inepte, au brouillage, à la crétinisation. Les intellectuels eux-mêmes sont devenus les pires ennemis de l'Intellect. L'œuvre alchimique s'oppose de toute sa fragilité au « dés-œuvre » du monde moderne, qui change l'or en plomb. Apathique ou agitée, distraite ou travailleuse, la modernité est « désoeuvrante ». Ces heures glorieuses, ces heures rayonnantes, ces heures d'éternité et de communion qui nous sont offertes par la beauté du monde, dans la clairière de l'être, elle s'acharne à en faire, dans une perspective strictement utilitaire et fiduciaire, un abominable compte à rebours. Le langage symbolique nous restitue à ce qui, dans le temps, témoigne de l'éternité – qui donne au combat, à la quête, cette légèreté heureuse, et parfois, nous rend victorieux de nos propres faiblesses.

Quel est le rôle du poète dans ce combat, quel peut-il être dans un monde où l'écrit semble submergé ?

L'écrit est submergé par le fracas médiatique, mais il est aussi submergé par lui-même. La société de masse a substitué à la censure par coupure, la censure par submersion. Tout est fabriqué pour nous persuader que les mots ne veulent plus rien dire. Les discours journalistiques, universitaires, politiques, publicitaires sont les écorces mortes du sens, à quoi s'ajoute encore le bavardage commun, particulièrement autistique. L'art même de la conversation est un art oublié. Le poète ne peut se fonder que sur un paradoxe d'espérance : tout est gagné lorsque tout semble perdu. La profanation du *Logos* est parvenue à une telle arrogance offensive que le simple usage de la langue française dans son mouvement naturel suffit à nous distinguer, à nous sauver. Croyons davantage au génie de notre langue qu'en nos propres talents ! Croyons aux bonheurs de notre langue, à ce qu'elle nous inspire, à l'héraldique des mots, aux palimpsestes merveilleux !

Vous revenez à diverses reprises, dans ces méditations, sur l'importance du *secret*, dont la « haine » est caractéristique de l'esprit moderne. C'est parce qu'elle est marquée du sceau du secret, rayonnante d'une réalité blasonnée, que la langue alchimique, affirmez-vous, pourrait devenir « *l'ultime gardienne de l'être devant le néant dévorant du monde moderne qui s'est choisi pour Père l'Économie, pour Fils le Technique et pour Saint-Esprit, la Marchandise !* **» Autrement dit, le langage du symbole est-il celui de la liberté absolue et le lieu de tous les possibles ?**

La haine du secret – et donc du sacré –, dont René Guénon nous dit qu'elle est l'un des « Signes des Temps », est sans doute la première des haines modernes. Ce monde transparent que rêve le Moderne est un monde *sous contrôle*, un monde dont la liberté a été parfaitement éradiquée. Le totalitarisme du monde des esclaves sans maîtres tolère tout sauf ce qui semble échapper au monde social, au grégarisme, aux collectivismes, à la platitude. Toute l'énergie du monde moderne consiste à nous réduire à un seul état d'être, le plus bas. Pour le Moderne, la vie intérieure est une offense. Elle est une offense, car elle relie ce monde-ci à un autre monde, car elle instaure une verticalité, car elle discerne au-delà des servitudes, du déterminisme, une liberté absolue. La haine du secret est l'envers de la haine de la liberté. La liberté n'est autre que l'effusion lumineuse et versicolore du Saint-Esprit. Le déchiffrement du langage des symboles est une attente du « sens secret », une advenue du « supra-sensible », autrement dit, des possibles déployés en corolles – et l'on devrait ici parler du symbolisme floral, mais aussi de la « langue des oiseaux », langue angélique, où l'ici-bas rime avec l'au-delà, en nous ressouvenant de la parabole évangélique des « oiseaux du ciel » venant se poser sur les branches de l'Arbre – symbole, selon la formule de René Guénon, « *de l'axe passant par le centre de chaque état d'être et reliant tous les états entre eux.* »

Dans le triple mouvement de la vague

> « *La mer, le bleu Protée* »
> Jorge Luis Borges

Tant que nous ne comprenons pas qu'il y a une coalition de forces destinées à nous restreindre, nous démoraliser, nous faire taire et finalement, nous tuer, nous demeurons à sa merci, livrés aux tumultes sans espérances. Notre alliée majeure sera la distance, celle que nous prenons avec l'amer discours global que l'on nous tient et l'universelle tristesse diffuse, répandue en marées noires sur nos consciences – distance prise et maintenue entre les hommes qui, se refusant à vivre *en tas*, se saluent de loin en loin, et parfois cheminent ensemble, non en touristes, mais en fils de roi, telles les Pléiades de Gobineau.

֍

N'attendons pas de nous croire abandonnés de tous pour savoir que nous sommes seuls. Devançons l'appel que nous font les forêts, les nuages, les prairies, et prenons les chemins de traverse. Notre mémoire nous précède : nous ne savons pas encore ce dont nous nous souviendrons, croyant l'ignorer. La sapience du cœur bruissant de tous les temps est sise dans chaque seconde justement honorée. Elle nous fait signe, divulguée et cachée, héraclitéenne par nature dans l'immanence irisée de transcendance. Elle nous revient à la fois comme héritage et comme pressentiment ; elle revient d'en-deçà, d'en-dessous et le monde est l'écume de la vague qu'elle roule et dont nous sommes sculptés, témoins de pierre.

֍

L'âme verdoie. Le souffle s'avive. La joie, secrète éclosion, est gnose qui divague d'éons en éons, jusqu'au-delà de Dieu qui n'est qu'un IL ! La voici saisissable dans l'éclat de la lumière du fond de la noire prunelle. Toute la lumière possible est dans la nuit. Le bel honneur sera d'y demeurer fidèle, ordonné à ses impondérables racines, à ses éclairs d'orage d'été sous le ciel gagné par le grand silence d'avant-tonnerre.

֍

Nous venons d'avant, et c'est ainsi qu'aujourd'hui est déjà derrière nous, dans cette pénombre où se perdent les cris et les rages.

❧

Souvent la plénitude à l'improviste survient et aussitôt les forces adverses adviennent pour s'en venger. La plus grande puissance intérieure est ainsi confrontée, par la fatalité d'un temps dominé par le ressentiment, à la plus grande menace. La beauté conquise excite l'animosité de ceux auxquels elle se refuse. Ce qui *n'est pas* est en guerre permanente contre *ce qui est* – qui doit ainsi recourir à l'éthique héroïque pour ne pas disparaître. Espérons qu'aux rêveurs, aux intercesseurs et aux désintéressés revienne aussi le privilège du Bouclier de Vulcain afin qu'ils survivent encore un peu dans ce monde désastré.

❧

Quelques personnes connues, aimées peut-être, ou même simplement entrevues suffisent à sauver la vie de quelques autres, à lui donner un sens, une ampleur qui, en leur absence, se fussent refusés.

❧

La grande entreprise d'avilissement se poursuit dans l'activisme planificateur des cupides et des moroses. Quiconque prétend vouloir y échapper et entraîner quelques autres dans cette échappée belle sera jugé hérétique, autrement dit, dans l'actuel jargon, « réactionnaire », voire pire. La perte du sens des mots est l'un des signes des temps les plus notables et les plus sinistres. Ah ! que reviennent l'approfondissement de l'été sous le règne des dieux impondérables, le scintillement épiphanique de la lumière sur la surface des eaux, la simple beauté de la voile latine, la ruée des orages lumineux – et la grande désinvolture délivrée, tragique et joyeuse, devant la vie et la mort !

❧

Une sapience nous en viendra, en ressacs odysséens et divines anamnèses, dont Porphyre détenait le secret.

❧

Le moderne est celui qui juge que rien de ce qui lui est donné n'est assez bon pour lui, ni la terre, ni le ciel, ni les dieux, ni ses semblables. D'où son activisme modificateur, ses technologies arrogantes et despotiques et sa rage qui change tout legs en décombres – et avec cela, moralisateur hystérique contre toute *vertu* au sens antique.

☙

La force ne fut, n'est et ne sera jamais ailleurs que dans le calme. L'ennemi, en nous, et en dehors de nous, le sait bien : tout ce qui nous fait perdre notre calme nous affaiblit et nous dispose à la défaite.

☙

L'homme chevaleresque n'est pas l'homme sans défaut et sans faiblesse, ni même un homme perfectible : il est celui qui, de ses faibles forces humaines, s'efforce vers une beauté qui, peut-être, va l'anéantir. Cependant, toute existence qui n'est pas une quête du Graal est un interminable avilissement.

☙

La mémoire heureuse est une croisée de chemins qui portent vers le cœur le souvenir des allées, le parfum des prairies, la rumeur des cités mystérieuses. La mémoire malheureuse est une comptabilité de déceptions, de remords et de griefs, sous éclairage artificiel.

☙

« *Là où il n'y a plus de dieux règnent les spectres* ». Ce propos de Novalis, si nous en tirons les fils jusqu'à nous, dit à peu près ce qu'il faut savoir de notre temps. Il nous reste, à nous qui sommes relégués aux marges d'une société devenue l'ennemie de notre civilisation, à opposer à cette réalité spectrale, le réel immense, tantôt lapidaire, tantôt diffus qui, par bonheur, quelquefois, se laisse accueillir dans la ressource de notre langue accordée à la grammaire du monde.

☙

Sitôt que les anciennes civilités, qui sont l'enseignement des siècles, sont contraintes de battre en retraite, une torve barbarie s'installe, utilitaire et fondamentaliste. Tout disparaît de ce que Villon, Rabelais, Montaigne, Cyrano de Bergerac, le Prince de Ligne, Villiers de l'Isle-Adam ou Valery Larbaud tentèrent de nous apprendre – et nous sommes laissés sans défense devant les néons, les écrans, les banquiers et les barbus fanatisés.

☙

Le monde est plein de dieux et d'œuvres, qui sont la preuve de la générosité humaine, et réserve ainsi à ceux qui les honorent, des forces sensibles et consolatrices dont nul acharnement nihiliste ne peut venir à bout. Tout au plus peut-il restreindre encore l'aire heureuse ; mais si limitée qu'elle soit, même réduite à une tête d'épingle, voire à une pointe invisible, elle demeure cette prodigieuse trouée dans l'espace-temps d'où reviendront d'improbables épiphanies.

∽

Il est bon et juste quelquefois, face à l'outrecuidance du pouvoir – celui de l'argent, qui s'exerce sous le couvert de la loi, celui du guichet et de la bêtise accréditée par le plus grand nombre –, de réveiller quelque ancien mépris aristocratique et de se souvenir que ces oppresseurs ne sont jamais que des esclaves promus ou des maîtres dérogés et avilis.

∽

Ce qui empêche la plupart des êtres humains de saisir leur bonheur, c'est d'ignorer, en préalable, l'immensité du désastre où ils se trouvent et l'abomination de leur condition. Enfin, tout nous sera ôté de ce que nous aimions et de ce qui nous aimait, et que nous eussions aimé davantage si nous n'avions pas été si vétilleux et vindicatifs, si aveugles à la magnificence du don offert. La condition humaine est telle que dans *Le Septième Sceau*, sur cette rive austère, où l'on voit le chevalier pâle jouer aux échecs avec la Mort.

∽

Ce jour, ce soleil dans les nuées, cette cité au bord de la mer, sont tant plus vastes que nous qu'il est juste de s'y laisser dissoudre nos craintes et nos acrimonies, et même de nous y perdre jusqu'à disparaître.

∽

Paradoxe notre temps : plus loin nos racines plongent dans le passé, jusqu'aux nappes phréatiques de notre civilisation même, et plus nous nous trouvons exilés sur les terres qui furent celles de nos légendes et de nos songes. Qu'est-ce qu'un homme, dans l'actuelle société française, dont les pensées s'accordent naturellement à l'Astrée d'Honoré d'Urfé ou à la promenade nervalienne « *par-delà les portes de cornes et d'ivoire* » ? Un exilé d'entre les exilés, parlant à ses contemporains une langue devenue presque incompréhensible.

∽

Et c'est bien ce qui vient à l'esprit lorsqu'on assiste à tant de débats et discussion simplificateurs et acrimonieux. Parlons d'autre chose ! Parlons des livres oubliés et des plages désertes, des mystères du sommeil et de la musique des morts, qui, selon Nicolás Gómez Dávila, persiste sous le vacarme des vivants. Parlons de l'Ange du crépuscule et de l'*avant-matin*, des Ennéades de Plotin et de *L'Antre des Nymphes* de Porphyre. Parlons de la paracelsienne « *signature des choses* ». Parlons de la peau frémissante et des chevelures ensoleillées des amantes. Parlons des poètes, des saints et des héros, des arcanes de notre pays, des demeures philosophales, de l'or du temps, de la belle gradation qui unit le sensible et l'intelligible, parlons des astres et de la pluie.

℘

Les bien-pensants sont, désormais, en permanente crise anaphylactique : toute libre pensée, même à des doses infinitésimales, les révulse. Un ministre nous dit que tel intellectuel aurait « perdu ses repères » et voici une horde d'obséquieux de surenchérir, tout heureux de nuire avec l'aval du gouvernement. Le spectacle qu'ils offrent est à la fois comique et sinistre : sauts de puces s'évertuant, comme au cirque, à complaire à l'Empire du Bien. Que se disent à l'envi ces moralisateurs dans la citerne croupissante de leur cervelle ? « Si je ne puis être un homme de talent, que je sois au moins celui qui le juge et le condamne ! » Il y a, chevillée au corps de tous les moralisateurs, et pourrissant leur âme, cette rancœur, cette volonté de pouvoir aigrie, pour laquelle la fin justifie les moyens – et qui participe, par le fait, à l'enlaidissement du monde.

℘

Il est bon de reconnaître le moment où il faut sortir du débat, prendre le large et reconquérir la souveraineté de l'Instant dont le prisme diffracte et diffuse les clartés de tous les temps – où le passé le plus lointain donne son *halo* discernable au moment présent, lequel contient la toute-possibilité d'un monde recommencé. Les « réalistes » appliqués comme de bons élèves à traiter des « questions de société » participent de ce qu'ils dénoncent parfois, et nous emprisonnent dans une fatalité forgée. Leurs adversaires semblent être les seuls points d'appui de leur pensée, mais ces joutes valent moins que celles des raseteurs du port de Sète. Mieux vaut, sur une terrasse, attarder son regard sur une page d'Horace ou la chevelure d'une amie où vient se prendre la lumière du soir qui tombe. Là nous trouverons la force du vrai combat.

℘

Rituel personnel: réciter chaque jour, en fondations de notre raison d'être, les raisons de notre gratitude et faire l'éloge de ce qui nous est donné, à commencer par ce ciel de merveilles au-dessus de nos têtes, ce Graal d'azur renversé, ou ces nuages dont le mouvement, si nous le traduisons en notre âme, est la plus belle symphonie du monde.

☙

Ce qui importe n'est pas en nous, mais dans un ailleurs proche comme un souffle, un ailleurs qui bat dans notre propre veine jugulaire par l'intercession de l'air et de la lumière.

☙

Seul sur une terrasse au bord de la mer, je suis dieu.

☙

La fameuse technique dont on nous ressasse les avantages est avant tout une technique de contrôle et de dépendance. Chacun de ses « progrès » accroît l'emprise sur nous des « fournisseurs de service » que nous payons pour être contrôlés par eux. La servitude volontaire interdit d'y résister, même pour protester contre elle puisque les moyens de protestation sont eux-mêmes souvent conditionnés par un abonnement internet. Reste le papier, la magie concrète d'une page imprimée qui n'est pas une information virtuelle, mais une chose concrète, comme un arbre ou une pierre. Adressons un signe d'une rive à l'autre. Quittons l'écran. Ouvrons un livre.

☙

Toutes les grandes œuvres littéraires, même les plus classiques de forme et d'apparence, sont éperdues. Elles sont des signes jetés au monde, brefs scintillements dans la course vers la mort.

☙

Le plus grand calme est conquis par ceux qui, entourés d'*énervés*, y résistent. Le calme est précisément un nerf, une nervure, dont l'absence a pour conséquence l'inconséquente agitation de la plupart.

☙

Le bien commun par excellence est notre langue. Ceux qui l'altèrent, l'offensent, la dénaturent, l'enlaidissent, la restreignent et la réduisent sont, têtes de poissons pourries, nos ennemis. Notons bien, en passant, que la plupart de ceux que l'on dit illettrés offensent moins la langue française que nos prétendues élites politiques, « communicationnelles » ou technocratiques. La « faute de français », en l'occurrence, est un péché véniel.

ಲ

Une seule phrase accordée aux ressources de l'intelligence et de la langue française suffit à contrebattre la totalité du bredouillis global dominant, de même que l'infini déhiscent dans une goutte de rosée, ou d'un regard, fait contrepoids à la close totalité, de même encore que la source vive nous fait oublier la citerne croupissante. Une fois écrite ou entendue, cette phrase devient inaltérable et tomberions-nous en prostration ou mélancolie noire, vaincus par les vengeurs et les moroses, elle demeurerait, claquant dans l'air vif de l'amitié, étendard d'une irrécusable victoire, d'un symbole actif.

ಲ

« Être de bonne race », cette formule qui fut encore familière, et sans arrière-pensées, aux homme du XVIIe siècle, ne veut pas dire que nous appartenons à une race au sens biologique, scientiste, qui serait meilleure que d'autres, qui seraient mauvaises, mais qu'une fidélité nous porte, venue du fonds des temps, dont nous nous efforcerons, sans toujours y parvenir, d'être digne : rien n'est acquis qui ne soit encore à reconquérir.

ಲ

« *Orare et laborare* ». Il faut entendre dans cette formule monastique et alchimique, tout de même autre chose qu'aller au bureau et assister à la messe du dimanche.

ಲ

« Réalistes » est le nom que se donnent ceux qui ne voient en toute chose que les raisons d'être les plus basses et les plus communes. Le réel polyphonique, imprévisible, vaste et prodigieux, leur échappe, et lorsqu'ils l'entrevoient, ils ferment la porte et verrouillent à triple tour.

ಲ

Quelle crainte anime ceux qui veulent nous amoindrir, nous dissiper, nous diffamer, nous démoraliser, nous faire taire ? Pourquoi tant s'évertuer ? Serait-ce que nos songeries, nos spéculations sont, pour eux, et pour le monde dans lequel ils s'enferment et veulent nous enfermer, une menace ? Nos ennemis ne sont ainsi pas les derniers à nous révéler les fins dernières de nos plus innocentes et improvisées audaces. Ils semblent tant assurés de leur victoire et de notre fragilité que nous finissons par en douter, et par nous croire plus forts que nous ne l'imaginions au départ. De tout grand rêveur confronté à leurs hostilités et à leurs mépris, ils forgent un héros malgré lui – et préparent ainsi la venue du « nouveau règne » qu'évoquait Stefan George.

☙

La société de consommation, outre sa nature polluante et inepte, a pour conséquence d'atteindre en l'homme le sens de la gratitude et de la valeur : tout ce qui lui est donné sera pour lui sans valeur, et achetant tout le reste, c'est à dire presque rien, il n'aura jamais à remercier. Ainsi sommes-nous entourés de ces femmes et de ces hommes qui se plaignent de la faiblesse de leur pouvoir d'achat, ou, pire encore, qui en usent comme inépuisable vengeance contre l'insatisfaction fatale où il les plonge. Les plus belles heures sont altérées par leurs reproches et leurs griefs fracassant. Rien ni personne n'est assez bon pour eux. Ils ne comprendront la beauté de ce qui leur fut offert qu'au seuil de la perdre. Une grâce ultime leur sera donnée – dans un éclair de lucidité avant la mort. En attendant, l'étincelle d'or dans l'iris des *rares heureux* leur insupporte et ils feront tout pour l'éteindre. Tout leur sera bon, de la tyrannie domestique jusqu'aux massacres de masse, en passant par tous les systèmes d'asservissement que la société imbrique les uns dans les autres à la manière des poupées russes. Quelle sera leur victoire ? Un spectre délétère flottant sur les décombres.

☙

La seule question, enfin, qui se pose aux réfractaires : comment n'être pas détruits par la bêtise et la laideur ? La réponse est sans doute dans le secret du recommencement. Ce jour qui se lève est éternellement le premier jour ; il dispose autour de nous tous les recours du temps et l'éternité même, facettée de nostalgies et de pressentiments.

☙

Écrire pour jeter quelques éclats avant la nuit : immense orgueil, vaste humilité.

☙

L'histoire de la philosophie, en situant les philosophes dans une logique progressive, entre leurs prédécesseurs et leurs successeurs qui les rend caducs, passe largement à côté de ce qui, dans leurs œuvres, s'adresse à nous avec amitié et hors du temps. Ce « hors du temps » est l'actualisation même, *l'acte d'être* de la pensée, sa profonde raison d'être. Tout le reste est anecdote et commérages, instrumentalisations et publicité. Lisons, par exemple, Plotin comme s'il avait écrit la veille de ce jour, et pour nous seuls.

☙

Dans tout esprit qui mérite attention, il y a, sous la plus grande exactitude de ses formulations, quelque chose de vague, d'incertain et de nuageux, sur lequel reposent, en vols précis, telle des escadres ailées, les signes discernables de la pensée.

☙

Par-delà les classes sociales visibles, qui conforment des apparences et des pouvoirs, les êtres humains obéissent aux lois de leur nature invisible, c'est-à-dire à une orientation majeure de l'esprit vers la contemplation, le combat ou les affaires économiques. Ce qu'ils sont au monde forgera leur destin d'une certaine façon.

☙

En ces temps dominés par la caste économique, les hommes d'esprit et de courage sont relégués, voire persécutés – les instances auxquelles ils se réfèrent contredisant un pouvoir qui voudrait absorber en lui tout autorité pour finalement l'abolir. Un règne étrange en découle, celui que nous vivons, où la pensée calculante domine, où la fin justifie les moyens et où la subjectivité, dans un pathos vengeur, manifeste son arrogance à l'égard de tout ce qui s'accorde au souffle, à l'héroïsme, au *lointain*. Règne à la fois morose et hyperactif, informe et furieusement enlaidisseur, sa loi de fer sert un vaste programme d'avilissement. Nous constatons que ce programme est déjà largement réalisé en observant les progrès de la servitude volontaire – que les esclaves nomment « Progrès » tout court, comme une pendaison, et avec une majuscule.

☙

Dans ce monde, les esclaves volontaires demandent des comptes aux derniers hommes libres, leur imposent leur confusion, leur vacarme, leurs stupidités ostensibles et les manifestations incessantes de leurs griefs immémoriaux. L'homme libre est leur haïssable mauvaise conscience et sa seule existence, tel un remords affreux, révèle la vie magnifique à laquelle ils ont renoncé, ou pire encore, qu'ils ont bafouée ou insultée – et dont ils ont éradiqué, avant même que n'en éclosent les corolles solaires, les plus infimes surgeons.

☙

Cependant, leur grande entreprise de découragement est vaine, car ceux qui y travaillent ne peuvent comprendre que, par nature, quand bien même serait-il vaincu, l'homme fidèle à sa vocation héroïque ne saurait être découragé et que les serviteurs de la souveraineté de l'Esprit ne peuvent servir un autre maître. La caste économique raisonne selon ses propres normes et ne parvient pas à concevoir qu'il y ait encore des hommes plus intensément dévoués à leurs actions non-lucratives qu'elle-même ne s'y emploie. Là est sa faiblesse : le manque d'imagination. Le sens même de l'action désintéressée et noble lui échappe, et par voie de conséquence, risque de la surprendre au moment où elle se croira définitivement établie. Ce qui se nomme périr dans son triomphe.

☙

Les théories conspirationnistes ont le charme frelaté des romans feuilletons du XIXᵉ siècle: l'illusion s'y cultive que le combat contre des « puissants » dissimulés, tirant leurs ficelles à travers les nations, est encore possible, pour ainsi dire d'homme à homme. Or la situation est bien pire. La servitude est généralement volontaire et les tireurs de ficelles n'en sont que les agents indéfiniment remplaçables.

☙

L'Âme du monde attend d'être sauvée par des âmes humaines.

☙

Sauf à sa cupidité, le Moderne renonce bien vite à tout – à la souveraineté de son pays, à sa civilisation, à ses dieux, à ses légendes, à son bonheur, à sa liberté, et à ce *bien commun* par excellence qu'est sa langue –, si tant est qu'il puisse acheter un peu du fatras inutile que la publicité lui vante comme nécessaire à son « estime de soi », pour user du jargon des psychologues. De ces grands renoncements qui sont l'envers de sa petite avidité, il ira jusqu'à faire une « morale », arguant qu'en tout ce à quoi il renonce, il y eut, et demeure, un germe du Mal. L'éthique la plus vile se trouve ainsi parée des atours conviviaux d'une dictature du Bien, volontiers disposée à exercer des représailles contre ceux qui persistent dans l'être, dans l'anamnèse – dans la fidélité à la source de Mnémosyne.

❧

Héritiers de la culture européenne, nous sommes menacés, comme le furent avant nous les belles cultures amérindiennes, dans la terreur et la désolation, et nous le sommes, non point abstraitement, « en général », mais concrètement, individuellement, un par un ; les vecteurs de cette menace n'étant pas seulement une armée discernable, mais une glue, un poison, une atteinte portée par ceux qui nous entourent, voire par nous-mêmes, lorsque nous défaillons. D'où l'importance de sauvegarder les chants, échelles du vent, de demeurer fidèle à Orphée et à Empédocle et de boire à la source de Mnémosyne avant notre mort – et même, et surtout, *après elle*, comme il est dit sur une feuille d'or trouvée à Pharsale.

❧

Dans son grief hystérique qui est, ni plus ni moins, un processus concerté d'anéantissement, ce monde tient pour rien tout ce que nous sommes et veut en tout, nous faire devenir ce que nous ne sommes pas – c'est-à-dire, rien du tout.

❧

Notre force surhumaine est le cœur de notre plus extrême fragilité humaine.

❧

On peut suivre le courant commun ou nager à contre-courant vers les hauteurs, la source. L'effort n'est pas le même. Certains sur les berges honorent et remercient, d'autres tirent à vue, profitant de ce que l'effort même interdit de riposter.

❧

Les faibles prennent presque toujours parti pour ce qu'il y a de plus fort – l'argent, la technique, le progrès, la médiocrité, le plus grand nombre – contre les plus forts qui deviennent ainsi, fors leur courage, les plus fragiles.

❧

Ce qui manque à l'extrême à nos contemporains, c'est bien le « double-regard » que nous enseigne Platon : voir en même temps la plénitude du présent et sa fin, son achèvement, la vie et la mort, et, par voie de conséquence, la beauté tragique de l'heure heureuse, à la fois passagère et éternelle. Les grands gâcheurs – et gâcheuses – sont là, épris de saccage, emprisonnés dans leurs subjectivité ulcérée, dans une insatisfaction qui nourrit l'esprit de vengeance, tous engoncés dans leurs problèmes qu'ils veulent faire les nôtres afin de nous faire à leur ressemblance, tristes et vindicatifs, aveugles à l'inépuisable beauté du monde et aux « allusions instigatrices » que celle-ci persiste nonobstant à nous lancer dans le chaos et la déroute, signes d'intelligence, *hirondelles de mars*.

❧

Question décisive. Comment être heureux au milieu des tristes, vifs avec les avachis, exercer son intellect face à celles et ceux dont les « affects » saturent et fourvoient nos esprits, comment survivre sous les assauts des plaintifs ? Comment ne pas accuser ceux qui nous accusent, et ne pas se plaindre de ceux qui font de leurs plaintes une accusation ? Une seule réponse: la désinvolture, qui, certes, nous sera comptée comme le *crime suprême*.

❧

Autre signe des temps : ces incessants procès pour « mauvaise moralité » que l'on fait, de façon rétrospective ou contemporaine, à nos écrivains – procès que l'on dirait inquisitoriaux s'ils n'étaient pires – par la supériorité spectaculaire qu'elle donne aux médiocres de se faire les juges d'hommes plus talentueux et courageux qu'ils ne le seront jamais.

❧

À ceux qui ont été amenés quelquefois à se poser la question « *Comment faire pour survivre à cette journée* », de vastes et heureuse perspectives s'ouvriront les autres jours.

❧

On rencontre des gens qui, inépuisables dans leur apologie de la médiocrité, se *vantent* de leur modestie, de leur absence de vanité et de prétention. « Voyez comme je suis modeste en ce miroir ! » Le dandy le plus flamboyant, le Calender le plus radical, l'artiste le plus mégalomane sont, à les comparer, d'une humilité rafraîchissante.

❧

Prendre conscience que l'on veut nous clouer le bec, nous réduire au silence, à tout prix, sous n'importe quel prétexte, demeure un *diapason moral* sur lequel nous pourrons toujours accorder notre musicale façon d'être dans un monde qui n'aime que vacarme et discordance. Puisons les ressources du chant dans le silence des âmes bien-nées.

☙

Qu'aimons-nous chez autrui ? La bienveillance et le courage à suivre sa voie, la force au cœur de la fragilité, et quelques nuances d'âme éperdue.

Hypnosophie de l'Europe

I

Entretien sur la suavité et la transfiguration, la Garonne et l'Illissos, le printemps français, le lieu et la formule

L'Ombre : Depuis Venise, nous nous étions perdus de vue. Mais que valent une ombre seule ou un homme sans ombre. Le temps a passé et je cherche en vain des mots pour dire ce passage…

Le Voyageur : L'homme sans ombre n'est-il pas celui qui a perdu les mots, un maudit ? Il ne retrouve son ombre, le monde et les mots qu'en regardant devant lui, en portant son regard vers l'Extrême-Occident, guidé par le soleil qui, derrière lui, témoigne du temps passé, et, peut-être, d'une certaine mélancolie. J'emprunterais deux mots au grand poète arménien Grégoire de Narek, qui naquit il y a un peu plus de mille ans, pour dire le secret du passage du temps. Ces mots sont « suavité » et « transfiguration ». La suavité est cette beauté du monde à l'instant où elle se détache d'elle-même pour on ne sait quel voyage. Non pas le moment où nous nous détachons du monde, ni le moment où le monde se détache de nous, mais ce moment de « crue murmurante », ce moment de « surabondance divine », où le bonheur d'être s'envole, où la beauté, en sa « sainte magnificence » quitte le monde pour nous faire signe… Derrière nous, le soleil est d'or, avec douceur, c'est l'automne. Nous percevons délicieusement, dans ces brusques coulées de fraîcheur qui viennent entre le fleuve et les arbres – car nous voici à Toulouse, au bord de la Garonne – ce moment. L'air est léger, nous respirons la rumeur des feuilles et notre mélancolie devient soudain l'écrin d'une joie presque lancinante, celle d'être là, et non ailleurs, dans ce monde voué à la disparition, et non point dans quelque utopie vengeresse ; dans la splendeur des contingences et non point dans un monde virtuel ; dans la tragédie et dans la joie, et non point dans la fiction d'une vie génétiquement améliorée, abusivement prolongée. Seule, nous importe, à l'instant, l'immortalité de l'instant, dont rien ne peut nous déposséder… Derrière moi, le soleil s'apaise et toi, mon ombre, allongée, comme les personnages hautains du Gréco, tu me devances...

L'Ombre : Je devine que votre songerie, tout encline qu'elle semble à la mélancolie de ce beau jour d'automne, ne renonce point, pour autant, à ce que les cuistres nomment le « *polémos* ». En êtes-vous encore à croiser le fer avec l'esprit du temps, avec ces « Modernes » qui ne comprennent rien à vos propos ? Que ne parlez-vous à vos frères ! Et laissez aux ignorants leur ignorance !

Le Voyageur : Mais c'est avec ma propre ignorance que je m'entretiens, et non seulement avec mon ombre. Je ne pourfends que les opinions que j'eusse partagées, des idées qui rodent, comme des oiseaux de mauvais augure, autour de moi. Quelle terrible tentation que de bannir la tragédie et la joie. Toute fatigue en nous nous incline à ce bannissement. Quel monde rassurant, confortablement refermé sur lui-même, qu'un monde sans tragédie et sans joie, mais où l'on peut s'abandonner à la féerie publicitaire, et se défendre de tout par la dérision, le ricanement et la bonne conscience moralisatrice, moderne, de ceux qui ont « dépassé » les chimères anciennes ! Il n'est pas un château tournoyant, pas une citadelle, fussent-ils protégés par des milliers d'enchantements, qui ne soient aussi inexpugnables que la forteresse de l'individu moderne, armé de sa sacro-sainte dérision, multipliée par sa certitude d'être l'incarnation du Bien ! Il faut, sans doute, une sorte de témérité pour refuser de jouer ce jeu-là. Voire une sorte d'absence de ruse, qui s'apparente, aux yeux de presque tous, à de la bêtise. Pourquoi pas n'importe quoi à la place de ce qui *est* – ce qui est, bien sûr, incluant tout ce qui fut ? Pourquoi pas l'oubli pur et simple de tout ce que nous étions ? Que nous font Homère, la Bible, Shakespeare et Corneille ? Ne nous a-t-on pas assez dit qu'ils appartenaient à un monde cruel, heureusement révolu ? Que nous importent l'Europe et la France, ces frontières funestes et hostiles au monde du merveilleux n'importe quoi ? Le Progrès ne s'arrête jamais, il est cette pandémie à laquelle nous devrions consentir, nonobstant notre ressemblance de plus en plus grande avec les oies et les poulets de batterie !

L'Ombre : Vous êtes incorrigible. Vous passez, en volte, de la mélancolie au sarcasme. Je vous crois plus moderne que vous ne le dites.

Le Voyageur : Sans doute ne puis-je m'empêcher de garder cette tournure de mon Maître, Villiers de L'Isle-Adam, qui dédia son È*ve Future* « Aux railleurs, aux rêveurs ». Mais nous sommes là au cœur de notre sujet et de notre temps commun : la création d'une humanité, non point artificielle, mais machinique. L'artifice est le propre de l'humain, et il n'y a que de farouches puritains pour faire la différence entre le naturel et l'artificiel. Je tiens même que c'est par nos artifices, nos arts, nos parfums, nos poèmes, nos vêtements, que nous nous rapprochons le plus de la nature, du faste et de la beauté de la nature. C'est par leurs kimonos que les femmes japonaises ressemblent à des fleurs, c'est par nos poèmes, comme le savait Victor Hugo, que nous nous apparentons aux pierres, aux arbres, aux océans. Tout ce qui est strictement inutile à notre survie biologique nous accorde à la générosité de la nature. Et la nature, qu'est-ce donc, sinon une manifestation de la Providence divine ? Mais c'est une tout autre chose que de fabriquer un hybride de machine et d'homme, que de sertir dans la chair, qui est l'incarnation de l'Esprit, des connexions cybernétiques, comme l'envisagent aujourd'hui les nanotechnologies. Une tout autre chose aussi que de nous implanter des puces électroniques pour établir notre « traçabilité ». La façon la plus expédiente, la plus sûre, d'échapper à la tragédie et à la joie, le Moderne l'a trouvée : se transformer en machine. Les machines peuvent tout, y compris reproduire nos programmes et nos réflexes biologiques, et elles pourront peut-être quelque jour écrire des dialogues d'un voyageur avec son ombre, dialogue du disque dur avec la clef USB, mais ce qu'elles ne peuvent, c'est ressentir la suavité, et vivre la transfiguration, marcher, comme nous faisons, au bord du fleuve, avec le cœur battant, avec le vertige des ressouvenirs.

L'Ombre : Je suis vous et je ne suis pas vous, et je discerne la grande différence entre n'être qu'une ombre sur le mur de la caverne et en être réduit à l'objet de série, cette grande utopie moderne.

Le Voyageur : Vous comprenez exactement que la tragédie, c'est d'être unique, irremplaçable. La tragédie est que tout soit unique et irremplaçable. Pour effacer la tragédie, il faut effacer l'unique, accepter démocratiquement de se transformer en objet de série. La modernité n'est rien d'autre que cela : la fabrication en série… Fabrication en série de cadavres, fabrication en série de vivants, pour ne rien dire des objets. Le totalitarisme moderne n'est autre qu'un refus radical de la tragédie, la volonté de créer un monde où il n'y a rien à déplorer, un monde parfait. L'homme nouveau est un homme duplicable, tel est l'horizon de l'égalité parfaite. Nous avons tort de ne pas prendre au sérieux les mots des Modernes. Lorsqu'il nous parle d'égalité, le Moderne ne plaisante pas, il sait, par surcroît qu'il n'est pas d'égalité plus parfaite que dans la mort. D'où son acharnement aux massacres. L'antimoderne n'est pas celui qui retourne à des « valeurs » plus ou moins anciennes, il est celui qui éprouve encore la suavité de l'heure, et l'espérance de la transfiguration, celui qui sait encore reconnaître autour de lui et en lui la tragédie et la joie.

Observez ce grand mouvement de contrition, cette haine de soi, ce reniement qui caractérisent l'Europe, comme si l'histoire humaine n'était constituée que de deux forces : l'Europe méchante et le reste du monde, un ensemble de victimes. Quelle arrogance dans la flagellation de soi-même ! Mais ce qui est né à travers cette histoire européenne, qu'est-ce donc, sinon le sens de la tragédie ? L'européen moderne veut rompre avec tout ce qui pourrait le relier encore à Eschyle, à Euripide, car en cette parenté gît le secret de sa fragilité. Mieux vaut, pour le Moderne, être un homme sans visage, un homme dupliqué, un homme égal, auquel tout est égal, qu'un visage offert, qu'une aventure intérieure pleine de périls et de déconvenues. Lorsque je vois cette progressive substitution du monde virtuel au monde réel, il me vient, tout platonicien que je puisse être, le désir de louer l'immanence, mais une immanence enchantée ; l'immanence des fleurs et des brindilles les plus fragiles. C'est ainsi désormais que je vois la culture européenne, accusée de tous les crimes, comme le ressouvenir d'un printemps sacré, et, pour moi, d'un *printemps français*, d'une saison de l'âme dont je ne me résigne pas à ce qu'elle ne soit pas notre avenir, comme le printemps demeure, toujours, et par-delà l'hiver, l'avenir de l'automne.

L'Ombre : Moi qui sais quelques secrets de l'existence spectrale, j'entends l'Europe comme une voix bien lointaine, une Étrurie, voire une Atlantide, qui sera livrée, bientôt, aux aimables divagations des érudits. Savez-vous que l'Atlantide, dont certains doutent même de l'existence, suscita, de toutes les civilisations, le plus grand nombre d'ouvrages ? Imaginons la postérité de l'Europe comme une borgésienne, une piranésienne bibliothèque de suppositions ! Certains supposeront même qu'il y eut, jadis, dans cette contrée étrange, un pays nommé « pays des Francs », c'est-à-dire des « hommes libres ».

Le Voyageur : Je gage que ces érudits susciteront l'indignation ou la moquerie. Ils devront à tout le moins être assez philosophes pour comprendre que toute vertu contient la vertu contraire et que les hommes les plus libres sont aussi les mieux livrés à la tyrannie. Tout se joue dans ce déplacement de la liberté. De particulière, c'est à dire de la liberté des hommes libres, devenue générale et majuscule, la Liberté devient l'auxiliaire fatale de la tyrannie. Le tyran est toujours celui qui nous libère collectivement de notre liberté particulière pour nous assujettir à une Liberté générale, abstraite. Cela s'est vu, précisément au pays des hommes libres. Au nom de la Liberté, nous perdîmes la liberté de garder notre tête – liberté qui en vaut bien d'autres, convenons-en. Il me semble que nous n'avons peut-être pas assez pensé la corrélation étroite, constante, entre les idéologies dites « anti-autoritaires » et ce qu'il est convenu de nommer le totalitarisme. Corrélation d'une évidence criante : toute autorité étant une négation de la totalité, à tout le moins une ébréchure. La tyrannie absolue ne peut être que celle du peuple, par le peuple et pour le peuple. C'est à dire la tyrannie d'une autofiction collective sur elle-même. La Terreur fut, en France, cette invention de la Liberté abstraite, au détriment certes des libertés, mais surtout au détriment des hommes libres. Fractionner la Liberté abstraite en libertés concrètes, ce songe des politiques ennemis des politiciens, ne suffit plus ; sans doute est-il bien trop tard. Mais nous reste la liberté humaine, qui s'affirme d'autorité, la solitude qui se récite à soi-même les gloires passées, la solitude guidée par le soleil vers l'Extrême-Occident. Impuissante à nous défendre, la patrie se réfugie en nous.

L'Ombre : Cette patrie réfugiée en nos cœurs, m'évoque les soleils brumeux des poèmes de Hölderlin.

Le Voyageur : On ne saurait placer sous une plus juste égide une méditation sur l'Europe… J'ai hasardé naguère le mot d'hypnosophie. Nous sommes en sommeil, et ce sommeil, force est de reconnaître qu'il est souvent peuplé de mauvais rêves. Mais de même qu'il existe différentes façons d'être éveillé, il y a maintes façons de dormir. Entre le sommeil profond et l'éveil le plus lucide, c'est une gradation infinie, qu'il nous appartient de dire. Les cauchemars qui peuplent le sommeil de l'Europe sont la manifestation d'une mauvaise conscience, et ce cauchemar européen, il semblerait quelquefois qu'il doive être sans fin, comme un châtiment d'on ne sait quelle faute. Le pire est que nous croyons être éveillés alors que nous dormons encore, qu'un secret de l'éveil, qu'une étincelle d'or nous manque désespérément, mais à notre insu. Le monde moderne est une sorte d'ensommeillement dans le vertige de la technique. Voyez ces cités modernes, ce vacarme, ce bruit et cette fureur, ces monstres engendrés non plus par le sommeil de la raison, mais par l'hypostase de la raison, par la raison devenue folle, par la raison esseulée, par cette folie qui est celle de l'homme qui a tout perdu, sauf la raison. Notre sommeil est celui d'une raison sans corps – donc sans âme. Lorsque nous dormons, nous oublions notre corps, et tout ce par quoi notre corps est relié au monde. Détaché des messages du beau cosmos miroitant, des effluves, des rumeurs, du bruissement de la lumière, nous tournons en rond dans notre subjectivité, dans cette folie autonome. Nous ne percevons plus rien de ce qui est, nous existons comme si rien n'existait en dehors de nous, nous sommes pris, comme dans une glue, dans cet idéalisme subjectif qui fonde l'individualisme de masse, nous récusons toute autorité du monde sur nous, pour inventer un totalitarisme pieux, une superstition du collectif, qui se substitue à la totalité réelle, à laquelle on ne saurait donner d'autre nom que celui d'*infini*. Dans cette subjectivité, le monde nous quitte, nous perdons la compassion, et la tragédie, et la joie. À chaque époque, ses héros et ses mythes, la nôtre n'est plus celle d'Orphée ou d'Hermès, moins encore celle du Christ, mais celle du tueur en série, autrement dit du pervers narcissique, dont l'âme s'est à tel point rabougrie à l'intérieur de sa propre subjectivité qu'il méconnaît à la fois toute ressemblance et toute différence avec les autres hommes. La littérature populaire décline à l'infini ce cauchemar, auquel répond la mise en œuvre d'un cauchemar collectif : la société de contrôle, qui donne à la paranoïa toutes les apparences de la vérité.

La fabrication en série, c'est à dire le déni de l'unique, cette éminente *hybris* moderne, qui supprime radicalement toute compassion, n'est possible que par le refus du *tradere*, de la tradition, qui sans cesse réinvente le Même sous des atours différents. À l'inverse, le Moderne fabrique de l'Autre, sous des apparences toujours identiques. D'où ces fortes affirmations « identitaires », qui ne sont pas sans alimenter encore les cauchemars de nos mauvaises consciences. Les identités modernes sont des identités anti-traditionnelles, anti-historiques, figées comme dans la gelée d'un dessert anglais. Identités gélifiées, lyophilisées, où le logo publicitaire se substitue au *Logos*, au Verbe. Identités collectives certes, mais dont la collectivité n'est que l'extension de la subjectivité, une subjectivité pour ainsi dire élargie, un Moi devenu Nous, mais un Nous qui n'est rien d'autre qu'un Moi qui, en face de lui, ne voit que des Autres parfaitement identiques, des Autres, toujours les mêmes, sans âmes et sans visages.

Mais ce mauvais songe, ce songe agité, pénombreux, nous dissimule d'autres songes, des songes lumineux, des songes en à-pic sur des paysages ouverts, immémoriaux, des songes vastes, des songes à la ressemblance des paysages de Caspar David Friedrich ou des poèmes de Hölderlin. C'est qu'avant l'éveil, et pour bien se réveiller, il faut connaître les arcanes du beau sommeil, du sommeil bienfaisant. Avant d'agir, il faut savoir s'abandonner, et même consentir à se perdre un peu ; il faut s'endormir pour laisser s'éveiller en nous « les voix chères qui se sont tues », il faut laisser s'élever des abîmes, ces « jours de fête », ces promenades au bord de la Garonne qu'évoque Hölderlin, il faut se recueillir dans la patrie légère et fleurie qui demeure derrière nos volontés et nos démesures ; il faut se faire l'oreille assez fine pour entendre la musique intérieure des êtres et des choses. Cette communion heureuse exige l'abandon de l'âpreté. La recouvrance vient aux mains ouvertes et non aux poings fermés. Elle vient aux sourires et non aux rictus, mais pourrai-je un jour me faire pardonner cette ingénuité ? Au bord de la Garonne, dans la lumière d'or du quai de Tounis, où nous cheminons, vous et moi, en cette fin d'après-midi d'automne, j'aimerais offrir nos considérations improvisées, les seules qui vaillent, à la Diotima d'Hypérion, sœur de la Diotime platonicienne, et que cette Garonne bien-aimée nous soit comme la transréverbération de l'Illissos, de cette Grèce à peine moins perdue que ne le sont, pour nous, aujourd'hui, l'Europe et la France.

L'Ombre : Quel est donc ce tour étrange de votre pensée qui ne vous fait aimer que les causes ou les choses perdues ?

Le Voyageur : Peut-être n'est-ce qu'une crainte amoureuse ? Celui qui aime vit dans la terreur de voir disparaître ce qu'il aime. Mais de la France, qui n'est pas seulement l'ensemble des Français – et moins encore l'ensemble des Français qui nous sont contemporains –, de la France qui est toute la France, il faut bien savoir se dire à soi-même qu'elle est perdue, pour autant que les Français se moquent bien de cette « hauteur » et de ce « lointain » dont elle provient au dire du Général de Gaulle. Pour nos contemporains, je crains fort que la France ne soit qu'une « société », au sens le plus restrictif du terme, ou une population, pas même un peuple. Le génie de l'ancienne France, celle des rois, fut de concevoir la France non seulement comme un ensemble humain, un territoire, mais comme une géographie sacrée. Ce qui est de la terre est un miroir de ce qui est au ciel. Nous sommes redevables à une totalité plus vaste que les totalités sociales ou humaines. Et plus encore : la parole entre les hommes ne peut plus circuler si l'espace sacré d'une intercession surnaturelle nous est ôté. Voyez, de nos jours, comme se heurtent les subjectivités, les opinions. Jamais les êtres humains ne furent moins exercés à s'écouter les uns les autres. Où sommes-nous ? Dans un nulle-part vociférant.

On ne se promène, on ne se rencontre, on ne se parle que dans une géographie sacrée, c'est à dire dans un espace qui est aussi une temporalité, une historialité, un ressouvenir. Point d'échanges de bon aloi sans quelques souvenirs communs, et ces souvenirs, lorsqu'ils appartiennent à la légende et à la poésie, sont d'autant plus faciles à convoquer, presque rien ne s'y oppose de nature, sinon une volonté farouche de nous arracher à notre bien commun. Nos élites informées se moquent régulièrement des livres d'Histoire de notre enfance qui nous faisaient réciter « Nos ancêtres les Gaulois… », sous prétexte que les « nouveaux arrivants », ont d'autres ancêtres, comme s'ils étaient les seuls à en avoir d'autres ! C'était déjà ne pas comprendre que les Gaulois sont les ancêtres de la France, et non point bien sûr, après Rome, après les diverses invasions, nos ancêtres au sens strictement biologique. Quelle méconnaissance de la précellence du lieu, de l'espace géopoétique où nous vivons ! Là où nous vivons, nous sommes toujours les héritiers de ceux qui nous y précédèrent ; à quoi bon, sinon, parler du « droit du sol » ? Celui qui, autrefois, entrait en France, entrait dans un royaume, et c'est le royaume, de droit divin, qui faisait de lui un Français. Alors, bien sûr, moi qui ai du sang barbare, du sang germain, du sang ligure, je puis réciter sans crainte, « mes ancêtres les Gaulois », quand bien même par mille radicelles, je suis attaché à la Grèce, et à Rome, et à l'Occitanie, et plus lointainement encore, par les Fidèles d'Amour, à cet Orient que sut faire vivre la tradition des troubadours, mais en France, là, au bord du fleuve, je ne consens pas à la disparition de mon pays en tant que réalité sacrée, je ne consens pas à l'effacement de tout ce qu'il fut, depuis les bardes, jusqu'au Roi très-chrétien, je ne refuse pas ce qu'il me lègue, impérialement et royalement. Et cette acceptation de l'héritage, cette responsabilité qui, d'emblée, m'est échue, d'en témoigner, je me refuse bien de croire qu'elle soit une cause perdue. Ou, si elle est perdue, que ce sentiment de perte soit l'élan vers la recouvrance !

L'Ombre : Mais ceux que nous croisons dans notre promenade, ne sont-ils pas plus ombres que moi-même ? Que pensez-vous de ces Français, en chair et en os ? De ce qu'ils font de votre patrie bien-aimée. Quels sont vos commentaires à leurs menées politiques et économiques, à leurs divertissements et leurs fêtes sinistres ?

Le Voyageur : Ne chercheriez-vous pas à m'accabler, à m'attrister ? Je ne vois que trop ces visages fermés, ces regards morts, ces existences réduites par la cupidité et la niaiserie, ce grégarisme affligeant. Quelques voyages me laissent à penser qu'il y a bien des peuples plus alertes, plus joyeux, où les conversations, les amitiés, tournent plus aimablement, où la méfiance, le dédain cèdent plus volontiers la place à l'hospitalité, à l'estime. Le milieu intellectuel français demeure soviétisé et comme toujours rongé par le remords d'une « révolution culturelle » inaccomplie. Face à une œuvre, l'intellectuel moyen ne se dispose pas à la goûter, il se demande d'abord si elle doit être ou non mise au ban. L'idéologie s'est substituée au goût : nous voici donc chez d'obtus moralisateurs, de fieffés ou de fielleux coquins, qui exercent leur magistère à seule fin de faire taire quiconque veut dire deux ou trois choses qui lui sont venues d'elles-mêmes et non pas d'une officine bien-pensante. L'écrivain n'est plus un homme dont on goûte l'ouvrage, fût-ce pour le trouver mauvais, mais un accusé, souvent sans avocat, et dont le procureur veut se confondre avec l'opinion publique. Ce n'est plus l'art ou l'intelligence qui sont jugés, mais la convenance morale, la vertu édifiante. Nous retournons, à brides abattues, aux pires étrécissements du XIXe siècle. Les journalistes, à quelques exceptions près, sont des punaises de sacristie : ils dressent des listes de bannis à l'intention des hommes de pouvoir. Il semblerait qu'ils se soient emparés du catholicisme, en lui ôtant le faste, les rites, le dogme, l'intellectualité, la charité, le pardon, la compassion et la poésie pour n'en garder que l'Inquisition, une inquisition, en l'occurrence, parfaitement sourde aux arguments des accusés, une inquisition fonctionnant non pas sur une raison dévoyée, fallacieuse, sophistique, mais sur le lynchage public, en toute ignorance même de ce que l'on condamne. On imagine avec terreur, ce qu'il en fût advenu si ces censeurs avaient été en mesure de plier les lois de la République exactement à leur convenance.

L'Ombre : Et cependant, vous aimez ce pays, vous ne le quittez point. Vous poussez même l'oblation jusqu'à y publier vos écrits ; vous me promenez dans ses villes, ses campagnes, ses rivages, vous parlez, et parfois beaucoup, avec vos semblables, et pas seulement avec des ombres. Il me semble que vous espérez on ne sait quoi.

Le Voyageur : Espérer « on ne sait quoi », c'est la parfaite définition de l'Espérance, sinon nous en serions à la planification, au calcul. Les Modernes espèrent peu, ils revendiquent, planifient, ils n'attendent rien, et ce n'est plus même l'impatience qui les caractérise, mais une volonté de se persuader eux-mêmes que tout doit être immédiatement à leur ressemblance. D'autrui ils n'attendent rien, sinon qu'il soit identique à eux. Le mot d'ordre est « tous pareils ». Et c'est plus qu'un mot d'ordre, c'est une profession de foi. Mais de ce semblable parfaitement identique, il n'y a précisément rien à attendre, rien à apprendre. À l'horizon de cet « humanisme » moderne, aucune surprise, nul émerveillement. Toutes les aspirations sont supposées être identiques : salaire, voiture, maison, *week-end*. Tout au plus gardons-nous la satisfaction d'en avoir un peu plus que le voisin. Mais si le voisin veut autre chose ? S'il croit à ce qui ne peut se planifier, se comptabiliser, c'est alors un archaïque, un réactionnaire, un fou, et sans doute, un fort méchant homme. On en vient progressivement, dans nos sociétés, à ne presque plus rien pouvoir dire. Tout vexe, heurte, scandalise, toute pointe d'idée suscite la réprobation. Celui qui pense dans l'accord avec ses prédécesseurs, celui qui songe avec Corneille ou Pascal, outrage presque en respirant. De la grande et belle liberté française, il ne reste presque rien. Si l'on dîne dans la classe moyenne, désormais, il faut se brider comme chez les talibans et mesurer ses propos comme chez les soviets. Tout ce que nous disons est volontairement mal compris. L'intelligence ne vole plus, c'est à peine si elle rase les murs. Ce monde soi-disant festif et « éclaté » est emmailloté de mille convenances absurdes, selon les milieux, dont on ne peut déroger sous peine d'excommunication. C'est une des raisons de notre entretien, chère ombre : la disparition, en France, de l'art de la conversation. C'est qu'en effet, la conversation ne sert à rien, elle ne participe point de la planification, elle divague, libre, ne servant rien ni personne, se dissipe dans l'air, où elle demeure mystérieusement. Sans verser dans un mysticisme bizarre, il me semble, en effet, que certains échanges, lorsqu'ils se sont détachés du bruit ambiant, je veux dire certains échanges assez aigus, assez gracieux, demeurent dans une sorte de mémoire de l'air, une sorte de mémoire seconde, dans « l'air de l'air » comme disent les alchimistes, dans un éther d'où, parfois, ils nous reviennent. Il est des lieux, comme des personnes, qui nous inspirent, qui nous murmurent à l'oreille, qui favorisent l'essor de nos pensées comme il en est d'autres qui nous abrutissent. Je gage que certains beaux esprits en passant ici ou là ont laissé, par-delà des décennies, ou des siècles, ou des millénaires, des traces, des signes d'intelligence dans l'éther. De cette expérience, je tire deux enseignements, qui rejoignent ce que nous disions au début de notre promenade.

Le premier est d'un ordre diététique. Il faut choisir ses fréquentations comme sa nourriture ou comme ses drogues. Certaines sont indigestes et funestes. Un homme libre est d'abord celui qui peut choisir qui il fréquente. Les implications morales de cette liberté sont vastes. Elles nous situent d'emblée au-delà des « valeurs » domestiques. Elles nous prédisposent à comprendre les principes. Le second enseignement est de l'ordre de la géographie sacrée. C'est ici, et non ailleurs, qu'une sorte de bonheur d'être vient à nous. C'est ici précisément que telle intuition fondamentale se fait jour. C'est ici que les Muses nous parlent, que nous entendons les voix sidérales des dieux. Pourquoi ici, et non ailleurs, fût-ce juste à côté ? C'est là une de ces questions à laquelle l'expérience me fait sans cesse revenir. Ce coin du monde, qu'il soit dans la nature ou dans la ville, ce coin précis, pourquoi en suis-je mystérieusement l'élu ? Je l'observe, je tente de définir ses caractéristiques, mais rien ne semble le distinguer fondamentalement d'un autre. Ce qui le distingue n'est ni le calme, ni même la beauté, qui possède ses critères plus ou moins objectifs. Non, cet espace où l'existence s'éploie, cet espace où transparaît une vérité du monde, cet espace où les atomes de l'air frémissent d'une vie plus intense, cet espace, qui est la réverbération d'une splendeur cachée, rien ne le distingue objectivement, sinon cette vertu, cette puissance intérieure que je ne parviens pas à nommer ou à définir. Or, c'est ici précisément que l'œuvre de René Guénon vient à mon secours par la notion de géographie sacrée. Certains lieux seraient ainsi des épicentres, souvent manifestés par des sources sacrées, des apparitions, d'une différenciation de l'espace-temps. Certains de ces lieux, où l'espace-temps se creuse en résonances, furent certes honorés par l'architecture sacrée. D'autres sont laissés à l'abandon, mais ils sont, mine de rien, une colonne métaphysique entre le sensible et le supra-sensible. Je connais telle buvette, avec des chaises en plastique, à côté d'un commissariat et de quelques rues commerçantes, où, chaque fois que j'y viens, le même phénomène de transréverbération se reproduit. Rien ne signale ce lieu, mais je découvrirai, peut-être, qu'il y eut là, il y a quelques millénaires, un temple druidique.

L'Ombre : Un esprit rationaliste, et les ombres sont parfois enclines, plus que les êtres de chair, à ces complaisances excessives envers la raison, vous répondrait qu'il ne voit là qu'une preuve de votre sensibilité exacerbée, sinon exaltée.

Le Voyageur : L'esprit rationaliste fera bien, et je m'accorde volontiers avec lui pour dire que cette perception des « espaces sacrés » est corrélative d'une vive sensibilité. Mais plus nous percevons les qualités de la lumière, de l'air, des couleurs, plus nous avons une chance de percevoir des nuances, sur un spectre plus large, qui touche parfois à des réalités qui, pour être subtiles, n'en sont pas moins reliées à l'espace-temps où nous nous trouvons. La surnature prolonge la nature, disions-nous, et le sacré irise l'immanence. J'y vois la preuve que nous avons bien tort de nous en tenir à cette vision schématique du réel qui ne voit que des plans et des coupes, et délaisse un peu trop promptement ce vague, ce *halo*, cette incertitude enchanteresse où gisent les secrets d'or de la suavité et de la transfiguration. Plus qu'un déni de la raison, j'y vois une réactivation de l'esprit de finesse dont parlait Pascal. Il ne s'agit pas seulement de mesurer les choses, il faut encore les entendre, recevoir leurs qualités. Ajoutons à l'esprit de géométrie, la finesse de la géographie sacrée, et nous comprendrons alors ce que veut dire le mot royaume. Le rationaliste pratique une rétention, une avarice.

Il veut garder ses pensées sous le joug qui veut les faire servir. Il ne veut point que ses pensées s'aventurent, qu'elles se perdent, qu'elles lui deviennent étrangères, indiscernables, lointaines. Il veut ses pensées bien rangées, à ses ordres. Mais cette volonté est vaine, cette volonté n'est qu'une « volonté de volonté », c'est-à-dire un nihilisme. Cette volonté méconnaît le resplendissement de l'indiscernable. Voyez les montagnes embrumées de la peinture chinoise. Les œuvres d'art quelquefois sont un enseignement du réel.

L'Ombre : La réalité serait-elle toujours contraire à la raison ? Mais que deviennent alors ces belles conquêtes prométhéennes de l'Occident ? Seriez-vous, vous aussi, un ennemi de l'Occident ? Partageriez-vous la tentation d'une négation de l'Histoire ?

Le Voyageur : Je parlais du réel, plus que de la réalité, et le réel ne saurait être contraire à la raison, puisque la raison naît du réel. Et que faisons-nous, pas à pas, sinon raisonner, depuis une heure, en nous interrogeant sur la raison de la raison ? Quant aux belles conquêtes prométhéennes de l'Occident, elles me laissent quelque peu dubitatif. D'abord parce que la notion même d'Occident me semble plus géographique que culturelle. Je vois l'Occident, je vois l'Orient, mais ces mots m'évoquent le crépuscule et l'aurore ici et partout et beaucoup moins une « vue du monde » en laquelle je puis reconnaître ce qui me tient à cœur. Par surcroît, l'Occident opposé à l'Orient nous précipite dans une sorte d'hérésie manichéenne. Quant à Prométhée, permettez-moi de lui préférer Hermès Trismégiste. L'Europe à laquelle nous songeons n'est pas seulement une partie de l'Occident, elle contient son propre Orient et son propre Occident, et pour soumise qu'elle soit, pour lasse qu'elle soit laissée par des générations de désenchanteurs, elle n'en recèle pas moins, dans ses œuvres les plus significatives, une alternative hermétique à la démesure prométhéenne. S'il vous en souvient, nous avions, dans nos promenades vénitiennes, parlé de Novalis, dont l'œuvre proposait une alternative au prométhéisme, avant même qu'il fût triomphant. Cette division du monde en Orient et Occident, pour guénonienne ou spenglerienne qu'elle soit, a l'inconvénient majeur de laisser comme aux marges de l'Histoire le génie européen, qui est un génie inaccompli et demeure une possibilité non encore réalisée, et comme en attente. Pour nos contemporains, l'Europe, ce n'est rien d'autre qu'une économie. L'Histoire, dans sa dimension tragique, se joue entre l'Orient et l'Occident, autrement dit, dans cette vue parcellaire qui est celle de l'actualité, entre les États-Unis et l'Islam. Et nos intellectuels se précipitent sur les chapeaux de roue dans ce débat. Chacun y va de sa préférence. Les uns tiennent pour l'Amérique, terre des libertés individuelles, les autres pour l'Islam, supposée religion des « opprimés »… Comme si le destin de l'Europe était scellé, comme si l'Europe, je veux dire la culture européenne, n'avait plus rien à dire au monde, ni à elle-même. Je ne me résigne nullement à ce consentement à l'inexistence ; et ne pas se résigner, c'est opposer une autre hiérarchie des importances à celle qu'on nous propose, ou qu'on nous impose.

Partons de cette prémisse : un poème de Scève, de Shelley ou de Hölderlin, est plus important qu'un empire industriel, plus important qu'une boisson gazeuse, plus important que n'importe quelle innovation technologique en matière de communication – d'autant que plus on communique, moins il y a quelque chose à communiquer à quelqu'un. Un poème de Scève, de Shelley ou de Hölderlin nous importe davantage, ce qui s'y joue est unique ; l'esprit humain s'y empare de ses propres pouvoirs en donnant des preuves de ses conquêtes : ce sont des *œuvres* que ne frappe aucune obsolescence, au contraire des technologies dont l'une est chassée par l'autre, encore plus superfétatoire et vaine. Je dis « superfétatoire », car la technique moderne m'apparaît comme une gigantesque rhétorique folle, qui n'est mue par aucune pensée… Or je vois dans la culture européenne une chance de résister à l'occidentalisation générale du monde, une ressource de liberté éprouvée susceptible de ne point nous laisser à la seule alternative du fondamentalisme démocratique et de la démocratie fondamentaliste. La quasi-disparition des Lettres classiques de notre enseignement n'est pas seulement la conséquence d'une érosion fatale ; elle obéit à la volonté de faire disparaître un certain usage de la liberté – l'usage qu'en firent, par exemple, Marc Aurèle ou Montaigne. La Liberté abstraite, générale, rhétorique, vient par en dessous nous faire oublier que nos véritables libertés sont menacées.

L'Ombre : Le Moderne croit ainsi pouvoir penser « par lui-même », sans recourir à Marc Aurèle ou à Montaigne. Mais vous citez Montaigne, je m'attendais plutôt de votre part à une allusion à Joseph de Maistre.

Le Voyageur : Ah ! L'immense, la vertigineuse niaiserie, à faire comme disait Léon Bloy « hurler les constellations ». Penser par soi-même ! Il y a là quelque chose qui relève de l'onanisme et de l'auto-anthropophagie. « Penser par soi-même », autrement dit être emprisonné en soi-même. Cette belle formule sert toutes les paresses et toutes les incuriosités. Je l'entends comme la formule obscurantiste par excellence, la grande et infatigable propagatrice de l'ignorance et du conformisme. Car penser par soi-même, en pratique, cela veut dire penser comme tout le monde, penser comme la télévision, le journal du matin, la café du commerce, penser sous le séchoir du salon de coiffure. Ils y vont sans coup férir, nos héritiers de 68, à cette pensée par soi-même. Le moindre babil d'un semi-analphabète, semble au « pédagogiste » plus admirable que toutes les tragédies de Corneille. L'orthographe massacrée lui semble merveilleusement inventive, le rap charme ses oreilles mieux que Ravel, il raffole des plus viles imprécations et de la cacophonie. Tout cela le jette dans des transes, des béatitudes, car il y voit les fruits exquis de cette calamiteuse injonction : « penser par soi-même ». Ce qui, dans la langue française, doit être appris lui est odieux. Pourquoi opprimer ces jeunes créatures, leur ôter leurs idiomes approximatifs pour leur imposer la langue des maîtres, des « dominants » ? Qu'ils en restent aux crachats, aux vociférations et aux coups ! Le monde doit trembler sur ses bases. Mais, en vérité, plus rien ne tremble, tout s'effiloche, se dilue. Le néant de l'anti-*Logos*, le néant de la barbarie rejoint le néant de la consécration publicitaire, le néant de l'art moderne, le néant du jargon universitaire. Tout se rejoint, rien ne se différencie, comme dans la toute-puissance de la mort.

Seul hiatus salvateur : ne pas croire en la toute-puissance de la mort, discerner dans les profondeurs du Temps la silhouette du Christ Glorieux, éclairé par le ressouvenir de la lumière antérieure qu'on refuse de voir. Or, cette Europe recouverte de cendre, cette Europe asphyxiée, cette Europe en léthargie, j'y repensais justement en relisant les considérations de Joseph de Maistre sur la Providence divine. À certains égards, l'œuvre de Maistre renouvelle l'injonction orphique : ne nous retournons pas en arrière, œuvrons non à une contre-révolution, mais au contraire d'une révolution. Autrement dit, reformulons le temps autrement. Non pas en termes de « restauration » du passé, mais en termes de retour de l'éternité. Nous laisserons donc les « valeurs » bourgeoises à leurs défaites, nous laisserons à leurs pesanteurs les nostalgies muséologiques pour nous en tenir à l'essentiel, à ce qui demeure d'éternel dans la Tradition, c'est-à-dire le mouvement, l'émotion du *tradere*. Le grand dessein, désormais, sera, selon la formule de Joë Bousquet, de *traduire du silence*. Et traduire du silence, c'est exactement le contraire de « penser par soi-même », car ce silence est fait du « concert des voix » dont parlait Péguy, de tous nos morts, qui par leurs œuvres sont bien plus vivants que les vivants-morts qui nous entourent, qui prétendent à régir nos âmes et nos morales.

L'Ombre : « Reformuler le temps autrement », dites-vous ? Mais je peine à faire la part, dans vos propos, de l'Histoire et de l'Éternité. Votre allégeance à l'Éternité n'est-elle pas une négation de l'Histoire ?

Le Voyageur : Trouver au temps une autre formule, mais au sens rimbaldien du « lieu et de la formule », n'est-ce pas l'injonction tacite qui précède toutes les œuvres poétiques, littéraires, philosophiques ou scientifiques ? Loin de s'exclure l'Histoire et l'Éternité sont, il me semble, en miroir. L'Histoire, au sens étymologique, n'est autre que l'enquête. Cette enquête suppose une réalité qui lui soit antérieure. L'enquête elle-même n'a d'autre réalité que spéculaire... Diviniser l'Histoire, autrement dit en faire une cause, est une forme d'idolâtrie, ou, plus exactement, de superstition. C'est bien cette superstition de l'Histoire, pauvre caricature de la divine Providence, qui est à l'œuvre dans les idéologies progressistes dont l'existence ne se justifie que par leur opposition à la supposée « réaction ». Que le progressisme soit, en fait, une régression, il suffit pour s'en convaincre de voir à quoi se trouvent réduites notre culture et notre civilité. Je n'en veux pour preuve que l'infantilisation généralisée, qui rejoint, souvent, la bestialité. Le processus d'hominisation semble, sous le règne du Progrès, faire singulièrement marche arrière. On voudrait nous persuader que ces avancées sont fatales ; et certes, elles le sont massivement, mais des zones inaltérées subsistent pour le singulier. Avez-vous noté que la « morale citoyenne » que nous proposent les médias, assortit presque toutes les notions du mot « pluriel » ? Tout désormais est au pluriel : les cultures, les musiques, rien n'est plus au singulier. Les citoyennetés sont plurielles. Tout est donné à se désagréger, à se décomposer, à se « déconstruire ». Le singulier est maudit pour autant que demeurait en lui un reflet de l'Un, c'est-à-dire un témoignage de l'être. Le propre de ce qui est, nous dit Parménide, est d'être un, et même d'être unique. Or, reconquérir l'unicité suppose, en effet, une autre formule du temps, un temps qui fleurit, pour chacun d'entre nous, en corolle d'éternité. Et ce temps existe bel et bien pour chacun dans l'*otium* ou la lecture méditative et songeuse.

La radicale différence entre un spectacle médiatique et un livre réside dans la temporalité en laquelle s'inscrit notre attention. Le spectacle impose son temps, nous subjugue à son rythme, il a ceci de totalitaire qu'il faut soit l'accepter entièrement dans son déroulement, soit le refuser. Le temps du spectacle est linéaire, il nous conduit, à tant d'images par seconde, à la fin. Le temps du livre est, par nature digressif, non seulement par rapport au temps collectif, mais encore par rapport à notre propre temps individuel. Un beau livre est celui où, littéralement, nous perdons notre temps. Ce temps perdu est retrouvailles d'un autre temps, d'un temps sacré. L'esprit va s'assoupir dans telle phrase, pour se réveiller dans une autre, après un rêve séculaire. Entre deux mots, chez un écrivain digne de ce nom, parfois des siècles dévalent la pente de la rêverie. « *Le mur des siècles m'apparut* », écrit Victor Hugo. Toute lecture qui n'est pas strictement utilitaire est une merveilleuse perte de temps. C'est en ce sens que la démarche universitaire, qui rend certaines lectures utiles à la carrière, est perverse. Elle ramène au linéaire, au profane, ce qui appartient à la spirale et au sacré. Toute bonne lecture est digressive, elle est déjà digression à l'intérieur de la vie quotidienne. Et cette digression invite par surcroît à l'autre digression infinie dans le temps même de la lecture. Tantôt notre entendement s'immobilise dans un mot, tantôt il galope à travers des volumes. Aujourd'hui, les éditeurs voudraient nous fabriquer des livres qui se lisent comme on regarde un spectacle, grossière erreur ! Le livre ne vaut que par cette mise à disposition d'une temporalité secrète, offerte au bon vouloir du lecteur. J'observe enfin qu'il n'est rien de plus courtois qu'un livre : silencieux, il attend qu'on veuille bien l'ouvrir, il ne sollicite pas l'attention, il ne s'impose pas, en goujat, aux oreilles des pauvres humains. Telle est sa force et sa faiblesse. Il est faux de croire que la télévision nuit à la lecture : celui qui veut s'abrutir, comment serait-il digne du livre qui sollicite son intelligence et son imagination ? Mais si les livres, et surtout ceux qui nous estiment assez pour nous dire des choses improvisées, digressives, sont délaissés, ce n'est point tant qu'ils sont « difficiles », c'est qu'ils exigent de nous une liberté de mouvement – un mouvement qui ne soit pas connecté au grégaire, une sorte d'indépendance active : celle du promeneur qui préfère les forêts aux allées du centre commercial. Si l'Europe et la France sont endormies, si elles sont belles au bois dormant, et non point cadavres, c'est que leur âme sommeille dans certains livres, y compris dans quelques livres qui ne sont pas encore écrits, comme en d'autres qui n'ont jamais été lu.

L'Ombre : Je reconnais là votre référence à Heidegger qui écrivait que les poèmes de Hölderlin demeurent « en réserve » dans la langue natale des Allemands.

Le Voyageur : Rien ne me dissuade de penser que presque rien, jusqu'à présent, n'a été vraiment lu, en dépit de quelques mégatonnes de thèses, qui, au demeurant, tournent toujours autour des mêmes œuvres et des mêmes thèmes. C'est tout simplement que pour lire, le temps nous manque, je veux dire, le temps perdu. Ou peut-être est-ce nous qui manquons au temps. Nous manquons au temps : c'est notre impolitesse. Nous ne le reconnaissons point dans sa beauté, dans son resplendissement d'éternité. Nous lui manquons de respect. Par nos activités lucratives ou ludiques, nous l'insultons. Nous passons à côté de sa vérité et de sa bonté. Et passant à côté du temps, nous passons à côté des œuvres, nous passons à côté des hommes qui sont les auteurs de ces œuvres. Souvent ce qui nous écarte de l'essentiel n'est autre que notre vanité. Nous répugnons à accorder de l'intérêt à ce qui pourrait bien en avoir plus que nos cogitations et nos activités quotidiennes. L'ignare n'est pas un déshérité, c'est un vaniteux. Il y tient tant à ces pensées qu'il a « par lui-même » qu'il ne voudrait à aucun prix qu'elles soient confrontées, et peut-être à leur défaveur, à d'autres. Sa propre langue lui brûle les yeux et les doigts. Il ne peut l'entendre. L'horreur qu'il en éprouve est à la mesure de ses reniements ; tous ses efforts consisteront à la défigurer.

Ce travail, hélas, est bien avancé, et ce ne sont pas les « puristes » qui veillent, avec cuistrerie, sur le bon usage, qui seront en mesure de combattre cette haine avec un si grand amour qu'une ingénuité nous serait rendue. Le génie de la langue française est de pouvoir s'écrire comme elle se parle, avec les accélérations, les ralentissements, les diverses vitesses de croisière de la conversation. Laissons les règles dans les tréfonds de notre mémoire seconde, quitte à en oublier quelques-unes, allons à l'oreille, au plus vif, sans trop nous soucier, et même avec une certaine désinvolture, voire un « négligé » de bon aloi. Ce qui nuit à la langue française, ce n'est pas la « faute de français », mais le goût maniaque de la laideur, qui est une faille du caractère bien plus que de la grammaire : cette crainte de la censure qui embarrasse la parole, la courbe aux jargons, en fait une langue torse, bifide, mensongère, une langue sous surveillance policière. Je crois que tel est le fond de l'affaire, nos compatriotes n'osent plus parler. Le génie de la langue française qui la porte naturellement vers les pensées les plus déliées leur semble périlleux. Quelle singularité risque de se faire jour, à quelle vindicte ne risquons-nous pas d'être livrés si nous laissons chanter les mots, si le colloque des oiseaux se livre à son joyeux tapage ?

L'Ombre : Je vous devine : vous nous dites qu'il est impossible de « penser par soi-même » dès lors que l'on s'accorde au génie de sa langue.

Le Voyageur : Nous touchons là le beau paradoxe. Nous ne pouvons être singuliers que par tradition. Quiconque consent au génie de sa langue pense avec l'ensemble de ceux qui écrivirent et parlèrent avant lui dans cette même langue. Mais ce « quiconque » devient aussitôt un « chacun » par l'usage unique qu'il fait de ce magnifique entrelacs. Ne pouvant tout dire de toutes les façons, il choisit d'en dire un peu, de telle façon. Cela suffit à son irréductible singularité. De même qu'il est absurde, et ridiculement vain, de s'affirmer écrivain ou artiste « contemporain », ce que nous sommes tous fatalement jusqu'à notre mort, il est ridicule et vain de se vouloir singulier en « pensant par soi-même ». Pour que j'écrive, il fallut que le monde soit, et que le Verbe en décidât. Que viendrais-je alors m'embastiller dans la volonté d'être autre chose qu'un scintillement sur le fleuve ?

L'après-midi s'achève. Le soleil bas allume la Garonne. L'ombre laisse silencieuses les feuilles jaunes et rousses que le Voyageur fait craquer en marchant vers une terrasse qui, à contre-jour, semble enveloppée d'un halo de silence.

II

Entretien sur le soleil de Hölderlin, l'endormissement, le secret matutinal, l'adresse aux Parques

Dans l'une de ces nuits rouges, où les lumières artificielles de la ville sont prises dans les brumes, l'ombre s'est dissipée. Elle demeure cependant audible à l'esprit du Voyageur. Les noctambules sont rares. La Cité ressemble à un décor de théâtre ou encore à un vaste appartement. Le Voyageur s'y trouve chez lui. Il quitte son grand salon, la Place du Capitole, pour s'aventurer vers les chambres d'amis, du côté de Saint-Étienne.

L'Ombre : Cette nuit empourprée par on ne sait trop quelles chimies modernes, cette nuit sans étoiles semble propice à parler de l'hypnosophie de l'Europe, à s'interroger sur cette Europe endormie, peut-être d'un sommeil artificiel, ou se tournant et se retournant sur elle-même comme un dormeur tourmenté. Vos poèmes et vos essais, cher Voyageur, évoquent souvent l'aurore et l'Orient, ces fraîcheurs matutinales où de rares moments de lucidité nous sont offerts avant que nous ne retombions dans les gestes automatiques, les habitudes. Mais à vous suivre, je vous vois bien plus souvent acharné à des pérégrinations nocturnes…

Le Voyageur : Le plus sûr moyen de connaître le secret matutinal n'est-il pas d'aller jusqu'au fond de la nuit ? L'immense avantage de la nuit est que la plupart de nos contemporains y suspendent leurs activités motorisées, leurs parlottes, et qu'enfin on peut s'y entendre penser. C'est à dire laisser le monde se penser en nous. Nos contemporains feignent d'être fortement préoccupés par la qualité de l'air qu'ils respirent, et par toutes sortes de questions d'« environnement ». Mais qu'en est-il de l'air moral, de l'air spirituel ? Certaines activités humaines, avec les influences psychiques qu'elles dégagent, rendent la pensée impossible, comme elles rendent aussi impossible de ne penser à rien. Elles peuplent l'atmosphère de corpuscules perturbateurs, qui demeureront métaphoriques, si l'on veut, jusqu'à ce qu'un nouvel instrument de mesure vienne à en démontrer l'existence physique. Quiconque veut faire de sa pensée une respiration, doit vivre la nuit ou en haute-montagne ou en pleine mer. La nuit est notre haute montagne, notre pleine mer. Nous gravissons la nuit comme un Everest, jusqu'à la clarté neigeuse du petit matin. Ou bien nous naviguons sur elle, nous laissant porter par des courants. La bêtise, la goujaterie, l'hystérie, l'agressivité laissent dans l'air ambiant des fluorescences délétères que le nuit apaise : vous me ferez l'amitié de ne pas voir dans cette observation la marque de l'esthète « hypersynesthésique » que certains s'obstinent à voir en moi. Si toutes les grandes civilisations traditionnelles jugèrent bon de consacrer certains espaces à la méditation et à la pensée, c'est bien que certaines conditions leur sont requises – conditions qui, de nos jours, sont de plus en plus rarement réunies. Tout conjure ardemment à nous débiliter, et il ne sert à rien, strictement, de parler de la grandeur de la France, par exemple, si l'on omet de favoriser les conditions nécessaires à la pensée. Or qu'est-ce que la pensée ? Étymologiquement, la pensée est la juste pesée, la balance divine du sensible et du supra-sensible. Où et quand pouvons-nous percevoir l'équilibre subtil entre le sensible et le supra-sensible ? Quel est l'espace moderne, le lieu de travail ou de distraction qui ne soit pas le saccage systématique, le saccage matérialisé de cet équilibre ? Un homme politique nous a proposé sa formule : « Travailler plus pour gagner plus ». Si le néant choisissait de se dire en mots, il ne ferait pas mieux. Nous devons à la superstition de l'économie cette radicale séparation d'avec le réel, cette projection dans le n'importe quoi et le rien du tout dont il est d'autant plus difficile de revenir que nous n'avons plus même les mots pour dire ce qui nous manque. Il nous reste la nuit, où les travailleurs et les gagneurs sont livrés au sommeil. La nuit où l'on perçoit le basculement des temps, la nuit qui n'est ni noire ni uniforme, mais foisonnante, pleine de gradations, de drames, de beautés laissées à elles-mêmes, d'architectures redevenues vivantes, de pierres grenues et de lierres brillants, d'arbres murmurants, de souffles soudains, et quelquefois d'êtres humains plus ou moins errants qui ont à nous dire ce qui poigne leur cœur ou dérive dans leur âme. La véritable misère, ce n'est pas d'être en exil, d'avoir vu un monde disparaître, c'est de ne plus avoir les mots pour dire *ce qu'il faut*. Ce qu'il *faut*, c'est-à-dire ce qui fait défaut, et nous retrouvons là, chère Ombre, la grande question hölderlinienne : « À quoi bon des poètes en un temps de manque ? » Si les poètes sont, il va sans dire, pour nos classes moyennes globalisées, des bons à rien, ils servent cependant en disant précisément ce qui nous manque, en nommant la faille, et cette vertigineuse espérance qu'elle nous laisse entrevoir. Qu'y a-t-il derrière le « mur du Temps » ? Ou bien, derrière le miroir du temps ? Je ne pose cette question que pour en connaître déjà la réponse. Je sais que derrière le miroir du temps, qui, pour les poètes est un miroir sans tain, il y a l'Éther ! Le grand poème de Hölderlin *À l'Éther*, dit presque tout ce que nous devrions savoir :

> « *Follement nous errons. Comme la vigne vagabonde*
> *Quand le tuteur se rompt qui la dirigeait vers le ciel*
> *Nous foisonnons au sol, et notre avidité, en vain*

Parcourt, ô noble Éther, toutes les zones de ce monde,
Tant le désir nous presse d'habiter dans tes jardins... »

Si l'Europe n'est pas tout entière contenue dans cette adresse à l'Éther, pardonnez-moi, mais elle n'est rien, autrement dit, elle n'est qu'une « communauté économique », c'est à dire une abstraction, qui nous prive en même temps de la singularité et de la nation. Les poèmes de Hölderlin ne sont pas du « travail du texte », appellation dont les cuistres cauchemardesques insultent certaines œuvres de l'Esprit ; ces poèmes ne sont pas même de la littérature : ils sont des prières. Et des prières que je persiste à croire opératives. Aux Parques, Hölderlin adresse ces mots : « *Un seul, un seul été... Faites-m'en don Toutes-Puissantes ! Un seul automne où le chant en moi vienne à mûrir...* ». Si les prières demeurent sans réponse, c'est que *nous* ne les avons pas entendues. Souvenons-nous de cette abyssale vérité que nous divulgua, jadis, la théologie dionysienne de Maître Eckhart : « *Si je ne puis exister sans Dieu, Dieu non plus ne peut exister sans moi* ». Les prières à Dieu, ou aux dieux, peu importe, ce sont les hommes qui doivent les entendre.

L'Ombre : Vous dites « *à Dieu ou aux dieux, peu importe* ». N'est-il donc pour vous aucune différence notable entre le christianisme et le paganisme ?

Le Voyageur : Le « seul été », dont parle Hölderlin, est-il chrétien ou païen ? Je pourrais disserter sans peine jusqu'au petit matin des différences entre le christianisme et le paganisme, tous les arguments ont déjà été exposés, ils sont rangés, chacun peut s'en servir, après deux après-midi de lecture dans une bibliothèque publique. Mais sans oublier que s'il est un seul Christ, il y a tout de même maintes sortes de christianisme ; et le paganisme est une notion des plus vagues, si vague qu'elle se dissout sitôt que l'on veut s'en emparer. Seule est certaine la prière. Et de l'Europe dont nous songeons dans la nuit, qui n'est chrétienne que parce qu'elle fut païenne, catholique, que parce qu'elle fut romaine, ce n'est point, ou pas encore, la forme que j'entrevois, mais un ressac... Je dis volontiers à mes amis païens que le catholicisme médiéval tenait en lui une vigueur du génie antique qui s'est perdue depuis lors. Et comment ne pas voir qu'un dominicain, par exemple, demeure aujourd'hui bien plus proche d'un stoïcien, d'un pythagoricien, que de n'importe quel excité d'une quelconque secte protestante fondamentaliste ? Mais ne nous égarons point dans l'historiographie en cette nuit où je vous parle sans vous apercevoir, nous avons mieux à faire.

La prière est antérieure. Ce sont les religions qui naissent de la prière et non l'inverse – mais quelle inconséquence, dire *les* religions, comme un vulgaire journaliste, alors qu'il n'en est qu'une, celle dont parlait Joseph de Maistre. J'ajoute enfin qu'il n'est pas bien gênant d'être païen pour les chrétiens et chrétien pour les païens. « Gibelin pour les Guelfes, Guelfe pour les Gibelin », écrivait Montaigne. Ce que nous sommes, au demeurant, importe peu. Rappelons cette maxime chinoise : « Lorsqu'on lui montre la Lune, l'imbécile regarde le doigt ». La façon dont le doigt fut manucuré ne m'intéresse guère. Après une période de narcissisme athée – « Ah que je suis bel athée en ce miroir ! » –, nous revoici au narcissisme religieux : « Quel beau chrétien, quel beau païen, quel beau musulman, je fais ! Que sont nombreuses les belles et bonnes raisons d'être ce que je vois dans ce beau manteau emprunté. » Mieux vaut parler, un moment, ce bref moment de notre vie sur terre, en son propre nom, c'est-à-dire au singulier, fût-ce avec un nous de majesté. Dans ma prière, dans le secret du cœur de ma prière, je ne convoque pas les journalistes ou les exégètes. J'écoute Hölderlin, j'espère le comprendre :

> « *Nous nous jetons dans les flots de la mer, cherchant la paix*
> *Par ses plus libres plaines, et notre extase fend l'heureuse houle*
> *Et le cœur, des pouvoirs du dieu de la mer fait ses délices.*
> *Mais c'est encore trop peu : il veut l'Océan plus profond*
> *Battu de vagues plus légères… Ah ! Celui qui pourrait*
> *Vers ces rivages d'or tourner la route du navire !* »

« *C'est encore trop peu !* ». J'aime infiniment cette humilité, que d'autres nommeront orgueil. Ce monde est trop peu, il manque et nous lui manquons. « Toute joie veut l'éternité », disait Nietzsche. Toute joie est tragique. N'est-ce point humilité que de vouloir son âme plus grande ? Sommes-nous vraiment en des temps qui justifient l'appartenance religieuse, le signe extérieur ? La Providence ne nous a-t-elle point jetés à dessein dans ces incertitudes pour éprouver en nous la vérité de ce que nous pouvons espérer et croire ? N'a-t-elle point à dessein réduit notre religion à une prière pour nous donner la mesure de ce qui nous manque ? Quelles magnifiques retrouvailles pouvons-nous alors espérer !

> « *Mais tandis que je rêve de monter aux lointaines vagues*
> *Où tes flots bleus cernent des rives inconnues*
> *Ton murmure descend des cimes du verger en fleur*
> *Ô noble Éther ! C'est toi qui calmes l'élan de mon cœur,*
> *Et je consens à vivre encore avec les plantes de la terre.* »

C'est au plus lointain, au noble Éther de nous rendre sensible le plus proche ; c'est de l'autre côté de la faille du miroir sans tain que nous percevons « *l'air qui donne l'âme* » et tout ce qui « *déborde et coule avec violence dans les veines de la vie* ».

L'Ombre : La vie ? M'en accorderez-vous l'augure ? La vie me semble parfois une notion fallacieuse.

Le Voyageur : N'est-ce point parce que vous pensez que votre vie dépend de la mienne ? Mais qui sait ? Peut-être est-ce ma vie qui dépend de la vôtre ? Ou peut-être pourriez-vous errer à votre guise. La nuit, que devenez-vous ? Et même par les jours de brumes, vous vous dissolvez dans l'air. Je vous parle, je vous entends, mais qui sait si vous n'êtes pas à des années-lumière, ombre fugueuse, à suivre les écharpes des constellations ? Et quelles sont vos affinités avec L'Écharpe d'Iris, avec l'arc-en-ciel ? Mais la vie, je vous accorde qu'il ne vaut rien d'en faire une « notion », et moins encore un « idéal ». Défions-nous des « religions de la Vie ». L'*hybris* biologique des Modernes m'épouvante. Au demeurant, comment ne pas voir, comme savent les poètes, que tout est vivant. Mais la vie humaine, la vie unique, la vie irremplaçable d'une conscience, cette vie tragique, cette vie offerte à la suavité et à la transfiguration, cette vie est précisément *plus que la vie*, elle est le signe d'une transcendance. Telle est bien la limite de l'idéologie écologique. Certes, tout se tient, tout est vivant, mais à divers degrés de correspondance et d'intensité. La vie de l'esprit n'est pas la même, en intensité et en différenciation, que la vie d'une amibe. Il n'y a ni égalité, ni équivalence. Les artifices eux-mêmes participent de l'harmonie. Ne nous battons donc pas pour le respect de la nature, mais pour la beauté de la nature. Dans la nature, c'est la beauté qu'il faut sauver, de même qu'il faut sauver la beauté de la vie. Et cette beauté vivante est le plus subtil, le plus ardent de toute chose, cette vivante beauté n'est autre que l'Éther auquel Hölderlin adresse sa prière.

Ce qui manque aux Modernes, ce n'est pas la dialectique, ce n'est pas le sens du religieux, mais bien le sens des gradations. Comme si nous n'avions le choix qu'entre la tyrannie et l'anarchie, alors que l'une est exactement la condition de l'autre, toujours et partout. La vie ne nous importe pas en tant que totalité, mais en tant que gradation infinie, et ainsi de nos émotions. Permettez-moi de citer encore Hölderlin : « *L'enthousiasme comporte des degrés. De la simple gaieté, échelon sans doute le plus bas, jusqu'à l'exaltation du général qui, au plus fort de la bataille, en toute lucidité, conserve le pouvoir de son génie, il existe des gradations infinies. Monter et descendre ces degrés, telle est la vocation et la volupté du poète.* » Mais que sont devenues nos joies en ces temps de morosité et de dérision ? Aplaties, nivelées, réduites au plus petit dénominateur commun, elles n'inspirent plus rien, sinon le dégoût. D'où le mépris que nos contemporains ont pour la joie d'autrui. Ce tiède bonheur, dont ils se veulent les organisateurs, n'a pour la joie que le regard de la douairière puritaine pour la gourgandine. Où sont les joies qui éclatent, les joies conquérantes, les joies spirituelles et éternelles, qui emportent avec elles, dans l'ascension, toutes les nuances sensibles ? Toute la propagande moderne veut nous convaincre que cette joie est absurde, qu'elle est néfaste, ou ridicule. Toute cette propagande se fait de la mort une arme ; elle ricane : « bientôt nous serons morts. Elle voudrait que nous vivions déjà morts, pour la mort. Cette propagande déshabille la vie pour en vêtir le cadavre que nous serons. Mais quelle étroite conception de la vie et de la mort. À cent mille lieues au-dessus de ces misères arrogantes, Hölderlin :

> « *Béni soit ton accueil, ô silence du pays des ombres !*
> *Vers toi je descendrai, les mains sans lyre et l'âme*
> *Pourtant pleine de paix.*
> *Une fois, une seule,*
> *J'aurai vécu pareil aux dieux.*
> *Et c'est assez !* »

C'est bien de cette joie, la *seule*, que les Modernes veulent nous priver en nous arrachant au tragique pour nous jeter pêle-mêle dans le parc d'attraction universel et festif, où tout vaut n'importe quoi.

L'Ombre : Bien des esprits seront rétifs à l'éloge de l'héroïsme qui point en vos propos. Pourquoi ce ton martial, en parlant de la joie, qui est douce ?

Le Voyageur : Nous ne choisissons pas l'héroïsme, nous sommes ses élus, pour le meilleur et pour le pire. Mais quelle vie vivons-nous si nous ne voyons pas qu'elle est, à chaque instant, un combat pour, justement, préserver notre paix, cette profonde paix, cette ressource d'intelligence et de joie, inépuisable ? La fonction héroïque est servante ; le chevalier doit servir l'Esprit-Saint, qui est une effusion de sérénité lumineuse. La sérénité ardente se conquiert, elle n'est pas donnée : c'est le propre de la condition humaine. La question n'est pas celle du combat, mais celle de la cause du combat. Se battre pour la place de parking, pour sa retraite, pour une maison de campagne, se battre pour son confort et pour son argent, on s'y accorde, dût-on subir mille offenses, et s'y ennuyer à périr. Seuls les combats pour la beauté et la grandeur laissent les Modernes véritablement dubitatifs, inquiets ou hostiles. À chacun son héroïsme. Le plus bel héroïsme est souvent le moins discernable. Je connais de véritables héros, et héroïnes, qui donnent à chaque seconde leur vie pour une vie plus haute, dans la plus grande discrétion. Les grandes âmes sont invisibles.

L'Ombre : Invisibles ? Mais cet invisible dont vous parlez sans cesse n'est-il pas visible pour quelques-uns ? N'est-ce point un invisible *par destination* ? Un invisible, autrement dit, qui choisit son invisibilité, comme une arme, un « bouclier de Vulcain » ?

Le Voyageur : Votre allusion quelque peu ésotérique, digne d'une ombre perdue dans la nuit, me charme. Le bouclier de Vulcain, en effet, n'est autre qu'une figuration de l'Âme du monde. Sans vouloir être byzantin, peut-être faut-il distinguer l'Invisible-visible du Visible-invisible – voyez où nous conduisent ces conversations nocturnes ! L'Invisible ne serait-ce point ce qui tend à devenir visible, autrement dit l'*apparaître* ? Le propre de ce qui apparaît fut d'être invisible avant la microseconde de son apparition. Or, le propre du réel est d'apparaître. Les Grecs nommaient les dieux : « *Ceux qui apparaissent* ». Cependant tout n'apparaît pas également à n'importe qui. Cette lueur bleu-vert sur cette grille de fer forgé, là, devant moi, n'apparaît à nul autre que moi. Elle demeurera à jamais invisible, dans son caractère unique, à tous les autres humains, à jamais ! Il y a là quelque chose de vertigineux, qui suffit à donner à chaque seconde vécue une puissance *numineuse*, presque terrifiante. Lorsque nous sommes occupés à des tâches quotidiennes, le monde ne nous apparaît presque pas, nous naviguons à vue, avec quelques points de repère dans un vaste invisible *par destination*. Le monde se voile. Rien n'apparaît que ce que nous savons devoir être apparu. Mais révélation est l'instant où ce qui apparaît nous requiert, où notre attention se précipite en lui. Rien ne s'oppose plus radicalement à cette apparition, à cette révélation que nos opinions sur le monde qui nous font croire qu'il peut y avoir de l'interchangeable, que les choses se répartissent en catégories, en quantités. Le propre de l'homme soumis au règne de la quantité est de ne rien voir, de rejeter tout le visible dans l'invisible, de refuser cette invitation, cette sollicitation que l'invisible adresse au visible à travers l'attention humaine.

L'Ombre : Cette sollicitation de l'invisible, n'est-ce point ce que l'on nommait, autrefois, une civilisation ?

Le Voyageur : *Autrefois*, dites-vous… Vous avez bien raison de ne point m'épargner cette pointe de nostalgie. Peut-être même n'est-il de civilisations que disparues. Il me souvient de la passion avec laquelle notre enfance et notre adolescence parcoururent des bibliothèques à la rencontre des civilisations disparues. Les après-midi où nous échappions, avec quelques amis, aux corvées familiales ou scolaires, nous nous jetions dans les livres qui nous parlaient de la Grèce archaïque, de Sumer, de l'Égypte pharaonique, de la Perse zoroastrienne, de Brocéliande. Nous allions avec les Mages, avec les Druides, avec les Aèdes. Nous revivions les batailles, les fondations. Vers ces civilisations perdues nous pressait une curiosité avivée par le sentiment que nous ne vivions plus exactement dans une civilisation, mais dans une société. La différence nous apparaissait criante, si criante qu'il me semblait juste de vénérer les civilisations autant que de haïr la société. Je ne reprendrai pas ici la distinction entre culture et civilisation, plus spécieuse qu'éclairante, surtout en ce moment de notre histoire où la culture n'est plus que l'amas informe et confus du « culturel », où tout et n'importe quoi se confondent. Mais qu'une société, et même une société aux mailles étroitement resserrées, une société étouffante, puisse n'être plus du tout une civilisation, l'évidence m'en frappa d'emblée. Ce réseau d'interdits et d'obligations, ce contrôle, cette économie autiste tournée vers son propre fonctionnement, cette « gestion de la gestion », ce cercle vicieux qui accroît jusqu'à l'horreur le sentiment d'inanité de toute chose, ce collectivisme dont le principal agent est l'illusion individualiste du consommateur, de l'électeur, du sondé, m'apparut d'emblée comme une réalité opaque d'une tout autre nature qu'une civilisation. C'est que la civilisation suppose un mouvement, un *dessein*, qui nous conduit vers un accomplissement de la pensée et du style à travers des disciplines artistiques ou intellectuelles et des exercices spirituels. Le propre d'une civilisation est d'être hiérarchique et discriminante, autrement dit, de faire la différence entre ce qui demeure et ce qui passe, alors même que ce qui demeure n'est pas destiné à demeurer identique, mais à se dépasser, à fleurir, dans la récapitulation vivante de l'antérieur. Une civilisation suppose qu'il y a des choses qui sont meilleures que d'autres, plus dignes de nos efforts. Et ces choses meilleures et plus dignes se traduisent par des œuvres de beauté, de politesse, par des espaces de silence et de ferveur favorables à la pensée.

L'Ombre : En viendriez-vous à nous faire l'apologie de la hiérarchie et de la discrimination ?

Le Voyageur : Il faut oser de temps à autres quelques mots bafoués ou maudits. Certains mots ont, comme on dirait, mauvaise presse. Il suffit de les avancer pour susciter la réprobation générale. Le politiquement correct en viendra prochainement à revoir le dictionnaire, pour le conformer à la réalité fictive démocratiquement instaurée par l'Opinion. Nos censeurs, nos inquisiteurs, faute de pouvoir s'exercer sur la matière humaine, ne détestent pas quelques rafles dans notre vocabulaire. Ces rafles s'ajoutent au déjà sensible appauvrissement. Le mot « hiérarchie » a déjà été guillotiné et le mot « discrimination » fusillé, jusqu'à ce qu'on l'empaille, le naturalise pour le resservir en « discrimination positive ». Il n'en demeure pas moins que toute pensée ne fait rien d'autre que hiérarchiser et discriminer. Quel que soit le sujet dont elle s'empare, la pensée hiérarchise, elle choisit, elle définit. Penser, c'est penser que tout n'est pas égal. Les joutes verbales de Pascal, dont témoignent *Les Provinciales*, n'étaient pas, toutes polémiques qu'elles fussent, n'étaient pas l'équivalent d'une baston à coups de battes. La différence est définie par la civilisation dont la vocation est de préférer la prose de Pascal au *pit-bull*. La civilisation est un choix ; à nous de l'aimer ou de la haïr, de la vouloir perpétuer ou abolir. Ces pédagogues, ennemis de toute discrimination et de toute hiérarchie, qui se lamentent sur la « violence » faite aux élèves par la culture humaniste, violence abominable, il est vrai, allant, vous imaginez, jusqu'à faire apprendre *par cœur* une déclinaison latine ou un poème de Ronsard, voire quelques dates de l'Histoire de France, ces pédagogues, mal nommés, qui demandent à ce que l'on respecte *les* cultures, fussent-elles la duplication pure et simple de la niaiserie publicitaire, ces pédagogues si gentils, si conviviaux, le masque ôté, apparaissent pour ce qu'ils sont : les *ennemis de la civilisation* et les garde-chiourmes de la société.

Là où toute civilisation traditionnelle allait vers l'accroissement de la maîtrise des formes, l'affinement du langage en tant qu'instrument de perception du réel, le Moderne, ennemi de la hiérarchie et de la discrimination, va exactement en sens inverse, vers le babil, l'infantilisation, le servage, la barbarie, il dévale la pente, gravie durant quelques millénaires, il dilapide l'effort d'innombrables générations à rendre possible cette pure merveille : un homme libre. Mais qui désormais veut être libre ? Personne. Chacun tient à son Opinion, autour de laquelle il tourne comme un âne attaché à son piquet. Chaque mot qui disparaît de l'usage de la langue française est une possibilité d'être libre assassinée, un pan du réel évanoui, un sens arraché, une nuance écrasée. Nous sommes condamnés à vivre de plus en plus dans le vacarme, les couleurs criardes, les lignes simples. Adieu la lumière qui mousse, comme disait Rimbaud, et l'ombre bleue des amandiers qu'évoquait André Suarès. On nous parle de respect, mais il n'en est plus, sinon dans la peur. Le propre d'une civilisation est de se déployer et de mourir. Le propre d'une société est de proliférer indéfiniment, d'ignorer l'horizon tragique de sa propre disparition comme la beauté d'aube de sa naissance. La société est superstitieuse : voyez comme elle évite ou proscrit l'usage de certains mots ; rien d'étonnant, puisque la société est une superstition, elle est cette superstructure qui survit à la disparition de la civilisation. La civilisation est morte, subsiste la société, mais cette subsistance n'est pas une vie, pas même une survie : une superstition, une fiction macabre.

L'Ombre : Pire que mélancolique, je vous vois désespéré, mais sans doute est-ce cette nuit rouge, cette atmosphère à la fois viciée et fiévreuse, qui vous envahit. Vous retrouverez, au matin, avec les premiers croissants près de la gare, votre belle humeur !

Le Voyageur : Vous ne m'en voudrez pas de vous contredire. Rien n'est moins désespéré que les propos que je viens de vous tenir. Voir dans la société la carcasse morte de la civilisation, enveloppe d'insecte desséché, sans poids, aux mandibules brisées, n'a rien d'attristant, je vous assure. La lucidité est à elle-même sa propre récompense, et elle n'est pas mince ; elle nous donne, par exemple, la joie de cette conversation, que redouble la joie de savoir que ce qui nous opprime n'est pas vivant, le réconfort de savoir que nous n'aurons pas à exercer contre elle une cruauté contre le vivant. Quant à la vie enfuie de la civilisation, elle est vivante par essence, elle est ailleurs, mais vivante, en suspens et nullement condamnée à la mort. Elle est ce soleil que nous ne devinons pas encore, mais que nous pressentons. Et comment serait-elle morte alors qu'elle circule dans nos phrases, disponible à nos songes, à nos desseins, comme aux plus belles aurores de l'humanité ? Le tragique et la joie sont liés d'une amitié de longue date.

L'Ombre et le Voyageur sont gagnés par le silence, comme si leurs songeries accordées s'abîmaient dans la remémoration de cette amitié immémoriale. Ils se taisent et marchent quelques heures vers le matin qui verse peu à peu du bleu pâle dans la nuit rouge.

III

Entretien sur le bouclier de Vulcain, l'exil profond, la société et la civilisation, la vague de la nuit des temps

Le soleil est assez haut : l'ombre s'est revêtue de visibilité, même si les matinaux croisent encore quelques noctambules attardés. Dans l'air, un sentiment de victoire. Le Voyageur et son Ombre ont laissé derrière eux, dans le bonheur, la nuit ensanglantée. Oserons-nous dire que les oiseaux chantent ? Ces créatures duveteuses, qui avivent l'air, changent les arbres en instruments de musique, valent bien un modeste sacrifice au lieu commun poétique.

L'Ombre : J'ai gardé le silence jusqu'au matin, jusqu'à cette douceur du rayon sur le visage et sur la paume que vous êtes seul à percevoir, avant de vous entreprendre à nouveau sur le bouclier de Vulcain, symbole héliaque, mystère virgilien.

Le Voyageur : Et comme vous eûtes raison ! Et raison de cette belle raison, qui nous aile de confiance, dont parlait Valéry. La raison, je m'en voudrais de ne pas l'évoquer, dans la langue des oiseaux : Ô raison, prière de l'Intellect, *Logos* ensoleillé ! Oraison ! Il n'y a que les Modernes, qui en firent une déesse, pour la mépriser. Pour nous qui savons que la raison n'est qu'un attribut du *Logos*, une profondeur du Verbe, loin d'être une idole, autour de laquelle masser des foules, loin d'être cette certitude, la raison est insaisissable et enchanteresse comme ces chants d'oiseaux qui nous entourent à présent, et que feront taire, hélas, dans peu de temps, le bruit des automobiles. L'insaisissable raison ! Nous n'apprenons jamais que de l'insaisissable… Comment mieux parler de l'Âme du monde qu'au matin, dans ce sentiment d'insaisissable *raison d'être* de toute chose offerte, comme pour la première fois, à nos sens et à notre entendement ?

Une civilisation, chère Ombre, si je ne puis, ni ne veux, la définir par des critères rigoureux et parfaitement axiomatiques, m'apparaît comme une relation particulière avec l'Âme du monde, ou, plus précisément, elle m'apparaît *fondée* par cette relation. Encore faut-il discerner ce qui nous sépare de l'Âme du monde pour parcourir le chemin vers elle. Et ce qui nous en sépare, nous l'évoquions cette nuit, n'est autre que la société, l'insecte mort. Il y a dans le livre de Gregor von Rezzori, *Sur mes traces*, quelques pages aiguës sur les classes moyennes, ces philistins, toujours vexés, toujours offensés, toujours agressifs, qui sont l'armature de la société qu'aucune véritable civilité n'anime plus. « *Le vainqueur*, écrit Gregor von Rezzori, *est enfin désigné. Ce n'est pas – comme on le souhaitait ou le redoutait – le prolétariat uni, mais le petit bourgeois qui ne cesse de s'en prendre à ses pairs, toujours vexé, toujours envieux, toujours à vouloir s'imposer et à vouloir être plus malin que son voisin. C'est à lui qu'appartient le monde...* » Ce petit bourgeois a pour caractère constant, mais encore amplifié par son triomphe, que tout ce qui nous importe l'indiffère, et que tout ce qui nous indiffère lui importe prodigieusement. Le plus grand abîme désormais nous sépare de nos voisins. Nous parlons radicalement une autre langue. Nous sommes dans un exil profond : rien de commun ! Ce n'est plus une différenciation, c'est une brèche ontologique. Pour l'immense majorité de nos contemporains, la civilisation est un épiphénomène négligeable, une fiction balayée par la triomphante subjectivité. Non seulement, il n'y a plus rien à attendre d'Homère, de Virgile, mais ces noms évoquent un « mal » dont la publicité, les comiques, la consommation, les musiques d'ambiance sont destinées à nous guérir. L'homme moderne sera un homme tout neuf, ripoliné, policé, propret, visant à la perfection du clone ou de l'appareil ménager, tout entier pré- sent dans sa « mémoire vive » cybernétique, efficace, travailleur, traquant l'oisiveté pour la peupler de spectacles médiatiques, de jeux d'ordinateur : surtout ne jamais être laissé à soi-même et au monde ! Le mot d'ordre du moderne est bien : guerre à l'*otium*, cette grande vertu stoïcienne.

Qu'ils soient de droite ou de gauche, nos politiciens réprouvent également l'oisif, non seulement parce qu'il est « non-productif », mais aussi et surtout à cause de l'espace-temps que déploie le génie de l'oisiveté. Telle est l'immense différence entre l'Ancien et le Moderne. L'Ancien tenait l'*otium* pour un bien, autant que le Moderne le tient pour un mal. Nous ne parlons plus la même langue, nous ne parlons plus de la même morale. Or l'*otium*, l'oisiveté, est, pour moi, la principale raison d'être de l'être humain. L'*otium* est la condition de l'œuvre. L'auteur d'une œuvre est d'abord un homme qui a assez de caractère et de courage pour créer les conditions de l'*otium* sans lesquelles l'œuvre la plus modeste demeure une rêverie. Il faut creuser cet espace limpide, cette distance, ne pas céder aux sollicitations pressantes de l'activisme, de la cupidité, de l'abrutissement collectif, trouver les eaux planes, sereines, au cœur même du terrifiant typhon de la bêtise, pour que l'œuvre songée devienne peu à peu une réalité. Je mesure l'intérêt des œuvres, leur beauté, leur séduction, à cet espace intérieur qu'elles sauvegardent, à ces eaux limpides qui semblent miroiter en elles comme le témoignage de la belle oisiveté de l'homme qui les créa.

La consternante notion de « travail du texte » inventée par les philistins de la culture n'a sans doute d'autre raison que de nous arracher à la promesse des sérénités limpides, de nous mettre au pas de l'Histoire, de nous prolétariser ou de nous embourgeoiser, en nous transformant peu à peu en agents du « culturel ». Car telle est la ruse de la société, ruse reptilienne, d'abolir la civilisation tout en faisant la promotion permanente du « culturel ». Ce vide qu'elle crée, elle le remplit avec de la bourre. Le « culturel » est le véritable bourrage de crâne – étant « culturel », bien sûr, tout ce qui n'est pas élitiste tout en l'étant juste ce qu'il faut pour satisfaire la vanité de ses utilisateurs et de ses consommateurs. Rien n'est plus démoralisant, pour un écrivain ou un véritable artiste, que le spectacle de ces zombies en déshérence dans le « culturel », ne goûtant rien, obséquieux aux « spécialistes », vindicatifs aux esprits libres, n'oubliant jamais de marquer leur différence par rapport aux supposés « défavorisés » qui préfèrent lire *L'Équipe* plutôt que Christine Angot ! Le « New Age » lui-même, ce tourisme « spiritualiste » comme il existe du tourisme sexuel, paraît, à le comparer avec ces attristantes obligations, presque rafraîchissant. Dans le monde « culturel », tout le monde est toujours vexé, tout le monde incarne le « bien », tout le monde se satisfait de sa colossale ignorance, de sa massive incuriosité, tout le monde commente les mêmes livres au même moment, pour les oublier aussitôt, tout le monde est bien content d'être comme tout le monde. Ce que Heidegger nommait le « règne de l'On » connaît là, à n'en pas douter, l'une de ses réussites formelles les plus parfaites. Que dire, sinon que le cœur n'y est plus, ni l'âme. Dans le monde culturel, chacun se croit intelligent en étant désabusé, c'est l'école des « démystificateurs », des ricaneurs, des fines bouches par palais interposés. Ces petits despotes ont leurs goûteurs : les critiques du *Monde* ou de *Télérama*, par exemple. Ils savent ainsi ce que leurs entrailles délicates pourront recevoir.

L'Ombre : Vous vous emportez ! Que ne me parlez-vous de l'Âme du monde !

Le Voyageur : Cet emportement, comme vous dites, je reconnais bien volontiers son caractère subalterne. Mais, pour voir, il faut se débarrasser de ce qui bouche la vue. Reconnaissez qu'il n'est pas inutile de distinguer ce qui *brille* par son absence, la civilisation, de ce qui comble cette absence avec l'inepte. En jetant le bourrage, nous faisons briller l'absence, nous faisons advenir de la lumière. Cette civilisation disparue, je ne veux point la remplacer par quelque chose d'autre. Je n'aime pas les produits de substitution. Ce vide, je le veux, tel qu'en lui-même : *vide*. Le vide appelle une espérance. J'aime à voir et faire voir l'*inexistence* de ce qui a disparu. J'écarte ce qui m'empêche de voir l'éclat de ce qui n'est plus, l'absence lancinante comme un appel. Permettez-moi ce paradoxe taoïste que le vide est peut-être une plénitude. Nous vivons dans des décombres faussement restaurées par du virtuel. Aux décors en carton-pâte, ou en hologrammes, je préfère les vrais décombres, avec l'odeur de la pierre humide ou pulvérulente. Vive ce vide qui nous fait voir où nous ne sommes pas, ce vide qui nomme, qui convoque ! Ce vide que je veux rejoindre est une *vocation*. Loin de m'en plaindre, ce vide, je le salue. N'est-il point la première aperception de la vérité apophatique de Dieu ? Il fallait que disparaissent nos civilisations pour que nous en venions à reconnaître ce dont elles naquirent : cette attention à l'Âme du monde ; vous voyez que je ne m'écarte pas de votre question...

Tel est le paradoxe : tout a disparu, mais tout demeure, mystérieusement intact, en nous-mêmes. Ce dont naquirent les dieux, les arts, la poésie, la civilité, demeure intact, indestructible. Il y a toujours le ciel, la terre, les hommes et les dieux. Toutes les formes sont lovées à l'intérieur. Rien n'est mort.

Seule s'oppose à la renaissance ce faux-semblant « culturel », ce faux-semblant « social » qui nous trompe sur la véritable nature du *vide*. Mais d'humeur joyeuse, et pas seulement sarcastique, je pressens une plénitude qui serait aussi belle que le vide, une houle apportée par les syllabes d'or virgiliennes... Parlons donc de ce qu'il faudrait taire, récitons la Geste de nos poètes, autant que le loisir nous en est offert, nous souvenant que ce qui importe dans les œuvres gît dans le secret *de ce dont elles témoignent*, et qu'il nous appartient d'éprouver. Les œuvres des poètes, des métaphysiciens, ne renvoient pas d'abord à la littérature ou à la métaphysique, mais à une conscience secrète, intérieure, un *or en fusion*. C'est de choses vues, éprouvées, bouleversantes, décisives, dont il est question, et non de « formes littéraires ». De ces choses vues, ravissantes et terribles, de cette foudre d'Apollon, de cet impondérable, de ce *numineux* – qui de toutes parts échappe à la mentalité des gestionnaires –, je vous le redis, naquirent les civilisations. Le plus insaisissable est fondateur.

L'Ombre : En ces temps de préoccupations domestiques, économiques, technologiques, parler de l'Âme du monde, n'est-ce point là encore une insolence, une incongruité ? Qu'est-ce que cette Âme ? Et que nous importe-t-elle ? De quel vague à l'âme nous parlez-vous alors que l'époque, de toute évidence, est un pragmatisme subordonné à l'*hybris* idéologique ?

Le Voyageur : Mais c'est d'*une* vague dont je vous parle, d'une *seule* vague depuis l'origine de notre monde ! C'est tout le reste qui me paraît hypothèses vaines, superstitions, abstractions. Voyez l'affrontement, le David et le Goliath ! D'un côté ceux pour qui l'âme est une fiction et de l'autre ceux pour qui tout ce qui n'est point de l'âme est un leurre. Si je m'égare, si je divague, c'est avec l'humanité entière avant qu'elle ne tombât sous le joug des Robespierre, des planificateurs. Nous parlions de la civilisation européenne, mais l'ennemie de la civilisation désormais n'est autre que la société qui nous abstrait en même temps de l'Histoire, de *l'historialité*, pour reprendre le mot de Heidegger, et du monde sensible, de la nature. Ce monde anesthésié, « *so middle class* » comme disaient les dandies du temps d'Oscar Wilde, ce monde climatisé, ce monde de privation sensorielle, ce monde qui détruit ses plus beaux paysages – crime impardonnable ! –, ce monde qui préfère la « croissance » économique à toute forme de civilité, ce monde torve et brutal, qu'est-il sinon un *pacte* ? Voyez bien ce qui nous est demandé en échange de cette abstraction pure qu'est l'argent : notre âme ! Ce ne sont point nos efforts qui sont récompensés, mais notre avilissement, notre acceptation à vivre dans un monde sans âme. Qu'est-ce qui « rapporte » ? La plus grande énergie dévouée à la cause la plus inepte. Plus l'activité humaine est creuse, vaine, débilitante et crétinisante, mieux elle enrichit ceux qui s'y livrent. Pour bien vivre dans la société, il nous est demandé, ni plus ni moins, notre âme ! C'est Faust démocratisé. Va où l'âme est l'absente et tu seras le roi du monde ! La ploutocratie étayée par les publicitaires, les présentateurs de télévision, telle est la société présente, coalescence de cynisme et de goujaterie, qui a vendu son âme, telle est la société qui est devenue, sans ambages, l'ennemie déclarée de la civilisation, tel est le mécanisme qui anime les mandibules de l'insecte mort, du cafard-robot.

Ceux qui réclament une société plus autoritaire, plus morale, plus solide, mieux ordonnée comme ceux qui veulent la société plus sociale, solidaire, conviviale ont-ils compris que la civilisation était ailleurs ? Ou bien veulent-ils achever de nous la rendre hors d'atteinte ? Les commémorations, plus que furtives, de Corneille, alors que nous avons droit, avec une régularité angoissante, à des cérémonies anniversaires en hommage à Coluche ou Johnny Halliday, montrent assez à quel point la société, machine léthéenne, machine à fabriquer de l'oubli, s'est substituée à la mémoire, à la civilisation française. Être rebelle aujourd'hui, ce serait lire Corneille, faire nôtre sa nostalgie chevaleresque, sa tendresse, sa violence et sa générosité. Mais dans le langage moderne, qui est, par définition, antiphrastique, être « rebelle », c'est exactement être du côté du conformisme le mieux coté. « Rebelles » aujourd'hui est l'appellation que les gardiens de l'ordre se donnent à eux-mêmes. Je vois dans l'idéal bourgeois un adversaire à peine moins radical de la civilisation que ne le sont les apologistes du vacarme, des classes bredouilleuses ou des émeutes urbaines. Ces deux bouts de la société marquent les frontières, ce sont les postes de douanes : la civilisation ne passera pas ! La société fabrique le décor, ripoline l'espace, l'aseptise, le nivelle de telle sorte que toute *émanation* de civilisation y soit aussitôt détruite comme une odeur nauséabonde, comme toute esquisse de *musique intérieure* est aussitôt annihilée par les musiques d'ambiance. C'est ainsi que la civilisation, qui est un commerce d'âme, ne peut plus être entrevue, désirée, que dans les espaces *libérés*, ou non encore occupés par le décor. Les livres, certains d'entre eux, ne sont pas les moindres de ces espaces qui, repliés dans les pages, sont prêts à bondir, à étendre leurs ailes, à nous restituer à une conscience ardente de la beauté des êtres et des choses. Ouvrez, par exemple, *Séraphîta* de Balzac : l'espace immédiatement est creusé jusqu'à la froide incandescence de l'Éther… Nous sommes rendus au monde dans toute sa hauteur et sa profondeur.

L'Ombre : Mais comment tenir ce paradoxe, non pas dans la logique, que je trouve infaillible, mais précisément dans l'âme, dans la vie ? Si la civilisation est hors de la société, comment vivre ?

Le Voyageur : Mais en étant *au monde*, tout simplement, avec l'ingénuité d'Ulysse ou la sapience de saint François d'Assise ! Cette marginalité où vous me voyez n'est autre qu'une fidélité à la resplendissante et juvénile *Sophia,* cette Âme du monde que les hommes, durant quelques millénaires, eurent à cœur d'honorer avant de se dévouer exclusivement à l'idolâtrie des objets. J'en reçois une espérance infinie et suspendue, comme notre conversation…

… *Car voici « Midi le juste » ; l'Ombre disparaît, et le Voyageur demeure seul dans le suspens, dans la verticalité de l'aporie, et se souvient de Fernando Pessoa* « espérant éternellement des choses vagues ».

TABLE DES MATIÈRES

Prologue — 9
L'OMBRE DE VENISE — 13
  I Entretien sur le dandysme, la littérature et la vérité, la théologie, Platon, la critique du monde moderne — 15
  II Entretien sur l'autorité et la liberté, la morale et le style, l'incomprise générosité, Nietzsche et l'« éternelle vivacité », le poète-métaphysicien — 33
  III Entretien sur la métaphysique, l'individu, l'orage mallarméen, Fernando Pessoa, la hiérarchie, la rhétorique de Dieu, les pays de Dante et de Novalis, l'abîme de Dionysos et l'abîme du Christ, le Lointain — 49
  IV Entretien sur le paysage intérieur et le paysage extérieur, Heidegger et les poètes chinois, le regard de diamant, l'attention — 67

MYTHOLOGIQUES — 73
  Méditations dionysiennes — 75
  Le Songe de Pallas — 91
  I Aristeia — 91
  II De la source grecque à la tradition française — 107
  III Civilité et civilisation — 121
  IV L'Attelage ailé — 129
  Méditation néo-platonicienne — 143
  Les dieux, ceux qui adviennent — 159
  André Suarès, *Miroir du temps* — 171
  D'Annunzio, entre la lumière d'Homère et l'ombre de Dante — 175
  L'Allemagne secrète de Stefan George — 181

HERMETICA — 189
  Éloge de l'enchantement — 191
  La gnose romane de Novalis — 197
  Notes sur la science d'Hermès — 219
  I L'herméneutique, vitrail du sens — 219
  II Abeilles d'or — 222
  III Le dialogue d'Albe et d'Aurore — 233
  IV L'œil de la colombe — 242
  V La science alchimique — 246
  VI La dramaturgie des ténèbres rutilantes — 253
  Méditations impériales pour Fernando Pessoa — 259

Hommage à Henry Corbin.. 265
Digression toulousaine.. 279

MARGINALIA   291

L'ultime Occident de Dominique de Roux........................... 293
Éloge de la témérité spirituelle.. 297
Entretien sur la gnose et la création littéraire....................... 311
Dans le triple mouvement de la vague................................ 321

HYPNOSOPHIE DE L'EUROPE   335

I   Entretien sur la suavité et la transfiguration, la Garonne et l'Illissos, le printemps français, le lieu et la formule............. 337
II   Entretien sur le soleil de Hölderlin, l'endormissement, le secret matutinal, l'adresse aux Parques....................... 353
III   Entretien sur le bouclier de Vulcain, l'exil profond, la société et la civilisation, la vague de la nuit des temps................... 363

DU MÊME AUTEUR

L'Étincelle d'or – Notes sur la science d'Hermès, Les Deux Océans, 2006.
L'Ombre de Venise – Essai, Alexipharmaque, 2006.
Le Songe de Pallas, Alexipharmaque, 2007.
Fin mars. Les hirondelles, Arma Artis, 2009.
Terre lucide – Entretiens sur les météores (avec Philippe Barthelet), Arma Artis, 2010.
Le Chant de l'Âme du monde – Poèmes, Arma Artis, 2010.
Lectures pour Frédéric II, Alexipharmaque, 2011.
Lux Umbra Dei, Arma Artis, 2012.
Propos réfractaires, Arma Artis, 2013.
Au seul nom d'une déesse phénicienne, Alexipharmaque, 2014.
Apocalypse de la beauté, Arma Artis, 2014.
Métaphysique du dandysme, Arma Artis, 2015.
Intempestiva Sapientia, suivi de *L'Ange-Paon*, Arma Artis, 2016.
Notes sur l'éclaircie de l'être, Arma Artis, 2016.
Le déchiffrement du monde – La gnose poétique d'Ernst Jünger, L'Harmattan, coll. Théôria, 2017.

Structures éditoriales du groupe L'Harmattan

L'Harmattan Italie
Via degli Artisti, 15
10124 Torino
harmattan.italia@gmail.com

L'Harmattan Hongrie
Kossuth l. u. 14-16.
1053 Budapest
harmattan@harmattan.hu

L'Harmattan Sénégal
10 VDN en face Mermoz
BP 45034 Dakar-Fann
senharmattan@gmail.com

L'Harmattan Mali
Sirakoro-Meguetana V31
Bamako
syllaka@yahoo.fr

L'Harmattan Cameroun
TSINGA/FECAFOOT
BP 11486 Yaoundé
inkoukam@gmail.com

L'Harmattan Togo
Djidjole – Lomé
Maison Amela
face EPP BATOME
ddamela@aol.com

L'Harmattan Burkina Faso
Achille Somé – tengnule@hotmail.fr

L'Harmattan Côte d'Ivoire
Résidence Karl – Cité des Arts
Abidjan-Cocody
03 BP 1588 Abidjan
espace_harmattan.ci@hotmail.fr

L'Harmattan Guinée
Almamya, rue KA 028 OKB Agency
BP 3470 Conakry
harmattanguinee@yahoo.fr

L'Harmattan Algérie
22, rue Moulay-Mohamed
31000 Oran
info2@harmattan-algerie.com

L'Harmattan RDC
185, avenue Nyangwe
Commune de Lingwala – Kinshasa
matangilamusadila@yahoo.fr

L'Harmattan Maroc
5, rue Ferrane-Kouicha, Talaâ-Elkbira
Chrableyine, Fès-Médine
30000 Fès
harmattan.maroc@gmail.com

L'Harmattan Congo
67, boulevard Denis-Sassou-N'Guesso
BP 2874 Brazzaville
harmattan.congo@yahoo.fr

Nos librairies en France

Librairie internationale
16, rue des Écoles – 75005 Paris
librairie.internationale@harmattan.fr
01 40 46 79 11
www.librairieharmattan.com

Lib. sciences humaines & histoire
21, rue des Écoles – 75005 Paris
librairie.sh@harmattan.fr
01 46 34 13 71
www.librairieharmattansh.com

Librairie l'Espace Harmattan
21 bis, rue des Écoles – 75005 Paris
librairie.espace@harmattan.fr
01 43 29 49 42

Lib. Méditerranée & Moyen-Orient
7, rue des Carmes – 75005 Paris
librairie.mediterranee@harmattan.fr
01 43 29 71 15

Librairie Le Lucernaire
53, rue Notre-Dame-des-Champs – 75006 Paris
librairie@lucernaire.fr
01 42 22 67 13